전쟁과 평화

전쟁과 평화

THE CAUSES OF WAR AND THE SPREAD OF PEACE

전쟁의 원인과 평화의 확산

아자 가트
A z a r G a t
이재만 옮김

교유서가

차례 THE CAUSES OF WAR AND THE SPREAD OF PEACE

제3부 근대화 평화

서론

왜 전쟁을 하는가?—풀리지 않은 수수께끼

전쟁의 원인, 즉 사람들이 싸우는 이유는 인간 존재에 대한 커다란 물음 중 하나다. 어느 시대에나 숱한 추측과 경악을 낳은 이 주제는 지금도 수수께끼로 남아 있다. 예로부터 전쟁에 관한 두 가지 상반되는 견해가 표명되었다. 한편으로 전쟁은 공리주의적 관점에서 원하는 목적을 달성하기 위한 합리적인 수단으로, 전쟁이론가 카를 폰 클라우제비츠Carl von Clausewitz(1780~1831)의 유명한 표현대로 '다른 수단에 의한 국가 정책의 연속'으로 인식되었다. 감정적 측면에서 보면, 역사 내내 사람들은 전쟁을 열렬히 찬양하고 영웅과 영웅주의를 칭송했다. 그렇지만 전쟁을 하늘에서 가련한 인류에게 내리는 재앙으로, 흔히 역병과 기근을 동반하는 환란으로 여기고 똑같이 격하게 한탄하기도 했다. 이 견해에 따르면, 전쟁은 완전히 무의미한 활동으로서 교전하는 양편의 그 어떤 잠재적 이익보다 중대한 인명 손실과 파괴, 고통을 가져올 뿐이다. 전쟁은 터무니없는 일, 실수, 또는 '죄수의 딜레마' 비극이라는 생각이 오늘날 선진 세계에서 통념이 되었다. 이렇게 상반되는 두 견해 중 어느 쪽이 옳은가? 그리고 두 견해를 조화시킬 수 있는가? 사람들이 왜 싸우는지 설명하려면 이 두 가지 물음에 답해야 한다.

'사람들은 왜 싸우는가'라는 물음을 다루기 어려운 다른 주된 이유는 이것이 본질적으로 답할 수 없는 물음으로 널리 간주된다는 데 있는데, 전쟁의 원인이 너무나 다양하거나 혹은 맥락/문화에 달려 있다고 가정되기 때문이다. 보통 우리는 집단에 전쟁을 일으킬 동기를 부여하는 목표들을 직관적으로 잘 떠올리면서도, 그 목표들을 더 엄밀하게 규정하려는 시도를 헛된 일로 여기곤 한다. 특히 자신이 연구하게 된 특정한 사회의 특수성과 풍부한 다양성을 드러내는 역사가들이 이런 견해를 고수하는 경향이 있다. 그에 반해 국제관계학 연구자들은 일반적인 것을 지향한다. 그러나 전쟁의 원인에 관한 국제관계학의 성과는 변변치 않다.[1] 더욱이 국제관계학의 이른바 거대이론들은 전쟁의 원인을 기껏해야 에둘러 다루거나, 앞으로 살펴볼 것처럼, 전쟁의 원인에 대한 명백히 불완전하거나 비일관적인 설명을 옹호해왔다. 전쟁의 원인에 관한 문헌을 개관한 한 연구자는 "아직 명확한 답이 나오지 않았다"고 결론 내렸다.[2] 마지막으로, 역사상 폭력의 감소를 연구한 스티븐 핑커Steven Pinker의 『우리 본성의 선한 천사—폭력은 왜 감소해왔는가The Better Angels of Our Nature: Why Violence Has Declined』(2011)는 탁월하긴 하지만, 폭력과 전쟁의 원인을 다루는 방식에 몇 가지 걸리는 점이 있다. 그리고 전쟁이 왜 일어나느냐는 물음과 전쟁이 왜 감소해왔느냐는(실제로 감소해왔다면) 물음은 밀접하게 연관되어 있다.

나는 전작 『문명과 전쟁War in Human Civilization』(2006)에서 '사람들은 왜 싸우는가'라는 물음에 포괄적인 답을 내놓았다. 그렇지만 800쪽 분량으로 전쟁 현상을 다각도로 다룬 그 책에서 전쟁의 원인은 여러 논제 중 하나였을 뿐이다.[3] 이 주제의 엄청난 중요성을 감안하면, 전쟁의 원인만을 다루고 오늘날 세계의 대다수 선진 지역들에서 평화가 규범이 된 이유를 설명하는 더 얇은 책이 필요해 보인다. 이 책에서는 『문명과 전쟁』의 서술을 바탕으로 전쟁의 원인에 더 뚜렷하게 초점을 맞추어 기존 논증을 요약하는 한편, 몇 가지 중요한 논제와 관련해 논증을 발전시키고 갱신하고 확장한다. 전작과 마찬가지로 이 책도 분과 간 경계를 활기차게 넘나든다. 인류학이나 국제관계학 같은 분과들에서 찾아볼 수 있는 전쟁의 원인에 관한 이질적이고, 폐쇄적이고, 여기서 주장하듯이 대개 작위적인 담론들 대신, 이 책은 두 분과에 더해 다른 사회과학 분과들과 역사학, 그리고 진화론에서 나온 풍부한 증거와 여러 타당한 통찰을 결합하여 오래된 수수께끼에 총체적인 답을 내놓는다. 아울러 일반 독자도 학자와 학생 못지않게 내용을 이해할 수 있도록 가급적 학계의 전문용어를 쓰지 않았다.

서술 순서는 다음과 같다. 제1장에서는 수백 년 묵은 난문을 해결하고자 한다. 그 난문이란 인간이 언제부터 싸우기 시작했느냐는 것이다. 사람들은 처음부터 줄곧 자기들끼리 싸워왔는가? 아니면 인류 역사에서 나중 단계에야 전쟁이 등장했는가? 제1장에서는 루소주의로 알려진 후자의 입장을 구하기 위해 지난 15년간 이루어진 최후의 시도를 논박한다. 제2장과 제3장에서는 전쟁의 원인과 관련이 있는 욕망의 그물에 대한 나의 진화론적 설명을 요약한다. 제2장에서는 인간이 농업을 채택하고 국가가 출현하기 이전 기간, 즉 우리 종의 역사에서 90퍼센트 이상을 차지하는 진화적 자연 상태 기간에 생긴 전쟁의 근원을 설명한다. 사람들이 작은 친족 집단 안에서 수렵채집인으로 생활한 이 어마어마하게 긴 시간 동안 우리의 본성적 성향과 욕구 체계가 형성되었으며, 이 기간에 폭력적 분쟁은 협력 및 평화적 경쟁과 더불어 욕구를 채우는 수단 중 하나였다. 제3장에서는 농업 채택과 국가 출현 이래 우리의 진화적 중핵과 이것을 중심으로 구축된 문화적 진화의 풍요롭고 다채로운 형태들이 서로 영향을 주고받으며 전쟁의 원인을 형성한 다양한 방식을 추적한다.

제4장과 제5장에서는 잠시 본론에서 벗어나 분쟁과 전쟁, 이것들의 원인과 관련하여 (각각 국가 이전 시대와 국가 시대를 연구하는) 인류학과 국제관계학의 역사적 발전과 현황, 문제를 비판적 관점에서 두루 검토한다. 대개 고압적인데다 학계 성원들을 잘못된 방향으로 이끌 수도 있는 지배적인 분과 담론들이 어떻게 형성되는지 다각도로 살펴보고 냉철한 교훈을 이끌어낼 것이다.

이 책의 절반가량을 차지하는 제6장과 제7장에서는 다시 현실 세계로 돌아와 지난 200년간 전쟁을 감소시킨 요인들과 대항 요인들에 대한 나의 분석을 대폭 확장한다. 제6장에서는 1815년 이래 산업 시대가 발전하면서 인간의 목표를 달성하는 수단인 전쟁-평화 셈법이 어떻게 근본적으로 바뀌었는지, 근대화 과정의 영향을 받은 지역들에서 호전성이 얼마나 급감했는지 분석한다. 인명과 자원 면에서 전쟁의 비용이 늘었다고 믿는 사람들이 많지만(그렇지 않다), 실제로 일어난 변화는 평화의 보상이 커졌다는 것이다. 교전이 감소해왔다고 지적하는 학자들은 이런 감소 추세의 원인과 범위, 기간을 놓고 이견을 보인다. 나는 지난 수십 년간 제시된 다양한 평화이론들, 이를테면 '민주주의' 평화론, '자유주의' 평화론, '상호 의존/자본주의' 평화론 등을 근대화 평화 개념에 근거해 면밀히 검토하고, 맥락화하고, 포괄적인 얼개 안에 담아낼 것이다. 마지막으로 제7장에서는 가장 뚜렷한 사례인 두 차례 세계대전을 비롯해 근대화 평화에서 벗어나는 사례들이 나타나는 이유를 설명한다. 나는 근대화 평화가 아주 실질적인 전개이긴 하지만, 이제껏 반근대화론자들과 실패한 근대화론자들이 구상한 '대안적 근대성'에 의해 교란되었다는 것—그리고 미래에도 도전받을 수 있다는 것—을 보여줄 것이다. 그들은 오늘날 세계에서 여전히 활동하고 있다. 대부분의 선진 지역들에서 전쟁이 전례없이 자취를 감추는 등 세계가 과거 어느 때보다도 평화로워지긴 했지만, 안보의 관점에서 보면 여전히 우려할 지역은 많고 안심할 수 있는 지역은 없다.

제1부

불완전한 과거
: 선사와 역사

제1장

싸움은 언제 시작되었는가?

'사람들은 왜 싸우는가'라는 물음을 다루기에 앞서, 이 못지않게 근본적이고 풀기 어려운 수수께끼를 살펴보자. 인간은 처음부터 줄곧 싸워왔는가? 다시 말해 인간의 싸움은 우리 종만큼 오래되었는가? 아니면 싸움은 나중에, 농업의 채택과 국가의 출현 이후 등장한 문화적 발명품인가? 농업의 채택과 국가의 출현은 각각 약 1만 년 전과 5000년 전에야 시작되었고, 세계 곳곳으로 확산되는 데 오랜 시간이 걸렸다. 예를 들어 오늘날 선진 지역인 북유럽과 일본에서 국가는 약 1500년 전에야 출현했다. 대략 200만 년 전에 출현한 호모 속屬은 차치하고 15~20만 년 전으로 거슬러 올라가는 현생 인류 호모사피엔스의 존속 기간에 견주어도 1500년은 빙산의 일각에 지나지 않는다.

17세기 토머스 홉스Thomas Hobbes와 18세기 장자크 루소Jean-Jacques Rousseau는 전쟁의 기원이라는 물음에 상충하는 답변을 내놓았다. 먼저 홉스는

『리바이어던Leviathan』(1651)에서 국가 이전 상태를 만인 대 만인의 '전쟁' 상태로 규정했고, 평화를 강요하는 권위가 없었던 이 시절에 삶이 "가난하고, 험악하고, 잔인하고, 짧았다"고 보았다. 그에 반해 루소의 『인간 불평등 기원론Discours sur l'origine et les fondements de l'inégalité parmi les hommes』(1755)에 따르면, 인간의 원시적 상태는 근본적으로 평화롭고 선량했다. 농업 이전 사유재산이 없던 시절에는 싸울 이유가 거의 없었다. 루소에 따르면 전쟁은 후대의 산물, 문명의 병폐 중 하나다. 이 두 가지 입장이 제각기 얼마나 설득력 있게 보였던지, 지난 수백 년간 시대정신이 변화함에 따라 두 입장의 인기도 오르내렸다. 19세기에는 야만적이고 잔인한 상태를 떠올린 홉스주의가 우세했던 반면, 20세기에는 문명을 비판한 루소주의가 우세했다.

그렇다 해도, 홉스와 루소 중에 누가 옳았는가? 정치철학자들은 이 물음을 거의 있지도 않는 물음으로 치부한다. 보통 그들은 홉스와 루소가 자연 상태를 가설적 사고실험으로 가정했던 것이라고 주장한다. 그렇지만 이는 두 사상가의 견해에 대한 완전히 정확한 묘사가 아니며, 여하튼 그들의 견해와 무관하게 원시적 싸움이 존재했는가 또는 부재했는가 하는 물음은 명백히 역사적이고 경험적인 물음이다.

오늘날 우리는 홉스와 루소가 추상적으로 논한 자연 상태를 다룰 만한 시간적 얼개와 풍부한 경험적 증거를 가지고 있다. 약 1만 년 전까지 지구상 모든 인간은 수렵채집인이었다. 이 시점을 전후해 몇몇 장소에서 정주성이 더 강하고 인구밀도가 더 높은 수렵채집인-어민 사회와 수렵채집인-원예민 사회로의 이행이 이루어졌고, 이들 사회가 훗날 다시 완전한 농경사회로 이행했다. 이런 이유로 원시적 인간 싸움(또는 그것의 부재)이라는 문제에 답하기 위해 제일 먼저 살펴봐야 할 분과는 선사 유적을 발굴하는 고고학이다. 그러나 고고학으로 밝힐 수 있는 것은 제한된다. 여기에는 몇 가지 이유가 있다. 약 5000년 전 금속이 도입되기 이전의 무기는 돌도끼와 창, 화살 같은 사냥용 도구와 사실상 구별할 수 없다. 이것들이 사냥 전용이었는지 아니면 싸움 겸용이었는지 여부는 밝혀내기 어렵다. 방패 같은 싸움 전용 장비는 나무와 가죽처럼 썩기 쉬운 재료로 만들어졌다. 정주생활과 농업 이전 구석기시대—호모사피엔스 역사의 90퍼센트 이상을 차지하는 이 시대 동안 지구상 모든 인간은 수렵채집인이었다—로 더 거슬러 올라가면 어려움이 엄청나게 증대한다. 예외적으로 풍요로운 몇몇 환경을 빼면, 수렵채집인들은 먹고살기 위해 이곳저곳으로 이주하며 야영지에서 생활해야 했다. 이런 이유로, 농업으로 이행한 이후 정주성 정착지에서 흔히 발견되는 방어시설이나 폭력적 파괴의 증거가 그 이전 시대로 올라가면 거의 남아 있지 않다. 인체 골격에 남은 폭력에 의한 죽음의 흔적도 마찬가지다. 사람들이 정주성 정착지에서 생활하며 시체를 영구 공동묘지(고고학자들의 보고寶庫)에 매장하기 시작한 1만 년 전 이후로는 유골이 풍부하게 남아 있다. 그 이전 시대의 골격은 확연히 드물고, 보존 상태가 나쁜, 몇 개의 뼈만으로 이루어진 경우가 태반이다. 게다가 대개 연조직에 손상을 입어 발생한 폭력에 의한 죽음은 고고학으로 밝혀낼 수 없다. 논리적으로 생각하면 구석기시대 사람들도 당연히 성교를 했을 테지만, 그것을 뒷받침하는 직접적인 고고학적 증거도 없다. 농담은 그만두고, 아무튼 고고학적 증거만으로는 인류가 지구상에서 존속한 대부분의 기간에 인간들끼리 초래한 폭력에 의한 죽음을 명확히 밝혀내기가 아주 어렵다.

생물학은 인간의 싸움에 관한 시각이 형성되는 과정에서 중요한 역할을 해왔다. 1960년대에 동물행동학을 개척한 연구자요, 노벨상 수상자인 콘라트 로렌츠Konrad Lorenz는 같은 종 동물들 간 싸움이 대부분 '의례적'이고 대개 과시행동을 포함한다고 주장했다. 패자는 물러서거나 복종하고,

승자는 유리한 입장에서 끝까지 싸우는 행동을 삼간다. 로렌츠에 따르면 이런 행동 패턴이 나타나는 이유는 종을 보존할 필요성에 있다.[1] 따라서 동종을 죽이는 인간은 자연의 정상 패턴에서 벗어나는 끔찍한 사례로 비쳤다. 인간의 이런 비정상성을 설명하기 위해 뚜렷이 다른 두 가지 견해가 제시되었다. 하나는 '도살자 유인원', 즉 인류의 진화 초기에 살인적 공격성이 생겨나는 바람에 동물계에서 '동종을 죽이지 않는' 다른 종들과 우리 종이 구분되었다는 견해다. 이 견해는 1960년대에 베스트셀러 책들과 할리우드 영화 〈혹성탈출Planet of the Apes〉(1968)과 〈2001 스페이스 오디세이2001: A Space Odyssey〉(1968)를 통해 대중화되었다. 이와 반대로, 싸움은 인간의 본성적 특징이 아니라 뒤늦게 지난 수천 년 동안 출현한 '문화적 발명품'이라는 견해가 있었다. 이 견해는 자연의 순수성과 문명의 타락을 대비한 1960년대 루소주의와 잘 어우러졌다.

그런데 1970년대 들어 생명과학이 방향을 완전히 전환하기 시작했다. 수많은 현장 연구를 통해 자연에서 종 내부의 치명적인 폭력적 경쟁이 고질적이고 게다가 만연한다는 사실이 드러났다. 여기에는 우리와 가장 가까운 사촌인 침팬지도 포함되는데, 자연 서식지의 침팬지를 연구한 학자들은 무리 몰살에 이를 만큼 심각한 무리 간 싸움과 살해뿐 아니라 무리 내 싸움도 기록했다.[2] 수컷 성체들이 보통 자기보존을 위해 저희끼리 싸움을 피하는 것은 사실이다—어떤 식으로든 중상을 입은 동물은 먹이를 얻지 못해 굶주릴 가능성이 있다. 물론 자연에는 사회보장제도가 없다. 그럼에도 힘을 과시하고 입증하는 행동으로 상대를 억지하지 못할 경우 심각한 싸움, 부상, 죽음이 뒤따르곤 한다. 대부분의 종내 살해는 알이나 조류와 포유류의 새끼 같은 어리고 약한 상대에게 자행된다. 게다가 (침팬지 같은) 사회적 동물들 사이에서 대부분의 살해는 공격하는 쪽이 공격당하는 개체 또는 소집단을 이웃 무리로부터 격리하여 압도적인 수적 우위를 누릴 수 있을 때 일어난다. 둘 중 어느 쪽이든, 살해는 살해하는 개체(들)에게 비교적 안전한 방식으로, 즉 비대칭적인 방식으로 수행된다. 동종에 대한 자비심은 존재하지 않는다.

1960년대부터 자연선택이 대체로 종들 사이가 아니라 종내에서 일어난다는 견해가 널리 인정받았다. 다윈 자신이 주장한 대로 동종 개체들끼리 벌이는 투쟁이 가장 치열한데, 그들이 같은 생태학적 틈새에서 같은 먹이와 같은 배우자를 놓고 경쟁하기 때문이다. 치명적인 종내 폭력 장면이 텔레비전 자연 다큐멘터리의 하이라이트가 되었으므로, 대다수 독자는 치열한 종내 경쟁을 뒷받침하는 증거에 퍽 익숙할 것이다. 우두머리 자리에서 밀려난 수컷의 새끼를 죽이는 사자, 먹이가 부족할 때면 둥지의 형제자매를 쪼아 죽이는 조류 새끼, 같은 종 다른 개체의 둥지에서 알을 던져버리는 새 등이 그런 증거다. 그 결과, 1960년대에 흔히들 생각했던 골치 아픈 수수께끼가 거의 사라지다시피 했다. 인간이 자연에서 유일무이하게 광범한 동종 살해를 저지르는 종이라는 견해가 더이상 유효하지 않게 되었고, 따라서 모종의 특별한 설명이 필요하지 않게 되었다. 광범한 종내 살해는 자연에서 표준이나 마찬가지다.[3]

이처럼 생명과학에서 완전한 방향 전환이 이루어졌다고 해서 인간의 폭력이라는 문제가 말끔히 해결된 것은 아니다. 자연에서 살해의 규모와 형태가 모든 종에서 균일하게 나타나는 것은 아니기 때문이다. 살해의 규모와 형태는 각 종의 특정한 적응 방식에, 특히 생존과 짝짓기의 방식에 달려 있다. 인간의 폭력과 가장 관련이 깊은 다른 종들 가운데 침팬지*Pan troglodytes*는 아주 폭력적인 것으로 밝혀진 반면, 피그미침팬지 또는 보노보*Pan paniscus*는 침팬지에 대한 1960년대의 인식과 흡사하게 프리섹스와 훨씬 약한 폭력성 등 반쯤 목가적인 생활을 보여준다.[4] 보노보 사이에서도 주로 암컷 집단이 수컷에게 가하는 물리적 공격을 관찰할 수 있고 그런 공격이 때로는 맹렬해 중상을 입히기도 하지만, 실제로 살해한 사례는 기록된 바 없다. 그에 반해 침팬지, 특히 우세하고 공격적인 수컷 연합은 암컷 동맹의 지배를 받는 보노보 무리와 비교해 원시적 인간의 사회생활 패턴을 훨씬 더 닮은 모습을 보인다. 그럼에도 보노보 덕분에 우리 인간의 선조들은 자연 상태에서 어떠했을까 하는 물음에 대한 관심이 꺼지지 않았다.

이 물음에 답하는 데 필요한 정보를 제일 많이 내놓는 분과는, 세계의 외진 구석에서 국가와 농경 이전 생활방식을 최근까지 영위했거나 여전히 영위하는 사회를 연구하는 인류학이다. 그러나 그 정보에 접근하고 해석하는 활동에는 본질적으로 문제가 있다. 주된 문제는 이른바 '접촉 역설', 즉 수렵채집인이 자기네 문자 기록을 가지고 있지 않은 까닭에 그들을 기록하려면 문자를 가진 국가사회와 접촉해야 한다는 역설이다—이 접촉은 필연적으로 그들에게 영향을 준다. 양자역학에서처럼 관찰하는 행위 자체가 관찰 대상을 변화시키는 것이다. 예컨대 농경사회와 국가사회는 농축산물, 가축, 제조된 도구처럼 수렵채집인이 훔치고 싶어할 만한 물품을 가지고 있다. 그들의 호전적인 행위가 단지 접촉에서 비롯된 것이 아니라 그 이전부터 존재했던 것임을 어떻게 밝혀낼 수 있겠는가? 농경민 및 국가와의 접촉으로부터 자유로운 순수한 수렵채집사회를 어떻게 관찰할 수 있겠는가? 이는 냉장고 속 조명 문제와 비슷하다. 냉장고 문을 닫을 때 안쪽 조명이 진짜로 꺼진다 해도 그것을 어떻게 밝혀낼 수 있겠는가?

20세기 중엽 수렵채집사회들이 문명권에 편입되며 빠르게 사라져간 탓에, 1950년대 이래 인류학 연구는 주로 동아프리카와 남아프리카의 사바나와 사막에 드문드문 살아남은 집단들과 그 밖의 특히 고립된 주변부 집단들에 초점을 맞추었다. 그에 따른 시각의 왜곡에 주의할 것을 촉구한 이들은 인류학 분과 내에서 소수에 불과했다.[5] 동아프리카와 칼라하리 사막의 수렵채집인은 농업이 도입되고 확산되기 이전의 수렵채집인을 대표하는 사례가 아니었다. 농업 이전의 수렵채집인은 오늘날처럼 농경사회와 목축사회가 이용할 수도 없고 이용하기를 원하지도 않는 주변부의 건조한 땅에서만 거주했던 것이 아니다. 그들은 세계에서 가장 비옥한 환경에서 살기도 했으며, 실은 주로 그런 곳에서 살았다. 그런 환경에서 수렵채집인은 인구밀도가 더 높았고, 그 결과로 더 많이 접촉하고 집단들끼리 더 치열하게 경쟁했다. 게다가 동아프리카와 남아프리카의 수렵채집인은 농경민 및 목축민 이웃과 1000년 넘게 교류했다. 더욱이 20세기 동안 국가 당국과 경찰이 평화를 가져오기 위해서라며 그들에게 점점 더 간섭했다.

고전적 루소주의와 확장된 루소주의: 흥망

동아프리카와 남아프리카의 수렵채집인에게 초점을 맞춘 1960년대에는 인류학과 대중문화에서 루소주의가 흥기했다. 예컨대 칼라하리 부시먼족이 '무해한 사람들'로 찬양받았다.[6] 부시먼족 연구를 선도한 인류학자 리처드 리Richard Lee가 퍼뜨린 이 견해는 '원시적 공산주의'라는 그의 마르크스주의적 개념, 그리고 수렵채집인을 가리키는 새로운 표어 '원시적 풍요사회'와 잘 어울렸다. 그렇지만 지구의 평화로운 자식들에게 열광하는 초기의 흥분이 지나간 뒤, 국가 당국이 강압하기 이전에 부시먼족의 살인율이 같은 시기 선진 세계에서 단연 최고치였던 미국 살인율의 네 배 이상이었다는 사실을 리 본인이 발견했다.[7] 부시먼족과 비슷하게 캐나다 북극권 중부의 이누이트족도 '결코 화내지 않는' 같은 평화적인 호칭으로 찬양받았다.

그러나 나중에 그들의 폭력에 의한 사망률이 1990년 미국 수치의 열 배 이상이라는 사실이 드러났다.[8]

이런 발견은 고전적 루소주의라고 부를 견해, 즉 인구밀도가 더 높은 정주성 거주지를 채택하고, 농업으로 이행하고, 더 복잡한 사회·정치 구조를 발전시키기 이전의 인간이 근본적으로 비폭력적 존재였다는 견해에 잠재적으로 치명적인 이의를 제기했다. 그렇지만 고전적 루소주의에 대한 도전의 의의를 충분히 인식하기도 전에, 확장된 루소주의라고 부를 더 급진적인 루소주의적 견해가 1980년대와 1990년대 초에 유행했다. 이 견해에 따르면 심각한 싸움은 더욱 나중 단계에, 실은 국가의 출현과 더불어 비로소 시작되었다.

확장된 루소주의는 이른바 '부족 영역' 이론과 연관되었다.[9] 이 이론의 옹호자들은 침입하는 국가—국가의 물품, 군사력, 정착민—와 접촉하고 그에 대응한 이후에야 부족 구조가 갑자기 생겨나고 부족 간 전쟁이 급격히 증가했으며, 이 현상은 세계에서 유럽인의 탐험과 팽창에 영향을 받은 지역들에서 가장 두드러지게 나타났지만 그 이전 역사에서도 찾아볼 수 있다고 주장했다.[10] 이 주장은 북서아메리카, 중앙아메리카, 뉴기니 고원지대에서 19세기와 20세기까지 생존했거나 지금도 살고 있는 국가 이전 수렵채집인과 원예민의 커다란 소小우주들에 적용되었다. 이 지역들은 제각기 거대한 영역을 포괄했고 수백 개의 부족과 언어로 이루어져 있었다. 이 모든 지역에서 사람들은 국가사회와의 접촉 도중과 이후에 자기들끼리 맹렬하게 싸웠다. '부족 영역' 이론의 옹호자들은 국가사회와의 접촉을 계기로 그때까지 평화롭게 살던 토착 부족들 사이에 전쟁이 도입된—'발명된'—것인지, 아니면 오래전부터 있었던 전쟁 패턴이 그저 강화된 것인지에 대해 줄곧 모호한 태도를 보였다. 전체적으로 그들의 주장은 전자의 입장을 강하게 내포하거나 함축했다. 그렇지만 동시에 이 학자들 대다수는 다른 모든 연구에 동조하여, 이 모든 지역에서 전쟁이 아주 오래되었고 국가와 접촉하기 한참 전부터 일어났다는 사실을 인정했다.[11]

예를 들어 북서아메리카에서 요새화된 취락의 고고학적 증거는 적어도 4000년 전까지 거슬러올라간다고 알려져 있었다.[12] 틀림없이 싸움 전용 기구인 가죽이나 나무로 만든 갑옷은 유럽인이 도착하기 전부터 토착민이 여러 장소에서 두루 사용했다고 알려져 있었고, 정작 유럽인과 접촉한 이후로는 소총의 화력 앞에 무용지물이 되어 갑옷 사용이 감소했다.[13]

이와 비슷하게 유럽 신석기 시대에, 국가 이전 선사시대에 수천 년간 존속한 농경 부족 취락들도 전쟁을 뒷받침하는 풍부한 고고학적 증거를 제공한다.[14] 외부 세력, 특히 국가의 압력과 도전에 대응해 부족들의 유대가 공고해지고 부족 연맹의 규모가 증대하기는 했지만, 대체로 보아 각 부족의 정체성과 결속을 자극하는 부족 간 분쟁이 만연해 있었다.[15] '부족 영역'을 옹호하는 대다수 학자들이 국가사회와 접촉하기 이전에 부족들 사이에 사나운 전쟁이 만연했다는 사실을 잘 알고 있었음을 고려하면, 그들의 논지 또는 그 잔재는 합리화하기가 아주 어렵다.

'부족 영역' 이론의 짧은 순간은 로런스 킬리Lawrence Keeley의 『문명 이전의 전쟁—평화로운 야만인의 신화War before Civilization: The Myth of the Peaceful Savage』(1996) 출간과 함께 끝이 났다. 이 책의 출간은 여러 면에서 판세를 뒤집은 사건이었다. 연구에 담긴 루소주의적 편향에 주의할 것을 촉구한 킬리는 국가 이전 사회들 간의 치명적인 폭력, 전쟁, 매우 높은 살해율을 뒷받침하는 고고학적·민족지학적 증거를 엄청나게 모았다. 대체로 킬리가 다루지 않은 사례들을 검토한 다른 폭넓은 연구들도 놀랍도록 유사한 결론에 도달했다.[16] 그들 모두 수렵채집인 사이에서나 국가 이전 원예민 사이

삽화 1.1 뉴기니 고원지대의 전투.

에서나 폭력과 전쟁이 만연했고, 이것이 유달리 높은 폭력에 의한 사망의 비율로 귀결되었음을 발견했다—이 주제와 관련해 세계 각지에서 발견된 풍부한 인류학 증거에 관심 있는 독자들은 이들의 연구를 참조해도 좋겠다. 동물들의 '의례적' 싸움을 주장한 로렌츠처럼, 인류학자들도 '의례적 전투'를 주장하며 국가 이전 싸움이 심각하지 않았다고 믿는 오류를 오랫동안 저질렀다. 실제로 전투에서 양편은 보통 서로 거리를 둔 채로 무기를 던졌고 사상자는 거의 나오지 않았다. 그렇지만 '원시전쟁' 연구자들이 보여주었듯이, 일반적으로 국가 이전 사회들 사이에서 주요하고도 단연 치명적인 전투 형태는 공개적인 회전會戰이 아니라 습격과 매복—비대칭 싸움—이었다. 선사시대 사람들 사이에서 기습이 싸움의 주요 형태였던 이유는 인간이 본질적으로 '선제공격'을 하는 생물이기 때문이다. 동물들은 몸 자체에 '무기'를 탑재하고 있어 비무장 상대를 기습하기 어려운 반면, 인

삽화 1.2 아마조니아의 야노마모족: 습격조 집합.

간은 무기를 사용하고 무기 없이 붙잡히면 무방비 상태나 마찬가지다(삽화 1.1과 1.2).[17]

국가 이전 사회들 가운데 높은 살해율을 기록한 사례들을 살펴보자. 먼저 아마조니아(그리고 오리노코강 유역)다. 수렵채집인 히위족Hiwi의 경우 접촉 이전 전체 성인 중 36퍼센트가 전쟁과 살인 때문에 죽었다. 수렵채집인 아체족Aché의 사망자 중 약 55퍼센트는 폭력에 의한 죽음을 맞았다.[18] 수렵채집인 우아오라니족Waorani 또는 아우카족Auca은 공인된 세계 기록을 보유하고 있다. 성인의 60퍼센트 이상이 혈수血讐와 전쟁 때문에 죽은 것이다. 수렵원예민 야노마모족 가운데 약 15퍼센트는 집단 내 폭력과 집단 간 폭력의 결과로 사망했다. 성별로 나눠보면 남성 사망자의 24퍼센트, 여성 사망자의 7퍼센트였다. 뉴기니 고원지대 토착 수렵원예민의 폭력에 의한 사망 비율도 아주 비슷했다. 다니족Dani에서는 남성의 28.5퍼센트와 여성의 2.4퍼센트, 엥가족Enga에서는 성인 남성의 34.8퍼센트가 폭력에 의한 죽음을 맞았다. 총 인구가 150명을 겨우 넘는 고일랄라족Goilala에서는 35년간 29명(주로 남성)이 살해당했으며, 저지低地 게부시족Gebusi에서는 성인 남성의 35.2퍼센트와 성인 여성의 29.3퍼센트가 폭력에 의한 죽음을 맞았다. 북아메리카 대평원 인디언 가운데 블랙풋Blackfoot 부족의 경우 성인 남성이 여성에 비해 1805년 50퍼센트, 1858년 33퍼센트 부족했지만, 전쟁이 중지된 기간에 성비가 50대 50으로 빠르게 회복되었다.[19] 폴리네시아의 사회들—오랫동안 사회적 화합, 자유연애, 평화 같은 루소주의적 공상의 대상이었던 곳—은 폭력과 전쟁으로 가득한 공간으로 드러났다. 이곳의 가장 큰 사회부터 가장 작은 사회까지 18개 사회를 조사한 주요 연구에 따르면 고질적인 전쟁을 겪지 않은 사회가 하나도 없었다. "전쟁은 (…) 폴리네시아 어디에나 있었다."[20]

어느 한 사례에서 발견한 정보가 정확하지 않거나 미심쩍을 수는 있지만, 서로 독립적으로 수행한 인류학 사례 연구들이 되풀이해 내놓은 일관된 정보들은 틀림없이 하나의 패턴을 이룬다. 실제로 방금 인용한 사례들은 치사율 면에서 최고점이 아니라 정확히 평균을 나타낸다. 국가 이전 사회들에서 성인 남성의 약 25퍼센트(성인 인구 전체의 약 15퍼센트)는 폭력에 의한 죽음을 맞았으며, 나머지 모든 남성도 상처투성이였다. 이렇게 극히 높은 폭력에 의한 사망 비율은 집단 내 살해와 집단 간 살해의 모든 형태를 망라한 수치다. 의미심장하게도 이 비율은 야생 침팬지의 군집 내 살해와 군집 간 살해를 기록해 얻은 비율과 얼추 같다. 침팬지 군집들을 조사한 세 차례 개별 연구를 통해 얻은 전체적인 폭력에 의한 사망 비율은 각각 20퍼센트(수컷은 24퍼센트), 36퍼센트, 16퍼센트였다.[21] 침팬지 개체군 6개를 조사한 또다른 포괄적인 연구에서 나온 폭력에 의한 죽음의 중앙값은 연간 10만 마리당 271마리였다. 이와 비교해 연구자들이 계산한 수렵채집인의 평균 수치는 연간 10만 명당 164명이었다.[22] 미국의 경우 가장 폭력적이었던 1970년대와 1980년대 동안 폭력에 의한 죽음의 비율은 연간 10만 명당 10명이었다. 이처럼 수렵채집인의 평균 살해율은 역사적 국가사회들의 평균 살해율보다 훨씬, 수십 배 높았던 것으로 드러났다. 국가사회들은 가장 치명적인 국가 간 전쟁을 치르며 절정으로 치달은 경우에만 국가 이전의 평균에 그나마 근접했다. 스티븐 핑커의 책 『우리 본성의 선한 천사』는 더 많은 대중으로 하여금 이런 발견에 주목하게 했다.

고고학자 킬리는 다른 고고학자들로 하여금 이제껏 간과해온 선사시대 전쟁의 흔적에 주목하고 그들의 접근법을 개선하게 했다. 그 이후 20년간 고고학의 전쟁 연구, 특히 지난 1만 년간 급증한 국가 이전 수렵채집인과 원예민 가운데 정주성이 더 강한 공동체들에 대한 연구가 대폭 늘었다. 이들 연구는 틀림없이 폭력과 전쟁을 가리키는 증거, 이를테면 취락 주변에 흔한 울짱, 집촌集村의 다른 방어 장치들, 보호된 장소, 집촌 사이에 비워둔 '임자 없는 땅', 머리뼈와 아래팔뼈에서 흔히 발견되는, '막기 골절'이라고 알려진 폭력에 의한 외상의 흔적 등을 폭넓게 기록했다.

특히 내가 『문명과 전쟁』을 펴낸 이래 유골 증거가 놀랄 만큼 축적되었다. 미국 북부의 증거를 폭넓게 조사한 결과, 장소에 따라 수치가 상당히 다르긴 하지만 폭력에 의한 외상의 비율이 몇몇 지역에서 극히 높고 평균 비율도 아주 높은 것으로 드러났다.[23] 예컨대 캘리포니아 남부 연안에 살았던 선사시대 수렵채집인의 유골을 보면, 머리덮개뼈가 골절되었다가 치유된 흔적이 남성은 15퍼센트부터 거의 40퍼센트까지, 여성은 대략 10퍼센트부터 20퍼센트까지 나타난다. 이 비율은 남녀 아이들을 제외하면 더 올라간다. 가장 이른 시기(기원전 6630~4050년) 남성 표본에서 이 비율은 20퍼센트에 근접한다(역시 성인으로 한정하면 더 올라간다). 유골에 남은 발사무기 부상의 흔적은 남성의 경우 약 3퍼센트부터 20퍼센트 이상까지, 여성의 경우 10퍼센트까지 나타난다.[24] 캘리포니아와 미국 서부를 기원전 3050년 시점부터 조사한 다른 연구들은 머리 가죽을 벗긴 흔적을 비롯한 머리뼈 손상의 비율이 초창기에 가장 높았고, 정주생활이 늘어난 나중 시기에 실제로 낮아졌다는 사실을 발견했다.[25] 이와 비슷하게, 캐나다 브리티시컬럼비아주에서는 미국 북서부('부족 영역' 이론의 주요 사례)처럼 기원전 3500~1500년에 관찰 가능한 골격 57개 중 21퍼센트에서 명백한 폭력에 의한 외상이 나타난다.[26] 이는 그 이후 기원전 1500년부터 기원후 500년까지의 시기, 이 지역에서 인구의 밀도가 더 높았고 큰 촌락들이 생겨난 시기에 기록된 폭력에 의한 외상의 비율만큼이나 높은 수치다.[27] 이 모든 연구 성과는 인구밀도와 사회적 복잡성의 증대가 인간 싸움을 처음 일으킨 요인이 아니라는 것을 말해준다.

실제로 신세계에서 초창기 취락들은 이동생활을 하는 비정주성 수렵채집인들로 이루어져 있었고, 인구밀도가 아주 낮은 상태로 드문드문 흩어져 있었다. 그럼에도 고고학자 필립 워커Philip Walker는 "초기 인류의 유골이 많지 않음을 감안하면, 다른 인간에게 베인 상처가 있는 뼈가 놀랍도록 흔하다"고 썼다. "신세계의 초창기 이주민들은 (…) 낮은 밀도로 살았고 다른 곳으로 이동함으로써 폭력을 피할 기회가 충분히 있었지만 결국 피하지 못했던 것으로 보인다."[28] 워커는 여러 연구에서 나온 증거를 이렇게 요약했다.

> 초창기 아메리카 토착민의 유골 중 하나인 9000년 된 케너윅 유골에는 아마도 투척용 창이 골반뼈에 박힌 듯한 나뭇잎 모양의 커다란 창끝뿐 아니라 잘 치유된 작은 머리뼈 골절의 흔적까지 남아 있다. (…) 창끝이 박혔던 흔적과 머리뼈 손상을 비롯한 비슷한 손상이 다른 초기 아메리카 토착민의 유골들에서 발견되었다.[29]

워커는 이렇게 결론 내렸다. "과거에 우리 사회를 조직한 덜 폭력적인 방법을 찾으려던 시도는 소득 없이 끝났다. 모든 증거는 평화로운 기간이 언제나 전쟁과 폭력 에피소드에 의해 중단되었음을 시사한다."[30]

아메리칸 인디언의 확인 가능한 최초 도착 시점부터 약 9000년 전까지, 드문드문 흩어져 살았던 인디언 집단들의 유골을 조사한 또다른 최근 연구는 남성 58퍼센트와 여성 18퍼센트가 폭력에 의한 부상을 입었음을 확인해준다. 이 수치는 앞서 인용한, 훗날 인구밀도가 더 높았던 선사시대 북아메리카의 여러 지역에서 확인한 비율의 대략 두 배다.[31]

안데스 지역을 포괄적으로 연구해 얻은 증거에 따르면, 이곳의 초창기 취락들에서도 비슷한 그림과 비슷하게 높은 부상 비율이 나타난다. 인간이 거주한 초기부터 국가들과 잉카 제국이 등장한 시점까지 1000년 동안 머리뼈 외상의 빈도는 크게 변했다. 그럼에도 국가가 출현하기 한참 전인 상고시대 동안에는 부상 비율이 줄곧 평균 근처였으며, 머리뼈 외상 하나만 보면 15퍼센트에 조금 못 미쳤고 성인 남성 인구에 편중되었다.[32] 오늘날 이스라엘에 해당하는 레반트 남부에 살았던, 세계 최초라고 알려진 반

정주/정주 수렵인 겸 야생 밀 채집인인 나투프인(기원전 14세기부터 10세기까지)에 대한 연구는 성인 남성의 16.7퍼센트와 성인 여성의 20퍼센트에서 치유된 머리뼈 손상을 발견했다.[33] 이 모든 높은 부상률은 많은 유골에서 외상의 흔적이 발견되지 않는다는 사실을 감안하면 더욱 놀랄 만한 결과다. 치명상을 포함해 연조직에 입은 부상은 보존되지 않는다. 그리고 습격과 전투 중에 살해된 남자들 태반은 고고학자의 주요 정보원인 촌락 공동묘지로 돌아오지 못한다.*

지난 1만 년간 국가 이전 수렵채집인(나투프인과 관련)과 원예민 사이에 폭력과 교전이 만연했음을 뒷받침하는 고고학적 증거의 출현은 특히 확장된 루소주의의 '부족 영역' 이론에 엄청난 타격을 입혔다. 이 이론의 가장 적극적인 옹호자인 브라이언 퍼거슨Brian Ferguson마저 새로운 연구 물결의 초기 성과를 모은 책에 기고한 글에서 이렇게 인정했다. "서구의 식민주의, 또는 국가, 또는 농업이 도래하기 전에는 폭력과 전쟁이 없었다고 믿는 사람들이 있다면[원문 그대로다! 강조는 내가 했다] 이 책은 그들이 틀렸음을 입증한다." 퍼거슨은 그다음 문장으로 공정을 기하려 했다. "마찬가지로, 모든 인간 사회가 폭력과 전쟁에 시달려왔다고 믿는 사람들이 있다면, 이 책

---

* 포유류 수백 종을 조사한 최근 연구 José María Gómez, Miguel Verdú, and Adela González-Megías, 'The Phylogenetic Roots of Human Lethal Violence', *Nature*, 538 (Oct. 2016), 233-7은 종내 살해가 우리의 선사시대 유산, 실은 유전적 유산의 일부임을 확인해준다. 그렇지만 이 연구는 인간의 살해율을 약 2퍼센트로 추정한다. 이미 살펴보았고 이 장에서 더 살펴볼 증거를 고려할 때, 나는 이것이 터무니없이 낮은 추정치이며 대체로 이 문단에서 언급한 요인들 때문에 이런 결과가 나왔다고 생각한다. 실제로 이 논문에서 저자들은 우리 종의 먼 과거에 대한 고고학적 증거가 역사적으로 알려진 수렵채집인들과 관련해 인류학계에서 내놓은 증거보다 낮은 살해율을 드러낸다는 것을 인정한다. 저자들은 나와 의견을 주고받으면서 고고학적 증거에 심각한 편향이 있을지도 모른다는 데 동의한 것으로 보인다.

은 그들이 틀렸음을 입증한다."[34] 그렇지만 두번째 명제의 다양한 주장은 결코 '입증'되지 않았다. 기껏해야 미입증 상태이며 추가 조사에 열려 있을 뿐이다.

오래지 않아 퍼거슨은 자신의 '부족 영역' 이론의 일부를 구하려 시도했는데, 내가 다른 글에서 보여준 대로 여전히 심각한 결함이 있는 시도였다.[35] 퍼거슨은 루소주의적 입장의 새로운 노선, 내가 유사 루소주의라고 부르는 노선의 전조를 보이기도 했다.[36] 실은 그간 논쟁의 초점이 크게 달라져 있었다. 가장 낮은 인구밀도로 여기저기 흩어져 살았고 재산을 거의 소유하지 않았던 수렵채집인들 사이에서마저 기록된 아주 높은 살해율—처음에는 루소주의 인류학자들이 기록했다—은 우리가 고전적 루소주의라고 부른, 비폭력적인 원시시대를 상정한 입장이 틀렸음을 드러냈다. 그 이후 확장된 루소주의의 주장, 즉 약 1만 년 전부터 급증한, 정착 수렵채집인과 원예민, 농경민으로 이루어진 더 밀도 높고 더 계층화된 집단들 사이에는 치명적인 폭력과 전쟁이 없었거나, 드물었거나, 적어도 빈발하지는 않았다는 주장을 논박하는 데 고고학이 가세했다. 고고학은 폭력과 전쟁이 국가와 접촉한 이후에야 불타올랐다는 주장을 도저히 옹호할 수 없게 만들었다. 그렇지만 루소주의적 입장은 이런 전개에 대응해 내가 유사 루소주의라는 딱지를 붙인 입장을 취하는 등 스스로를 조정하고 변경했다. 고전적 루소주의와 달리 유사 루소주의자들은 민족지학 방법으로 기록한, 이동성 단순 수렵채집인들 사이에 나타난 높은 폭력에 의한 사망 비율을 명시적 또는 암묵적으로 인정했다. 그러나 그들은 이런 높은 살해율이 개인적·사적 분쟁의 결과라고 주장한다. 그런 살해를 집단 간 싸움인 '전쟁'이 아닌 '살인'과 '혈수'로 분류해야 한다는 것이다. 이 정의에 따르면, 우리 조상의 과거를 대부분 차지하는—인간이 지구에 존재한 기간 중

90퍼센트 이상—구석기시대 동안 이동성 단순 수렵채집인은 전쟁을 하지 않았으며, 인류 발전의 훨씬 나중 단계에 이르러서야 전쟁이 출현했다. 21세기 전환기부터 주목을 받고 있는, 루소주의 방어선 중 가장 최근에 출현한—아마도 마지막 방어선일 것이다—유사 루소주의를 우리는 면밀히 검토할 필요가 있다.

유사 루소주의: 주장과 개념

인류학자 레이먼드 켈리Raymond Kelly는 『전쟁 없는 사회들과 전쟁의 기원Warless Societies and the Origin of War』(2000)에서 수렵채집인들이 후대의 국가 사회들보다 훨씬 더 높은, 극히 높은 살해율을 경험했다는 민족지학적 기록을 온전히 받아들인다. 이로써 그는 루소주의의 표준 전통, 그가 썼듯이면 과거의 원주민 집단을 평온하고 폭력 없는 집단으로 여기는 경향을 보여온 순진한 견해와 사실상 결별한다.[37] 그와 동시에 켈리는 증거를 분석하는 가운데 덜 조직되고, 씨족과 부족을 중심으로 덜 결집되고, 인류학 용어를 사용하자면 덜 '분절'된 수렵채집인 공동체일수록 '살인' 및 '혈수'(공동체 전체를 끌어들이지 않았다)와 구별되는 집단 간 '전쟁'을 덜 경험했다고 주장한다. 켈리의 분석은 '분절'의 부재와 상관관계가 있는 요인이 다른 무엇보다 단순 수렵채집인의 이동성 및 낮은 인구밀도임을 시사한다. 켈리는 구석기 조상들 중 압도적인 다수가 그런 단순 수렵채집인이었으므로, 그들 사이에 살인과 혈수가 만연했을지라도 전쟁 자체는 그 이후에야 발전한 것으로 보인다고 결론 내린다. 이와 거의 같은 견해를 인류학자 더글러스 프라이Douglas Fry가 받아들였다.[38] 세계 평화라는 대의를 지지하는 프라이는 켈리와는 달리 수렵채집인 사이 평균 살해율이 매우 높았다는 사실에 대한 그 어떤 언급도 용의주도하게 피한다. 그는 이 사실을 암묵적으로 받아들이면서도, 그런 살해를 전쟁이 아닌 살인과 혈수의 범주에 집어넣어야 한다고 주장한다.

원시적 인간 폭력에 대한 유사 루소주의의 규정은 홉스의 규정은 물론이고 루소의 규정과도 매우 다르다는 데 유의해야 한다. 홉스의 '전쟁'은 '살인'과 '혈수'를 비롯해 인간의 자연 상태를 몹시 불안정하고 위태롭게 만든 모든 형태의 치명적인 폭력을 포괄한다. 최소한의 사교와 교류를 전제하는 루소의 평화로운 원시 상태는 표면상 어떤 형태의 인간 폭력도 없는 상태다. 이처럼 홉스와 루소가 각각 이해한 호전성과 평화로움은 원시적 인간의 치명적 폭력에 대한 인류학 조사와 통계에서 사용된 개념들, 켈리와 프라이가 모호하다고 비판하는 개념들에 아주 가깝다.[39]

홉스와 루소 둘 다 인간이 자행한 모든 치명적 행위를 언급했다. 다만 홉스는 치명적 행위가 아주 흔했다고 생각한 반면 루소는 드물었다고 믿었다. 내가 퍼거슨과 켈리, 프라이의 주장을 유사 루소주의라고 부르는 이유가 여기에 있다. 이들의 주장은 원시적 인간 폭력에 대한 아주 중요한 주장처럼 들린다. 그러나 사실 이들은 자신들의 규정(앞으로 살펴볼 것처럼 경험적 근거가 없는)[40]이라는 가느다란 줄에 매달린 채로 관심의 초점을 수렵채집인의 폭력에 의한 사망 비율—원시적 인간 상태를 둘러싼 논쟁에서 가장 중요한 문제—에서 다른 데로 돌리고 있다. 유사 루소주의는 고전적 루소주의와 양립할 수 없으며, 원시적 과거의 치명적 폭력을 매우 다르게 묘사한다. 유사 루소주의는 루소주의적 입장의 중대한 변화—인정되지도 인식되지도 않은 변화—를 나타낸다. 아무도 인정하지도, 심지어 깨닫지도 못하는 사이에 수백 년 묵은 논쟁이 일거에 폐기된 것으로 보인다.

살인, 혈수, 전쟁을 구별하는 일은 의미론적 문제와 실질적 문제를 모두 수반한다. 먼저 의미론적 측면에서 우리는 실체화의 오류, 즉 추상적이고 보편적인 개념을 역사상 형성된 특정한 현실인 양 다루는 오류를 피해야 한다. 살인, 혈수, 전쟁 사이 차이는 질서정연한 국가사회의 시민인 우리에게는 근본적이고 자연스럽고 중요한 차이처럼 보인다. 그러나 이 차이는 대체로 보아 후대의 국가들이 만들어낸 현실의 산물이다. 다시 말해 살인과 혈수로 인해 이따금 중단되는 내부의 평화와 외부의 대규모 전쟁이 뚜렷이 대비되는 현실은 역사적으로 국가들이 만들어낸 것이다. 오늘날 한편의 살인 및 혈수와 다른 한편의 전쟁 사이에는 엄청난 개념적·실질적 간극이 있다. 그러나 국가 이전 사회들에서는 그렇지 않았다.

실제로 토착민의 언어 용법은 '살인' 또는 '혈수'와 '전쟁'을 나누는 국가시대의 용법과 달랐다. 일례로 영어 단어 'war'의 어근인 'werra'는 국가 이전 부족시대까지 거슬러올라가는 옛 프랑크-게르만어 낱말로서 혼란이나 불화, 분쟁을 의미한다—사실상 홉스가 말한 '전쟁'과 같은 의미다.[41] 이와 비슷하게, 20세기 초 미국 인류학의 아버지 프랜츠 보애스Franz Boas는 아메리카 동부와 대평원, 북서부(그가 직접 연구한 지역)의 인디언들 사이에서 "용어 '전쟁'은 부족이나 씨족 사이 싸움뿐 아니라 다른 집단의 성원 한 명 또는 여러 명을 죽이려는 개인들의 행위까지 포함한다"고 썼다.[42] 보애스가 자신이 묘사하는 토착민 용어에 더해 부족 간 대규모 싸움이라는 현실까지 당연시한다는 데 유의하라.

다음으로 유사 루소주의에서 비롯되는 실질적 문제를 살펴보자. 이것은 이동생활을 한 단순 수렵채집인들 사이에, 더 나아가 선사시대의 광활한 공간들 도처에 매우 치명적인 '살인'과 '혈수'에 더해 집단 '전쟁'까지 과연 존재했는지를 따지는 문제다. 그러나 현실에 주목하기에 앞서 우리는 의미론적 장애물부터 치워야 한다. 정규군과 지휘구조는 말할 것도 없고 정치적으로 조직된 대규모 공동체의 존재를 상정하는 모든 전쟁 정의는 그 자체로 단순 수렵채집인을 배제하는 것이고, 이런 점에서 동의어 반복이나 마찬가지다. 단순 수렵채집인은 몇 세대를 아우르는 50여 명으로 이루어진 비교적 평등주의적인 소규모 집단에서 살았다. 이런 국지 가족 집단의 남성 전사는 10여 명이었을 것이고, 약 500명으로 이루어진 지역 집단 또는 부족의 남성 전사는 수십 명이었을 것이다. 우리의 논쟁과 관련이 있는 유일한 문제는 이런 집단의 사람들이 집단 간 싸움에서 협력했는지 여부다. 선사시대 전쟁에 관한 선구적 연구에서 메릴린 로퍼Marilyn Roper가 채택한 전쟁의 정의인 "한 집단이 다른 집단에 가하는 살해를 비롯한 승인된 폭력"[43]은 루소주의자 조너선 하스Jonathan Haas의 정의인 "대개 치명적인 물리력을 사용하는 집단 간 무력 분쟁"[44]과 일치한다. 이렇게 정의—루소주의자들이 받아들이는 정의다[45]—할 경우 쟁점은 이런 전쟁이 과연 존재했느냐는 것이다.

몇 가지 일반적인 논평으로 시작하자. 개인 살해는 인간 사회들의 주요 특징이었던 반면 집단 싸움은 그렇지 않았다는 생각—저명한 인류학자 마거릿 미드Margaret Mead가 처음 제시했다[46]—은 말이 안 된다. 인간은 사회적 종이며 같은 집단의 성원들과 일상적으로 여러 형태의 협력을 한다. 최근의 한 모델은 구석기시대 동안 소집단 연대와 집단 간 싸움이라는 조건이 어떻게 강력한 진화적 이점을 가져다줄 수 있었는지를 입증했다.[47] 더욱이 프라이는 수렵채집인 집단을 인류학의 일반적인 용어인 군집band으로 일컫는데, 이 용어는 사람들이 무작위로 모여 있다는 인상을 준다. 그러나 사실 수렵채집인 군집은 친족 유대와 결혼 동맹으로 얽히고설킨 친족 집단이었다.[48] 이런 집단의 사람들은 외부인에 맞서 저희끼리 가족애와 연대를 드러냈다. 한 남성은 때로 혼자서 공격에 나서기도 했지만 그 못지않게 자주 아버지, 아들, 형제, 삼촌, 사촌, 인척뿐 아니라 친한 친구에게도 도움을 구했다. 이따금 싸움이 더 큰 규모로 벌어질 때면 부족의 남자들이 대부분 휩쓸리기도 했다. 집단 간 싸움은 개인 수준, 서로 밀접한 관계인 소집단 수준, 더 큰 부족 집단 수준을 막론하고 모든 수준에서 일어났다.

비교적 소규모인 친족 기반 사회에서 친족 연대는 널리 퍼진 또다른 루소주의적 주장의 논리를 약화시킨다. 그 주장이란, 수렵채집인 사이에서 집단 내 살해는 일어났을 테지만 집단 간 싸움과 살해는 전혀 또는 거의 일어나지 않았다는 것이다.[49] 그러나 크리스토퍼 뵘Christopher Boehm이 이동성 단순 수렵채집인에 관한 폭넓은 연구에서 결론 내린 대로, 집단 내부보다 집단 사이에서 치명적인 싸움이 더 흔하게 일어났으며, 분쟁 해결이 덜 정착되고 덜 효과적이었다.[50] 단순하고 아주 명백한 현실은 공동체 내부에서 폭력이 더 제약되고 규제되었다는 것, 그에 반해 공동체들 사이에는 이질감이 있었고 중재와 분쟁 해결의 메커니즘이 덜 갖추어져 있었다는 것이다. 그런 메커니즘이 집단 간에도 작동하여 개인이나 공동체의 불만을 자주 해결했던 것은 사실이다. 이를테면, 그런 메커니즘을 통해 한 공동체의 성원 한 명 또는 여러 명을 화나게 한 다른 공동체의 성원을 처벌하기로 합의할 수 있었다. 그렇지만 많은 경우에 집단의 성원들은 자기네 성원을 변호했거나, 해결되지 않은 집단적 성격의 분쟁거리를 놓고 다른 집단과 싸웠다. 주목할 만한 사실은, 침팬지들의 살해도 대부분 집단 내부가 아닌 사이에서 일어난다는 것이다.[51]

의미론적 장애물을 치웠으니 이제 경험적·민족지학적 증거를 살펴보자. 로런스 킬리는 확장된 루소주의의 주장을 해부하는 가운데 원예민뿐 아니라 지난 1만 년간 급증한, 정주성이 더 강하고 경제적·사회적으로 더 복잡한 수렵채집인에게도 초점을 맞추었다. 그가 이 작업을 얼마나 효과적으로 해냈던지, 논쟁의 대상이 1만 년 전보다 더 앞선 이동성 단순 수렵채집인의 영역으로, 즉 시간상으로 훨씬 더 길고 더 근본적인 영역으로 바뀌었다. 앞서 말했듯이, 오늘날 고고학은 인류 역사의 90퍼센트 이상을 차지하는 먼 과거의 인간 싸움이라는 문제를 해결하지 못한다. 네안데르탈인과 구석기시대 호모사피엔스의 유골에 폭력에 의한 외상의 흔적이 남아 있기는 하다. 그렇지만 유골 증거의 수가 부족하고 상태가 나쁜 탓에, 당시 폭력의 범위와 정확한 성격을 밝혀내기가 어렵다.[52] 수수께끼를 풀어줄 가장 유망한 자원은 현존하거나 최근에 소멸한 이동성 단순 수렵채집인에 대한 인류학적 관찰이다. 겉보기에 레이먼드 켈리는 민족지학적 기록에 대한 섬세한 분석에 근거하여 이들에 대한 주장을 펴는 듯하다. 그렇지만 우리가 가진 단연 적절하고 확실한 증거, 즉 오스트레일리아 원주민을 관찰해 얻은 증거는 개인 폭력과 가족 간 폭력뿐 아니라 집단 간 폭력까지 드러낸다. 밀도와 조직이 제각각인 모든 집단에서, 그리고 초목이 가장 무성한 지역부터 가장 척박한 지역까지 모든 생태학적 틈새에서 집단 간 폭력이 기록되었다. 여느 곳과 마찬가지로 오스트레일리아에서는 교환을 비롯한 여러 형태의 평화적인 교류도 아주 흔했다. 적대적 관계와 평화적 관계가 둘 다 존재했고, 집단들끼리 두 관계를 오가기도 했다. 그럼에도 원주민 부족 집단들은 보통 이웃을 의심하고 두려워했는데, 폭력이 언제나 뚜렷한 가능성이었고 이따금 폭력 사태가 터졌기 때문이다. 다른 집단의 영토에 무단 침입할 경우 목숨을 잃을 위험이 있었다.

이전 저술에서 나는 오스트레일리아를 접촉 역설을 극복하는 데 반드시 필요하고 특히 이동성 단순 수렵채집인을 연구하는 데 중요한 열쇠로 꼽았다.[53] 최근 출간된 논문 선집 『수렵채집인 사이 폭력과 전쟁Violence and Warfare among Hunter-Gatherers』(2014)은 논쟁의 궁극적 주제인 이동성 단순 수렵채집인에게 초점을 맞춘다. 이 책은 대부분 집단 싸움에 관여하는 것으로 기록된 단순 수렵채집인 집단들에 관한 풍부하고 다양한 민족지학·고고학 연구에 의존한다. 비판자들은 이 집단들 태반이 수백 년간 또는 심지어 수천 년간 원예/농경 사회들과 이웃해 살았으므로 접촉에 의해 '오염'되었다고 주장할 것이다. 그렇지만 이 책은 과거에 수렵채집인만 거주했던 오스트레일리아에 관한 장章도 두 개 포함하며, 두 장의 결론은 나의 결론과 비슷하다. 다만 이 책의 학적 담론에서도 우리의 주제에 오스트레일리아가 얼마나 중요한지, 그리고 이곳이 다른 어떤 민족지학적 '사례'와도 비교할 수 없을 만큼 얼마나 질적으로 다른지 완전히 인식한 견해는 찾아볼 수 없다.

오스트레일리아는 원주민 수렵채집인만의 대륙이었다. 농경민도, 목축민도, 국가도 없었다. 그들의 고립은 영국인이 도착한 1788년에야 끝이 났다. 오스트레일리아에 인간이 찾아온 시점은 지금으로부터 약 5만 년 전, 우리 종이 아프리카를 처음 떠난 직후였다. 그후로 오스트레일리아 원주민들은 사실상 외부인 및 세계의 다른 지역에서 이루어지는 문화적 발전과 접촉하지 않고 살았다. 약 2만 년 전에 발명된 활조차 없었다—일부 학자들은 활의 발명을 계기로 전쟁의 수준이 높아졌다고, 또는 심지어 전쟁이 시작되었다고 추정한다. 이처럼 유럽인이 도착할 때까지 유전적으로나 문화적으로나 고립된 300여 부족 집단의 거주지였던 원주민시대 오스트레일리아는 우리가 구할 수 있는 대륙 규모의 순수하고 오염되지 않은 수렵채집인 실험실에 가장 가까운 곳이다. 세계 어디에도 이 실험실과 얼추 비슷한 곳조차 없다. 나는 증거를 조사하다가 오스트레일리아의 꿈의 실험실을 우연히 발견했고, 제대로 운영되는 모든 대학 도서관의 서가 곳곳에서 19세기와 20세기 초에 초기 탐험가와 인류학자가 수행한 현장 연구가 담긴 수많은 책을 찾아냈다. 그런데 오스트레일리아의 풍부한 증거는 당시 세계 전역의 인류학자들에게 널리 알려져 있었음에도 이상하게 잊혔고, 1960년대부터 특히 동아프리카와 남아프리카에서 진행된 현장 연구가 인류학계의 관심을 끌면서 인류학 담론에서 거의 자취를 감추었다.

인류학에서 반드시 필요하다고 강조하는 현장 연구—물론 국가 이전 사회에 대한 진정한 경험적 증거를 얻는 유일한 방법이다—는 몇 가지 유감스러운 결과를 가져왔다. 현장 연구는 일종의 집단 건망증, 인류학계의 기억 상실을 초래했다. 최근 현장 연구에서 나온 따끈따끈한 성과만이 수렵채집인 사회에 대한 인식을 형성하는 데 영향을 주었다. 오스트레일리아에서 얻은 증거는 논박되지도 거부되지도 않은 채 마치 아예 존재한 적이 없는 것처럼, 또는 우리가 얻을 수 있는 가장 중요하고도 대체 불가능한 정보가 아닌 것처럼 치부되었다. 인류학은 반성 없이 전진했다.

프라이는 저서 『인간의 평화 가능성The Human Potential for Peace』(2006)에서 한 장 전체를 오스트레일리아에 할애하고 수렵채집인 연구에서 이곳의 유일무이한 중요성을 인정한다는 점에서 아주 예외적이다. 그렇지만 그 장의 제목은 '원주민시대 오스트레일리아: 호전적이지 않은 수렵채집인의 대륙'이며, 그가 묘사하는 그림과 그의 결론 모두 나의 연구 및 다른 최근 연구들과 상반된다.[54] 따라서 원주민 시대 오스트레일리아의 증거를 재검토할 필요가 있다. 나는 자료로 돌아가 오스트레일리아를 더 폭넓게 조사했다. 다음 절은 대규모 집단 간 싸움 또는 '전쟁'의 증거, 낮은 밀도로 흩어져 살고 조직되지 않고 분절되지 않은 '평등주의적'인 이동성 단순 수렵채집인은 관여하지 않았다고들 주장하는 인간 폭력의 증거에 초점을 맞춘다.

다시 오스트레일리아로: 원주민 집단 간 싸움의 증거

유럽인이 오스트레일리아에 처음 도착하고 겨우 15년 뒤인 1803년, 윌리엄 버클리William Buckley(1780~1856)라는 23세 영국인이 이 신대륙으로 가는 죄수호송선에 실려 포트필립(오늘날 멜버른)의 유형지에 도착했다. 그 직후 탈출한 그는 1835년까지 32년간 원주민 부족과 함께 살았다. 이 기간에 그는 그들의 언어를 말하는 법을 배우고 그들의 일과에 참여했다. 이제껏 다른 어떤 인류학자도 이렇게 이른 시일 내에 원주민과 이렇게까지 친해지지 못했다. 문명으로 돌아간 뒤 버클리는 자신의 경험을 몇 차례 이야기했다. 이 이야기를 극히 불편해하는 루소주의자들은 무시하거나 혹은 신뢰할 수 없다고 둘러댄다. 그러나 버클리의 이야기는 원주민의 생활과 관련해 입증할 수 있는 모든 것을 고려할 때 놀랍도록 진실한 것으로 보인다. 또한 원주민 폭력 및 전쟁과 관련해 앞으로 살펴볼, 오스트레일리아 도처에서 기록된 다른 자료들과도 완전히 일치한다.

다른 무엇보다 버클리는 원주민의 전통적인 생활방식에서 중심 요소를 이루는 수다한 치명적 혈수, 습격, 매복뿐 아니라 10여 차례의 전투 장면까지 상술한다. 그는 곤봉, 창, '전투용 부메랑', 투창기, 방패 같은 원주민 병기를 아주 상세하게 묘사한다.[55] 부족들은 보통 스물에서 예순 가족으로 이루어져 있었고 족장 없이 평등주의적이었다.[56] 싸움은 모든 수준에서, 즉 개인, 가족, 부족 수준에서 일어났다. 버클리가 기록한 몇몇 부족 간 교전에는 많은 인원이 가담했다. 예컨대 다섯 부족이 모인 전투,[57] 침입하는 적 부족 300명에 대항하는 전투와 습격,[58] 사망자가 많이 발생한 마지막 습격을 비롯해 몇 차례 부족 간 총력전[59]이 있었다. 그 밖에 두 차례 교전이 더 있었으며, 그중 두 번째는 남성 60명을 상대하는 전쟁이었다.[60] 패배자의 인육을 먹는 의례적인 행위는 원주민의 관습이었다.[61] 버클리는 대규모 습격이 가장 치명적인 폭력 형태였으며 대개 무분별한 살육을 수반했다고 보고한다. "질롱의 와토우롱가족과 야라강의 와로롱족 사이 싸움은 치열하고 피로 얼룩졌다. 나는 전자가 후자를 공격할 때 동행했다. 그들은 밤중에 별안간 적들을 덮치면서 성인 남녀와 아이를 무자비하게 죽였다."[62]

1870년대에 로리머 피슨Lorimer Fison과 A. 호윗Howitt은 오스트레일리아 남부(빅토리아주 깁슬랜드) 쿠르나이 부족을 연구했다. '전쟁' 절節에서 그들은 혈수와 집단 전체의 싸움을 둘 다 묘사했다. 한번은 누군가 부족 영토를 무단 침입했음을 가리키는 새로운 흔적이 드러나자 첩자를 보내 정찰하게 했다. 첩자는 "많은 여자와 아이"와 함께 있는 침입자들을 발견했다. 쿠르나이족 남자들은 "창을 준비했다". 그들이 떠나 있는 동안 부족 여자들이 먹을 사냥감을 충분히 잡고 추가로 정찰한 다음, "한밤중에 그들 모두 잘 무장한 상태로 행군에 나섰다(강조는 내가 했다)". 몇 차례 행군한 뒤, "새벽녘에 (…) 그들은 적들에게 다가갔다. (…) 모든 준비가 끝났을 때 첩자들이 휘파람으로 새소리를 내 신호를 보냈다. 그러자 그들 전부 달려들어 창으로 찌르고 또 찔렀다! 그들은 남자들과 아마도 일부 아이들만 찔렀다. 누구든 여자를 붙잡으면 자신이 차지했다. 그런 다음 브라제라크족(무단침입한 부족)의 살갗을 먹었다".[63] 토착민 정보원들은 패자의 인육을 먹는 의례적인 카니발리즘으로 끝난 다른 에피소드들도 들려주었다.[64]

이어서 피슨과 호윗은 가족, 혈족, 씨족의 성원들이 어떻게 혈통과 친족 관계로 서로 연결되어 있었고 "상호 원조와 보호에 의존"했는지 기술한다.[65] 습격 외에 많은 혈수뿐 아니라, 대개 사전에 합의하고 첫 부상자가 나오면 중단한 공식 전투도 있었다. 정보원들에 따르면 "깁슬랜드 씨족들의 마지막 대규모 전투들"은 1856~1857년경 일어났다. 혈수로 시작해 확대된 대규모 전투에는 친족 유대로 묶인 부족 집단이 대부분 가담했다. "우리는 아무리 못해도 200명은 되었다—적어도 인원수를 센 백인들이 우리에게 그렇게 말했다."[66] 뒤이어 장기간에 걸쳐 경쟁 부족과의 적대행위가 빈발하는 가운데 몇 차례 교전이 발생했다.[67] 싸움을 끝낸 요인은 경찰의 개입이었다. 피슨과 호윗은 부족 내 혈수가 반드시 살해를 수반한 것은 아닌 반면, 부족 간 원한 해결은 늘 살해를 수반했다고 결론 내린다. 더욱이 "혈수는 한 개인뿐 아니라 그가 속한 집단 전체가 관여"하고 친척만이 아니라 "혈족 전체, 또는 심지어 씨족 전체"가 실행하는 일이었다.[68]

제럴드 휠러Gerald Wheeler도 피슨과 호윗 못지않게 분명한 그림을 보여준다. 그는 오스트레일리아 도처의 개인들 사이에서, 그리고 국지 집단들 사이에서 정의 실현 요구를 충족하는 방편이었던 규제된 싸움을 길게 묘사한다. 대체로 멀찍이 떨어져 서로 창을 던진 그런 싸움에서 피를 본 경우는 거의 없었다.[69] 그렇지만 그다음 '전쟁' 장에서 휠러는 이렇게 말한다. "그런 규제된 전쟁이 오스트레일리아에서 단연 흔한 형태다. 그러나 그 외에 진정한 의미의 전쟁이라 부를 수 있는 것, 즉 한 집단이 다른 집단에 거의 제약이나 조건 없이, 그리고 부상자가 속한 집단의 개인들이 공격자가 속한 집단의 개인들에게 마구잡이로 집행하는 혈수 또는 정의가 존재한다."[70] 휠러는 오스트레일리아 전역에서 다른 관찰자들이 작성한 보고서도 인용한다. 한 보고서에 따르면 "밤중에 가장 은밀한 방식으로 행군한 다음 (…) 야간 공격과 전원 몰살이 뒤따른다."[71] 다른 보고서에 따르면 "그런 전쟁에서 흔한 수순은 한밤중에 적의 야영지로 살금살금 다가가 어슴새벽에 에워싸는 것이다. 고함과 함께 살육이 시작된다."[72] 휠러는 보통 부족 연대가 부족 내 전쟁을 막았다고 결론 내린다. "전쟁 자체가 정의 실현의 다른 형태들과 구별된다는 것은, 다른 부족의 성원들에게 복수할 때는 마구잡이로 한다는 점에서 분명해 보인다."[73]

유럽인은 오스트레일리아의 온대 지역인 남부보다 아열대 지역인 노던 준주Northern Territory에 훨씬 늦게 도착했지만, 드러난 그림을 보면 두 지역의 차이는 거의 없다. 1920년대에 아넘랜드의 수렵채집인 먼진Murngin 부족을 연구한 로이드 워너Lloyd Warner는 이렇게 썼다. "전쟁은 먼진족과 주변 부족들에 가장 중요한 사회활동 중 하나다."[74] 워너는 개인 간 혈수부터 소집단, 씨족, 부족 간 분쟁에 이르기까지 폭력적 분쟁의 스펙트럼 전체를 묘사했다. 그런 분쟁이 정면 대결로 이어지고 전투 규모로 확대되기도 했다. 그렇지만 국가 이전 모든 사회의 경우처럼 먼진족 사이에서도 가장 치명적이고 흔한 전쟁 형태는 야간 습격이었다. 야간 습격은 개인이나 소집단이 특정한 적이나 특정한 가족의 성원을 죽이기 위해 수행하기도 했다. 하지만 전체 씨족이나 부족에서 불러모은 대규모 습격조가 수행하기도 했다. 그런 경우 습격조는 공격하려는 야영지를 둘러싼 다음 무방비 상태로 자고 있는 사람들을 학살했다. 이렇게 더 큰 규모의 습격에서 단연 많은 살해가 기록되었다. 구체적인 사례를 보면 대규모 습격에서 35명, 소규모 습격에서 27명, 매복 공격한 대규모 전투에서 29명, 일반적인 전투에서 3명, 개인 간 정면 대결에서 2명이 살해되었다.[75] 요컨대 대규모 부족 간 충돌에서 사상자가 가장 많이 발생했다.

아널드 필링Arnold Pilling은 오스트레일리아 북부 티위족 사이 무력 분쟁에 관해 썼다. "볼드윈 스펜서Baldwin Spencer 경이 공교롭게도 창을 던지며 무력을 과시하던 한 티위족에게 부상을 입은 1912년 무렵 야간 습격은 사실상 막을 내렸다."[76]

> 스펜서 사건은 야간 습격과 매복 공격의 종결과 연관되었으며 사망자를 낳는 회전會戰은 그후 중단된 것처럼 **보였다**. 그러나 실제로는 1948년까

지도 곤봉을 가지고 싸우는, 사망을 초래하는 전투가 벌어졌다. (…) 옛 패턴에서 매복 공격은 아주 흔한 일이어서, 정보원들이 기습에 대응하는 생태학적 적응을 이야기할 정도였다. (…) 위협받는 집단 A는 맹그로브 숲으로 이주할 가능성이 높았는데, 이곳은 무엇보다 악어가 우글거리고 진흙이 질척거리는 아주 특수하고 불쾌한 생태학적 틈새였다.

인구통계학적 설명은 이렇다.

주목해야 할 중요한 점은 사망 사건들이 옛 공격 패턴 및 그에 따른 생활방식과 연관되어 있었다는 것이다. 10년 동안(1893~1903) 25~45세 연령집단에서 적어도 남성 16명이 혈수로 살해되었는데, 모두 매복 공격 아니면 사전에 계획한 회전 도중에 죽었다. 피살자들은 이 연령범주에서 전체 남성의 10퍼센트 이상을 차지했는데, 이 범주는 젊은 아버지들의 연령집단이기도 했다.

아넘랜드에서 일어난 어느 중요한 전투를 T. G. H. 스트렐로Strehlow는 이렇게 묘사한다.

을티야바쿠카와 그의 부하들을 처벌한다는 것은 평소 어브만카라에 거주하는 사람들의 야영지 전체를 소탕해서 공격자들의 이름을 발설할 수 있는 목격자를 단 한 명도 살려두지 않는다는 뜻이었다. 그 결과 파머강 유역의 마툰타라 지역에서, 그리고 남부 아란다 국지 집단들 중 일부에서 불러모은 대규모 보복조가 집결해 트지나와리티의 지휘하에 어브만카라로 진격했다. 내가 들은바 트지나와리티는 파머강 유역 마툰타라족의 '의례 족장'으로서 대단한 명성을 누린 용맹한 전사였다고 한다. (…) 트지나와리티와 그의 부하들은 지역 주민들 모두 식량을 구하는 하루 일과를 마치고 야영지로 돌아갔다고 판단한 어느 날 밤에 어브만카라를 급습했다. 남녀노소를 가리지 않고 무차별 학살했다.[77]

윌버 체이슬링Wilbur Chaseling 역시 '고향과 전장의 무리들'이라는 장에서 개인 간 잦은 싸움부터 씨족 간 규제된 전투와 습격에 이르기까지 폭력의 스펙트럼 전체를 언급한다. "습격은 흔하며, 남자들이 살해당함에 따라 피의 복수가 한 세대에서 다음 세대로 이어진다. 이제껏 여러 무리가 절멸되었다."[78] 어느 한쪽이 결정적인 승리를 거두지 못하면 평화 협상을 통해 분쟁이 결국 종결될 수도 있었다.

R. G. 킴버Kimber는 여러 연구와 출처에 근거해 이렇게 요약한다.

우리는 고고학적 증거를 토대로 분쟁이 아주 오래된 문제임을 추론해낼 수 있으며, 여러 신화학적 이야기도 이를 시사한다. 아주 가끔씩 사망자가 나오는 소규모 분쟁이 의심할 바 없이 표준이었지만, '앙갚음 법칙'이 오랜 혈수로 귀결되기도 했다. 나머지 주요 분쟁들은 인구통계에 극적인 영향을 끼쳤다.

킴버는 스트렐로가 묘사한 분쟁을 포함해 몇몇 주요 분쟁의 증거를 인용한다.

1840년경 나리왈파라 불리는 지역에서 모욕에 대응하여 "잔드루원타족과 필리아타파족이 디아리족 남자들을 얼마나 많이 죽였던지 그들의 주검으로 땅이 뒤덮였다". (…) 스트렐로는 건조지역에서 일어난 주요 분쟁을 지극히 극적으로 서술한다. 그는 1875년 핑크강 유역의 러닝워터스에서 한 차례 공격으로 성인 남녀와 아이 80~100명이 살해되었다고 추산한다. 그후 3년간 보복으로 "아마도 50~60명의 전사"로 이루어졌을 공격조 중 단 한 명을 뺀 전원이 살해되었고, 그들의 가족 일부도 같은 운명을 맞았다. 이는 식별 가능한 두 '부족' 중 약 20퍼센트가 이 분쟁에서 살해되었음을 의미한다.

킴버는 이렇게 덧붙인다.

적갈색 안료를 구하기 위한 원정은 (…) 험준한 동부 지역에서 플린더스 산맥까지 가는 여정이었다. (…) 이런 원정은 주기적으로 이루어졌고 보통 남자들만 참여했으며, 집단 간 우호적인 관계를 추구했음에도 싸움은 원정대가 흔히 직면하는 위험이었던 것으로 보인다. 1870년경 어느 원정대는 남성 한 명을 빼고 모두 매복 공격을 당해 살해된 것으로 기록되었고, 1874년경 남성 30명 집단은 한 명을 빼고 모두 "구덩이들에 매장되었다".

그리고 이렇게 결론 내린다.

증거들은 물이 충분해 인구밀도가 가장 높은 지역들에서, 또는 값나가는 물품을 얻기 위한 주기적인 '무단침입 여행' 도중에 큰 분쟁이 예상되었음을 시사한다. 정확한 수치들은 결코 알려지지 않겠지만, 분쟁이 가장 적은 지역들의 경우 세대마다 5퍼센트 정도의 낮은 사망률을, 나머지

지역들의 경우 3세대마다 20퍼센트 정도의 높은 사망률을 제시할 수 있을 것이다.[79]

전쟁은 물이 풍부한 오스트레일리아 북부와 남부에 국한되지 않고 분명 대륙 전역에 걸쳐 모든 기후대에서 일어났다. M. J. 메깃Meggitt은 지구상에서 가장 모진 환경 중 하나인 오스트레일리아 중부 사막에서 35제곱마일당 1명이라는 낮은 인구밀도로 살아가는 왈비리 부족을 연구했다. 왈비리 부족은 이웃 부족들 중 일부와는 우호적인 사이였지만 다른 일부와는 적대적인 사이였다. 후자의 관계에서는 습격과 역습이 흔했다.

남자들의 묘사에 따르면 와라뭉가족(그리고 와링가리족)의 무단침입은 단순히 침입자들 자신의 영역에 식량이 부족해서 하는 사냥이나 약탈이 아니라 재미 삼아 하는 사냥이자 여자들도 납치하려고 감행하는 습격임이 분명했다. 습격자들이 그저 싸우기 위해 약탈하는 경우도 자주 있었다. 침입당한 부족은 무력으로 맞섰으며, 양측 모두에서 사망자가 나왔다. 그러고 나면 왈비리족 전투조가 앙갚음으로 와라뭉가족 영역을 침략하곤 했다. 적 야영지를 기습해 남자들을 죽이거나 쫓아낼 수 있을 경우, 그들은 여자들을 닥치는 대로 데려갔다.[80]

20세기 초에 기록된 한 사건에서는 다른 이유로 인해 사태가 더 큰 규모로 악화되었다.

그때까지 와링가리족이 타나미와 그 주변 일대의 몇몇 토착민 우물의 소유권을 주장하고 있었지만, 물 소유권을 놓고 벌어진 회전에서 왈비리족이 와링가리족을 쫓아내고 그 지역을 자기네 영역에 통합시켰다. 사막 기준으로 대규모 교전이었고, 양측에서 각각 스무 명 이상의 사망자가 나왔다.[81]

마지막으로, 타이완의 두 배 크기이고 아일랜드와 크기가 거의 같은 태즈메이니아섬은 오스트레일리아 본토로부터 1만 년 이상 고립되어 지낸 오지 중의 오지였다. 유럽인이 도착했을 때 태즈메이니아 인구는 4000명으로 추산되었다(결국 유럽인이 토착민을 절멸시켰다). 그들의 기술과 사회조직은 기록된 사례 중 가장 원시적이었다. 심지어 부메랑도 없었다. 인구밀도도 가장 낮은 축에 들었다. 그럼에도 집단 간에 치명적인 습격과 반격이 일어났다. 영역 경계가 유지되었고, 대체로 서로를 두려워했다.[82]

요컨대 유일한 수렵채집인 대륙인 원주민시대 오스트레일리아 곳곳에서 나온 다양한 증거는 치명적인 인간 폭력—집단 싸움을 포함하는—이 모든 사회 수준에, 모든 인구밀도에, 가장 단순한 사회조직에, 그리고 모든 유형의 환경에 존재했음을 뚜렷하게 입증한다.[83] 고전적 루소주의의 주장과 달리, 원주민 싸움은 매우 치명적이었고, 역사시대 국가사회의 일반적인 수치보다 훨씬 높은 폭력에 의한 사망 비율을 기록했다. 유사 루소주의의 주장과 반대로, 싸움은 '살인'과 '혈수'뿐 아니라 집단 간 '전쟁'으로도 이루어져 있었으며, 싸움의 증거들은 대규모 습격과 전투에서 사상자가 가장 많이 발생했음을 일관되게 보여준다. 앞서 살펴본 인류학적 보고서들을 상기해보자. 필링에 따르면 10년간 25~45세 연령집단의 전체 남성 중 10퍼센트가 살해되었다. 킴버에 따르면 식별 가능한 두 부족 사이에 3년간 이어진 분쟁에서 양측의 20퍼센트가 살해되었으며, 분쟁이 가장 적게 발생한 지역들의 경우 세대마다 일반적으로 5퍼센트 정도의 사망률을, 나머지 지역들의 경우 3세대마다 20퍼센트 정도의 높은 사망률을 보여주었다. 분명 이런 추정치들은 매우 잠정적이다. 그럼에도 이 수치들은 서로 눈에 띄게 비슷하거니와 워너가 제시한 수치들과 대체로 일치한다. 워너는 지난 20년간 자신이 연구한 지역의 부족들에서 3000명 중 약 200명이 '전쟁 때문에' 사망한 것으로 기록하고 추산했다.[84] 이 모든 수치가 바로 프라이(그리고 퍼거슨[85])가 멸시하는 태도로 일축하는 매우 높은 사망률이다. 더욱이 앞서 살펴본 것처럼 이런 사망률은 부족 간 대규모 교전의 결과였다.

국가사회와 접촉하기 이전에 원주민들끼리 입힌 폭력에 의한 골격 외상도 폭력에 의한 사망 비율 못지않게 시사하는 바가 많다. 그레이엄 너키 Graham Knuckey에 따르면 오스트레일리아 전역에서 나온 성인 머리뼈 표본 366개 중 57.3퍼센트에 인간이 입힌 상해의 흔적이 있다.[86] 스티븐 웨브Stephen Webb는 다소 낮은 수치들과 장소에 따른 상당한 편차를 보여주지만, 그 범위는 여전히 높은 수준이고 세계의 다른 지역들에서 확인한 수치들과 매우 비슷하다.[87] 게다가 대다수 다른 장소들의 수치와 달리 오스트레일리아의 수치는 원주민 살해율에 대한 민족지학 증거와 비교할 수 있다. 그 증거는 오스트레일리아의 수치가 매우 높다는 결론을 강화하는 한편, 이렇게 비교할 때 두 가지 주된 조정이 필요하다는 것을 보여준다. 원주민 여자들의 머리뼈에서 특히 높은 비율로 나타나는 타격 흔적을 포함해 머리뼈 손상은 대부분 치명적이지 않았고 주로 집단 내부의 규제된 싸움에서 입은 것이었다.[88] 부족 간 야간 습격에서 발생하는 살해는 대체로 골격 증거를 남기지 않는데, 기습을 당해 무방비로 창에 찔리는 사람들은 대부분 연조직에 치명적인 부상을 입기 때문이다.

고고학적 증거와 민족지학적 증거의 상관관계에서 얻은 이런 통찰은 다른 장소들을 연구할 때 없어서는 안 될 실마리를 제공한다. 이를테면 앞서 봤듯이 초기 아메리카에 존재했던 것으로 드러난 폭력을 보여주는 풍부한 고고학적 증거와, 이런 증거가 '살인'과 '혈수'에서 기인한 것인지 아니면 집단 간 '전쟁' 역시 가리키는지 여부를 연구할 때 이런 통찰을 적용할 수 있다.[89] 아메리카 대평원의 희박한 단순 수렵채집인 인구에 대한 민족지학 기록은 북아메리카 및 그 밖의 다른 지역들의 초기 인구와 밀접한 유사성을 보여준다. 대평원에서 들소 떼의 이동 경로는 계속 변해 예측하기가 어려웠다. 그래서 때때로 다른 부족의 영역에서 사냥할 사정이 생겼는데, 그럴 때면 자주 전쟁이 일어났다.[90] 실제로 초기 고古 인디언들은 프랑스부터 우크라이나까지 유럽에서 대형동물을 사냥했던 후기 구석기시대 수렵인들과 유사한 행동 패턴을 보였을 것이다. 말(馬) 채택 이전이나 이후나 대평원에서 광범하게 기록된 싸움 패턴은 비슷한 그림을 드러낸다.

매리언 스미스Marian Smith에 따르면, "전투조가 전사 한 명이든, 한 남성과 그의 가장 친한 친구 한두 명이든, 100~400명의 전사든, 심지어 부족 전체든, 전투의 목표와 그 과정의 일반적 형태는 변하지 않았다". 야간 습격과 새벽 공격이 표준이었다. "대평원 싸움의 사망률은 준비되지 않은 적을 공격할 때 가장 높았다. (…) 그런 경우 약한 집단은 완전히 궤멸되곤 했다."[91] 존 유어스John Ewers는 접촉 이전 대평원 인디언의 전쟁을 뒷받침하는 역사적·고고학적 증거를 구체적으로 기록하면서 이렇게 썼다. "가장 큰 피해는 대규모 전투조가 작은 사냥 야영지를 불시에 공격해 휩쓸었을 때 발생했다."[92] 프랭크 세코이Frank Secoy는 말과 총이 도입되기 이전 싸움의 똑같은 패턴을 묘사한다. 세코이의 정보원인 노인 블랙풋 사우카마피Blackfoot Saukamappee에 따르면 "지금처럼 그 시절에도 전쟁의 큰 해악은 열 개에서 서른 개의 텐트로 이루어진 작은 야영지를 공격해 파괴할 때 발생했다."[93] 요컨대 아메리카 대평원과 원주민시대 오스트레일리아(그리고 국가 이전의

삽화 1.3 오스트레일리아 원주민 전사들.

삽화 1.4 오스트레일리아 원주민 전사 집단.

삽화 1.5 전투용 부메랑.

삽화 1.6 아룬타족 전사들.

삽화 1.7 환영식—다툼의 시작, 아룬타족.

다른 사회들) 사이에는 두드러진 유사성이 있다.

프라이의 저서 중 '원주민시대 오스트레일리아: 호전적이지 않은 수렵채집인의 대륙' 장은 위에서 인용한 오스트레일리아의 숱한 증거를 그가 익히 안다는 것을 보여준다(다만 초창기 자료 중 일부는 아마도 잘 알지 못할 것이다. 또는 그의 자료들에 인용되어 있음에도 적어도 그 자신은 인용하지 않는다). 그러나 그는 오스트레일리아 원주민 사이에 공격과 폭력적 죽음이 흔했음을 부인하지 않으면서도, 기록으로 입증된 그것들의 만연성과 아주 높은 치사율에 대한 그 어떤 언급도 용의주도하게 피한다. 게다가 역시 위에서 인용한 증거와 배치됨에도, 모든 살해를 살인과 혈수 범주에 집어넣는다. 마지막으로 프라이의 책에서 오스트레일리아 관련 장은 물론 나머지 부분에서도 우리는 오직 웃는 얼굴과 평화로운 활동을 찍은 사진들만 보게 된다. 19세기와 20세기 초에 오스트레일리아 전역에서 기록된, 방패—틀림없는 싸움 도구—를 휴대한 원주민 전사 집단의 그림과 사진은 찾아볼

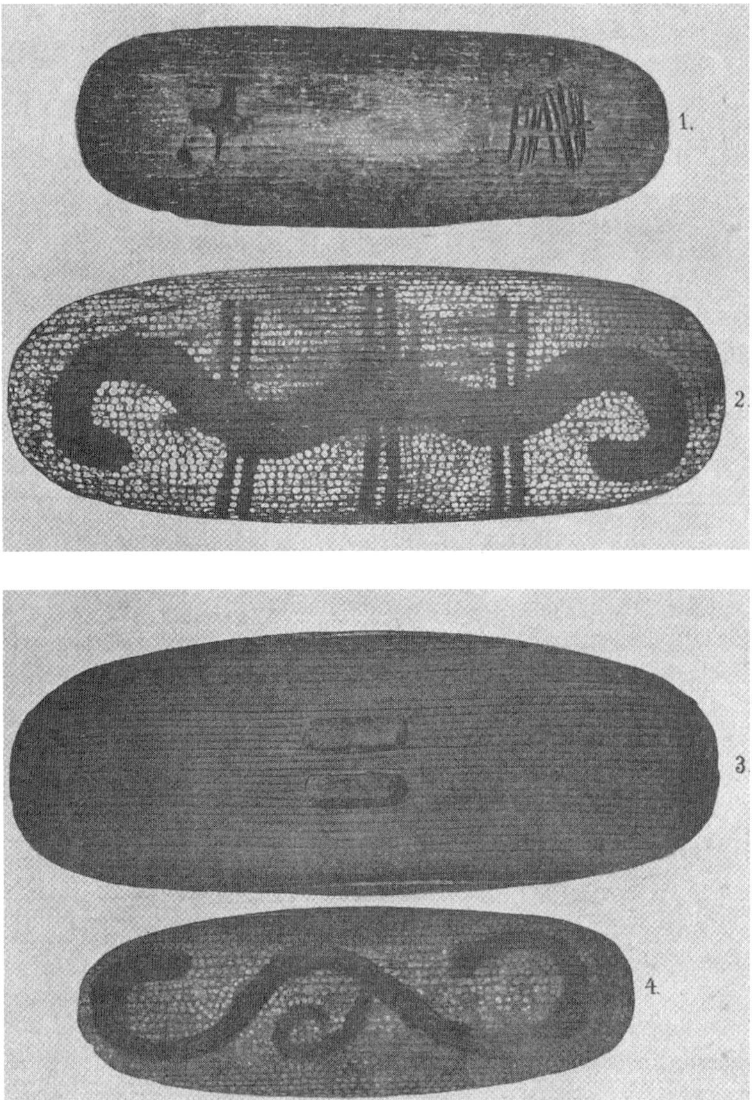

삽화 1.8 원주민 방패 (1).

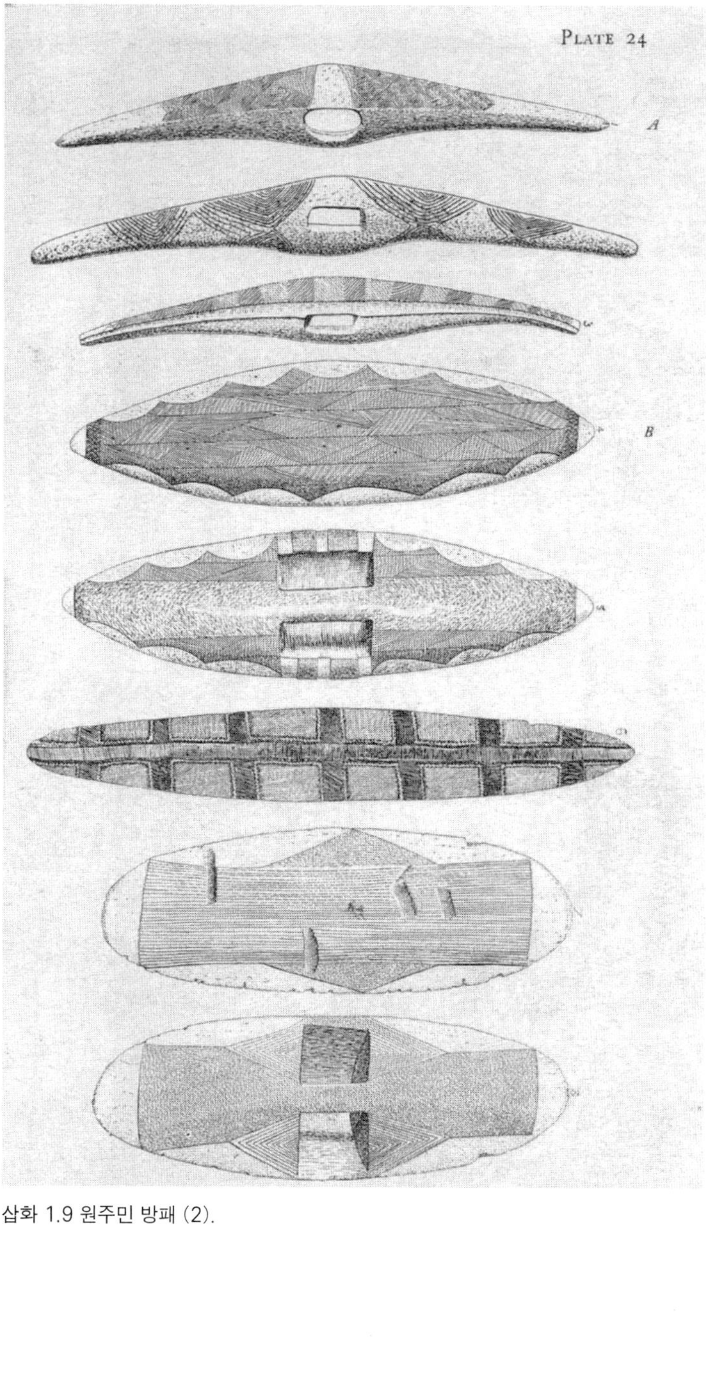

삽화 1.9 원주민 방패 (2).

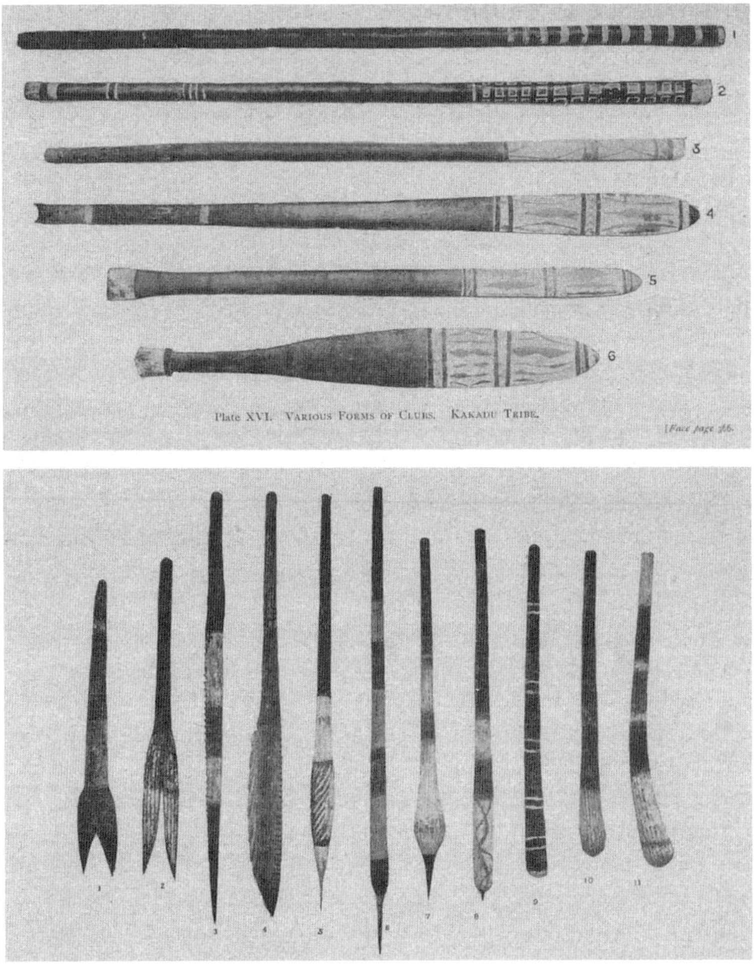

삽화 1.10 원주민 곤봉.

수 없고, 그런 모습에 대한 언급도 없다. 그렇지만 싸움 용도가 아니라면 원주민들이 대체 무슨 이유로 유랑자 같은 가벼운 차림을 하고 이른바 '호전적이지 않은' 생활과 어울리지 않는 거추장스러운 방패를 들고 다녔단

말인가?

나는 다른 글에서 프라이가 증거를 다루는 방식을 면밀히 검토했다.[94] 애석한 이야기다. 하지만 프라이가 유사 루소주의적 입장의 가장 적극적이고 논쟁적인 대변자로 활동해왔고 또 관련 쟁점들이 중요한 만큼 이는 불가피한 일이었다. 더 근본적인 문제는 이것이다. 원주민 전쟁이라는 주제에 이렇게 편파적인 전술로 접근하는 이유는 무엇인가?

전쟁과 평화: 생물학적으로 내장된, 서로 대안적이고 보완적인 행동 전략들

루소주의는 경험적 방법으로 검증하는 인류의 과거에 대한 정당한 입장—실은 겉보기에 그럴듯하고 설득력 있는 입장—이다. 원주민 사이 폭력 및 싸움과 관련된 증거를 분리하고 해석하기가 쉽지 않은 것은 사실이다. 그런데 객관적인 어려움 외에 다른 것들이 개입한다. 루소주의적 견해로 기울어지는 학자들 중 다수는 다른 속셈 없이 복잡하고 파악하기 어려운 증거를 붙들고 성실하게 씨름하는 이들이다. 그렇지만 나머지 학자들에게 루소주의는 단순히 학문적 입장이 아니라 이데올로기적 신조다.

20세기 대부분 동안 (루소 자신과 마찬가지로) 루소주의는 현대 사회에 관한 성명으로, 현대 사회의 병폐를 대하는 태도의 표현으로 기능했다. 오늘날 루소주의는 대체로 두 가지 학문 외적 목표에 이바지하고 있다. 첫째, 루소주의는 여전히 세계의 벽지 이곳저곳에 흩어져 살아가는 원주민 집단들의 권리와 문화적 유산, 안녕을 보호하기 위해 활동하는 사람들이 흔히 채택하는 신조다. 원주민들을 잃어버린 낙원에서 살아가는 고결하고 죄 없는 피조물로 그리지 않는다 할지라도, 이 신조는 아주 가치 있는 대의가 될 수 있다. 둘째, 인간의 싸움이 아주 오래되었다는 생각이 인간의 현실에서 싸움을 분리하지 못할 가능성을 시사한다고 우려하는 이들, 오늘날 세계에서 전쟁을 줄이거나 없애려는 노력을 지지하는 입장에서 이 생각을 불식시키려는 이들이 흔히 루소주의를 채택한다. 바로 이것이 프라이가 공공연히 되풀이해 언명한 사명이다. 그렇지만 인간의 싸움이 아주 오래되었다는 사실과 전쟁의 미래라는 문제는 그들이 곧잘 상정하듯이 직접적인 방식으로 연결되는 것이 결코 아니다. 나의 『문명과 전쟁』과 이 책, 스티븐 핑커의 『우리 본성의 선한 천사』, 조슈아 골드스타인Joshua Goldstein의 『전쟁과의 전쟁에서 승리하기—무력 분쟁의 전 세계적 감소Winning the War on War: The Decline of Armed Conflict Worldwide』(2011), 이언 모리스Ian Morris의 『전쟁! 무엇에 이로운가?War! What Is It Good For?』(2014)(한국어판 제목은 『전쟁의 역설』—옮긴이) 모두 선사시대에 인간 싸움이 어디에나 있었고 매우 치명적이긴 했지만 국가 치하에서 전쟁으로 인한 사망률이 실제로 감소했고, 근대와 현대 동안 전쟁이 전반적으로 급감했다고 주장했다. 요컨대 피로 얼룩진 인류의 과거와 잠재적으로 더 나은 현재 및 미래 사이에 단순한 연관성은 존재하지 않는다.

프라이는 한 가지 중요한 공헌을 했다. 다시 말해 폭력과 전쟁이 항상 만연하는 것은 아니라는 논점을 (인간 폭력에 대한 논쟁에서 충분히 빠져나오지 않은 채) 강조했다. 그는 인간 행위 레퍼토리의 반대 측면, 그가 올바르게 평화 잠재성이라고 부르는 것을 구성하는 레퍼토리를 명료하게 설명한다. 이 측면은 프라이의 목록에서 분쟁 회피, 관용, 협상, 해결 등을 포함하는 기본적인 대인관계술과 사교술로 이루어지며, 폭력 사태를 해소하고 모면하고 억누르기 위한 사회 규범과 집단 압력, 공동 의식儀式으로 보강된다.[95] 프라이는 일상생활에서 가장 흔한 이런 관행들이 언제나 우리와 함께였다고, 후대 사회들과 마찬가지로 수렵채집인 사회들에서도 두루 입증되었다고 주장한다는 점에서 옳다. 그렇지만 미래의 평화로운 세계라는 대의를 옹호하는 프라이는 반대 반향에서 오류를 범한다. 다시 말해 폭력의 역할을 경시하고 과거 원주민 집단 간 싸움을 뒷받침하는 증거를 감춘다. 폭력과 집단 간 싸움 역시 분쟁 해결과 협오의 여러 형태와 마찬가지로 언제나 우리와 함께였다. 실은 상존하는 폭력적 분쟁의 전망이야말로 분쟁 해결이 언제나 그토록 중요한 사회적 관행이었던 이유다—집단 내 환경에서나 집단 간 환경에서나 이 관행으로 분쟁을 해결하는 데 얼마간 성공한 것으로 입증되었다. 더욱이 프라이의 주장대로 수렵채집인들이 생애의 대부분을 평화롭게 보낸다 할지라도, 금방이라도 닥칠 듯한 폭력의 잠재성은 폭력이 현실화되지 않은 때에도 그들의 삶을 맴도는 사회적 사실이다.*

프라이는 수렵채집인 사회들 사이에서 폭력과 살해가 아주 높은 수준으로 균일하게 나타나는 것은 아니며 이들 중 일부는 꽤 평화적이기까지 하다고 올바로 주장한다. 분명 수렵채집인 집단들 사이에는 어느 정도 폭력의 편차가 있었다. 정규분포에서 가장자리에 속하는, 대개 과거의 폭력 경험에 대응해 고립된 환경으로 물러났다고 알려진 소수의 집단들은 거의 폭력을 행사하지 않았다. 역사시대 국가사회들은 적절한 비교 대상이다.

---

* 나폴리언 섀그넌Napoleon Chagnon은 중요한 연구서 『야노마모족—사나운 사람들 Yanomamo: The Fierce People』 162~163쪽에서 동전의 양면 모두를 길게 강조하는 한편 올바른 시각으로 바라보았다.

"첫째, 야노마모족은 자기네 노동 시간의 전부 또는 대부분을 이웃과 전쟁하는 데 쓰지 않는다. (…) 둘째, 야노마모족 사이 전쟁은 지역과 시기에 따라 다르다. 특정한 시기에 일부 지역들에서는 전쟁이 극히 격렬하게 일어나지만 다른 지역들에서는 거의 일어나지 않는다. 가장 '호전적'인 촌락들일지라도 오래 지속되는 상대적 평화기에는 평온하고 행복한 일상을 영위한다. (…) 반대로 호전성이 가장 약한 촌락들일지라도 진행중인 전쟁에 느닷없이 휘말리기도 하고, 일시적인 평화가 예상치 못한 습격을 받아 깨지기도 한다."

'무정부적' 국제 체제에서 일부 국가들은 다른 국가들보다 더 많이 싸웠고, 대다수 국가들은 한동안 싸웠으며, 스웨덴과 스위스 같은 소수 국가들은 지난 200년 동안(그 이전 두 나라의 역사가 유달리 폭력적이고 호전적이고 피로 얼룩졌음에도) 대체로 전쟁에 끼지 않고 지냈다. 분명 인류의 과거 전반이 전쟁으로 가득하긴 했지만, 계속 변화하는 특정한 환경이 중요하게 작용했다.

혼란의 근원은 사람들이 습관처럼 하는 가정에 있다. 그 가정이란 광범하고 치명적인 폭력이 언제나 우리와 함께였다면, 그것은 억누르기가 거의 불가능한 1차적이고 '저항할 수 없는' 충동이 틀림없다는 것이다. 많은 사람들은 이 결론에서 인간의 싸움이 원시시대부터 존재했다는 생각에 반대할 충분한 이유를 발견하며, 다른 사람들은 이 결론을 전쟁의 불가피성을 뒷받침하는 설득력 있는 증거로 여긴다.[96] 양편 모두 틀렸다. 죽음 충동 또는 본능에 관한 프로이트의 후기 이론화 작업까지 거슬러올라가는, 1960년대에 유행했던 견해와 달리, 폭력은 식욕이나 성욕처럼 해소해야 하는 1차적 충동이 아니다. 예를 들어 두 세기 동안 싸우지 않은 스위스와 스웨덴의 사람들이 이것 때문에 특별한 결핍의 징후를 보이는 것은 아니다. 하지만 몇 시간 이상 음식을 못 먹게 하거나 며칠 이상 섹스를 금지할 경우 그들이 어떻게 반응할지는 불 보듯 뻔하다.

다른 한편, 폭력이 1차적 충동이 아니라는 사실은 우리에게 폭력이 내장되어 있지 않음을 의미하지 않는다. 국가 이전 '전쟁 없는' 사회에 관한 연구들은 대체로 전쟁이 인류에게 원초적인 것도 본능적인 것도 아니며 아마도 후대에 생겨난, 여하튼 완전히 조건부인 문화적 현상임을 입증하려 한다. 이 문제에 대한 마거릿 미드의 규정, 즉 "전쟁은 발명품일 뿐 생물학적으로 불가피한 일은 아니다"는 모든 오류의 어머니다.[97] 이 규정은 폭력이 1차적 충동과 완전히 학습된 산물, 둘 중 하나가 틀림없다는 널리 퍼진 가정을 표현한다. 그러나 사실 폭력의 잠재성은 우리 안에 깊게 뿌리박고 있는, 언제든 사용될 수 있는 수단 또는 도구다. 사람들은 자신의 목표를 이루기 위해 특정한 환경에서 각자 최선이라고 판단하는 대로 협력할 수도 있고, 평화롭게 경쟁할 수도 있고, 폭력을 사용할 수도 있다. 사람들이 협력하는 주된 이유는, 각자 따로 노력해 얻는 성과보다 공동으로 노력해 얻은 다음 분배하는 성과가 더 클 것으로 예상하기 때문이다. 경쟁 상황에서는 각자 원하는 것을 얻기 위해 상대에 대한 직접 행동을 제외한 어떤 수단이든 사용해 서로를 능가하려 애쓴다. 경쟁은 평행선을 달린다. 그에 반해 분쟁 상황에서는 경쟁자들을 제거하거나 경쟁에 참여하는 그들의 능력을 약화하기 위해 서로에게 직접 행동을 취한다.[98] 물리적 상해를 가할 경우 분쟁은 폭력적 분쟁이 된다.

협력, 경쟁, 폭력적 분쟁은 사회적 상호작용의 세 가지 근본적인 형태다(이 밖에 상호작용을 전혀 하지 않는 고립 또는 회피 선택지가 있다). 사람들은 이 세 가지 선택지를 언제나 가지고 있었고, 언제나 상황을 평가해 어떤 선택지 또는 선택지들의 조합이 가장 유망해 보이는지 결정했다. 행동 전략으로서의 폭력적 분쟁은 인류 역사에서 후대에 갑자기 출현한 것이 아니다. 생물학적으로 인간은 세 가지 사회적 전략 중 어느 것이든 추구할 준비가 되어 있으며, 분쟁은 비록 주요 도구—망치—이기는 해도 우리의 다양한 행동 도구 중 하나일 뿐이다. 더구나 호모사피엔스는 사회적 종으로서, 국지 집단과 지역 집단—어디서나 친족관계와 문화적 규약(언어와 관습 등)이라는 유대를 통해 독특한 방식으로 결속하는—은 싸움을 포함해 다양한 집단 활동을 할 때 내부 성원들끼리 협력한다. 물론 캐나다 북극권 중부와 동부처럼 인구가 극히 희소한 환경에서는 대규모 집단 활동이 덜 흔할 것이다. 하지만 오스트레일리아 중부 사막의 증거들은 인구밀도가 극히 낮은 가장 모진 환경에서조차 때때로 사냥 영역과 수자원 같은 집단의 재화를 얻기 위해 격렬한 집단 싸움이 벌어진다는 것을 입증한다.

집단 싸움은 후대의 발명품도 아니고, 조건과 관계없이 불가피하게 발생하는 사태도 아니다. 집단 싸움은 진화를 통해 형성된 우리의 행동 메뉴의 일부다. 이런 의미에서 전쟁과 평화 둘 다 '우리 유전자 안에' 있으며, 사회역사적 맥락에 따라 평화와 전쟁의 균형이 크게 요동치는 이유도 여기에 있다. 유네스코의 후원을 받아 국제 과학자 집단이 발표한 「폭력에 관한 세비야 선언Seville Statement on Violence」(1986)은 인간 생물학이 폭력과 전쟁을 불가피하게 만들었다는 견해를 올바로 거부한다. "우리의 신경생리학에는 우리를 폭력적으로 반응하게 만드는 것이 없다. (…) 우리의 결론은 생물학이 인류에게 전쟁을 강제하지 않는다는 것이다." 그러나 이 선언은 정반대 오류에 빠져 전쟁을 가리켜 "문화의 산물"이라고 언명하고 "전쟁이든 다른 어떤 형태의 폭력적 행위든 우리 인간의 본성에 유전적으로 프로그램되어 있다고 말하는 것은 과학적으로 옳지 않다. (…) 폭력은 우리의 진화적 유산에도, 우리의 유전자에도 들어 있지 않다"고 엄숙히 규정했다.[99]

사실 이 문제를 다룬 많은 학자들은 인간 사회들이 두 얼굴을 가진 야누스처럼 언제나 평화와 폭력적 분쟁에 모두 의지해왔다는 견해를 표명한다. 워커에 따르면 "우리 종의 역사에서 어느 부분을 조사하든 비슷한 행동 패턴의 증거를 발견하게 된다. 사람들은 언제나 친절할 수도 있고 극히 잔인할 수도 있었다."[100] 알래스카 에스키모인의 매우 호전적인 행동을 기록하는 어니스트 버치Ernest Burch도 자기 책의 한 부를 그들의 평화로운 상호작용에 할애했다.[101] 로버트 켈리(레이먼드 켈리와 혼동하지 마시라)는 이렇게 썼다. "이제까지 내용을 요약하면, 수렵채집인들(평등주의적 유형과 비평등주의적 유형 포함)이 평화적인지 아니면 호전적인지 묻는 것은 유익하지 않다. 우리는 그들 사이에서 두 가지 면모를 모두 뒷받침하는 증거들을 발견한다."[102] 그리고 이렇게 덧붙였다. "공격성은 여러 종에서 나타나며, 이는 공격성에 오랜 진화적 역사가 있음을 시사한다. (…) 공격성은 우리의 행동 레퍼토리의 일부이며 때때로 우리에게 쓸모가 있다."[103] 이와 비슷하게 뵘은 "이웃들과 우호적·협력적 관계를 맺든지 반대로 그들과 싸우든지 양자택일해야 한다"는 견해를 거부한다.[104] 동일한 이웃 그리고 다른 이웃과 협력하기도 하고 싸우기도 했다는 것이다. 단순 수렵채집인 사회 49곳에 대한 조사를 바탕으로 뵘은 이렇게 썼다. "여기서 발견한 것은 적어도 지금으로부터 4만 5000년 전까지, 어쩌면 그 이전에도, 집단 간 분쟁과 대외적 평화 유지 둘 다 인간의 정치생활에서 중요했으리라는 것이다."[105]

뵘은 단순 수렵채집인 사회들이 보여준 행동 레퍼토리의 양면 모두를 적절한—그리고 인상적인—시각으로 바라본다. "수렵채집인 표본 중 (…) 59퍼센트는 민족지학계에 보고하기에 부족함이 없는 치명적인 집단 간 분쟁을 벌인다."[106] "수렵채집인의 경우 조사한 사회들 중 (…) 절반 이상에서 모종의 협상(휴전과 평화 유지 포함)이 발견된다. 그렇지만 (…) 공식적이고 효과적인 평화 유지는 29곳의 사회 가운데 몇 곳에서만 보고된다."[107] 이 기록은 더 이른 시점에 세계 도처의 수렵채집인들을 조사한 한 연구의 기록과 놀라우리만치 잘 들어맞는다. "64퍼센트는 적어도 2년에 한 번씩 전쟁을 치렀고, 26퍼센트는 덜 자주 치렀으며, 단 10퍼센트만이 (…) 전쟁을 전혀 또는 거의 하지 않는다고 간주되었다."[108] 같은 연구에서 더 엄격하게 정의한 "수렵채집인들 중 (…) 단 12퍼센트에서만 전쟁이 드물다. 요컨대 수렵채집인들은 도저히 평화적이라고 묘사할 수 없었다". 수렵채집인들이 국가사회들보다 훨씬 더 높은 폭력에 의한 사망 비율을 보인 이유는 잘 확립되고 어느 정도 성공적인 분쟁 해결의 패턴을 결여했기 때문이 아니다. 국가사회들과 비교해 수렵채집인들의 무정부적 조건, 즉 실질적인 강압적 권위의 부재가 이런 패턴의 효과를 제한했기 때문이다.

이 장은 원주민시대를 바라보는 두 가지 상충하는 학설의 윤곽을 그린 고전적 철학자들을 거론하며 시작했다. 이 지점에서 오늘날 우리가 가진 풍부한 민족지학적·고고학적 지식을 고려해 이 학설들에 대해 논평하는 것이 적절하겠다. 자연 상태에서 불안이 만연하고 폭력과 살해의 수준이 아주 높다는 점에서 분명 홉스가 루소보다 진실에 훨씬 가까웠다. 루소는 원주민들이 사회적 동물보다 고립적 동물에 더 가까웠다고 추정한다는 점에서도 틀렸다. 다른 한편, 홉스의 자연 상태 이미지는 수렵채집인의 삶에서 더 밝은 측면들, 이를테면 넉넉한 여가, 비교적 '평등주의적'인 사회구조, 강한 가족 외피, 자연과의 끈끈한 관계 등을 평가할 여지를 남겨두지 않았다. 두 사람과 같은 시대에 활동한 또다른 철학자 존 로크John Locke는 『통치론Two Treatises of Government』(1689)에서 인간의 자연 상태가 그렇게까지 나쁘지 않았고 사람들과 공동체들이 함께 살아가는 법을 찾았다고 시사했다. 그러면서도 로크는 국가사회로의 이행이 다른 무엇보다 안전 면에서 상당한 진전이었다고 보았다. 홉스, 루소와 마찬가지로 로크는 과거 연구자가 아니라 특정한 정치적 신조를 변호하는 정치철학자였다. 그의 관심은 현재에 있었다. 그럼에도 그가 국가사회와 비교하여 한층 균형 있게 묘사한 국가 이전 사회의 상은 시사하는 바가 많았다. 이 문제를 다른 방향에서 접근한 루소는 전근대의 대다수 국가사회에서 표준이었던 대중의 빈곤, 사회적 착취, 정치적 탄압에 관한 아주 인상적인 통찰을 내놓았다. 이 책의 뒤에서 이 통찰을 더 살펴볼 것이다. 하지만 인간의 과거 내내 치명적인 싸움—무엇보다도 집단 싸움을 포함하는—이 만연했음을 확인한 만큼, 당장은 사람들이 왜 싸우느냐는 문제, 즉 싸움의 동기들을 더 자세히 검토할 것이다.

제2장

진화적 자연 상태에서 사람들은 왜 싸웠는가?

인간의 기본적인 동기체계의 성격에 대한 오래된 철학적·심리학적 탐구는 사람들이 왜 싸우느냐는 문제의 근간을 이룬다. 지난 수백 년간 인간의 기본적인 필요와 욕구를 가볍게 또는 설득력 있게 열거하는 수많은 목록이 제시되었다. 최근 목록들은 옛 목록들, 이를테면 홉스가 『리바이어던』 제6장에서 내놓은 통찰력 있는 목록보다 나은 점을 거의 보여주지 못한다.[1] 그런 목록들에는 언제나 자의적이고 대개 사소한 항목이 들어 있다. 그에 반해 다양한 필요와 욕구가 왜 생겨났고 서로 어떻게 연결되어 있는지를 보여주는 통일적인 조정 논리는 결여되어 있다. 이제껏 제시된 인간 행위의 다양한 일원적 '원리들'은 이 점에서 부족하다. 이를 잘 보여주는 사례로 정신분석 운동의 분열이 있다. 지크문트 프로이트는 인간의 기본적 충동이 성이라고 주장한 반면 알프레트 아들러Alfred Adler는 우월성 추구라고 주장했고, 카를 융Karl Jung은 창조성과 전체성 추구를 강조했다. 절반쯤 정통 종파들처럼 변한 이 입장들 사이에서 왜 다른 충동이 아닌 이 충동이 '진정한' 기본적 충동인지, 또는 일원적인 기본적 충동이 대체 왜 있어야 하는지 판결할 방법은 그들 각자의 신념 말고는 없었다.

지난 수십 년간 인간의 심리적 특징과 행동 특질을 설명하는 데 진화론적 논리를 적용하는 사례가 폭발적으로 늘었다. 찰스 다윈의 진화론이 혁명적이었던 이유는 삶의 엄청나게 복잡한 기능적 설계가 어떻게 생겨났는지를 의식적 설계나 설계자를 가정하지 않고서 설명할 수 있게 해주었기 때문이다. 그 메커니즘은 자원이 부족한 근본적인 조건에서 생존과 번식을 위해 끊임없이 투쟁하는 유기체들의 가장 성공적인 자질을 가려내는 자연선택을 통한 점진적 적응이다. 인간의 기본적인 특질과 성향에 대한 진화론적 이해는 1970년대에 부활한 이래 초기의 엄청난 저항을 이겨내고 과학적 담론은 물론 대중적 담론에서도 흔한 견해가 되었다. 다만 극단적인 문화상대주의자들과 열성적인 창조론자들 사이에서는 그렇지 않다.

그렇다면 축적한 재산 없이 넓은 영역에서 드문드문 흩어져 살아간 자연 상태의 수렵채집인 조상들은 어떤 진화적 보상을 얻을 수 있었기에 위험천만한 싸움에 나섰던 걸까? 이제부터 수렵채집인들 사이에 전쟁이 일어난 이유들을 하나하나 살펴볼 테지만, 여기서 개별 원인들의 '긴 목록'을 제시할 생각은 없다. 오히려 나는 다양한 '원인들'이 하나의 통합적인 동기복합체로 어떻게 합쳐지는지를 보여주고자 한다. 이 동기복합체는 수십억 년 동안 진화와 자연선택의 논리에 의해 형성되었으며, 여기에는 우리 호모속의 대략 200만 년과 호모사피엔스 종의 20~15만 년이 포함된다. 앞 장에서 우리는 농경민 및 국가 모두와 접촉하지 않은 상태로 보존된 지구상 유일한 지역인 원주민시대 오스트레일리아를 폭넓게 다루었다. 이제부터 싸움으로 이어지는 인과망casual web을 제시할 텐데, 이는 세계 각지의 여러 농경 이전·국가 이전 사회들에서 도출한 것이다. 여기서 인류학 사례 연구 자체는 거의 인용하지 않을 것이며, 관심 있는 독자는 나의 『문명과 전쟁』 제1부에서 실제 부족들에 관한 풍부하고 매력적인 세부 정보를 참조할 수 있다. 아래에서는 인간 싸움의 원인들 자체에만 초점을 맞출 것이다.

생존자원

자원을 둘러싼 경쟁은 자연에서 공격성과 치명적 폭력의 제1원인이다. 그 이유는 음식과 물이, 그리고 이보다는 덜하지만 주거지가 엄청난 선택압이라는 데 있다. 다윈이 토머스 맬서스Thomas Malthus를 좇아 설명했듯이, 인간을 포함해 살아 있는 유기체는 빠르게 증식하는 경향이 있다. 유기체의 수를 제약하고 억제하는 것은 특정한 생태 서식지의 한정된 자원과 온갖 경쟁자뿐이다. 그런 경쟁자로는 같은 종의 개체, 비슷한 소비 패턴을 가진 다른 종의 개체, 포식자, 기생생물, 병원균 등이 있다. 루소주의적 상상과 반대로, 인간과 동물들은 원시적 풍요 상태에서 살았던 것이 아니다. 비옥한 환경에서마저 풍요는 오해의 소지가 있는 표현인데, 무엇보다 먹어야 하는 입의 수에 따라 풍요가 상대적이기 때문이다. 자원이 더 풍부한 지역일수록 외부인을 더 많이 끌어들이고, 인구 성장이 더 빠르게 이루어진다. 맬서스가 지적한 대로, 결국 자원의 양과 인구 규모가 새로운 평형에 도달할 것이고, 역사 내내 산업화 이전 사회들의 숙명이었던 낮은 생존율이 다시 나타날 것이다. 이 점에서 1960년대에 인기를 얻은 '영역권' 개념을 보다 섬세하게 규정할 필요가 있다.[2] 수렵채집인들 사이에서 영역의 크기는 극적으로 변했으며, 영역 행동의 중요성 여부는 자원 이용 가능성 및 자원 경쟁과 직접적인 관계가 있었다. 1960년대에 폭력을 설명하는 데 인기가 있었던 또다른 요인인 인구밀도도 마찬가지다. 극단적인 경우를 예외로 하면 인구밀도는 주로 자원 부족과 관계가 있고, 어디까지나 자원이 부족한 상황에서 싸움을 촉발하는 요인으로 기능한다. 그렇지 않다면 도쿄와 네덜란드는 지구상에서 가장 폭력적인 곳이 되었을 것이다.[3]

자원이 부족한 근본적인 상태에서 인간의 경쟁은 (동물의 경쟁과 마찬가지로) 차고 넘쳤다. 앞서 봤듯이, 인구밀도가 극히 낮은 오스트레일리아 중부 사막 같은 건조한 환경들에서 물웅덩이는 대개 자원 경쟁과 분쟁의 주요 원인이었다. 원주민 집단들이 통째로 사멸했다고 기록된 가뭄 기간에는 물웅덩이가 지극히 중요했다. 이런 이유로 압박이 덜할 때조차 물웅덩이를 통제하려는 경향이 있었다.[4] 다른 대다수의 경우에 자원을 둘러싼 경쟁은 주로 먹이 획득의 문제였다. 먹이 획득은 모든 생물의 가장 기본적이고도 결정적인 신체활동으로, 생물 수의 극적인 변동을 초래하곤 했다. 먹이의 종류는 환경에 따라 달랐다. 그렇지만 수렵채집인들이 가장 치열하게 경쟁한 먹이는 주로 온갖 종류의 고기였다. 단순히 영양가의 결과인 이 사실을 우리는 자연 어디서나 확인할 수 있다. 초식동물들은 먹이를 놓고 싸우는 경우가 거의 없는데, 효과적으로 독점하기에 풀은 영양가가 너무 적기 때문이다. 풀보다 영양가가 한층 많은 과일, 뿌리, 씨앗, 일부 식물은 동물들 사이에서나 사람들 사이에서나 대개 경쟁의 대상이다. 그렇지만 고기야말로 자연에서 영양가가 가장 농축된 먹이이자 가장 격렬한 경쟁의 대상이다. 고기를 먹는 동물들은 같은 종과 다른 종의 경쟁자들에 맞서 자기네 사냥 영역을 폭력적으로 방어하는데, 사냥 영역에서 사냥감이 빠르게 고갈되기 때문이다. 이런 이유로 석기시대 사람들은 본원적인 경쟁과 분쟁 상태에 있었다.

앞서 보았듯이 오스트레일리아 원주민들은 자기네 사냥 영역을 굳세게 방어했다. 무단 침입자는 살해되었다. 대평원 인디언의 경우 사냥 영역이 더 복잡하긴 했지만 분쟁을 덜 촉발했던 것은 아니다. 들소 떼가 이동함에 따라 부득이 다른 부족의 영역에서 사냥해야 했기 때문이다. 알래스카 에스키모인은 또다른 사례를 제공한다.

> 베링 해의 알래스카 해안에 러시아인들이 도착하기 전까지 에스키모인들은 부족끼리 거의 끊임없이 전쟁을 벌였다. 동시에 내륙의 틴네 부족과 접촉하는 선을 따라 격렬한 혈수가 항상 일어났다. (…) 틴네족 몇 사람은 말레무트족에 의해, 두 부족이 각각 점령한 구역들 사이 사람이 살지 않는 좁은 툰드라 지대에서 순록을 사냥하다가 살해되었다.[5]

자원, 그중에서도 고기 같은 단연 귀한 먹이를 둘러싼 매우 위험한 싸움을 그만한 가치가 있는 활동으로 만드는 진화적 셈법을 더 자세히 따져보자. 풍족한 사회에 사는 현대인은 전근대 사회들에서 인간의 생존이 얼마나 위태로웠는지(그리고 여전히 위태로운지) 이해하기 어려울 수도 있다. 굶주림과 아사는 상존하는 공포였다. 사망률과 번식에 모두 영향을 주는 굶주림과 아사는 인구를 끊임없이 감소시켰다. 이런 이유로 자원을 차지하기 위한 투쟁은 대부분 비용 대비 효과적이었다. 싸울 경우의 편익과 (기아를 제외한) 채택 가능한 대안들도 비교해야 했다. 한 가지 대안은 다른 곳으로 이주하는 것이었다. 물론 이런 일은 특히 적이 훨씬 강할 때 일어나곤 했지만, 이 전략에는 분명한 한계가 있었다. 대체로 집단이 이주할 빈 공간이 남아 있지 않았다. 우선, 공간은 균일하지 않으며 가장 쾌적하고 생산성 높은 거주지에는 십중팔구 임자가 있다. 덜 쾌적한 환경으로 쫓겨날 수도 있지만, 그곳에도 덜 불운한 다른 사람들이 이미 자리잡고 있을 것이다. 빈 틈새를 찾으려면 탐험에 나서야 하는데, 그 과정에서 다른 집단과 다시 폭력적 충돌을 일으킬 수도 있다. 더욱이 이주는 집단의 성원들이 그 자원과 위험을 속속들이 아는 거주지를 떠나 미지의 환경으로 들어간다는 것을 의미한다. 그런 변화는 심각한 불이익을 수반할 수 있다. 수렵채집인은 실제로 유랑을 했지만, 아무 땅이나 자유롭게 돌아다닌 것이 아니라 경계가 잘 정해져 있는 조상 전래의 영역 안에서만 돌아다녔다. 마지막으로, 외부의 압력에 굴복하다가는 희생자화victimization 패턴이 생길 수도 있다. 성공에 고무된 외부 집단이 줄곧 압력을 반복하고 압력 수위를 더욱 높일 수도 있는 것이다. 분쟁 전략은 현재 다투는 대상뿐 아니라 향후 관계의 패턴 전체와도 관계가 있다. 지금 자력으로 버틴다는 것은 미래에 발생할 분쟁을 줄인다는 것을 의미한다. 분쟁은 실제 싸움 못지않게 억지의 문제이기도 하다.

싸워서 얻을 수 있는 편익과 싸움의 가능한 대안을 논했으니 이제 억지의 관점에서 싸움의 비용 측면을 살펴보자. 분쟁을 벌이는 선택지는 중상이나 살해를 당할 확률이 낮을수록 진화적으로 더 매력적인 전략이 될 것이다. 이런 이유로 동물과 인간을 막론하고 분쟁에서 가장 널리 쓰이는 무기는 힘을 과시하고 공격적으로 위협하는 행동이다. 홉스가 지적했듯이, 인간 집단들 사이에서 표준 상태는—이런 관계의 패턴을 구축하는 빈번한 싸움 이상으로—상호 우려와 무장 감시의 상태다. 더욱이 인간이나 동물이나 치명적인 폭력을 사용할 때는 대부분 자신의 승산이 클 때다. 앞서 지적했듯이 '원시전쟁'의 주요하고도 단연 치명적인 형태는 공개 전투가 아니라 습격과 매복, 즉 비대칭 싸움이다.

번식

번식 투쟁에서 관건은 번식 능력을 가진 성적 파트너에게 접근하는 것이다. 이 점에서 수컷과 암컷 사이에는 근본적인 비대칭성이 있으며, 이 비대칭성은 자연 전반에서 나타난다. 암컷은 어느 때고 수정란을 하나씩만 품을 수 있다. 따라서 진화적으로 말해 암컷은 신중하게 최선의 선택을 해야 한다. 암컷은 양보다 질을 추구한다. 암컷은 생존과 번식에 가장 적합해 보이는 수컷을 선택해 그의 유전자와 자질을 새끼에게 물려주어야 한다. 인간처럼 수컷도 새끼를 기르는 데 동참하는 종들의 경우 수컷의 부양 능력과 충직함도 고려할 중요한 사항이다. 암컷과 달리 수컷이 가질 수 있는 새끼의 수는 이론상 거의 무한하다. 수컷은 무수히 많은 암컷을 수태시켜 대대로 자신의 유전자를 대폭 늘릴 수 있다. 수컷의 성적 성공을 제약하는 주된 요인은 다른 수컷들과의 경쟁이다.

자연에서 이 논리를 둘러싼 성적 전략들은 극단적인 일부다처제부터 일부일처제까지 매우 다양하고 미묘한 차이를 보인다.[6] 인간의 경우 매우 더디게 성장하는 자녀를 보살펴야 하고 그러자면 부모 모두의 지속적인 투자가 필요한 까닭에 일부일처제로 돌아섰다. 그렇지만 일부일처제는 남성 간 경쟁을 줄이기는 해도 완전히 없애지는 못한다. 남성의 배우자가 한 명으로 제한된다면, 남성 입장에서도 가능한 한 최고의 번식 자질, 즉 젊고 건강하고 자식을 낳기에 가장 적합한 신체를 가진 배우자—성적으로 말해 가장 매력적인 여성—를 얻는 것이 대단히 중요해진다. 게다가 인간, 특히 남성은 엄밀히 말해 일부일처주의자가 아니다. 대부분의 역사시대 사회들에서 일부다처제는 합법이었다. 다만 부유한 소수의 남자들만이 가외의 아내와 자식을 부양할 수 있었고 따라서 처자식을 여럿 두었을 뿐이다. 둘째로 남자들은 공식 또는 비공식 아내 외에 다른 여성과 혼외정사를 나누곤 한다.

이 모든 것은 인간의 폭력적 분쟁과 싸움에 어떤 영향을 줄까? 여러 수렵채집인 집단에서 수집한 증거는 똑같은 이야기를 들려준다. 부족 집단 내에서는 여성과 관련한 다툼, 폭력, 이른바 혈수, 살해가 빈발했으며 대개 폭력의 주요 범주였다. 집단 간 상황도 크게 다르지 않았고 똑같이 천편일률적이었다. 전쟁은 어김없이 여성 납치를 수반했고, 그렇게 훔쳐온 여성은 윤간하거나 아내로 삼거나 혹은 둘 다 했다. 탈출한 죄수로서 1803년부터 1835년까지 오스트레일리아 원주민들과 함께 생활한 윌리엄 버클리에 따르면, 그들 사이에 잦았던 싸움과 살해는 대부분 "한 부족에서 다른 부족으로 데려간 여자들 때문에 일어났는데, 그런 일이 자주 있었다. 그게 아니면 스스로 남편을 떠나 다른 남자에게로 간 여자들 때문에 일어났다". "이 소중한 존재들이 모든 화의 근원이었다."[7] 고립된 태즈메이니아에서 원주민 집단들 사이에 고질적인 싸움, 영역 분할, 상호 우려가 만연했던 것도 비슷한 이유 때문이었다고 한다. 겨울에 식량이 부족해지기도 했지만, 혈수와 싸움의 주된 원인은 여자였다.[8]

캐나다 북극권 중부처럼 극히 모진 환경에서는 인구밀도가 희박하고 자원이 널리 흩어져 있어 자원을 둘러싼 싸움이 매우 드물었다. 그렇지만 아내 훔치기는 만연했으며, 이는 에스키모인 사이에서 높은 살해율과 '혈수'의 주요 원인이었다. "야영지에서 이방인은 특히 아내와 동행하고 있을 경우 지역민의 손쉬운 먹잇감이 될 수 있었다. 그는 야영지에서 여자를 필요로 하는 어느 동료에게든 살해당할 수 있었다." 인구밀도가 더 높은 알래스카 해안의 에스키모인 사이에서 여성 납치는 전쟁의 주요 원인이었다. 소수에 국한되긴 했지만 그들 중에는 일부다처제도 더 흔했다.[9] 강한 잉갈리크Ingalik('빅 맨')는 대개 둘째 아내를 두었으며, "어떤 때는 다섯 명, 다른 때는 일곱 명의 아내를 둔 동료도 있었다. 굉장한 싸움꾼이었던 이 남자는 습격을 통해 여자들을 얻었다".[10]

일부 인류학자들은 계속 회의적이었다. 프로이트의 막대한 문화적 영향과 성의 중요성에 대한 우리의 강한 의식에도 불구하고—그리고 무엇보다 국가 이전 사회에 관한 인류학 연구들의 한결같은 증언에도 불구하고—그들은 성을 싸움과 전쟁의 주요하고도 '진지한' 원인으로 받아들이기를 어려워했다. 그들은 성이 인간의 주요 활동으로 분명 엄청난 즐거움을 주긴 하지만 전쟁에서 중추적 요인이기보다는 외부적 요인이었다고 생각했다. 수렵채집인 싸움이 흔히 여성 납치와 강간을 수반했음에도, 그들은 이런 일이 싸움의 원인이었는가 아니면 자원과 같은 다른 탐나는 목표를 차지하기 위한 싸움의 부작용이었는가 하는 의문을 제기했다.[11] 일부 논쟁의 근원이었던 이 의문은 사실 무의미하고 인류학자들을 엇나가게 했을 뿐이다. 이 의문은 전쟁을 초래할 수 있는 인간의 동기복합체 전체에서 한 요소를 인위적으로 분리하여 이 요소들의 밑바탕에 놓인 전반적인 논리를 보지 못하게 한다. 이는 마치 슈퍼마켓에 가는 사람들이 진정으로 찾는 상품이 무엇이냐고 묻는 것과 같다. 고기인가, 빵인가, 우유인가? 인간에게는 신체 요소도 있고 번식 요소도 있다. 더욱이 두 요소는 긴밀히 연결되어 있는데, 성공적으로 번식하려면 음식을 먹고 주거지를 구하고 스스로를 보호해야 하기 때문이다. 자원을 둘러싼 분쟁은 적어도 어느 정도는 여성과 자녀를 획득하고 부양하는 능력, 그리고 한 명 이상의 아내를 가질 만한 서열에 오르기 위해 그 능력을 미리 입증하는 능력을 둘러싼 분쟁이기도 하다. 따라서 여성을 차지하기 위한 경쟁은 직접적으로뿐 아니라 간접적으로도 전쟁으로 이어질 수 있다. 아인슈타인 방정식의 질량과 에너지처럼 자원과 번식은, 그리고 앞으로 보겠지만 지위는 진화를 통해 형성된, 사람들을 움직이는 동기복합체 안에서 서로 연결되어 있고 서로 교환될 수 있다.

실제로 이 다양한 요소들 사이에는 양성 되먹임 고리가 존재했다. 인류학 연구들은 한 부족 내 최대 씨족이 지도적 위치, 자원, 결혼 기회를 통제함으로써 나머지 사람들을 희생시키면서 자신들의 이점을 키워갔다는 것을 보여주었다. 그 결과 시간이 흐르면서 큰 씨족이 정치적으로나 머릿수로나 부족을 지배하는 경향이 나타났다.[12] 부유하고 힘세고 성공적인 사람들에게 유리하게 작용하여 '인생의 좋은 것들'을 쉽게 얻도록 해주는 자기강화 및 상호 강화 경향이 있다는 생각은 오래전부터 존재했다.

수렵채집인 사회에서 성공한 남자들은 아내를 여러 명 두었고, 드문 경우 12명까지 두었으며, 오스트레일리아의 아넘랜드와 같은 가장 비옥한 환경에서는 24명까지 기록하기도 했다. 한 남자에게 아내가 많다는 것은 자연히 많은 자녀, 때로는 수십 명의 자녀를 의미했으며, 대개 그들은 부족의 다음 세대에서 큰 비중을 차지했다. 예컨대 브라질 원예민인 샤반테족의 경우 한 마을의 성인 남성 37명 중 16명(더 폭넓은 조사에 따르면 184명 중 74명)에게 한 명 이상의 아내가 있었다. 족장에게는 다른 어떤 남자보다도 많은 5명의 아내가 있었다. 그의 생존한 자녀 23명은 같은 세대에서 생존한 자녀 중 25퍼센트를 차지했다. 샤반테족과 마찬가지로 아마조니아에 사는 야노마모족 가운데 가장 성공한 남자인 신본Shinebone의 자녀는 43명이었다. 그의 형제들도 매우 성공한 터라 신본의 아버지에게는 자녀 14명, 손주 143명, 증손주 335명, 고손주 401명이 있었다.[13]

여성이 경쟁과 분쟁의 두드러진 동기인 이유는 번식 기회가 아주 강한 선택압으로 작용하기 때문이다. 이는 사람들이 언제나 자녀 수를 최대화하기를 원한다는 뜻이 아니다. 물론 사람들은 얼마간 자녀 자체를 원하고 일단 자녀가 생기면 엄청난 애착을 보인다. 그러나 자연에서 번식을 극대화하는 강력한 생물학적 근사 메커니즘으로 기능하는 것은 주로 성욕—

맬서스가 말한 '정욕'—이다. 인간을 비롯한 생물들은 대개 생식 능력을 유지하는 내내 성교를 하는 까닭에 엄청난 번식 잠재력을 갖고 있는데, 효과적인 피임법이 도입되기 전까지 이 잠재력의 실현은 주로 가용 자원에 달려 있었다.

일부다처제(그리고 여유아 살해)는 여성 부족을 초래하고 여성을 차지하기 위한 남성 간 경쟁을 심화시켰다.[14] 인간의 진화 내내 이런 여성 부족의 주된 피해자는 젊은 남자들이었다—그들의 눈에 띄는 부산함, 위험을 감수하는 행동, 호전성의 원인이 여기에 있다. 젊은 남자들은 더 큰 위험을 감수하도록 '프로그램되어' 있는데, 결혼과 관련해 그들의 현상황이 매우 불만족스럽기 때문이다. 그들은 앞으로 인생의 위치를 획득해야 한다. 이런 이유로 그들은 언제나 폭력적 행동과 전쟁의 가장 자연스러운 신병이었다. 런던에서나 디트로이트에서나 남성의 살인율은 25세에 최고조에 이른다(후자에서 40배 더 높기는 하지만).[15] 이와 비슷하게, 조사한 모든 사회—수렵채집사회든 농경사회든 산업사회든—에서 전체 살인의 90퍼센트 이상을 남성이 저지른다.[16] 이 뚜렷한 일관성은 사회들 간 살인율 편차가 아주 크더라도 나타난다. 위 통계자료의 두 측면—일관성과 편차—은 폭력적 행동에 뿌리 깊은 선천적 요소와 맥락에 매우 민감한 촉발 계기 양쪽 다 있다는 사실을 뚜렷하게 입증한다.

우세: 서열, 명예, 지위, 위신

서로 연결되어 있는 자원 경쟁과 번식 경쟁은 나머지 모든 동물에게 그렇듯 인간에게도 분쟁과 싸움의 근본 원인들이다. 자연에서 싸움의 다른 원인들과 표현들, 그리고 이것들과 연관된 동기·감정 메커니즘들은 1차(근본) 원인들에서 파생되는 것이자 이에 종속되는 것으로, 인간 역시 본래 이런 식으로 진화했다. 그렇다고 해서 다른 원인들과 메커니즘들이 덜 현실적이라는 뜻은 아니다. 이 서술은 다만 진화를 통해 형성된 동기복합체에서 그것들의 기능을, 따라서 그것들이 어떻게 생겨났는지를 설명할 뿐이다. 이제부터 1차 원인들과 직접 연관되는 '2차' 원인들 및 동기 메커니즘들을 살펴보자.

사회적 동물들의 집단 내에서는 서열이 높은 개체일수록 사냥한 먹이와 같은 공동 자원 중에서 차지하는 몫이 더 크고 암컷에 대한 접근권도 더 강하다. 이런 이유로 집단 내 서열을 두고 치열한 경쟁이 벌어진다. 힘을 실제로 사용하거나 은근히 위협해 지위를 차지하는 개체는 강하고 사나우며, 우리의 정교한 사촌인 침팬지의 경우 '정치적으로' 기민하기까지 하다. 요컨대 자연에서 서열과 우세를 둘러싼 경쟁은 자원과 번식 경쟁에서 이점을 얻기 위한 근사적 수단이다. 특히 전통 사회에서 사람들은 자신의 명예를 지키기 위해서라면 무슨 짓이든 했다. 사소한 모욕도 폭력을 부를 수 있었다. 강한 중앙집권적 권위가 없었던 곳에서 명예는 목숨을 걸 만큼 중요한 사회적 재화였다.

흔한 오해를 피하기 위해 말하자면, 나는 이런 행동 패턴이 의식적으로 결정하고 복잡하게 계산하는 문제라고 주장하는 것이 아니다. 파리도 생쥐도 사자도 심지어 인간도 그렇게 하지 않는다. 나의 주장은 다만 적응적으로 행동하지 못한 개체들의 자손이 세대를 거치며 점점 줄어들었고, 그들의 부적응 행동을 유발한 부적응 유전자가 결국 자연선택에서 제외되었다는 것이다. 가장 복잡한 구조공학과 행동 패턴도 이렇게 진화해왔고, 의식이 전혀 없는 가장 단순한 유기체들도 이렇게 프로그램되어 있다.

여성을 둘러싼 경쟁과 마찬가지로 서열과 평판을 둘러싼 경쟁도 직접적으로는 물론 간접적으로도 폭력적 분쟁으로 이어질 수 있었다. 예컨대 가장 단순한 사회의 사람들마저 장식품과 과시품, 위신재를 갖고 싶어했다. 때로 이런 재화와 생존에 필요한 재화를 뭉뚱그려 다루기도 하지만, 두 재화의 사회적 기능과 의의는 전혀 다르다. 신체 치장과 장식용 의복은 자연 어디서나 건강, 활력, 젊음, 생식력의 단서가 되는 바람직한 신체 특징을 돋보이게 하기 위한 것이다.[17] 예를 들어 눈, 입술, 머리카락, 피부의 색을 돋보이게 하기 위해 인위적인 색채를 사용한다. 타고난—더 나아가 덧붙여진—대칭, 정연함, 세련된 특징은 좋은 유전자, 좋은 섭생, 고품질 신체 설계를 나타낸다. 위아래로 길고 웅장한 머리쓰개는 신체를 커 보이게 한다. 어디서나 사람들은 바로 이런 '착시 산업'의 제품—화장품, 패션, 보석류—에 돈을 아주 많이 쓴다. 더욱이 일부 장식품이 희소하고 따라서 귀한 곳에서는 그것을 구할 수 있다는 사실 자체가 부와 성공을 말해준다. 이것이 경제학자 소스타인 베블런Thorstein Veblen이 20세기 초 미국 사회를 다루면서 말한 '과시적 소비'의 근원이다. 석기시대 사회에서도 필수재의 과시적 소비뿐 아니라 사치재까지 사회적 지위의 상징으로서 욕망의 대상이 되었다. 이런 이유로 사람들은 사치재를 얻기 위해 싸우기도 한다.

사실 충분함과 부족함은 먹여 살릴 입의 수에 따라 상대적일 뿐 아니라, 잠재적으로 커지기만 할 뿐 만족을 모르는 인간의 여러 필요와 욕구에 따라서도 상대적이다. 인간의 경쟁은 (결핍은 물론) 풍요와 함께 증가하며, 풍요로워질수록 경쟁의 형태와 표현이 복잡해지고, 사회적 격차가 벌어지고, 계층화가 강화된다. 단순히 생존에 필요한 물품을 소비할 수 있는 양에는 본질적으로 한계가 있지만, 더 정교하고 수익성 좋은 물품을 소비할 수 있는 양에는 사실상 한계가 없다. 그저 고급시장으로 옮겨가면 그만이다.

복수: 제거와 억지를 위한 보복

복수는 국가 이전 사회에 관한 인류학 서술에서 거듭 거론되는 싸움의 주요 원인들 중 하나다. 폭력은 명예, 재산, 여성, 친족의 피해를 앙갚음하는 수단이었다. 사망자가 나올 경우 복수는 최고조에 이르렀고, 죽음이 다시 죽음을 부르는 악순환으로 이어지곤 했다.

가장 만연하고 위험하며 대개 피를 부르는 이 행동 패턴을 어떻게 설명해야 할까? 진화론적 관점에서 보면, 복수는 어떤 적을 없애기 위한, 또는 그 적뿐 아니라 다른 잠재적 경쟁자들까지 억지하기 위한 보복 행동이다. 여기에는 물리적·폭력적 행동뿐 아니라 비물리적·비폭력적 행동도 포함된다. 누군가 피해를 입고도 되갚지 않는다면 유약함의 신호로 받아들여져 애초 가해자뿐 아니라 다른 이들로부터 또다른 피해를 입을 수도 있다. 희생자화化 과정이 생길 수도 있는 것이다. 물론 당사자의 반응은 이해관계와 권력의 상대적 균형에 대한 그의 전반적인 평가에 달려 있으며, 도전자가 자신보다 훨씬 강할 경우 조용히 피해를 감수하고 그에 따른 지위 하락을 받아들이는 것도 똑같이 흔한 반응이다. 이 모든 설명은 보호를 의탁할 수 있는 상위 권위가 없는 곳, 즉 이른바 무정부적 체제 어디에나 적용된다. 따라서 현대 사회에서는 국가나 여타 공권력 기구들이 개입하지 않는 사회관계의 넓은 영역들에 적용된다. 그렇지만 국가 이전 사회에서는 생명과 가족, 재산을 보호하는 기본적인 영역들에 두루 적용되었다.

그런데 복수에 대한 이런 설명은 지나치게 분석적이지 않은가? 사람들은 계산보다는 맹목적인 분노에서 복수하려고 하지 않는가? 또 복수는 그저 정의를 집행하는 원시적인 방법이므로 안전과 억지 이론의 영역보다는 도덕의 영역에서 고려해야 하지 않을까? 이렇게 전형적인 질문을 하는 이유는 진화론적 논리와 관련해 너무도 자주 오해되는 논점을 다시 한번 짚고 넘어가기 위해서다. 기본적인 감정들은 진화의 산물이며 아주 오랫동안 적응적 선택압에 반응하여 현재 상태로 조율된 것이다. 그것들은 신체와 번식의 목표에 이바지하는 근사적 메커니즘이다. 기본적인 감정들은 의식하지 않아도 작용하며, 실제로 거의 대부분 의식되지 않는다. 동물뿐 아니라 인간도 그렇다. 요컨대 앙갚음하려는 본능적 욕구는 기본적인 감정 반응으로서, 앙갚음한—앞서 말한 한계 내에서—사람들이 대체로 스스로를 보호하는 데 더 성공했기 때문에 진화한 것이다.

게임 이론의 한 유명한 컴퓨터 게임을 통해 입증된 대로, 선수가 채택할 수 있는 가장 효과적인 전략은 '눈에는 눈, 이에는 이'다. 이는 서로에게 유익한 긍정적인 행동에는 화답하고, 파트너가 기대를 저버리면 그냥 넘어갈 수 없음을 납득시키기 위해 보복하는 전략이다.[18] 그렇지만 받은 대로 돌려주는 전략에는 한 가지 문제, 즉 가해자를 언제나 제거할 수는 없다는 문제가 있다. 더욱이 가해자측에는 나에게 다시 앙갚음할 친족이 있으며, 그들까지 제거하기란 훨씬 어려운 일이다. 이런 이유로 많은 경우 대갚음은 빠져나오기가 아주 어려운 보복과 재보복의 악순환이 되어버린다. 애초 한 번의 가해가 장기간 계속되는 적대 패턴으로 비화할 수도 있는 것이다. 실제로 보복이 절멸이나 억지가 아닌 단계적 확대로 이어지기도 한다. 그런 경우에 싸움은 '애초' 원인과 전혀 무관하게 스스로를 먹고 자라면서 영속하는 것처럼 보인다. 성서의 몰록Moloch 신처럼 그 자체의 생명을 얻는 것처럼 보인다. 결국 사람들은 자신의 바람과 최선의 이해관계에 반하는 분쟁에 갇히게 된다. 바로 이 요인이 항상 전쟁에 불합리한 외형, 순전한 공리주의적 관점으로는 설명할 수 없어 보이는 외형을 입혀왔다.

이 수수께끼를 어떻게 설명할 수 있을까? 우선 애초의 가해와 보복 행동이 사람들 간 경쟁이라는 근본 상태에서 생겨난다는 것, 그 상태에 분쟁이 잠재해 있고 그리하여 의심과 불안이 만연한다는 것을 다시 한번 강조해야겠다. 신체 및 번식 경쟁과 잠재적 분쟁이라는 근본 상태가 없었다면, 보복이 하나의 행동 패턴으로 진화하는 일은 없었을 것이다. 그런데 이 상태는 보복의 근원을 설명해주기는 하지만, 보복이 대개 외견상 자멸적인 순환으로 확대되는 현상까지 설명해주지는 못한다.

이번에도 게임 이론이 도움을 준다. 합리성을 연구하는 이 부문에서 가장 유명한 게임은 이른바 '죄수의 딜레마'다. 이 게임은 사람들이 특정한 조건에서 자신에게 최선책이 아닌 전략을 합리적으로 채택하도록 내몰리는 과정을 보여준다. 이야기는 다음과 같다. 공범으로 몰린 죄수 두 명이 따로따로 심문을 받는다. 한 사람이 다른 사람에게 죄를 덮어씌울 경우, 전자는 풀려나지만 침묵을 지킨 후자는 중형을 선고받는다. 두 사람 모두 상대방을 고자질할 경우, 둘 다 중형을 선고받지만 그래도 당국에 자진 협조했으므로 어느 정도 감형 받는다. 두 사람 모두 침묵할 경우, 당국이 이들에게 불리한 증거를 거의 확보하지 못한 터라 둘 다 가벼운 형을 선고받는다. 이런 조건에서 격리되어 있는 두 죄수에게 합리적인 전략은 서로를 '배신'하고 고자질하는 것이다. 상대방의 협력을 보장 받을 수 없으므로 상대방이 독립적으로 채택하는 선택지와 무관하게 배신 선택지가 최선이기 때문이다. 그렇지만 합리적으로 생각하면 서로를 배신해야 하는 두 죄수는 결국 똑같이 중형을 선고받게 된다. 이처럼 격리 조건에서 그들의 합리적인 선택은 서로 확실히 협력할 수 있는 경우의 최적 선택보다 못하다.

다른 모든 게임처럼 죄수의 딜레마도 가정에 입각한 게임이다. 죄수의 딜레마는 매우 유익하다고 입증되었는데, 실생활의 많은 상황에 이 게임의 요소가 들어 있기 때문이다. 예를 들어 전체적으로 보면 조세 제도가 있는 편이 이로운데도 사람들이 처벌을 모면할 수 있다고 생각할 때 납세를 회피하는 이유, 또는 지나치게 방목할 경우 공유지가 완전히 고갈되어 모두에게 손해가 될 텐데도 사람들이 규제 없이 지나치게 방목된 공유지로 가축을 데려가는 이유 등을 이 딜레마로 설명할 수 있다. 이와 비슷하게, 사람들에게 서로 득이 되는 협력을 강제하거나 적어도 그들의 피해를 최소화할 수 있는 권위가 없는 경우, 그들의 합리적인 선택지는 대개 보복뿐이다. 그러나 합리적인 선택지일지언정 악순환으로 빠져들지 모르는 보복은 최선의 선택지가 아니다.

죄수의 딜레마는 복수와 보복만이 아니라 전쟁 강박관념 전체를 설명하는 데에도 매우 적절하다. 다른 무엇보다 죄수의 딜레마는 전쟁의 동기들과 전쟁의 원인들 사이의 차이에 주목하게 한다. 인간의 동기, 즉 폭력적 수단을 사용해 욕구의 대상을 추구하거나 방어하려는 동기가 전쟁의 근원이기는 하지만, 그러다가 죄수의 딜레마 상황이 생기고 나면, 설령 양측 모두 어떤 대상도 적극적으로 탐하지 않는다 해도, 이 상황이 전쟁으로 귀결될—전쟁의 원인이 될—수도 있다. 다른 한편, 모든 폭력적 분쟁이나 복수 행동이 죄수의 딜레마라는 특수한 조건에 들어맞는 것은 아니라는 데 유의해야 한다. 자원이 근본적으로 부족한 상황에서 적을 제거하거나 결정적으로 약화시키거나 굴복시켜 이익을 대부분 차지할 수 있다면, 이 전략이 타협보다 유리하다.

힘과 안보 딜레마

복수 또는 보복은 피해에 적극 대응하는 조치로서, 경쟁적이고 따라서 충돌 가능성이 있는 관계의 기본 상태에서 생겨난다. 그렇지만 홉스가 말했듯이(『리바이어던』 제13장), 경쟁과 잠재적 분쟁이라는 기본 조건은 고질적인 의심과 불안을 불러일으켜 대응 조치뿐 아니라 선제 조치까지 유발하며, 그런 선제 조치는 다시 상호 의심과 불안을 더욱 고조한다. 다시 한번 강조할 점은 잠재적 분쟁의 원천이 '2차' 원인이라는 것이다. 잠재적 분쟁이 반드시 신체·번식 자원을 둘러싼 실제 분쟁(1차 원인)에서 직접적으로 생겨나는 것은 아니다. 오히려 분쟁의 '1차' 원인에서 파생되는 두려움, 의심, 불안 같은 2차 원인들에서 생겨난다. 그렇게 2차 원인들이 생기면 잠재적 분쟁이 실제 분쟁을 낳을 수도 있다. 이를테면 타인이 잠재적 적으로 여겨질 경우 그의 존재 자체가 내게 위협이 되는데, 그가 어느 날 갑자기 나를 공격할 수도 있기 때문이다. 이런 이유로 잠재적 분쟁에 처한 사람은 최대한 예방 조치를 취하고 힘을 키워야 한다. 그렇지만 상대방도 비슷한 안보 문제에 직면하고 비슷한 예방 조치를 취하게 된다.

상황은 예방과 방어 조치로 끝나지 않는다. 대개 그런 조치가 간접적인 방식으로든 직접적인 방식으로든 공격을 초래할 가능성을 어느 정도 내포하기 때문이다. 간접적인 방식을 보면, 방어 조치는 반격당할 두려움을 줄임으로써—상호 억지를 약화함으로써—마음 놓고 공격하는 결과를 가져올 수 있다. 직접적인 방식을 보면, 대부분의 무기 체계에 이중 목적이 있는 것과 비슷하게 방어 동맹은 공격 동맹으로 전환될 수 있다. 따라서 불안한 세계에서 한쪽이 자신의 안보를 강화하고자 취하는 조치는 대개 다른 쪽의 안보를 약화하게 되고, 그 역도 마찬가지다. 한쪽의 강함은 곧 다른 한쪽의 약함이다.

이런 이른바 '안보 딜레마'의 결과는 무엇일까?[19] 우선 안보 딜레마는 군비 경쟁을 확대하는 경향이 있다. 경쟁자들 사이 군비 경쟁은 자연 전반에서 일어난다.[20] 군비 경쟁은 자연선택을 통해 더 빠른 치타와 가젤, 더 긴 싸움용 뿔을 가진 사슴, 더 질긴 기생충과 바이러스, 더 강한 면역력을 가진 '숙주' 등을 만들어낸다. 대부분의 군비 경쟁은 유기체들에게 아주 무거운 비용, 경쟁이 없다면 불필요한 비용을 지운다. 이 경쟁은 이를테면 나무가 줄기를 갖게 된 이유다. 나무가 막대한 비용을 치르면서도 줄기를 키우는 유일한 이유는 햇빛을 받기 위한 생사 투쟁에서 다른 나무들보다 더 높게 자라야 하기 때문이다. 사람들의 경쟁과 마찬가지로 나무들의 경쟁은 더 많은 경쟁자들이 더 많은 자원을 축적할 수 있는 풍족한 환경에서 가장 치열하다. 이런 이유로 물이 풍부한 열대와 온대 기후의 밀림에서 나무들이 가장 높게 자란다.

군비 경쟁은 자주 역설적인 결과를 낳기도 한다. 경쟁자를 능가하기 위해 자원을 점점 더 많이 투자하는 지속적인 노력은 경쟁자가 제거되거나 심각하게 약화될 경우 성공을 거두기도 한다. 그렇지만 많은 경우 한쪽이 조치를 취할 때마다 다른 쪽이 그에 상응하는 조치를 취한다. 그 결과 분쟁 상황에서 양쪽 모두 점점 더 많은 자원을 투자하면서도 이득을 얻지 못하게 된다. 이것은 루이스 캐럴Lewis Carroll의 『거울 나라의 앨리스Through the Looking-Glass』에서 앨리스가 겪는 기묘한 사건의 이름을 따서 '붉은 여왕' 효과라고 부르며, 양쪽 모두 점점 더 빠르게 달리면서도 제자리에 머무는 게 고작인 결과를 가리킨다. 따라서 군비 경쟁은 죄수의 딜레마가 될 수도 있다.

군비 경쟁은 대체로 경쟁의 자연스러운 결과다. 안보 딜레마에서 비롯되는 군비 경쟁의 독특한 특징은 경쟁하는 양쪽 모두의 기본적인 동기가 방어적이라는 것이다. 이 역설적인 악순환을 멈추는 한 가지 길은 서로에 대한 의심을 줄일 수 있는 방법을 찾는 것이다. 그러나 의심과 불안은 떨쳐내기가 힘든데, 상대방에게 공격적 의도가 없다는 것을 확인하기가 어렵기 때문이다. 그렇지만 불안을 줄이는 방법이 하나 더 있다. 안보 딜레마 상황에서 양쪽 모두 방어를 우려하면서도 적극적으로 선수를 치는 방법을 택할 수도 있다. 다시 말해 방어적 예방 조치에 그치는 것이 아니라 상대방을 제거하거나 현저히 약화시키기 위해 공격할 수도 있다. 그런데 사실 이 선택지는 상대방을 더욱 불안하게 만들어 안보 딜레마를 심화한다. 이런 이유로 전쟁은 자기실현적인 예언이 될 수 있다. 완전한 안보를 달성하기가 어려운 까닭에, 역사가 입증하듯이 진정으로 안보를 우려하는 마음에 '방어를 위해' 끊임없이 전쟁을 일으키고, 멀리서 정복을 벌이고, 권력을 축적할 수도 있는 것이다. 물론 현실에서는 안보 동기가 이익을 얻으려는 동기와 공존하는 식으로 동기들이 자주 혼합된다.

결론을 말하자면, 앞서 명예 및 복수와 관련하여 살펴본 대로 사람 간 경쟁과 잠재적 분쟁이라는 기본 조건은 1차 원인들에서 파생되는 전쟁의 '2차' 원인들을 만들어낸다. 이는 안보 딜레마가 불타오르는 특정한 경우마다 신체와 번식 자원을 둘러싼 경쟁이 실제로 존재한다는 뜻이 아니다. 그러나 상호 불안의 이면에는 그런 경쟁의 전망이 있으며, 실질적·잠재적 경쟁이 더 치열해질수록 안보 딜레마도 더 커질 것이다. 제5장에서 살펴볼 테지만, 국제관계학의 이른바 구조현실주의자들은 욕구의 대상을 둘러싼 실질적·잠재적 경쟁에서 안보 딜레마의 근원을 대체로 오해하여 이 딜레마를 중심으로 국제적 불안과 분쟁을 설명해왔다.

세계관과 초자연적인 것

그렇다면 인간으로서 우리의 가장 뚜렷한 특징인 문화의 세계는 어떠한가? 사람들은 고결한 이념과 이상을 위해 죽고 죽이지 않는가? 나중 시대처럼 석기시대에도 인간 공동체의 정신적 삶은 초자연적 믿음, 성스러운 숭배와 의례, 마법 행위에 젖어 있었다.

종교의 진화적 위상은 이 책의 범위를 넘어서는 문제다. 그렇지만 우주를 정돈하려는 인간의 탐색은 호모사피엔스의 엄청나게 확장된 지력과 상상력의 산물인 것으로 보인다. 인간은 자신을 둘러싼 세계의 이유와 방향에 대한 답을 가져야만 한다. 인간은 우주 인지 지도와 우주 조작 매뉴얼을 필요로 하는데, 이것들이 미지의 영역을 줄임으로써 상황이 안전하고 통제 아래 있다는 느낌을 주고, 두려움을 달래주며, 고통과 고민을 덜어주기 때문이다. 그 답이 자신의 능력이나 경험을 넘어설 때, 인간은 '신화화'를 통해 부족한 부분을 메우려 한다. 일부 학자들은 종교가 뚜렷한 이득을 주지 않으면서 시간과 자원을 잡아먹으므로 생존에 해롭다고 생각한다. 그리고 종교가 호모사피엔스의 지적 '소프트웨어'와 궁극적 원인 탐구에서 생긴 '버그' 혹은 '기생충', '바이러스'로서 등장했다고 주장한다.[21] 이와 반대로 종교는 진화론적으로 말해 무가치한 지출 그 이상이었을지도 모른다. 오스트레일리아 원주민에 초점을 맞춘 『종교생활의 원초적 형태들 Les formes élémentaires de la vie religieuse』(1915)을 쓴 에밀 뒤르켐Émile Durkheim 이래로 기능주의 이론가들은 종교의 주된 역할이 사회적 결속을 촉진하는 것이라고 주장해왔다. 마키아벨리, 루소, 19세기 프랑스 실증주의자들도 거의 같은 견해를 가지고 있었다. 이는 공동 의례와 숭배 의식에 더 공을 들인 집단에서 사회적 협력이 더 관습화되고 더 강하게 정당화되었음을 의미한다. 이 결과는 아마도 전쟁에서 유리하게 작용했을 것이다.[22] 실제로 오스트레일리아에서나 다른 지역에서나 수렵채집인들 사이 의례 유대는 더 큰 규모의 부족 동맹과 연맹, 이른바 (고대 그리스의 사례와 같은) 인보동맹(鄰保同盟. 공동 성역과 제의를 지키고 유지하기 위한 동맹—옮긴이)의 주된 토대가 되었다. 그리고 그런 동맹의 주요 기능 중 하나는 전시의 협력이었다.

이처럼 공동 숭배와 의례에는 적응적 이점이 있었을 것이고, 이것이 숭배와 의례가 존속하고 널리 퍼진 이유를 어느 정도 설명해줄 것이다. 그런

데 수렵채집인의 초자연적 믿음과 관습은 어떻게 공동체들의 전쟁 행위와 성공뿐 아니라 우리의 주제인 분쟁과 싸움의 이유들에도 영향을 주었을까? 대체로 초자연적 믿음과 관습은 우리가 이미 논의한 이유들에 덧붙여졌고 때로는 그 이유들을 부각시켰던 것으로 보인다. 선교는 말할 것도 없고 너무도 익숙한 신의 영광마저 결코 수렵채집인이 전쟁을 벌인 이유가 아니었다. 그것들은 인류의 문화적 진화에서 나중에야 등장했다. 인류학자들이 수렵채집인 사이에서 싸움과 살해를 일으킨 초자연적 이유로서 가장 자주 거론하는 것은 주술에 대한 두려움과 비난이다. 그렇지만 그런 두려움과 비난이 무작위로 나타났던 것이 아니라 자칭 주술의 희생자가 자신에게 해를 입힐 이유가 있다고 생각한 사람들에게로 향했다는 데 유의해야 한다. 물론 이는 그들이 실제로 주술을 걸어 해를 입혔다는 뜻이 아니다. 오히려 경쟁, 잠재적 분쟁, 적의, 의심 등이 주술에 대한 두려움과 비난을 부채질했다는 뜻이다. 주술의 효과를 줄곧 믿은 사회에서는 모든 불행을 자신과 갈등 관계에 있는 누군가의 사악한 주문呪文 탓으로 돌렸다. 이런 망상증은 안보 딜레마보다 더한 정도로 실질적이거나 잠재적으로 실질적인 두려움과 불안을 반영하는 것이었으며, 따라서 전쟁 강박관념을 더욱 악화하고 고조했다. 물론 다른 동기를 감추고 주술을 비난하는 경우도 있었으며, 그런 동기는 우리가 이미 살펴본 분쟁의 동기들에 영적이고 신성하고 정당한 것의 영역이라는 또다른 차원을 더해주었다.

호전성: 놀이, 사디즘, 황홀경

사람들은 때로 특별한 목적 없이 순전히 호전성을 배출하는 게임으로서 싸움을 하는 것 아닐까? 놀이와 스포츠는 목적 없이 자신을 표출하는, 오로지 재미를 위한 활동으로 간주되곤—심지어 규정되곤—했다.[23] 놀이의 진화론적 논리는 무엇일까? 어쨌거나 놀이는 뚜렷한 이득도 없이 엄청난 에너지를 소모하는 활동이다. 그러나 사실 게임과 스포츠의 목적은 사냥, 포식자와 자연적 위험 피하기, 싸움, 양육, 이 모든 일에 필요한 사회적 협력 같은 삶의 과제들을 수행하기 위한 육체 운동이자 행동 훈련이다. 이런 이유로 학습 능력과 놀이 활동을 뚜렷하게 드러내는 어느 포유류 종에서나 어린 개체들이 가장 활발하고 열정적으로 놀이에 참여한다.[24] 보통 감정적 만족이 적응적 행동을 자극하므로, 놀이와 스포츠는 대체로 즐거움을 준다.

요컨대 게임과 스포츠는 다른 무엇보다 싸움에 대처할 수 있도록 미리 준비시키는 기능을 한다. 그렇지만 다른 어떤 목적을 위해서가 아니라 놀이 또는 스포츠와 연관된 감정적 만족을 얻기 위해 싸우기도 하지 않는가? 분명 그렇게 싸우기도 한다. 그러나 그런 싸움은 진화론적 논리를 부정하는 결과가 아니라 그 논리가 확장되어 나타나는 결과다. 첫째로 유의할 점은, 주술에 대한 비난이 무작위가 아닌 것과 마찬가지로 겉보기에 목적 없는 폭력이라 할지라도 순전히 무작위는 아니라는 것이다. 폭력은 아무렇게나 행사되는 경우보다 외부 집단을 겨냥하거나 집단 내 우위를 추구하는 경우가 훨씬 더 많다. 이런 형태의 폭력은 경쟁과 잠재적 분쟁이라는 근본 상태에서 파생되는, 잠재적으로 적응적인 행동이다. 그렇지만 폭력이 아무런 목적도 없이 행사되는 경우, 즉 진화를 통해 '설계된' 맥락 밖에서 촉발되거나 '잘못 활성화'되는 경우도 있다. 그렇다면 대개 부적응적인 그런 행동은 어떻게 살아남는 걸까? 사실 부적응적 특질은 선택에서 끊임없이 제외된다. 따라서 부적응적 특질이 우세한 경우는 거의 없다. 하지만 아예 없는 것은 아니다. 자연선택이 끊임없이 계속되는 이유는 단순히 돌연변이가 일어나고, 새로운 개체가 생길 때마다 독특한 유전자 재조합이 이루어지고, 환경 조건이 변화하기 때문이 아니다. 주된 이유는 인간에 의해 목적대로 설계된 것이든 자연선택에 의해 맹목적으로 설계된 것이든, 영원히 완벽하거나 100퍼센트 효율적이거나 완전히 조율된 메커니즘이 없다는 데 있다. 다른 모든 설계와 마찬가지로 자연선택의 산물인 설계들은 비록 경이롭고 각양각색으로 정교하기는 해도 한계와 결함, '버그'를 갖고 있으며 근사적인 방식으로만 작용할 수 있다. 폭력을 조절하는 감정 메커니즘은 이런 한계점들을 모두 갖고 있다. 따라서 '목적 없는', '표출적인', '즉흥적인', 또는 '엉뚱한 방향의' 폭력으로 촉발되거나 '잘못 활성화'될 수 있다. 더 익숙한 예를 들어 말하자면, 그런 행동은 과식이나 불면처럼 진화상 형성된 표준에서 벗어나는 행동으로 이해해야 한다.

사디즘을 생각해보자. 사디즘은 타인의 고통에서 감정적 만족을 느끼는 것 외에 다른 목적이 전혀 없는 (싸움을 포함하는) 온갖 종류의 행동을 낳을 수 있다. 그렇지만 이런 형태의 사디즘은 비교적 드물고, 진화에 기반한 감정에서 이탈하는 데서 비롯된다. 무엇보다 그런 사디즘은 '정상적인' 잔인함으로부터 파생되고 벗어나는 형태다. '정상적인' 잔인함의 진화론적 논리는 분명하다. 잔인함은 적을 해치려는 충동, 행동 계산의 범위 내에서 대개 다른 행동 패턴들에 의해 조절되고 뒷전으로 밀리는 충동이다. 오해를 없애기 위해 말하자면, '정상적인' 잔인함 자체가 몹시 끔찍한 방식으로 표출된다. 요점은 잔인함이 진화를 통해 형성된, 잠재적으로 적응적인 행동일 뿐이라는 것이다. 사디즘은 잔인함 외에 남들보다 우월해지고 싶은, 진화상 형성된 욕구로부터 파생되고 벗어나기도 한다.

황홀경 행동은 또다른 사례다. 황홀경은 아드레날린, 세로토닌, 도파민 같은 호르몬의 흐름이 증가하면서 느끼는 고양과 초월의 감정이다. 황홀경은 고통과 피로에 대한 신체의 민감도를 낮추고, 에너지를 높은 수준까지 끌어올리며, 평소의 억지력을 약화한다. 자연에서 황홀경 행동은 대개 투쟁 및 싸움과 연관된 극단적인 신체 활동에서 나타날 수 있다. 그렇지만 인간은 기분이 좋아지는 효과 자체를 위해 인위적으로 황홀경을 불러일으키는 방법, 예를 들어 율동감 있게 춤을 추고 노래를 부르거나 마약성 물질을 사용하는 방법을 일찌감치 발견했다. 일부 경우에는 싸움을 하기 전이나 싸움을 준비할 때 마약성 물질을 먹었다—얼마 전까지만 해도 공격 전에 술을 몇 잔 마시는 것이 대다수 군대의 평소 관행이었다.[25] 그렇지만 다른 경우에는 황홀경 상태 자체가 폭력을 낳기도 한다. 많은 사회에서 음주 상태는 폭력 발생에 일조한다. 더구나 일부 경우에는 역으로 황홀경을 느끼기 위해 싸움을 벌이기도 한다. 예를 들어 젊은이들의 '목적 없는' 패싸움에서는 돈과 여성, 사회적 명망 같은 '평범한' 이유들에 더해 황홀경을 느끼려는 동기가 (흔히 음주와 함께 작용하여) 중요한 역할을 한다. 이런 황홀경 역시 대개 진화상 형성된 자극과 행동 패턴의 부적응적 파생물이자 그 패턴으로부터의 이탈이다.

집단 내 싸움과 집단을 위한 싸움

인간의 자연 상태에서는 이제까지 언급한 모든 이유를 위한 싸움이 개인 수준과 집단 수준에서 공히 행해졌다. 싸움 상황에서 가족, 씨족, 부족의 성원들은 서로 협력했다. 원리적으로 협력에는 강력한 이점이 있다. 예를 들어 전쟁 상황에서 큰 집단에는 강력한 이점이 있다. 그렇지만 협력은 분명 '무임승차'—협력의 혜택은 누리고 비용 분담은 피하는 것—를 자극한다는 문제가 있다.[26] 수렵채집인 집단들은 서로 겹치는 여러 메커니즘을 이용해 협력의 기준을 확립하고 내부 연대를 강화했다.

첫째, 사람들은 더 많은 유전자를 공유하는 가까운 친족을 지원하기 위해 목숨을 건다.[27] 말할 것도 없이 수렵채집인들은 유전자에 관해 아무것도 몰랐다. 모든 자연적 성향과 마찬가지로 친족 연대가 진화한 이유는 인구 중에서 이 성향에 따라 행동하는 사람들의 유전자가 늘어났고 따라서 성향 자체도 늘어났기 때문이다. 형제자매는 부모와 자녀 사이와 마찬가지로 평균 50퍼센트의 유전자를 공유한다. 부모 중 한쪽이 같은 자녀끼리는 삼촌/고모와 조카 사이처럼 평균 25퍼센트의 유전자를 공유한다. 사촌끼리는 평균 12.5퍼센트의 유전자를 공유한다.* 이것이 "피는 물보다 진하다"라는 오래된 생각의 기반으로, 오늘날에는 '포괄 적응도'라는 어색한 용어를 사용해 이 생각을 과학적으로 설명한다. 예를 들어 한 가족의 성원들은 다른 가족의 성원들과 다투거나 충돌할 때 서로를 지원하는 경향을 보였다. 혼인 관계를 맺은 씨족들은 씨족 간 경쟁에서 다른 씨족들에 맞서 서로를 지원할 가능성이 높았다. 수백 명이나 그 이상을 헤아린 부족의 성원들은 가족과 씨족의 성원들만큼 가까운 관계는 아니었지만, 특히 외부 부족과 분쟁할 때면 서로 (상대적으로 약한) 협력을 했다. 현대 진화론의 개척자 중 한 명인 J. B. S. 홀데인Haldane이 정식화한 대로, 이 논리 때문에 2명 이상의 형제자매나 8명 이상의 사촌을 구하기 위해 자신의 목숨을 희생하는 것이 진화적으로 이득이 된다. 그리고 32명의 육촌, 128명의 팔촌, 512명의 십촌을 위해 위험을 감수하는 것도 역시 이득이 된다. 사실 이것이 부족 집단의 실체나 마찬가지였다. 더욱이 부족 집단의 모든 성원이 서

---

* 여기서 혼동해서는 안 된다. 모든 사람의 유전자는 99퍼센트 이상 동일하다. 개인 간 모든 변이는 나머지 1퍼센트도 안 되는 유전자 때문이며, 위에서 언급한 공유 유전자는 인간 게놈 내 이런 변이를 가리킨다. 그렇지만 1퍼센트 이하인 이 유전자 차이가 적다는 이유로 대수롭지 않게 여겨서는 안 된다. 인간은 침팬지와 유전자의 98퍼센트 이상을 공유하지만 소수 유전자의 결정적인 변화가 커다란 차이를 가져올 수 있다.

로 가까운 친척 사이는 아니었다 할지라도, 부족은 혼인 유대로 묶인 가까운 친족관계의 촘촘한 그물망이었다. 혼인 유대로 얼기설기 얽힌 부족의 가족들과 씨족들은 자손에 대한 유전적 투자를 공유하는 사이로서 서로를 지원하기 위해 위험을 무릅쓸 각오가 되어 있었다. 대부분의 혼인이 부족 내에서 이루어졌으므로 같은 부족인 '우리'와 외부인인 '그들' 사이에는 커다란 간극이 있었다.[28] 시대를 막론하고 정치적 조약과 동맹은 혼인을 맺음으로써 공고해졌다.

분명 친족 사이 경쟁과 심지어 분쟁까지도 어디서나 나타나는 현상이었다. 진화론적 논리는 이렇게 되는 이유를 설명해준다. 더 가까운 친족일수록 그들을 보살펴 얻는 보상이 커지지만, 어디까지나 그들이 나에게 더욱 가까운 친족의 전망을 위협하지 않는 한에서만 그렇다. 예를 들어 나는 형재자매보다 나 자신과 유전적으로 두 배 더 가깝다. 그러므로 형재자매끼리 심각하게 경쟁할 경우 서로 치열하게 적대하고 심지어 생명을 앗아갈 수도 있다. 성서의 카인과 아벨 이야기는 치열한 경쟁과 친족 살해를 막는 강력한 억지력을 둘 다 보여준다. 이와 비슷하게, 삼촌/고모는 조카를 아끼는 진화적 성향을 보이기는 해도 자기 자식을 두 배로 아낀다. 너무도 익숙한 친척끼리의 시기와 긴장, 적대감도 같은 이유에서 생기는 것이다.[29] 극단적인 경우 친족에 맞서 외부인과 협력하기도 하는데, 간혹 이런 일이 생기긴 하지만 언제나 친족을 배신했다는 심각한 오명을 쓰게 된다. "나는 내 형제에 맞서고, 나와 내 형제는 내 사촌에 맞서고, 나와 내 형제와 내 사촌은 세계에 맞선다"라는 아랍 속담은 가족과 씨족, 부족에 토대를 두는 현대 아랍 사회에서 여전히 아주 생생하게 작용하는 친족 연대의 진화론적 논리를 표현한다. 이 논리는 허버트 스펜서Herbert Spencer와 윌리엄 그레이엄 섬너William Graham Sumner가 주장한 단순한 내內집단 협력/외外집단 경쟁보다 얼마간 더 복잡하고 현실적이다.

둘째, (다른 모든 활동과 마찬가지로 싸움의 경우에도) 사회적 협력은 상호 감시와 책임 추궁이 가능할 만큼 친밀한 집단 내에서 유지될 수 있다. '무임승차자'는 적발될 경우 전체적으로 보아 그에게 이로운 협력 체계에서 배제되거나 따돌림당할 위험에 직면한다. 또 집단에 의해 처벌받을 수도 있다. 사람들은 '사기꾼'과 '변절자'를 예의주시한다. 그들은 언젠가 비슷한 도움을 돌려받을 것을 전제로 타인을 도울 테지만, 기대했던 대로 돌려받지 못하면 협력을 중단하거나 신뢰를 저버린 사람에게 적극적으로 보복할 공산이 크다. '상호 이타주의'라는 용어는 "네가 내 등을 긁어주면 나도 네 등을 긁어줄게"라는 이 논리를 가리키기 위해 만든 표현이다.[30] 부족 집단은 충분히 작은 까닭에 조밀한 친족관계망이 있을 뿐 아니라, 모든 성원이 서로 알 수 있고 만날 수 있고 책임을 추궁할 수 있다. 게다가 우리는 누군가 남에게 하는 행동을 관찰하고서 그가 우리에게 신뢰를 줄 만한 사람인지 또는 공동선에 충실을 기할 만한 사람인지 판단한다. '긍정적 성격'은 보상을 받는다. 이렇게 해서 '상호 이타주의'는 도덕의 근원인 '일반화된 이타주의' 또는 '간접적 상호 이타주의'로 확대된다.[31]

셋째, 생물학과 별개로 사람들은 문화를 가지고 있고 문화에 의해 구별된다. 특히 수렵채집인들 사이에서는 문화가 국지적이었고 따라서 친족관계와 밀접히 연관되었으므로, 문화 정체성이 친족관계의 뚜렷한 지표가 되었다. 더욱이 문화 공유는 인간의 사회적 협력에도 결정적으로 중요하다. 협력의 효과는 문화적 코드, 그중에서도 언어를 공유할 때 극적으로 높아진다. 따라서 언어와 관습 면에서 이웃과 구별되는 부족 집단은 그 성원들에게 사회적 협력의 가장 효과적인 얼개였다. 그 얼개 밖에 있을 때 그들은 매우 불리하다고 느꼈을 것이다. 이런 이유로 문화적 다양성의 세계에서 문화를 공유하는 부족의 성원들은 자기 집단의 생존에 더욱 관심을 쏟게 되었다.* 인간에게 이런 독특한 특성이 있는 까닭에 집단 연계와 연대는 다른 어떤 사회적 종보다 사람들 사이에서 더 필수적이다. 지역 집단(부족)은 서로 보강하고 겹치는 친족관계, 사회적 협력, 문화적 특수성에 의해 하나로 묶인다. 여기에 '종족중심주의' 현상의 원인이 있다. 인간의 보편적 특징인 종족중심주의는 수렵채집인 부족 집단의 수준에서 이미 현저하게 나타났고, 후대에 더 큰 종족 집단에서 확대되어 나타났다.[32]

넷째, 집단 내 '상호 이타주의'와 문화적 특수성은 우리를 논쟁이 분분한 쟁점인 집단 선택으로 이끈다. 현대 진화론은 집단을 위해 개인을 희생시키는 유전자가 그 유전자 보유자들을 돕는 속도보다 더 빠르게 그들을 절멸시켰을 경우 자연선택에서 배제되었을 것임을 보여주었다. 이 점에서 개인의 자기중심주의와 집단을 위한 이타주의는 섬세한 균형을 이룬다. 그러나 기나긴 석기시대 동안 우세했던 상황처럼 경쟁과 분쟁이 치열한 상황에서는 집단을 위해 희생하려는 개인의 의지와 연대감을 더 강하게 진화시킨 집단이 결집력이 약한 집단에 승리를 거두었을 것이다. 일찍이 다윈이 지적한 이 계산법은 오늘날 수학적 모델링으로 뒷받침된다.[33]

---

* 비교적 가까운 문화 집단들의 관계에서도 사람들은 자기 집단과 다른 집단을 갈라놓는 방언, 억양, 의복 스타일, 행동의 미세한 차이에 예민하게 동조한다. 당황한 프로이트는 이것을 '사소한 차이의 나르시시즘'이라고 불렀다. Sigmund Freud, 'Group Psychology and the Analysis of the Ego'(1921) and 'Civilization and its Discontents'(1930), in *The Complete Psychological Works*, vol. 18, 101-4, and vol. 21, 108-16. 프로이트는 이 '나르시시즘' 역시 기본적 공격 충동의 억지된 표현으로 설명하려 했고, 그로써 문제의 본말을 전도하고 진화론적 논리든 다른 어떤 논리든 일체 부정했다. 왜 이 특정한 영역에서 공격성이 표출되느냐는 문제는 전적으로 불분명하게 남았다. 실제로 프로이트는 일반적으로 집단 유대가 나타나는 이유에 대해 당혹감을 토로했다. 사실은, 설령 사소하다 해도 종족적 차이가 친족-문화 공동체들 사이에서 정체성, 연대, 협력의 경계를 만들어내고 또 경쟁과 공격을 촉발하기도 하는 것이지 그 반대가 아니다.

결론을 말하자면, 인간의 진화적 자연 상태에서 생존과 번식에 도움이 되는 목표를 추구하는 사람들은 같은 유전자를 공유하는 친족뿐 아니라 대개 더 큰 친족-문화 집단 출신인 사람들까지 돕는 경향이 있으며, 그 목표를 달성하기 위해 그들의 협력과 생존에 의존한다.

진화적 자연 상태에서의 싸움의 원인들

선사시대 인간의 자연 상태는 철학적 허구도 이국적 호기심거리도 아니다. 호모사피엔스 종 역사의 90퍼센트가 넘는 기간에 우리와 비슷한 사람들은 수렵채집인으로 생활했다. 역사시대의 짧은 기간은 문자 기록의 밝은 빛으로 조명할 수 있다. 그러나 선사시대 사람들은 기록의 빛을 받는 아주 한정된 영역 너머에서, 이름도 알려져 있지 않고 사건에 대한 구체적인 기록도 없는 영역에서 수천 세대 동안 생활했다. 그리고 바로 이 지질학적 기간에 우리의 선천적인 성향과 전쟁을 포함하는 행동 전략이 형성되었다.

자연 상태 일반과 마찬가지로 인간의 자연 상태에서도 분쟁과 싸움의 근본적인 원인은 경쟁이었다. 강력한 감정적 자극에 의해 유발되고 또 억제되기는 하지만, 폭력은 '저항할 수 없는' 주된 충동이 아니다. 오히려 폭력은 정밀하게 조율된 전술, 진화를 통해 형성된 선천적인 동시에 선택적인 전술로서, 생존과 번식 계산법의 변화에 대응하여 사용되기도 하고 사용되지 않기도 한다. 이런 의미에서 전쟁과 평화 모두 우리 유전자 안에 있다. 사람들은 목표를 추구하면서 협력, 평화적 경쟁, 폭력적 분쟁 가운데 어떤 전략이든 사용할 수 있다. 원주민들이 특정한 환경과 성공 전망에 따라 교환을 비롯한 평화적인 협력의 형태에 관여하기도 하고, 경쟁하기도 하고, 싸우기도 했던 것처럼, 실제로 사람들은 이 전략들을 바꿔가며(그리고 대개 몇 가지를 조합하여) 사용했다. 우리는 이 행동 전략들 각각을 매우 능숙하게 사용하는데, 그렇게 하는 데 필요한 생물학적 중장비를 진화적으로 잘 갖추고 있기 때문이다. 그리고 우리가 이 장비를 이토록 잘 갖추고 있는 것은 장구한 진화의 역사 내내 사람들이 이 전략들 각각을 두루 사용해왔기 때문이다. 폭력은 우리가 언제든 손쉽게 사용할 수 있는 행동 도구상자 안에 들어 있는 망치다. 실제로 폭력은, 비록 막대한 위험을 수반하긴 했지만, 대개 필요하고 유익한 도구인 것으로 입증되었다.

인간 싸움의 근원은 인간 동기체계 일반을 구성하는 욕구의 대상들과 똑같은 대상들을 추구하는 데 있다. 다만 싸움의 경우 폭력적인 수단으로 추구한다는 점만 다를 뿐이다. 폭력은 대개 부족한 자원을 둘러싼 경쟁에 의해 활성화되었는데, 자원이 풍부할 때면 재빨리 번식하여 자원 부족을 심화하는 유기체들의 경향 탓에 자연에서는 결핍과 경쟁이 표준이기 때문이다. 치명적인 폭력은 남자들이 여자를 두고 다투는 직접적인 경쟁에 의해 자주 활성화되기도 했고, 더 많은 여자와 자식을 부양하기 위한 자원을 놓고 다투는 간접적인 경쟁에 의해 활성화되기도 했다. '1차' 수준에 해당하는 이런 신체·번식 목표들에서 근사적이고 파생적인 '2차' 목표들이 생겨난다. 집단 내 사회적 중재자들은 자신의 위치를 이용해 신체 및 번식 이점을 얻을 수 있다. 이런 이유로 근사적 재화인 평판, 위신, 권력, 지도력 등을 차지하기 위한 경쟁—그리고 분쟁—이 벌어진다. 모욕을 당하거나 손해를 입은 사람은 그것이 지속되어 희생자화 패턴으로 변하지 않도록 대개 보복에 나설 것이다. 대갚음은 승리나 타협으로 끝날 수도 있지만, 공격과 반격이 되풀이되는 영속적인 순환으로 확대되고 악화될 수도 있다. 그럴 경우 적대하는 사람들은 분쟁중에 일종의 죄수의 딜레마 상황에 갇히게 된다.

이와 비슷하게, 잠재적 분쟁 상태에서 필요한 안보 예방 조치는 방어적인 성격을 띨 수도 있지만 공격적이거나 선제적인 성격을 띨 수도 있다. 죄수의 딜레마의 변형인 안보 딜레마는 한쪽에 유리한 군비 경쟁을 낳기도 하지만, 많은 경우 양쪽 모두 자원 투자를 점점 늘리면서도 평행선을 달리는 게 고작인 '붉은 여왕' 효과로 귀결된다. 그러므로 분쟁 조건은 적어도 어느 정도는 스스로를 먹고 자라면서 죄수의 딜레마를 통해 당사자들의 바람과 최선의 이해관계에 반해 그들에게 강요되는 듯한 충돌로 이어질 수 있으며, 거기에 드는 비용은 양쪽이 싸워서 얻으려는 보상보다 클 수도 있다. 이 역설적인 상황이 가능한 이유는 자연선택이 개별 경쟁의 원리에 따라 작용하기 때문이다. 경쟁을 규제하고 죄수의 딜레마나 시장의 실패를 예방하는 상위 권위('대자연')는 존재하지 않는다. 때로 싸움은 적어도 어느 한쪽에게는 가장 유망한 선택지다. 하지만 그렇지 않을 때 싸움은 비록 합리적인 선택지이기는 해도 최선의 선택지는 아니다. 그런 경우에 분쟁은 스스로 생명을 얻는 것처럼 보인다. 마치 몰록처럼, 분쟁은 싸우는 당사자들의 바람이나 이익에 개의치 않고 자신의 불길에 붙들린 그들을 먹어버린다.

경쟁과 분쟁은 진화를 통해 형성된 자기증식 유기체들의 진짜 결핍과 욕구로부터 생겨나고 한쪽의 중대한 이득과 다른 쪽의 손실로 끝날 수 있다는 점에서 '실질적'이다. 그와 동시에 규제 없는 무정부적 환경에서 분쟁 자체가 적대자들에게 강요하는 논리 때문에, 분쟁은 흔히 자기영속적이고 쌍방에게 손해가 되는 수준까지 '부풀어오르기'도 한다. 분쟁의 이런 이중성은 전쟁의 동기들과 전쟁의 원인들 사이에 차이를 만들어낸다. 욕구의 대상에 대한 폭력적 추구나 방어, 즉 전쟁의 근본 원인은, 양쪽 모두 탐나는 대상을 무력을 사용해 적극적으로 얻으려 하지 않고 오히려 잃어도 괜찮은 경우에도, 전쟁으로 귀결되는 상황들을 만들 수 있다. 어떤 면에서 이 상황은 전쟁을 대하는 두 가지 정반대되는 태도, 즉 전쟁을 진지한 목표를 위한 진지한 사업으로 보는 태도와 전쟁의 부조리에 충격을 받는 태도를 모두 정당화한다.

스티븐 핑커는 폭력적 행동 선택지와 비폭력적 행동 선택지 사이에서 사람들의 선택을 추동하는 비용 대비 효과의 논리를 잘 이해한다. 그럼에도 핑커의 탁월한 책 『우리 본성의 선한 천사』에는 폭력의 원인과 관련해 의구심이 드는 몇 가지 중요한 점이 있다. 놀랍게도 이 책에서 진화를 논하는 부분들은 내가 보기에 나머지 부분들의 아주 높은 기준에 미치지 못한다. 이 책에서 인간 행동체계의 '천사들' 대 '악마들'은 에이브러햄 링컨Abraham Lincoln의 대통령 취임연설을 암시하는 표현이며 대체로 은유적으로 사용된다. 하지만 완전히 은유적으로 쓰이는 것은 아닌데, 핑커가 포식, 우세, 이데올로기라고 부르는 것들을 포함해 인간 행동의 중심적 측면들을 '악마들'로 축소하는 것은 곧 인간의 목표들과 동기들, 그리고 이것들을 달성하기 위한 수단들을 납작하게 만드는 것이기 때문이다. 게다가 핑커가 구분하는 폭력의 범주들이 각각 '악마들'에 대응하는지도 의문이다. 그는 두뇌의 개별 부분들이 폭력적 행동을 촉발할 수 있음을 보여주는 연구들을 인용하며, 이는 물론 거의 모든 행동과 관련해 참이다. 그렇다 해도 모든 폭력적 행동은 하나의 통일된 진화적 생존·번식 계산법에 종속되고 또 이것에 의해 규제되고 형성된다—이것이 바로 진화론적 논리의 정의이며, 핑커는 진화론자로서 분명 이 정의를 주저 없이 인정할 것이다. 따라서 그가 포식적 폭력이라고 부르고 목적을 달성하기 위한 수단으로 묘사하는 넓은 범주는 사실 그가 거론하는 폭력의 다른 동기들까지 대부분 포괄하는 범주다. 앞서 봤듯이, 모든 사회적 동물들 사이에서 우세 추구는 자원에 먼저 접근할 권리와 더 나은 성적 기회를 얻기 위한 진화적 수단이다. 핑커의 개념의 또다른 문제는 폭력적 방법뿐 아니라 비폭력적 방법으로도 우세를 추구할 수 있다는 것으로, 이를 감안하면 '악마'라는 딱지가 더욱 어색해 보인다. 똑같이 '악마' 딱지가 붙은 이데올로기도 마찬가지다. 이데올로기는 비폭력적 방법으로 추구할 수도 있고, 좋은 결과를 가져오는 힘이 될 수도 있다. 이와 비슷하게 또다른 '악마'인 복수는, 핑커가 인정하는 대로, 목적을 위한 수단이다. 복수를 하는 이유는 무질서한 사회에서 자신이 호구가 아님을 입증함으로써 허술하나마 안전을 확보하기 위해서다. 마지막으로 핑커는 때때로 전쟁을 극복하는 것이 죄수의 딜레마에서 벗어나는 문제라는 인상을 준다. 온갖 종류의 죄수의 딜레마가 있기는 해도, 모든 분쟁이 이 범주에 속하는 것은 아니다. 인류의 역사 내내 전쟁에는 숱한 승자와 패자가 있었다.

인간사에 진화론을 적용하는 것을 반대하는 주된 이유는 틀림없이 인간의 문화에 의해 결정되는 주제에서 진화론이 생물학적 결정론을 고수한다고 믿기 때문이다. 그렇지만 이는 그릇된 이분법—부적절하게 이것 아니면 저것으로 나누는 것—이다. 자연과 문화 둘 다, 그리고 둘의 상호작용이 결정적으로 중요하기 때문이다.[34] 인간은 약 1만 년 전에 농업을 발전시킨 이래 약 5000년 전에 최초의 국가들을 출현시키는 등 연쇄적인 발전을 이루어내면서 진화적 자연 상태의 생활방식에서 점점 멀어져왔다. 본래 진화를 통해 형성된 인간의 선천적인 필요, 욕구, 근사적 행동·감정 메커니즘은 오늘날 근본적으로 달라진 '인공적' 조건에서 표출된다. 그 과정에서 그것들은 크게 변형되어 새롭고 다양한 외양을 갖추게 되었다. 그렇지만 문화적 진화는 '빈 서판' 위에서 작용했던 것도 아니고, 그저 '무엇이든' 산출할 수 있었던 것도 아니다. 문화적 진화의 다채롭고 다양한 형태들은 명확히 인식할 수 있는 인간의 선천적 성향들이라는 중핵 위에 건설되어 왔다. 문화적 도약은 워낙 최근에 일어난 일이라 인간의 생물학에 유의미한 영향을 끼치지 못했다. 조밀한 농업 정착지에서의 생활과 연관된 몇몇 특질, 이를테면 (우유의) 젖당을 소화시키는 능력과 질병 저항력 등을 빼면, 우리는 농업 이전 친족과 생물학적으로 사실상 똑같은 사람들이고 그들과 똑같은 성향들을 가지고 태어난다. 문화적 진화와 더불어 이 성향들이 전부 무효가 되는 것은 아니다. 그저 제약될 뿐이다. 유전자-문화 상호작용은 싸움의 역사를 포함해 인류의 역사를 만들어온 재료다.

이제 유전자-문화 상호작용을 검토하면서 이것이 역사시대 국가사회에서 인간 싸움의 원인들을 어떻게 형성했는지 살펴보자.

제3장

국가-리바이어던들의 충돌

리바이어던 치하 폭력과 전쟁

인류는 약 1만 년 전부터 농업과 축산으로 이행했다. 이 과정은 인간 싸움의 막을 열지는 않았지만, 인간의 삶 전반과 함께 싸움을 엄청나게 변형했다. 이때부터 생산력과 인구가 꾸준히 증가해 근대 전야까지 약 100배가 되었다. 생산력 증가가 인구 성장에 의해 얼추 상쇄되었으므로 잉여물은 크게 늘지 않았으며, 절대다수의 사람들은 식량 생산자로서 계속 최저 생활수준 근처에서 위태롭게 살아갔다. 그렇지만 갈수록 조밀해지는 정주 인구, 고정된 생산수단, 축적된 재산 덕분에 이제 잉여물의 차등 집중과 전유가 가능해졌다. 루소가 맨 처음 개관한 이 과정에서 기존부터 사람들 사이에 존재했던 선천적 차이는 축적된 자원에 의해 어마어마하게 확대되고 객관화되었다. 루소는 인간의 자연 상태보다 이 과정을 훨씬 더 진실에 가깝게 묘사했다.

권력과 자원 축적이 선순환 메커니즘으로 서로를 강화함에 따라 대규모 사회 권력구조가 출현했다. 집중된 부와 이런 부에서 나오는 권력을 바탕으로 부자와 권력자가 사회생활을 지배했다. 국가의 출현은 이 과정의 정점이었다. 다시 말해 국가는 단일한 권력 핵이 대개 폭력적인 사회 내 경쟁에서 다른 핵들을 전부 물리쳤을 때 출현했다. 그 핵은 권력을 제도화하고, 사회권력의 다른 핵들을 종속시키고, 전례 없는 수준의 위계적인 조직과 강압, 체계적인 자원 징수, 인력 동원을 도입하는 등 인구에 대한 명령권을 확립하는 한편 이웃한 국가구조들과 경쟁했다.

이 폭력적 과정은 국가와 문명의 성장을 이끈 주된 동력이었다. 우리는 인간 종의 역사에서 이 발전이 얼마나 최근에 이루어진 것인지 잊곤 한다. 최초의 국가들은 메소포타미아와 이집트에서 약 5000년 전에야 등장했고, 세계의 다른 지역들에서 국가 체제가 등장하고 퍼져나가는 데에는 수천 년이 더 걸렸다. 앞에서 지적했듯이, 예컨대 북유럽과 일본에서 국가는 기원후 제1천년기의 후반에야 출현했고, 세계의 다른 몇몇 지역에서는 더 늦게 출현했다. 그럼에도 경쟁과 분쟁에서 규모와 강압적 구조화에 힘입어 권력 우위를 점한 사회들은 이따금 붕괴하고 퇴보하면서도 계속 상향 곡선을 그리는 진화 경주에 나섰다. 이 자기강화적 과정이 국가 체제의 확산과 국가 규모의 증대 둘 모두의 원인이었다. 개별 국가들의 인구는 수천에서 수만, 수십만, 수백만으로 늘어났다. 국가들은 규모의 경제를 창출하고, 자원과 인간 활동을 한데 모아 목적에 맞게 이용하고, 기념비적 건축물과 문해력, 고급문화를 낳았다. 농경의 비중이 압도적으로 높고 따라서 근본적으로 자급자족하는 지역 사회들에서 이 과정을 일으키는 데 단연 중요했던 것은 장거리 교역도, 종교적 권위도 아닌 무력의 축적이었다. 사실 교역과 종교적 권위는 적어도 정치적 통일의 원인임에 못지않게 그 결과이기도 했다.[1] 세계 각지의 국가들과 문명들이 고금을 통틀어 보여준 풍부한 짜임새에 관심 있는 독자는 이번에도 나의 『문명과 전쟁』을 참조하라.

권력 투쟁과 권력이 수반하는 이익을 차지하려는 투쟁은 국가들 내부와 사이에서 동시에, 그리고 불가분하게 일어났다. 국가란 기본적이고 일관된 전쟁 단위라는 인식이 그간 너무 만연했다. 그러나 국가는 국내의 폭력적인 권력 경쟁을 완전히 제거하지 못했고 오히려 그 경쟁을 얼마간 한정하고 억압한 쪽에 더 가까웠다. 막스 베버Max Weber의 정의에 따르면, 국가는 정당한 무력을 독점할 권리를 성공적으로 보유한다.[2] 그렇지만 정당한 무력을 독점할 권리는 설령 성공적인 경우에도 실제로 무력 독점에 결코 이르지 못했고, 정당한 무력조차 독점하지 못했다. 리바이어던 주변과 내부에는 수많은 정어리만 있었던 게 아니라 많은 상어와 꼬치고기, 즉 강력한 귀족, 지방 총독, 장군, 비적, 해적도 있었다. 그들 모두 국가 권력을 제한하거나 도전장을 내밀거나 찬탈하려 했다.

요컨대 국가의 내부 권력정치와 외부 권력정치는 서로 영향을 주고받았다. 외부의 경쟁국에 대항하기 위해 병력을 증원하는 국가는 이 병력—귀족 병력이든 직업군인 병력이든 민중 병력이든—이 국내 권력정치의 행위자가 될 가능성을 고려해야만 했다. 더욱이 국내 지배의 성패는 국외에서 경쟁국들을 다루는 국가의 능력에 영향을 주었고, 국외의 성과는 국내에서 국가의 정치적 입지에 큰 영향을 주었다. 이 주제에 관한 온갖 저술에도 불구하고, 두 영역—국외 정치와 국내 정치—중에 무엇이 더 중요하다고 일반화하는 것은 어느 쪽 손 때문에 박수 소리가 나는지 확정하는 것만큼이나 어려운 일이다. 더욱이 이 상호 의존성을 일부러 조작할 수도 있었다. 한 영역에서의 효과를 노리고 다른 영역에서 조치를 취할 수도 있었기 때문이다. 예를 들어 국가 통치자는 '안보 결집 효과'를 일으켜 자신의 국내 입지를 공고히 하기 위해 전쟁을 개시할 수 있었으며, 장군은 권력 찬탈에 필요한 자원과 위신을 얻기 위해 전쟁을 시작할 수 있었다. 이런 이른바 양면 게임은 대개 국가 내부에서나 외부에서나 폭력을 동반했다.[3]

실제로 국내 영역에서도 공공연한 폭력이 때때로 국가의 외피를 깨뜨렸다. 대규모 민중 봉기는 흔히 참혹한 피바다로 귀결되었다. 심지어 엘리트층 내부의 폭력적 투쟁마저 경제 파탄, 황폐화, 대량 살상으로 사회 전체에 막대한 피해를 입힐 수 있었다. 그런 '내전'의 결과로 '자연 상태'로 완전히 돌아가는 일은 없었지만, 내전이 거주지 인근에서 벌어지고 무정부 상태가 확산될 경우에는 때때로 홉스가 말한 '전쟁'으로, 즉 파괴와 살상 면에서 대외 전쟁을 무색하게 하는 사태로 악화되었다.

그렇지만 '평범한' 시기에 국가는 상대적인 국내 평화를 강요함으로써 내집단 폭력과 외집단 폭력 사이에 간극을 만들어냈다. 국가 이전 사회에서는 규모 면에서나 방법 면에서나 두 가지 폭력이 훨씬 덜 구별되었다. 국가의 출현과 더불어 '살인'과 '혈수'라 불리고 이제 불법이 된 소규모 치명적 폭력과 '전쟁'으로 간주되는 대규모 조직된 폭력 사이에 확실한 차이가 생겼다. 앞서 지적했듯이, 사람들이 근본적인 차이로 개념화하는 경향이 있는 이 차이는 사실 국가 자체만큼이나 최근에 이루어진 역사 발전의 소산이다. 전쟁은 관습적으로 국가 및 정치와 동일시된다—프로이센 전쟁철학자 카를 폰 클라우제비츠가 유럽 국가 체제와 국가가 수행하는 전쟁이 정점에 이른 시기에 『전쟁론』(1832)에서 말한 유명한 정의대로, 전쟁은 '국가 정책의 연속'으로 여겨진다.[4] 그렇지만 이런 형식적 개념들이 역사상 형성된 치명적 폭력의 형태들을 나타낸다고 이해하지 않고 서로 별개인 '본질들'을 나타낸다고 이해할 경우, 실상을 오해할 우려가 있다. 많은 사람들이 수수께끼로 여기는 인간의 전쟁과 동물의 종내 폭력 사이 차이는 인간 폭력의 역사적 궤도를 인식하고 나면 해소된다. 국가 이전의 소규모 인간 사회들처럼 사회적 동물들 사이에서도 집단 싸움과 살해가 두루 나타난다. 인간의 경우 집단 자체의 규모가 커짐에 따라 집단 싸움의 규모도 커졌을 뿐이다.

『문명과 전쟁』의 일부 독자들은 내가 폭력과 전쟁을 뭉뚱그린다고 지적했다. 그들은 두 현상을 개념적으로 구분해야 한다는 입장을 함축했다. 전쟁은 규모로 보나 사회적 조직화로 보나 폭력과 다른 무엇이고, 폭력과 달리 국가의 '고상한' 정치적 이유에서 파생된다는 것이다. 그렇지만 나는 전쟁을 물화된 범주가 아니라 역사상 형성된 치명적 폭력의 한 형태로 설명하기만 하는 것이 아니다. 나는 전쟁이 인간 행동 일반의 밑바탕에 놓인 욕구의 대상들과 동일한 대상들 때문에 일어난다고 주장한다. 클라우제비츠의 정의를 바꾸어 말하자면, 전쟁이란 국가 정치라는 집단 수준에서 폭력적 수단으로 이 대상들을 얻으려는 활동이다.

분명 국가들의 전쟁은 국가 이전 싸움은 물론 국내의 치명적 폭력과도 달랐다. 주된 차이점은 국가 치하에서 군대의 절대 규모가 훨씬 더 컸다는 것, 대규모 강압적 구조화, 인력 편성, 조직화 노력이 이루어졌다는 것이다. 전쟁 참여는 자발이 아닌 의무가 되었고, 군대 규모는 남성 전사 수십 명에서 수천, 수만, 수십만 명으로 늘었으며, 전사는 군인이 되었고, 친족에 기초한 조직되지 않은 전투조는 질서정연한 전투대형에 자리를 내주었으며, 솔선수범 지도력은 더 엄격한 위계적 명령으로 대체되었다. 방어시설, 훨씬 더 조밀한 정주 정착지, 더 먼 거리로 인해 습격—국가 이전 사회에서 주요하고 가장 치명적이었던 전쟁 형태—은 그 중요성이 작아졌는데, 적 공동체를 전면 기습하기가 한결 어려워졌기 때문이다. 포위와 전투는 거의 전쟁의 동의어가 되었다. 대규모 원거리 군사작전을 펼치려면 복잡한 병참이 필요했으며, 더 크고 더 영속적인 군대를 지원 및 유지하고, 재원을 확보하고, 군수품 획득과 징발을 감독하려면 국가의 관료제가 있어야 했다. 또 국가기구 덕분에 외부 집단을 영구히 정복하고 직접 통치하는 일이 가능해졌다—이는 국가의 지속적인 규모 증대를 뒷받침한 전쟁 활동의 중대한 개선점이었다.

그럼에도 많은 사람들이 국가와 전쟁을 밀접히 연관 짓는 주된 이유인 폭력에 의한 죽음의 비율은 사실 국가 치하에서 감소했다. 제일 많이 감소한 것은 내집단의 치명적 폭력이었으며, 이는 국가가 내부 평화를 강요하는 데 성공한 결과였다. 홉스는 무정부 상태가 폭력에 의한 죽음의 가장 중요한 원인이며 많은 경우 나쁜 정부보다 더 나쁠 수 있다고 옳게 주장했다.[5] 그렇지만 통설에 완전히 반하지는 않더라도 덜 인식된 다른 측면이 있다. 바로 외집단 폭력—국가 간 전쟁—으로 인한 사망자 수 역시, 국제 체제의 고질적인 무정부 상태에도 불구하고, 국가 이전 시대와 비교해 감소했다는 것이다. 국가들과 그 군대들의 규모는 그 이전 부족 집단들의 규모보다 더 컸고, 대개 훨씬 더 컸으며, 국가 전쟁은 장대한 싸움이라는 인상을 남겼다. 국가 전쟁은 대규모로 보였고 절대 수치로 따지면 실제로 대규모였다. 그렇지만 치명성의 관점에서 보면 주된 문제는 절대적 사상자 수가 아닌 상대적 사상자 수다—인구의 몇 퍼센트가 전쟁중에 죽었는가? 그리고 상대적 사상자 수는 실제로 국가 치하에서 감소했는데, 바로 국가들의 규모가 컸기 때문이다. 큰 국가—따라서 원거리와 복잡한 병참—는 부족 집단의 경우와 비교해 동원율이 더 낮고 민간인 인구가 전쟁에 덜 노출된다는 뜻이었다. 이런 이유로 군대와 전쟁의 규모, 개별 교전에서 살상의 규모가 모두 두드러지게 증가했음에도, 국가 전쟁이 특히 재앙처럼 빈발한 경우에만 성인 남성의 폭력에 의한 사망 비율이 25퍼센트 근처까지

올라갔다. 반면 소규모 분절사회에서는 이 정도 수치를 기록하는 사건이 예사로 일어났다.[6]

최초의 국가들과 제국들 중 하나인 이집트를 예로 들어보자. 기원전 13세기 시리아 북부에서 히타이트 제국과 싸운 카데시 전투에서 파라오 람세스 2세가 이끈 이집트군의 규모는 2만~2만 5000명이었다. 당대 기준으로는 엄청난 대군이었다. 하지만 이집트의 총인구가 200~300만 명이었으므로, 이 군대는 기껏해야 인구의 1퍼센트에 지나지 않았다. 이 1퍼센트라는 수치는 고금을 통틀어 큰 국가들과 제국들에서 표준이나 마찬가지였는데, 대군을 자국에서 먼 곳에서 오랫동안 유지하는 데 따르는 심각한 재정·병참 문제에 부딪혔기 때문이다. 이런 이유로, 거주지 인근에서 싸우는 소규모 부족 사회들의 높은 전투 참여율에 비해 큰 국가들의 군대에 참여하는 비율이, 따라서 전시 사상 비율이 훨씬 더 낮았다. 게다가 소규모 부족 전쟁에서 여성과 어린이가 몹시 취약했던 데 반해 이집트의 민간인 인구는 군사작전의 무대에서 멀리 떨어져 있어 안전했고 전쟁의 참화에 좀처럼 노출되지 않았다. 대규모 침공에 의해서만 깨진 그런 상대적 안전은 국가가 등장한 이후에 사회의 인구가 대폭 증가한 주된 이유 중 하나다. 또한 그 상대적 안전은, 홉스가 명확히 인식했던 대로, 내전이 가장 치명적인 전쟁 형태인 이유이기도 하다. 요컨대 국가의 등장은 더 크고 더 극적이지만 대체로 인구 대비 사상자를 덜 내는 전쟁을 의미했다. 국가 치하에서는 국내에서나 국외에서나 폭력에 의한 사망 비율이 감소했다.

리바이어던 치하에서 폭력에 의한 사망 비율이 감소한다는 것은 싸움의 책임을 국가에 지우는 견해와 상충한다. 역사상 국가들은 국내와 국외의 폭력으로부터 보호해줄 것을 약속하는 대가로 무력을 독점했고 자신의 이익을 위해 사회의 자원을 강제로 우려냈다는 의미에서 조직범죄에 비유되어왔다.[7] 일각에서는 이 비유를 확장해 사회를 위협하는 두 유형의 폭력 모두 주로 국가 자체로부터 비롯되었다고, 국가가 스스로 일으킨 문제에 해결책을 제공했다고 주장할 것이다. 그렇지만 이제껏 살펴본 사실을 고려하면, 적어도 두번째 주장은 조심스럽게 판단해야 한다. 국가 이전 폭력—말하자면 '일상 범죄'—은 후대의 국가 폭력보다 더 만연했고 더 치명적이었다. 국가의 체계적인 '강탈'은 '홉스적 전쟁'보다 경제에 지장을 덜 주었다. 또한 국가는 보호를 더 많이 제공했다. 그렇지만 '보호비'가 위쪽으로 흘러갔다는 것, 강압적 조직화의 범위가 넓어질수록 보상이 더 위계적·차등적으로 분배되었다는 사실은 부인할 수 없다.

쿠이 보노cui bono?—누가 이득을 보는가? 물질적 요소

제2장에서 주장한 대로, 폭력을 유발하는 동기들은 근본적으로 인간의 동기체계 일반에서 파생된다. 그렇다면 작물 재배, 축적된 자원, 계층화, 강압적 정치권력, 증대하는 규모는 싸움을 유발하는 동기체계에 얼마나 영향을 주었을까? 동기체계에 상당한 변화가 일어나긴 했지만, 예상만큼 근본적인 변화는 아니었다.

물질적으로 경쟁의 대상이 되는 땅은 수렵지에서 재배지(그리고 방목지)로 바뀌었다. 수렵지와 재배지 모두 자연에 접근할 권리를 둘러싼 경쟁을 수반했지만, 수렵과 달리 재배는 인간 노동 착취라는 결과를 불러왔다. 이는 진정으로 새로운 현상이었다. 재배와 더불어 비로소 타인의 노동으로 먹고사는 일이 가능해졌다. 축적된 식량과 가축은 약탈을 통해 전유할 수 있었다. 직물, 연장, 금속처럼 신체에 유용한 다른 물건들도 탐나는 표적이었다. 물건들은 유용성 외에 장식을 해주고 신분과 위신을 드러내는 가치도 있었다. 화폐의 역할을 떠맡은 귀중한 물건들, 그중에서도 귀금속은 가장 값나가는 전리품이 되었다. 원료와 교역의 자연적 원천은 경쟁의 근원으로서 더욱 강하게 통제되었다. 더구나 생산물만이 아니라 생산자 자체까지 노예로 부려먹을 요량으로 생포해 데려갈 수 있었다. 마지막으로 약탈은 조공 징수로 진일보할 수 있었다. 조공 징수는 정치적 예속을 통해 노동력과 자원을 더 체계적이고도 효율적으로 전유하는 제도로서 대규모 파괴나 낭비, 생산활동의 차질을 수반하지 않았다. 이에 반해 약탈할 경우 피정복민의 손실이 승자의 이익보다 훨씬 컸으며, 이는 사실상 승자가 잠재적으로 얻을 수 있는 것보다 훨씬 적게 얻어낸다는 뜻이었다. 수익성 있는 모험사업을 할 때와 마찬가지로, 효율적으로 착취하려면 황금알을 낳는 거위를 죽이지 않도록 착취하는 자원을 신중하게 절약할 필요가 있었다. 행정과 군사 분야의 간접비에도 불구하고, 단연 부유한 제국들은 규제되는 조공 징수에 토대를 두고 있었다. 그러므로 제국들이 팽창을 중단함에 따라 수익 감소를 경험했다는 자주 제기된 주장은 근본적으로 옳지 않다.

전쟁의 비용과 이익 사이 균형은 가장 복잡하고도 흥미로운 주제다. 싸움의 물질적 비용은 재배를 계기로 엄청나게 증가했다. 수렵채집인의 싸움은 주로 적대자들과 그들의 생산활동에 해를 입혔지 자원 자체에는 거의 해를 입히지 않았다. 그렇지만 재배와 더불어 자원과 여타 신체적·노동집약적 하드웨어에 직접 해를 입히는 능력이 추가되었다. 적대자들은 상대를 약화시키고 그리고/또는 상대의 전쟁 비용을 높이기 위해 곧잘 농작물과 가축, 생산도구, 정착지를 파괴했다. 더욱이 정치 단위가 성장하고 기술이 발전한다는 것은 이제 더는 농한기에 거주지 근처에서 단순한 무기와 임시변통 병참에 의존해 싸울 수 없다는 뜻이었다. 금속제 무기, 방어시설, 말[馬], 선박, 장기 유급 병사, 군수품에는 막대한 자원이 들었다. 군사비는 대개 국가들의 지출 항목 가운데 단연 최대 항목이었고, 대다수 국가들에서 지출의 대부분이 군사비에 투입되었다. 국가들의 세입은 국내생산의 최대 10퍼센트에 달했을 것이고, 군사적 위급 상황에는 더 높은 수준까지 올라갔을 것이다.[8] 영양실조가 예사였고 언제든지 굶주릴 가능성이 있었던 전근대의 생존경제에서 이 정도면 문자 그대로 사람들의 입에서 빵을 빼앗는 부담이었다.

이처럼 전쟁으로 파괴되는 자원과 전쟁에 투입되는 자원은 싸움에 추가된 새롭고 막대한 비용이었다. 수렵채집인 간 자원 투쟁은 제로섬 게임에 가까워 보통 자원의 양에 영향을 주지 않았던 반면, 이제 싸움은 여지없이 자원 총량의 감소로 귀결되었다. 이렇게 줄어든 자원이 차등 분배되고 더 나아가 자원의 미래 수익의 주인이 바뀌는 경우에만 한쪽의 손실이 다른 한쪽의 순이익으로 귀결되었을 것이다.

순이익을 얻은 그 '한쪽'은 누구였을까? 경쟁에서 계산의 실질적 행위자 또는 단위로 여겨진 것은 인류도, 심지어 개별 사회도 아니었다. 불평등한 분배는 경쟁하는 편들 사이만이 아니라 내부에서도 통칙이었다. 국가 자체가 대체로 보아 그런 과정의 소산이었다. 권력은 부를 낳았고, 부는 갈수록 위계화되는 사회 피라미드에서 아랫사람들에게 사회의 이익 중 점점 더 적은 몫을 받으면서도 윗사람들을 추종하도록 강요하는 방식으로 자기강화 나선을 그리며 사회 내 권력관계를 심화했다. 사람들은 기대되는 이익(스스로를 방어하는 것을 포함해)을 위해서만이 아니라 강압 때문에, 심지어 오로지 강압 때문에 싸우기도 했다. 다시 말해 싸움 자체가 초래할 법한 손실을 넘어서는 윗사람들의 처벌이 두려워 싸움에 나서기도 했다. 정치란 "공동체 모두의 이익을 대표하는 것"이라는 클라우제비츠의 이상주의적 견해와 반대로 정치는 오히려 사회 지배층의 이익을 대표했고, 그들이 거의 모든 이익을 가져갈 수도 있었다.[9] 요컨대 재배, 자원 축적, 국가로 인해 타인의 노동의 결실에 의존하는 포식·'기생' 생활이 최초로 가능해졌다. 생산성과 연관된 경쟁은 대체로 생산 효율을 높이는 반면, 포식-기생 경쟁은 생산 효율을 낮추고 포식-기생 효율을 높인다. 그럼에도 포식 경쟁에서 효율적인 사람은 생산의 이익을 차지할 수 있었다. 실제로 무정부적 체제에서 누군가 포식 경쟁 선택지에 의존하기 시작하면 나머지 사람들은 자원을 넘겨주든지 아니면 적어도 방어를 위해 폭력적 경쟁에 뛰어들든지 양자택일할 수밖에 없다.

보통 전쟁을 치르면서 자원 총량이 감소하긴 했지만, 권력 경쟁은 장기적으로 생산 순이익이라는 파급 효과를 불러오기도 했다. 야금술, 공학, 말 사육, 조선술, 보급 분야의 군사적 혁신이 사회에 얼마만큼 실질적인 파급 효과를 끼쳤는지 확정하기란 어려운 일이다. 하지만 가장 중요한 파급 효과는 국가 자체에서 비롯되었던 것으로 보인다. 국가가 착취적인 엘리트층이 위로부터 사회에 국가를 강요함으로써 생겨났는지 아니면 복잡한 사회에서 사회적 규제와 여타 서비스를 원하는 아래로부터의 요구에 부응하여 출현했는지는 오랫동안 논쟁거리였다.[10] 두 과정은 서로를 배척하기보다 다양한 방식으로 결합했던 것으로 보인다. 특정 세력은 폭력을 사용함으로써 영토 또는 사회에 대한 권위를 확립하고, 그리하여 내부 평화를 증진하고 집단 노력—적어도 그중 일부는 '무임승차'를 줄이는, 공동선을 위한 노력이었다—을 조정할 수 있었다. 큰 국가들은 규모의 경제를 도입했고, 독점적으로 큰 국가가 되어 간접비를 과도하게 짊어지지 않는 한 혁신을 이루어내고 촉진했다.[11] 이언 모리스는 『전쟁! 무엇에 이로운가?』에서 이 논점을 훌륭하게 전개하는 가운데, 전쟁에서 태어나 전쟁을 수행하는 국가가 장수長壽, 발전, 안녕을 점차 증진함으로써 겉보기에 역설적인 막대한 이익을 가져온다는 것을 입증했다.

전사와 일반 민중은 성공적인 전쟁 수행의 이익을 공유했을 것이다. 더욱이 군사적 팽창의 성공을 통해 통합된 비교적 안정된 큰 국가들—예컨대 이집트, 로마, 중국—은 안보를 대폭 강화하여 번영과 인구 성장에 이바지했다. 이 정도면 무거운 군사비를 가치 있는 할증금으로 여길 만한 결과였을 것이다. 그렇지만 국가 권력 덕분에 가능했던 안보 강화, 안정, 경제 개발의 결과로 민중의 수가 늘었다 해도, 민중 개개인의 형편은 보통 거의 나아지지 않았다. 그에 반해 엘리트층은 엄청난 부를 축적했다(이 경우에도 위계적 피라미드를 따라 차등 축적했다). 사실 정복한 영역이 더 넓을수록 엘리트층이 이익을 얻을 수 있는 명령 범위와 자원 기반도 더 넓어졌다. 이런 이유로, 일단 영역을 통합하고 나면 군대에 거액을 투자하더라도 그것이 꼭 직접적인 보상으로 돌아오지는 않았다. 오히려 그 투자는 간접적인 보상으로, 즉 막대한 세금을 내는 국내 영역의 방어 안보라는 보상으로 돌아왔다. 이 경우에도 전쟁은 '양면 게임', 국내외 권력관계 및 국내외 이익 징수와 연관된 게임이었다.

역사상 대다수 국가들에서 전쟁의 이익이 사회 위계구조를 따라 불균등하게 분배되었다 해도, 이는 평화를 사랑하고 전쟁을 혐오하는 민중에게 강요된 이기적인 엘리트층의 이익이 전쟁의 기저 논리였다는 뜻이 아니다. 역사상 전쟁을 가장 성공적으로 수행한 국가들 중 일부는 민중이 통치했거나 적어도 국가에 동화되었고 따라서 참전할 동기가 훨씬 강했던 국가들이다. 전근대 국가들 중에는 민중이 전쟁과 정복, 제국에서 직접 이익을 얻은—그리고 거듭 전쟁에 찬성한—민주정 아테네와 공화정 로마가 특히 두드러진 사례다. 이익이 비대칭으로 분배되었다고 해서 사회적 사다리의 꼭대기층 아래 사람들이 아무것도 얻지 못했던 것은 아니다. 관건은 이익(공격 이익과 방어 이익 모두)이 실제로 어떻게 분배되느냐는 점이었으며,

이 점에서 역사상 국가사회들 사이에는 온갖 편차가 있었다.

성과 하렘

남성 싸움의 관점에서 본 인간 경쟁의 또다른 원천—성적인 것—에도 똑같은 논리가 적용된다. 전쟁 연구자들은 좀체 성을 싸움의 동기로 생각하지 않는다. 분명 클라우제비츠는 전쟁이라는 '진지한 수단'을 사용하는 '정치'의 '진지한 목적들' 중 하나로 성적 이익을 떠올리지 않았다(『전쟁론』, i.1.23). 인간 동기체계의 여러 요소를 연결하는 근본적인 고리들은 대부분 시야에서 사라졌다.[12]

이렇게 맹점이 생기는 한 가지 이유는 침묵에 있다. 성의 일부 측면들은 인간적인 담론에서 가장 찬양받는 측면에 속하지만, 다른 측면들은 가장 덜 알려지고 관련자들 모두가 가장 깊숙이 감추는 측면에 속한다. 그럼에도 증거는 압도적이며, 근래에 보스니아, 르완다, 수단, 적도아프리카, 시리아, 이라크에서 일어난 집단 강간에 대한 폭넓은 기록이 머리기사로 다시 보도되어 서구 여론에 충격을 주기도 했다. 근래에 담론에서 많이 거론된 견해에 따르면 강간은 성행위라기보다 폭력 행위, 욕보이는 행위, 지배하는 행위다. 그렇지만 이 그릇된 이분법은 실상을 크게 호도한다. 강간이란 바로 폭력적으로 강요하는 성행위이기 때문이다. 강간시 가해자가 피해자를 지배하고 욕보이려는 욕구도 함께 표출하는 만큼, 강간의 동기들은 상충하기보다 결합되어 있다.[13] 고금을 통틀어 병사들의 광범한 강간은 군사작전의 불가분한 일부로서 약탈과 짝을 이루었다. 약탈할 전망과 마찬가지로 성적 모험을 경험할 전망은 남자들을 호전적인 작전에 참가하도록 이끈 주된 유인이었다. 젊고 아름다운 여성 포로는 귀중한 포상이었으며, 다른 모든 전리품처럼 지도자가 먼저 차지할 권리를 누렸다.

제2장에서 우리는 수렵채집인 사회와 원예민 사회에서 명망 있는 개인과 큰 씨족이 커다란 번식 이점을 누렸음을 살펴보았다. 빠르게 발전하는 유전 연구는 초기 정치체에서 지도자들의 번식 성공에 관한 놀라운 결과를 보여주었다. 일례로 현대 유럽인들의 Y(남성) 염색체를 분석한 연구는 그들 중 절반 이상이 기원전 5000년경부터 1500년까지 살았던 몇 안 되는 남자들의 후손임을 드러낸다.[14] 고고학은 이 기간에 강력한 족장들이 유럽을 지배했다는 것, 그들이 먼저 전차戰車 기술을, 나중에 청동제 무기 기술을 통제했다는 것을 말해준다. 그들과 그들 왕조의 후손은 사회적 우위와 군사적 착취 덕분에 수백 년간 대대로 엄청난 번식 기회를 누렸다. 이런 현실은 『일리아스』처럼 여성이 전리품이었음을 거의 감추지 않는 원사原史시대 사회의 영웅담들에 여전히 반영되어 있다.

근래에 중앙아시아와 동아시아에서 Y 염색체를 조사한 연구도 주목할 만하다. 이 연구는 이 지역 인구의 약 8퍼센트(세계 인구의 0.5퍼센트)가 동일한 Y 염색체를 가지고 있음을 보여준다. 이 결과의 유일한 의미는 그들이 단 한 남자의 후손이라는 것이다. 생화학 패턴은 이 남자가 약 1000년 전에 몽골에서 살았음을 가리킨다. 이 남자일 법한 유일한 후보자가 칭기즈 칸임을 확인하는 것은 어렵지 않은 일이었는데, 그의 후손이라고 알려진 사람들 중 일부의 Y 염색체를 검사하는 방법으로 확인했다.[15] 물론 이것은 칭기즈 칸 혼자서 엄청나게 많은 여자로부터 수많은 자식을 보았다는 뜻이 아니다. 그런 일은 설령 그가 군사적 정복을 아예 그만두었더라도 분명 불가능했을 것이다. 선사시대 유럽 족장들의 경우처럼 칭기즈 칸의 Y 염색체가 어마어마하게 퍼져나간 것은 중앙아시아와 동아시아에서 통치 가문의 수장으로서 그를 계승한 아들들이 모두 경이로운 성적 기회를 누렸기 때문이다.

승리자와 피해자 양쪽의 침묵 외에 싸움의 잠재적 이익 중 하나로서 성을 간과하는 다른 주된 이유는 대규모 문명사회들에서 축적된 부가 기하급수적으로 증가했다는 데 있다. 그렇게 축적된 부가 인생의 다른 좋은 것들 대부분과 교환할 수 있는 보편 통화로 기능했기 때문이다. 그렇지만 문명사회에서 싸움은 그 이전보다 더한 정도로 직접적인 방식—여성을 강간하고 납치하는—뿐 아니라 간접적인 방식—싸움으로 자원과 지위를 얻은 사람이 여성을 획득하고 부양하기 위한 사회 내 경쟁에서 앞서나가는—으로도 번식 성공을 증진했다. 대체로 보아 권력, 부, 성적 기회는 서로 겹치고 연결되는 위계적 피라미드들을 구성했다. 약탈과 마찬가지로 집단 강간은 특히 도시를 급습했을 때면 병사들의 침해할 수 없는 권리로, 즉 위험을 감수한 그들에게 주어지는 보상으로 간주되었다.

역사상 대부분의 사회들에서처럼 일부다처가 허용된 곳에서 부자와 권력자는 더 많은 수의 아내를 얻었고, 젊고 아름답고 그 밖에 다른 가치가 있는 아내를 선택할 때 뚜렷한 이점을 누렸다. 많은 사회들이 아내 외에 공식적인 첩까지 허용했고, 물론 비공식적인 첩이나 정부도 있었다.[16] 성적 기회를 얻는 또다른 길은 가정 안에 여자들을 두는 것이었다. 그들 중 일부는 전쟁과 습격 와중에 잡아온 노예 소녀였다. 마지막으로 성매매 자체가 있었다. 이 업종을 대표한 가장 능숙하고 우아한 여자들은 아주 비싼 값을 요구할 수 있었다.

권력, 부, 성적 기회의 상호 연관성은 위계적 피라미드의 꼭대기에서 가장 뚜렷하게 입증되었으며, 그중에서도 이른바 동양적 전제군주—콜럼버스 이전 아메리카의 제국들에도 이런 인물형이 있었다—라는 인물형은 이 연관성의 가장 두드러진 실례였다. 통치자들은 커다란 하렘을 소유했다. 그리스 저자들에 따르면, 마케도니아의 알렉산드로스 대왕은 이소스 전투(기원전 333) 이후 페르시아 국왕 다리우스 3세의 첩 329명을 차지했다. 훗날 아케메네스 왕조 통치자들은 심지어 군사작전 중에도 인생의 쾌락에서 좀체 헤어나지 못한 나머지, 하렘의 여자들을 폐쇄된 마차에 태우고 환관들을 호위로 붙여 전장까지 데려갔다.[17] 이로부터 얼마 지나지 않은 시점에 인도의 고관이었던 듯한 카우틸랴Kautilya는 치국술에 관한 고전적 내부 서술인 『아르타샤스트라Arthasastra』(i.20과 i.27)를 썼다. 여기서 카우틸랴는 하렘의 조직과 절차, 아울러 궁정으로 초대받은 매춘부들의 행렬을 감독한 관료기구에 관해 상세히 서술했다.

남아 있는 관료 기록은 검증된 숫자를 얻을 수 있는 가장 믿을 만한 사료다. 여하튼 하렘의 여자들과 그들의 자녀들은 국고로 부양해야 했다. 제국들 가운데 가장 관료제적이고 장대했던 제국은 중국이다. 중국 기록에 따르면, 하렘의 여성이 전한(前漢, 기원전 2세기와 1세기)에는 2000~3000명 있었고 후한(後漢, 기원후 1세기와 2세기)에는 5000~6000명 있었다.[18] 그러나 한정된 자원으로 일부가 풍족하게 지낸다는 것은 다른 일부가 궁핍하게 지낸다는 뜻이었다. 한나라 하렘의 여자들은 비록 수천 명이 있었다 해도 중국에서 배우자감으로 적합한 남녀의 비율에 영향을 주지 않았지만, 사회에 만연한 부자들의 일부다처제는 영향을 주었고, 특히 중국을 포함해 산업화 이전 사회에서 예사였던 광범한 여아 살해 때문에 상황이 더욱 악화되었다. 불가피하게 가난한 남자들이 여성 부족으로 고통받을 공산이 가장 컸다. 기록된 증거가 있는 19세기와 20세기 초에 중국 지방의 남자들 중 약 5분의 1은 미혼으로 살아간 것으로 추정된다. 이렇듯 왜곡된 성비는 21세기 중국의 독특한 현상이 아니다. 젊고 가난한 미혼 남자들, 즉 중국어로 '줄기 없는 몽둥이'(광군光棍, 남성의 성기를 가리키는 은어)라 불린 집단은 제국 당국이 가장 우려하는 부류였고, 비적 무리의 주축으로서 다

른 무엇보다 폭력적인 성범죄를 저질렀다.[19]

하렘의 규모는 제정 중국에서 단연 최대였던 것으로 보인다. 중국의 하렘은 수 세기 동안 유럽을 사로잡은 이야기와 공상의 원천이었던 오스만 술탄들의 하렘과 비교할 수 있다. 오스만의 내탕금 기록은 하렘의 절정기였던 17세기 전반기 동안 여성 약 400명으로 이루어진 하렘과 '퇴역 명단'에 오른 다른 400명으로 이루어진 별도의 하렘이 있었다고 전한다.[20]

쾌락의 정원과 불칼을 든 문간의 거룹들

이 모든 것을 이국적이고 흥미진진한 일화, 실질적인 통치 업무에서 지엽적인 무언가로 간주해서는 안 된다. 오히려 정반대다. 인간 동기체계의 다른 요소들을 두고 싸운 것과 마찬가지로, 사람들은 쾌락의 정원을 지배하는 위치를 차지하거나 지키기 위해 서로 살해하거나 살해당했다. 고전기 아랍의 역사철학자 겸 정치철학자 이븐할둔(1332~1406)은 이렇게 썼다.

> 왕권은 고귀하고 즐거운 지위다. 왕권은 세계의 온갖 좋은 것들과 신체의 쾌락과 영혼의 기쁨으로 이루어진다. 그런 연유로 통상 왕권을 놓고 치열한 경쟁이 벌어진다. 왕권을 좀처럼 (자진해서) 넘기지 않고 외려 빼앗긴다. 따라서 불화가 뒤따른다. 불화는 전쟁과 싸움으로 이어진다.[21]

다모클레스의 검에 관한 고대 그리스의 지혜로운 이야기는 이와 동일한 현실을 생생하게 포착한다. 이 이야기에 따르면 통치자는 기쁨의 원천이자 욕구의 대상인 세상의 온갖 물건들로 가득한 탁자에 앉아 있었지만, 그의 머리 위에는 언제 떨어져 목숨을 앗아갈지 모르는 검이 말총에 매달려 있었다.[22] 통치는 거액의 판돈이 걸린—고위험 고수익—일이었다. 현대의 이야기들도 이 못지않게 시사적이다. 일례로 엄청난 인기를 누리는 텔레비전 드라마 〈왕좌의 게임Game of Thrones〉(원작은 조지 마틴George Martin의 연작소설)에서 잔혹한 폭력, 섹스, 파렴치한 권력과 부의 추구를 보여주는 장면들은 많은 시청자에게 충격을 주었다. 그런데 분명 시청률을 높이기 위해 그런 장면을 집어넣었다 해도, 이 픽션 드라마의 호소력 중 상당 부분은 잔혹한 폭력, 섹스, 파렴치한 권력과 부의 추구가 본질적으로 매우 현실적인 일이라는 사실에서 생겨난다.

왕족의 폭력에 의한 사망 비율에 관한 엄밀한 연구는 아직까지 이루어지지 않았다. 그럼에도 일부 자료가 요점을 밝혀줄 수 있을지 모른다. 성서 기록에 따르면, 북왕국 이스라엘의 국왕 19명 중 9명만이 자연사했다. 나머지 가운데 7명은 반란자에게 살해되었고, 1명은 똑같은 운명을 피하고자 자살했으며, 1명은 전사했고, 1명은 아시리아인에 의해 추방당했다. 아케메네스 왕조 페르시아의 국왕 13명 중 4명이나 5명은 암살당했고, 1명은 전쟁중에 살해당한 것으로 보인다.[23] 헬레니즘 문화를 계승한 셀레우코스 왕조의 마지막 세기(기원전 162~63) 동안 사실상 재위중인 군주 19명 전원이 (스스로 가해자가 된 뒤) 왕위 찬탈과 폭력에 의한 죽음의 희생양이 되었다. 로마 제국 500년 동안 왕관을 써보지도 못하고 살해된 수많은 왕위 도전자들을 차치하더라도, 통치자 중 대략 70퍼센트가 폭력에 의한 죽음을 맞았다.[24] 동로마 제국 또는 비잔티움의 역사 동안(기원후 395~1453) 황제 107명 중 60퍼센트가 넘는 64명이 폐위 그리고/또는 살해를 당했다.[25] 기원후 7세기 브리튼섬에서는 노섬브리아 국왕 8명 중 6명이 전사했다.[26] 바이킹 시대 후기 노르웨이 국왕 중 3분의 1 이상은 전사하고 나머지 3분의 1은 추방당한 것으로 추정된다.[27]

오스만 제국은 섬뜩한 이야기를 들려준다. 오스만 제국의 절정기(15세기부터 16세기까지)에는 술탄이 하렘의 수많은 여자로부터 얻은 수백 명의 자식 중에서 왕위 계승자를 정하는 명확한 규칙이 없었다. 아버지 사후에 권력을 얻는 데 성공한 아들은 자신의 형제들과 조카들을 모조리 살해하거나 적어도 왕위에 오를 자격을 박탈하기 위해 심각한 불구자(맹인)로 만들었다. 권력을 놓고 부자지간에도 살인이 일어났다. 17세기 초에 통치 가문 내에서 장자 계승 원칙이 확립되고 나서야 권력을 노리는 이 끔찍한 전투가 막을 내렸다. 모두가 최후의 결전을 예상하거나 그에 대비하는 상황이 궁정과 왕가의 일상생활에 끼쳤을 영향은 상상만 할 수 있을 따름이다. 술탄의 모든 아들에게 권력 투쟁은 그야말로 생존 투쟁이었다. 설령 다른 동기가 없었더라도 '안보 딜레마' 자체—순전한 자기 방어—때문에 그들 모두 최대한 악랄하게 투쟁할 수밖에 없었다.[28]

이 모든 것은 정치권력의 꼭대기에서 나타나는 불안, 폭력적 투쟁, 유혈극에 관한 수많은 비슷한 이야기들에서 추린 사례들에 지나지 않는다. 왕의 영광에 관해 생각할 때 우리는 이런 측면들을 좀처럼 고찰하지 않는다. 폭력적 왕위 찬탈은 통치자나 도전자만이 아니라 그들의 가문과 추종자까지, 그리고 투쟁이 전면적인 내전으로 번질 경우 다수의 군인과 민간인까지 몰살시켰다. 그럼에도 이 고위험 고수익 게임에 지원하는 이들은 부족하지 않았다.

이 게임에 '그만한 가치'가 있었을까? 어떤 의미에서 그랬을까? 이 고수익 고비용 게임, 사회 안쪽과 바깥쪽에서 모두 벌어지는 '양면' 권력정치 게임에 참여한 사람들은 궁극적 번식 성공—진화를 통해 형성된 그들의 욕구와 목표 추구의 근원—의 확률을 높였는가? 진화상 형성된 우리의 행동은 크게 바뀐 '인공의' 문화적 조건에서도 계속 적응적이었는가? 이 물음의 답은 계산하기가 아주 어려워 보인다. 한편으로 통치자들은 전제정의 하렘에서 가장 뚜렷하게 드러났듯이 번식 기회를 훨씬 많이 누렸다. 다른 한편으로 왕위 도전자들과 심지어 재위중인 통치자들마저 그들 자신에게나 가문에나 매우 위험한 게임을 했다. 칭기즈 칸은 역사상 가장 위대한 군사 지도자 중 한 명이었고 그의 왕조는 가장 성공한 왕조 중 하나였다. 그에 반해 권력에 도전했다가 실패해 혈통이 끊긴 수많은 사람들은 틀림없이 번식 성공률이 낮아졌을 것이다. 그럼에도 사회 피라미드의 꼭대기가 사람들을 그토록 강력하게 유인했던 것은 바로 그곳에서 진화상 형성된 인간의 욕구를 어마어마한 규모로 분출하고 탐닉할 수 있었기 때문이다. 역사를 거치며 인간의 조건이 근본적으로 변했으므로 작은 원주민 집단에서 적응적이었던 특성이 반드시 그렇게 유지되었던 것은 아니다. 그럼에도 인간 종이 원주민으로 생활한 기나긴 세월 동안 엄청난 선택압을 받으며 형성된 우리의 선천적 성향들은 여전히 막강하다. 새로운 조건으로 인해 인간의 욕구를 충족하는 근사적 메커니즘과 이것의 애초 진화적 목표를 연결하던 고리가 끊어진 곳에서 강력한 감정 자극과 감각 만족으로 사람들을 여전히 속박하는 것은 근사적 메커니즘이다.[29]

단맛을 원하는 욕구는 달라진 문화적 조건에서 본래 적응적이었던 성향이 혼란에 빠졌음을 보여주는 실례다. 과일이 충분히 익었고 영양가가 많다는 신호였던 단맛은 오늘날 인공적으로 생산되고 몸에 해롭다. 음식이 부족한 환경에서 적응적이었던 식욕을 음식이 풍족한 사회에서 탐닉할 때 생기는 비만은 또다른 실례다. 좀더 밝은 예를 들자면, 효과적인 피임법 때문에 강박적인 성행위가 본래 진화적 목표인 번식 성공과 대체로 무관해졌음에도 불구하고 사람들은 성적 만족을 계속 열렬히 추구한다. 효과적인 피임법이 생겼다고 해서 성적 만족의 즐거움이나 가치가 줄어들고 이 점에서 성교가 덜 합리적인 행위가 되는 것은 아니다. 이 모든 사례는 인간이 유전자의 노예이고 문화의 영향을 받지 않는다는 의미가 아니다. 그렇다고 해서 사회과학과 인문학 학자들이 대대로 가르쳐온 것처럼 우리의 생물학적 유산을 사회적 현실과 무관한 것으로 치부해서도 안 된다.

합리성의 관점에서 보면, 최고의 통치권이라는 궁극적인 상을 노리는 숱한 도전자들은 복권 게임에서 대박을 터뜨리려는 상습 도박꾼에 비유할 수 있을 것이다. 분명 그런 게임에서 도박꾼은 언제나 승산이 낮고, 상습 도박꾼은 실제로 상당한 손해를 볼 것이다. 그럼에도 그런 부류는 결코 부족하지 않다. 인지심리학이 알려주듯이 인간의 가장 흔한 인지 왜곡 중 하나인 확률 평가의 오류 때문이기도 하고, 상의 매력이 강박적이고 중독적인 도박 행동을 유발해 비용 대비 효과를 평가하는 정신 메커니즘의 기능을 교란하기 때문이기도 하다. 물론 그렇다고 해서 사회 피라미드의 꼭대기에서 치명적인 권력 투쟁을 벌인 도전자들 모두가 '기대 효용'—상을 얻을 확률을 고려해 상의 가치를 가늠하는 게임 이론의 개념—에 반해 행동했다는 뜻은 아니다. 그들 다수, 어쩌면 대다수가 분명히 그렇게 하긴 했지만, 나머지 소수는 막대한 이익을 얻었다. 정도가 덜하기는 하지만, 이와 동일한 고찰은 사회 위계구조의 더 아래쪽과 정치적 집단들 사이에서도 참이었다. 일부 행위자들이 전쟁으로 이익을 얻을 수 있다고 판단하기만 해도, 나머지 행위자들은 모든 것을 지금 당장 내주거나 장기적으로 내주지 않으려면 그 게임을 받아들일 수밖에 없었다.

권력과 영광 추구

진화적 자연 상태에서 지위, 지도력, 권력을 추구했던 것은 신체 자원과 번식 자원에 접근하는 데 이로웠기 때문이다. 자원 축적 및 위계적 조직화와 더불어 강압적 사회권력의 범위와 중요성도 급증했다. 게다가 서로 긴밀히 얽혀 있고 또 교환할 수 있는 자원과 권력을 종전까지 상상할 수도 없었던 규모로 축적하고 확대할 수 있게 되면서, 권력은 돈과 유사하게 원하는 대상들을 대부분 획득할 수 있는 보편적인 통화가 되었다. 권력은 다른 모든 것을 전달하는 매개체가 되었고, 따라서 권력 추구는 다른 모든 것의 추구를 의미하게 되었다. 이런 이유로 권력은 그 자체의 생명을 얻은 것처럼 보였고 또 그 자체를 위해 추구되었다. 사람들이 확실한 이득만을 위해 권력을 추구했던 것은 분명히 아니다. 안보 딜레마 자체가 방어 조치로서의 권력을 키우도록 사람들과 정치공동체들을 추동했다. 경쟁에서 삼켜지느니 삼키는 편이 나았기 때문이다. 강한 안보 압력은 아시리아 제국과 로마 제국을 비롯해 가장 막강했던 제국 중 일부의 형성과 군사화, 팽창과 관련이 있었다. 역사가들은 방어적 동기에 대한 언명을 의심하여 국가의 팽창을 추동한 예상 이익을 열거하는 경향이 있지만, 안보에 대한 고려와 예상 이익은 대립하지 않고 오히려 뒤섞였다.

지위 및 권력과 유사하고 밀접한 관계인 명예와 위신 추구는 본래 신체 자원과 번식 자원에 더 수월하게 접근하기 위해 '설계'된 것이다. 그런 까닭에 명예와 위신 추구 역시 강한 감정적 만족에 의해 촉진되어 그 자체로 생명을 얻는 것처럼 보인다. 명예와 위신을 충족할 가능성도 대규모 사회에서 기하급수적으로 높아졌다. 실은 명예와 위신 충족 자체가 권력의 주된 유인 중 하나다. 통치자들(그리고 물론 다른 이들)은 한편으로 자신의 권력과 이것이 수반하는 모든 것에 대한 장악력을 강화하는 수단으로서 영광—대규모 사회에서만 생길 수 있었던 무언가—을 추구했지만, 다른 한편으로 감정적 만족을 주는 가장 강력한 독립적 원천으로서 추구하기도 했다. 전제군주가 자신의 업적을 초인간적인 이미지로 찬양한 석비石碑를 학자들은 왕의 선전 수단으로 해석한다. 그렇지만 석비는 선전 수단임에 못지않게 무한한 영광과 절대적 지배권에 대한 갈망을 최대로 충족하려는 욕구를 표현하는 수단이기도 하다. 예컨대 막강한 제국의 통치자들은 자신의 지배권을 '세계의 네 모서리'와 '태양 아래 모든 것'으로 넓힐 수 있다고 큰소리쳤다. 감정적 만족은, 따라서 행동의 동기는 국내에서든 국외에서든 자신의 지배권을 확장하려는—사실상 자신의 발아래 두려는—목표에서 파생되었으며, 손에 잡히는 이익과 연관되면서도 그런 이익과 구분되었다.

이제까지 몇 쪽에 걸쳐 전제적 통치자들이 즐겼던 사치스러운 욕구 탐닉의 가능성에 더 집중하기는 했지만, 강조하건대 위에서 말한 모든 내용은 개인과 정치공동체 일반에도 적용되었다. 공동체의 성원들은 집단의 영광에 흠뻑 젖어 있었고, 그 영광을 키우고 보호하기 위해서라면 기꺼이 대가를 치르고자 했다. 이런 태도 역시 권력, 억지, 국가 간 협정으로 전환될 수 있는 명예와 영광의 가치에서 파생되었다. 개인과 정치공동체는 명예를 빈틈없이 지켰고 명예가 조금만 훼손되어도 단호히 대응했는데, 명예 훼손에 따르는 사소한 문제 때문이 아니라 그들의 약함이 입증된 뒤 발생할 수 있는 훨씬 더 심각한 문제 때문이었다.[30] 윈스턴 처칠Winston Churchill의 말을 바꾸어 표현하자면, 전쟁이 아닌 수치를 선택할 경우 먼저 수치를 당하고 뒤이어 전쟁을 치를 공산이 매우 크기 때문이다.

칭기즈 칸의 다음 언명은 앞서 말한 인간 동기체계의 요소들이 서로 결합되어 있음을 드러낸다. "한 인간이 알 수 있는 가장 큰 즐거움은 적들을 정복하고 면전에서 내쫓는 것이다. 그들의 말을 타고 그들의 재산을 가로채는 것이다. 그들에게 소중한 사람들의 얼굴이 눈물로 젖는 모습을 보는 것, 그들의 아내와 딸을 품에 안는 것이다."[31] 앞서 밝혔듯이, 오늘날 우리는 칭기즈 칸이 마지막 구절로 뜻한 바를 알려주는 놀라운 통계 증거를 갖고 있다.

친족관계, 문화, 이념, 이상

이제까지 고찰한 모든 요인은 충분히 참인 것처럼 들린다. 그런데 이게 전부인가? 인류가 극적인 문화적 도약을 한 이후에도 사람들은 이런 조야한 물질주의적 목표들에만 관심을 쏟고 있는가? 궁극적으로 진화를 통해 형성된 원천에서 파생된 것으로 보이는 이런 목표들에만? 사람들은 칭기즈 칸이 말한 것들보다 고결한 이념과 이상을 위해서도 살고 죽지 않는가? 의심할 나위 없이 그러하지만, 앞 장에서 주장한 대로 그럴 때 사람들은 앞서 말한 목표들을 부정하는 것이 아니라 계속 추구하는 것이다. 자연적인 것과 문화적인 것을 연결하는 중간면은 매우 복잡하게 얽혀 있다.

우선 정체성 요인부터 살펴보자. 사람들이 '낯선 사람'보다 친족을 선호하는 성질, 즉 유전자를 더 많이 공유하는 사람들을 선호하는 성질, 진화를 통해 형성된 뚜렷한 선천적 성질을 드러낸다는 사실은 이미 확인했다. 대강 말하자면, 요점은 어느 친족 집단에서나 사람들이 더 가까운 친족의 이해관계를 위해 투쟁하는 동시에 더 먼 집단에 맞서 협력하는 경향이 있다는 것이다. 이 끊임없는 양면 게임에서 공동체가 외부의 위협에 직면할 때면 내부 협력은 굳건해지고, 내부 경쟁은 비록 결코 사라지진 않을지라도 다양한 정도로 약해지는 경향이 있다. 물론 상호 이익을 위한 비친족 협력과 동맹도 흔하며, 조직된 대규모 사회가 성장할수록 더 흔하게 나타난다.

친족 친연성과 친족 유대의 범위는 농업 채택 및 대규모 국가사회의 등장과 더불어 극적으로 확대되었다. 결국 농업이 확대되면서 종족공동체가 생겨났다. 종족공동체는 대개 수십만 명을 망라했으나 서로 경쟁하고 대개 적대하는 부족들, 부족 연맹들, 소국가들로 나뉘었다. 충분히 인식되지 않고 있지만, 더 큰 국가들은 다른 어떤 공간보다도 바로 이런 종족 공간에서 출현하고 팽창했다. 종족성이 비슷한 사람들이 공유하는 종족중심적 특성과 유대를 바탕으로 한결 쉽게 연합하고 또 연합을 유지할 수 있었기 때문이다. 실제로 국가와 제국은 다른 종족들로 통치를 확장할 때 무엇보다 충성스러운 토착 종족의 핵심 집단에 의존했다. 따라서 널리 받아들여진 견해와 반대로, 정치적 경계와 친연성을 결정하는 문제에서 종족은 근대에 들어서야 중요해진 것이 아니라 애초부터 매우 중요했다.

지난 수십 년간 종족과 민족주의는 '발명'된 것이라는 주장, 그리고 대다수 종족들이 가슴 깊이 받아들이는 생각, 즉 각 종족이 공통 혈통이나 조상을 공유한다는 생각은 순전히 신화라는 주장이 유행해왔다. 종족이 국가와 엘리트층에 의해 '구성'되고 조작되고 신화화되었다는 이 견해는 민족주의와 인종주의의 과격하고 끔찍한 징후에 고결하게 반발해왔다. 이 견해에는 어느 정도 진실이 담겨 있다. 그럼에도 그것은 불완전한 진실이다. 이 견해의 옹호자들은 종족이 유전적 현상이 아닌 문화적 현상이라고 역설한다. 그렇지만 이 그릇된 이분법은 훨씬 복잡다단한 현실을 놓치고 있다. 우선 유전 연구들은 세계의 더 넓은 문화적(언어적) 경계와 유전적 경계가 전반적으로 두드러지게 일치한다는 것을 보여준다.[32] 대다수 종족은 근대 민족주의가 등장하기 훨씬 전부터 존재했으며, 수천 년 전 초창기 국가들이 출현한 이래 형성된 민족들의 핵을 이루었다.[33] 애초에 별개 집단들이 뭉쳐서 형성된 종족이라 해도(종족은 대개 이렇게 형성되었다), 충분한 시간 동안 두루 통혼하고 나면 서로 친족관계임을 인식하는 새로운 집단이 되었다.

종족들과 민족들을 구분하는 데 압도적으로 중요한 것은 분명 유전적 차이가 아닌 문화적 특징이다. 오해를 피하기 위해, 유전적 차이는 대부분 무시해도 무방하며 인간 문화와 관련이 없다고 얼른 덧붙여 말해야겠다. 앞서 봤듯이 요점은 이와 전혀 다르다. 소규모 수렵채집인 집단에서는 친족관계와 문화가 중첩되었던 까닭에 유사한 표현형(비슷한 육체의 외형)뿐 아니라 서로 공유하는 문화적 특징까지 친족관계임을 알려주는 단서로 기능했을뿐더러 효과적으로 협력하는 데 반드시 필요하기도 했다. 이런 이유로 민족적 공동체들은 유전적으로 연관이 있든 없든(대부분 연관이 있다) 서로 공유하는 문화적 특징 때문에 연관이 있는 것처럼 느끼고 또 기능한다. 집단 정체성을 형성하는 이런 복잡한 정신 메커니즘의 원천과 작동에 눈감을 경우, 인류의 역사를 형성하는 가장 강력한 유대 중 일부를 필연적으로 오해하게 된다. 실은 이 정신 메커니즘으로 종족중심주의—자기 동족과의 깊은 동일시, 동족을 위한 헌신과 기꺼운 희생—를 설명할 수 있다. 격세 유전된 본성임이 분명한 종족중심주의는 근대의 사회사상가와 역사가, 논자 들을 거듭 혼란과 충격에 빠뜨렸고, 그들이 받아들인 분석 범주들을 훤히 드러냈다.

수백 명으로 이루어진 수렵채집인 지역 집단의 경계를 넘어 수만, 수십만, 수백만 명을 포괄할 정도로 팽창한 친족 연대는 애초에 이 성질을 형성한 진화론적 논리가 지나치게 확장된 것이다. 한 개인이 신체적·문화적 표현형을 공유한다는 이유로 자신의 동족으로 여기는 훨씬 큰 집단은 과거의 부족 집단만큼 그와 가까운 관계가 아니다. 더욱이 개인의 운명과 동족의 운명이 밀접히 연관되어 있기는 해도, 개인이 스스로를 희생해 동족의 운명에 영향을 끼치는 능력은 무시해도 무방할 정도다. 그럼에도 사람들의 행동을 지배하는 것은 이번에도 뿌리깊은 성향 또는 근사적 메커니즘이다. 이 메커니즘을 형성한 본래 조건이 변했음에도 말이다. 개인은 자기 자신이나 가까운 친족의 이해관계와 동족의 이해관계를 비교하면서도 동족의 번영에 감정적으로 신경을 곤두세운다. 개인들에게 집단행동을 강제하는 주요한 힘은 분명 국가와 공동체의 강압이지만, 방금 말한 이유로 개인들은 신병 모집에 자진해서 응하기도 한다.

사람들은 외세의 지배로부터 독립하는 것이 동족의 번영에 결정적이라고 인식해왔고, 동족의 독립을 방어할 때면 함께 헌신하겠다는 결의를 보이곤 했다. 더욱이 사람들은 서로 협력하는 친족 공동체임을 드러내는 미묘하고도 뚜렷한 수많은 행동, 견해, 외양에 매우 동조하고 또 이것들을 소중히 여기는 성향이 있다. 어린 시절 오랜 사회화 과정을 거치며 습득한 문화적 형태는 대체하기가 극히 어렵다. 뇌 구조가 굳은 성인들은 학습을 통해 이 구조를 재배열하는 어린 시절의 유연한 능력을 대부분 상실한 상태다. 이런 이유로 자기가 가장 잘 알고 성공리에 대체하기가 어려운 것들—언어, 행동과 신념의 패턴, 사회 규약—을 고수하는 것은 사람들에게 대체로 더 나은 선택지가 된다. 이와 비슷하게, 무척 친숙하고 그 때문에 의식에 각인된 고국의 풍경은 강한 애착과 헌신을 자아내며, 사람들은 그 풍경을 경솔하게 상실하지 않으려 한다. 두말할 필요 없이 이런 애착과 헌신은 '맹목적 본능'이 아니라 고도로 조정된 뿌리깊은 성질로서, 대체로 특정한 상황에 맞추어 표출된다. 분명 사람들은 외국의 문화적 형태를 곧잘 채택하고 때로는 열렬히 채택할 뿐 아니라, 자신에게 이롭고 또 감당할 수 있다고 판단할 때면 고국(조건이 열악할 것이다)에서 타국으로 이주하기도 한다.

이념의 힘은 동족의 경계를 넘어 더욱 멀리까지 미친다. 사람들은 어디서나 친족관계와 무관하게, 국적을 가리지 않고 이념 때문에 서로 죽이고 죽임을 당한다. 이 고결한 영역—가장 추상적인 형이상학적 관념들과 겉보기에 터무니없는 경우가 너무나 많은 개념들로 이루어진 영역—은 인생의 실상과 얼마나 관련이 있을까? 이 의문을 이해하기 위한 열쇠는 우리 종의 강한 성향이다. 다시 말해 마음의 눈으로 주변 환경을 최대한 깊고도 넓게 탐색해 그 비밀을 해독하고 위험과 기회에 대처하는 데 가장 유용한 심상지도를 그리는 인간의 성향이다. 호모사피엔스는 진화를 통해 형성된 선천적이고 보편적인 성질, 즉 세계를 정돈하는 성질을 갖고 있다. 인간은 무엇보다 이 성질을 확장해 신화와 형이상학, 과학의 토대를 다진다. 우리는 강박적인 의미 탐색자다. 우리 종의 두드러진 이력은 이 성향에서 연원한 것이다.

이런 이유로 우주의 근본적인 구조 및 작동과 관련한 일련의 이념과 우주의 자애로운 작용을 보장받는 데 필요한 수단과 관행은 대체로 극히 중요한 실제적 문제, 다른 어떤 중대한 실제적 문제 못지않게 강한 감정과 행동(폭력 포함)의 동기를 불러일으키는 문제로 인식되어왔다.[34] 나아가 이 문제는 그 어떤 평범한 실제적 문제보다도 더 강한 반응을 이끌어낼 수 있었는데, 이 문제와 연관된 지고한 힘이 다른 무엇보다도 강력하고 '신성한 공포'로 둘러싸인 힘으로 인식될 수 있었기 때문이다. 이것은 현세 그리고/또는 내세에서 개인과 공동체, 우주의 구원을 좌우하는 문제, 가장 헌신할 만하고 목숨까지도 바칠 수 있는 문제였다.

사회의 복잡성이 증대하고 정치체가 성장함에 따라 제도화된 대규모 종교들이 형성되었다.[35] 당연히 통치자들은 사회권력의 주요 요소인 정신적 영역을 확고히 장악하려 했다. 신념과 의례의 세계는 권력정치의 무대였다. 우선 정신 통제가 권력의 한 측면을 이루었기 때문이고, 그런 까닭에 인간 동기체계에서 다른 모든 이익의 획득과 불가분하게 연결되었기 때문이며, 다른 주요한 문화적 차이와 마찬가지로 공동체, 분파, 교파 간 신앙의 차이는 분열과 분쟁으로 이어질 수 있었던 데 반해 신앙의 통일은 정치적 통일을 촉진했기 때문이다. 따라서 신앙과 의례 문제는 그 자체로 정치적 쟁점이었다. 18세기 이래 계몽주의 사상가들이 옹호한 견해와 반대로, 신앙과 의례를 조직한 실권자들은 단순히 냉소적인 사기꾼이었던 것이 아니라 관습에 따라 감정적으로나 지적으로나 신념의 세계에 열중한 편에 더 가까웠다. 계몽주의 전통의 표현법대로 말하자면, 그들은 '미신에 홀린 사기꾼들'이었고 그들 자신이 '대중의 아편'에 중독되어 있었다.

요컨대 초자연적 영역은 더 '현실적'인 다른 요인들 못지않게 전쟁의 유력한 수단이자 동기였다. 그렇다 해도 이따금 이를테면 아스텍의 전쟁 강박관념과 관련해 제기되는 주장처럼 초자연적인 것 자체가 전쟁의 독립적인 원천이었던 경우는 거의 없다.[36] 사실 아스텍 엘리트층은 전형적인 '미신 조작자'로서 행동했으며, 인간의 피를 바라는 신의 갈망은 적을 정복해 종속시키고 조공을 징수하려는 그들의 충동과 불가분하게 뒤얽혔다. 통상 아스텍인들은 전쟁에서 의례용 제물로 쓰기 위해 포로를 붙잡기보다는 대규모 살상과 무자비한 착취를 자행했다.[37] 게다가 개인과 공동체의 구원을 약속하며 다수에게 호소한 형이상학적·윤리적 독트린만이 행동을 결집할 수 있었다는 데 유의해야 한다. 이 깊은 근원을 건드리는 데 실패한 순전히 학구적인 형이상학적 또는 과학적 독트린은 결코 열렬한 반응을 이끌어내지 못했다.

처음에는 종교적이었고 나중에는 세속적이었던 구원-정의 이데올로기들은 종종 등장하여 때로는 특정 국민 내에 머물렀지만, 갈수록 국경을 넘어가는 보편적인 메시지를 설파했다. 이런 보편적인 종교적·세속적 이데올로기와 전쟁은 복잡한 관계였다. '정당한 전쟁'을 해야 한다는 것은 기존의 여러 종교가 이미 표명한 바 있는 의무였다. 새로운 보편적 이데올로기들과 함께 이 의무는 더욱 강화되었고, 신자들 간 교전은 더욱 엄격히 금지되었다. 다른 한편, 일부 구원 이데올로기들은 비신자를 겨냥한 교전으로 변모할 수도 있는 강한 전도 열의를 받아들였다. 더 나아가 전투적인 구원 이데올로기들은 성스러운 전사 무리를 엄청나게 고무했는데, 세계의 구원이 참된 신앙의 승리에 달려 있었기 때문이다. 이 이데올로기들은 신자 공동체 내에서 협력과 이타주의를 보편적으로 설교했고, 흔히 엄청난 세속적·비세속적 보상을 약속함으로써 그런 협력과 이타주의를 촉진할 수 있었다. 외부 관찰자들이 보기에 그런 보상은 상상 속에나 있는 것이었지만, 신자들에게는 대개 다른 무엇보다 현실적인 것이었다.[38] 이런 구원 이데올로기들이 제공하는 현실적인 보상, 그리고 상상된 것이지만 인식할 수 있고 현실적으로 기능하는 보상은 인간 동기체계의 다른 싸움 동기들—세속적·비세속적 보상과 언제나 맞물려 있는—과 더불어 리처드 도킨스Richard Dawkins가 다음처럼 단언한 이유를 설명해준다. "얼마나 강력한 무기인가! 신앙은 전쟁 기술의 연대기에서 한 장을 차지할 자격이 있다."[39]

사랑과 연민, 비폭력의 종교로 출발한 기독교는 훗날 비신자와 이단자를 잔혹하고 호전적으로 상대하는 면모를 발전시켰으며, 기독교 내에서 이 면모는 교리로 보나 실천으로 보나 정반대인 면모와 거북하게 공존했다. 신자들 사이 관계에 관한 한 기독교의 입장은 줄곧 평화주의적이었다. 이슬람은 비신자에 대한 성전聖戰을 처음부터 교리의 필수 부분으로 받아들였으면서도 내부 신자들에게는 통합과 비호전성을 설파했다. 기독교 내부에서나 이슬람 내부에서나 종교적 비난에도 불구하고 싸움이 끊이지 않았다는 명백한 사실은, 종교적 이데올로기가 아주 강한 힘이기는 해도 전쟁을 낳는 동기와 현실을 근절하는 데에는 사실상 무력했음을 말해준다. 기독교와 이슬람보다 더 관용적이고 분쟁을 한층 꺼린 불교와 유교 같은 유라시아 동부의 정신적 이데올로기들도 거의 마찬가지였다. 초월론적 의미의 의견 전쟁—현세 및 내세와 연관된 신념체계와 행위체계를 포함하는—은 유라시아 서부보다 동부에서 확연히 덜 일어났지만, 일반적인 전쟁은 거의 서부만큼이나 동부에서도 만연했다. 따라서 일신교가 유달리 호전적이라는 주장은 대체로 과장된 것이다.[40]

전쟁: 진지한 목표를 위한 진지한 문제인가, 무분별한 일인가?

전쟁의 결실을 최고의 즐거움으로 꼽은, 앞서 인용한 칭기즈 칸의 단언은 의심할 나위 없이 인간의 진실한 감회를 표현한 것이다. 그러나 앞서 말했듯이 그는 역사상 가장 성공한 군사 지도자 중 한 명이었고, 누구든 그처럼 장대한 규모로 성공하고 나면 자연히 승리에 열광하기 마련이다. 많은 개인과 집단이 전쟁에서 이익을 얻었고 때로 그 이익이 어마어마했지만, 칭기즈 칸이 거둔 성공의 언저리에라도 가본 사람은 극소수였다. 이 사실 하나만으로도 전쟁에 대한 찬양 못지않게 근심이 만연했던 이유를 알 수 있다.

싸움의 잠재적 이익이 사람들을 싸우도록 유인한 것 못지않게 싸움의 잠재적 위험과 비용은 (모든 동물과 마찬가지로) 그들을 싸우지 않도록 억지했다. 그 결과 싸움은 두 가지 상충하는 감정 메커니즘—싸움 스위치를 켜는 메커니즘과 끄는 메커니즘—이라는 점에서 인간의 가장 양극화된 활동 중 하나가 되었다. 개인과 집단에 닥치기 십상이었던 죽음과 신체 절단, 물질적 손실, 곤궁은 엄청난 고통과 두려움, 공포, 비애, 고뇌, 무기력, 절망을 초래했다. 역사상 빠르고 결정적인 승리는 예사가 아닌 예외였다. 무력 경쟁은 흔히 세대에서 세대로 이어졌고, 많은 경우 양쪽 모두 뚜렷한 이득을 얻지 못했다. 막대한 인명 손실, 투입된 자원, 파괴된 부가 아무런 결실도 없이 블랙홀로 빨려 들어가는 것처럼 보였다. 승리를 거둔다 해도 피정복민들이 균형 회복을 천명하고 나서면 곧잘 이전 상황으로 되돌아갔다. 죄수의 딜레마, 군비 경쟁의 붉은 여왕 역설, 보복의 덫, 단계적 확전의 순환—적대자들이 규제받지 않는 경쟁 체제에 갇히는 상황—같은 이론적 도구를 개념화하진 못했지만, 사람들은 이런 상황을 날카롭게 의식했다. 전쟁이란 하늘에서 내리는 저주, 사람들의 진실한 소망에 반해 그들을 집어삼키는 천벌, 기근 및 역병과 더불어 인류를 혹독하게 괴롭히는, 자연처럼 파멸적이고 이질적인 힘들 중 하나라는 생각이 통념이 되었다.

실제로 농경이 출현하고 재산이 축적된 이래 전쟁은 전반적으로 보면 거의 언제나 순손실을 뜻했다—어느 한쪽이 순이익, 때로 막대한 순이익을 얻을 수는 있었다. 전쟁을 더 짧고 즐겁게 치를 수 있을수록 승리를 거두기가 더 쉬웠고, 이익을 더 확실하게 얻을 수 있었으며, 인간 마음의 표층에서 아주 가까운 열정의 원천에 불을 붙이기가 더 쉬웠다. 이와 유사하게 자신과 친족, 재산, 공동 정체성을 지키는 일도 강렬한 감정—대개 열정적이기보다 필사적인 감정—을 불러일으킬 수 있었다. 설령 전쟁을 치러 얻을 이득이 없어 보인다 해도 사람들은 대개 단호한 마음과 절박하고 당혹스러운 마음이 뒤섞인 상태로 전쟁 선택지를 고수했다. 다른 모든 선택지는 단기적으로나 장기적으로나 훨씬 나쁜 결과를 가져올 것으로 보였기 때문이다.

고대 그리스인들은 에페이로스의 국왕 피로스의 벗이었던 철학자 키네아스의 입을 빌려 전쟁의 이익에 대한 회의적이고 역설적인 견해를 표현했다. 피로스는 유명하지만 궁극적으로 성공하지 못한 장군 겸 승부사로, 혼자 힘으로 헬레니즘 제국을 건설하고자 서쪽에서 로마 및 카르타고와 싸웠다(기원전 281~274). 피로스는 앞서 언급한 대박을 노리는 상습 도박꾼의 전형으로 여겨져왔다. 고대인들도 이 점을 날카롭게 인식했다.

> 그는 헛된 희망에 빠져 자신의 위업으로 얻은 것을 잃었는데, 언제나 갖지 못한 것을 열렬히 바라다가 가진 것을 안전하게 지키는 데 실패했기 때문이다. 이런 이유로 안티고노스는 그를 주사위를 잘 던지면서도 그 솜씨를 어떻게 발휘해야 할지 모르는 사람에 비유하곤 했다.[41]

'피로스의 승리'—손실이 커서 패전이나 다름없는 승전—라는 개념은 피로스에게 군사적으로만이 아니라 정치적으로도 적용되었다.

키네아스는 국왕과 대화하면서 이 점과 또다른 점 하나를 주장하려 했다. 키네아스는 피로스에게 로마에 승리한다면 그 승리를 어떻게 이용할 생각이냐고 물었다. 피로스는 답하면서 이탈리아가 얼마나 크고 부유하고 중요한지 설명했다. 키네아스는 그다음엔 무얼 할 생각이냐고 압박했다. 피로스는 시칠리아섬과 더불어 그곳의 부와 주민들까지 전부 차지할 수 있을 거라고 대꾸했다. 철학자가 다시 한번 캐묻자 국왕은 이런 초기의 승리들에 힘입어 카르타고와 북아프리카를 정복하고, 그렇게 축적한 힘을 바탕으로 마케도니아와 그리스를 차지할 수 있을 거라고 말했다. 키네아스가 계속해서 그다음엔 무얼 할 거냐고 묻자 피로스는 미소를 지으며 말했다. "우리는 느긋하게 쉬고, 날마다 실컷 마시고, 벗이여, 내밀한 이야기로 서로의 마음을 기쁘게 해줄 걸세." 대화 내내 이 결론을 예상했던 철학자는 국왕이 말한 여유로운 활동을 즐기는 데 필요한 모든 것을 이미 가지고 있는 마당에 지금 당장 즐기는 특권을 추구하지 않고 구태여 장기전의 온갖 위험과 고통, 유혈극을 겪을 이유가 뭐냐고 쏘아붙였다.[42]

이 견해를 표명한 사람은 분명 국왕 겸 장군이 아닌 철학자였고, 둘 사이 기질과 직업상 관점의 차이를 차치하더라도 승리할 경우 성공의 결실을 탐닉할 수 있는 쪽은 명백히 철학자보다는 국왕이었다. 그런데 전쟁의 비용과 위험을 고려할 때, 그 탐닉이라는 보상은 어느 수준부터 줄어들기 시작했을까? 물질적 이익을 더 많이 차지하려는 충동은 여러 면에서 만족을 모르고 끝이 없지만, 사람들은 일정한 수준을 넘어가면 위험을 더 꺼리고 이미 가진 것을 지키고자 더 보수적인 전략을 추구하는 경향이 있다. 게다가 키네아스가 시사한 대로 누군가 점점 더 많은 것을 열망한다 해도 일정한 수준을 넘어가면 가장 호사스러운 사치품일지라도 과연 얼마나 더 소비할 수 있겠는가? 이런 이유로 가장 심각한 위험을 감수하는 부류는 주로 야위고 배고픈 벼락출세자들이다. 성적 만족도 거의 마찬가지다. 특히 남성의 성욕은 여러 면에서 끝이 없다. 그럼에도 일정한(높은) 수준을 넘어가면 이 욕구도 사실상 한정된다. 한나라 황제들이 하렘의 미녀 2000~6000명 전원을 실제로 상대할 수 있었겠는가? 성적 만족 역시 일정 수준에 이르면 더 많이 얻는 것보다 지키는 것이 더 중요해진다. 인간 동기체계의 명예를 비롯한 다른 요소들도 마찬가지다.

유라시아의 문자문명들과 대규모 사회들에서는 더욱 급진적인 태도가 나타났다. 우리의 욕구체계는 진화가 우리에게 '강요'해온 것이다. 그렇지만 다른 동물들과 달리 우리는 엄청나게 향상된 지력과 상상력, 세대 간에 공유하는 지혜에 힘입어 세속적인 욕구 추구로는 채울 수 없고 대체로 시시포스적이고 본질적으로 좌절을 안겨주는 측면, 즉 인생의 고통과 고난, 궁극적 죽음을 감지한다. 이런 이유로 사람들은 불안감과 허무감, 혐오감을 공유하게 된다. 이런 감정은 특히 복잡한 대규모 사회에서 나타난다. 그곳에서는 (1) 유혹뿐 아니라 좌절감도 널리 퍼지고, (2) 공동체가 덜 친밀하고 성원을 덜 지원하며, (3) 텍스트의 왕국이 이런 상황을 표현하거니와, 자아를 걱정하고 숨기고 위로할 수 있는, 세속적 욕구를 '승화'할 수 있는 상상의 세계—허구적·비허구적 세계—까지 만들어낸다. 진화상 형성된 인간 동기체계에 내재하는 고통과 좌절에 대응하는 가장 극단적인 방법은, 감각적 욕구 및 이와 관련된 모든 활동을 단념하고, 초월하고, 부단한 성취 경쟁을 삼가면서 감각의 부정에서 마음의 평화를 찾는 금욕 추구다. 금욕주의의 여러 형태 가운데 가장 유명하고 널리 퍼진 신조는 불교다. 또 금욕주의는 기독교에도 스며들었다. 그렇지만 수많은 사람이 이 신조들에 공감했을지라도, 은둔자와 수도승을 실천의 본보기로 받아들인 이들은 소수에 지나지 않았다. 사실 금욕주의는 인간 사회에서 줄곧 주변부에 머물렀는데, 가장 깊숙이 뿌리박은 우리의 선천적 성질에 반하는 것이기 때문이다.

호전성을 좀먹은 것은 금욕주의의 엄격함이 아니라 국가가 수립한 내부 평화와 문명의 편의였다. 부족 사회나 여타 질서가 덜 잡힌 사회들과 비교해 국가 치하 사람들은 일상의 폭력을 훨씬 자제하는 방향으로 사회화되었다—그들은 '길들여졌고', 이 변화는 필연적으로 그들의 호전적인 기질에 반영되었다. 노르베르트 엘리아스Norbert Elias는 근대 서구와 관련하여 이 과정을 문헌으로 뒷받침하고 '문명화 과정'이라는 이름을 붙였다.[43] 고대 철학자들과 도덕론자들이 동의한 대로 민중, 엘리트, 통치자 모두 평화가 확산되고 사회가 풍족해짐에 따라 갈수록 '유약'해졌다. 어쨌거나 흠뻑 빠질 인생의 쾌락을 이미 다 가진 마당에 위험하고 지루한 군사적 위업을 세울 그 어떤 동기가 부유한 제국의 통치자들에게 있었겠는가? 이런 이유로 역사 내내 크고 부유하고 인구가 많은 국가들과 제국들이 가난하고 호전적이고 야만적인 경계지역에서 야심 찬 벼락출세자가 이끄는 작은 무장 집단의 먹잇감으로 전락하곤 했다.

국내와 국외에 은밀하거나 노골적인 무력 사용과 이익 획득 사이에 직접적인 연관성이 존재하는 한, 이익을 거두는 일에서 무력은 생산성만큼이나 필수적—더욱 필수적—이었다. 농경사회와 목축사회 사이의 싸움은 파괴와 생산성 상실을 수반한 까닭에 전반적으로 순손실로 귀결되었지만, 승자에게 상당히 유리하게 이익을 재분배하는 결과로 이어질 수도 있었다. 다시 말해 무력으로 승리한 쪽이 큰 이익을 얻을 수도 있었다. 분명히 말해두지만 때로는 무력으로 큰 이익을 얻었다. 따라서 이득을 바라며 폭력 게임에 가담함으로써—경쟁 상황에서 분쟁 선택지를 지지함으로써—게임 참가를 꺼리는 상대에게 게임을 강요한 이들이 언제나 있었다. 이런 이유로 누구든 적어도 분쟁에 대비는 해야 했다. 항상은 아니었지만 십중팔구 이런 게임은 가담자 모두가 죄수의 딜레마에 갇히고 '붉은 여왕' 효과를 경험하는 사태, 즉 모두가 전쟁을 치르고 전쟁에 대비하기 위해 자원을 계속 소모하는 가운데 아무도 경쟁자보다 우위에 서지 못하고 어떤 이득도 얻지 못하는 사태를 의미했다. 다시 말해 그들 모두 분쟁을 하지 않았다면 입지 않았을 손실을 분쟁을 해서 입곤 했다. 요컨대 전쟁을 대하는 두 가지 흔한 태도는 서로 배타적인 것이 아니라 둘 다 심원한 진실에 닿아 있는 것이다. 폭력적 분쟁은 '진지한 목표를 위한 진지한 수단'인 동시에 때로는 놀랍도록 터무니없는 일이었고, 일부에게 대단히 이로운 일인 동시에 전반적으로 끔찍하게 소모적인 일, 때로는 모두에게 소모적인 일이었으며, 이상주의적인 견해로 무시해버릴 수 없는 불가피한 일인 동시에 마치 기이한 힘인 양 적대자들의 '의지에 반해' 그들 모두에게 대개 강요된 일이었다.

무력과 부의 획득을 묶고 있던 끈은 근대에 들어서야 비로소 헐거워지기 시작했다. 하지만 이런 전개가 전쟁과 평화 사이에서 비용과 이익의 균형에 끼친 혁명적인 영향으로 관심을 돌리기 전에, 제2부의 두 장에 걸쳐 전쟁의 원인에 관한 인류학과 국제관계학의 거대이론들을 비판적으로 검토해보자.

제2부

분과별 거대이론들의 결함과 오해

제2부는 확실히 자리잡은 두 분과인 인류학과 국제관계학에서 전쟁의 원인을 다루는 복잡한 거대이론들을 살펴본다. 전자는 국가 이전 사회의 전쟁을 다루고 후자는 국가의 전쟁을 다룬다. 두 분과의 거대이론들은 서로 다르고 사실상 관련이 없지만, 각 분과 안에서 하는 역할은 비슷하다. 다시 말해 두 이론은 각 분과에서 담론을 지배하거니와 학생 교육과 젊은 학자의 사회화 과정에서 다른 무엇보다 중시된다. 이는 당연한 결과인데, 분과별 거대이론들은 바로 이런 역할을 하기로 되어 있기 때문이다. 그럼에도 여기서 시사한 대로, 사회과학에서 거대이론으로 간주되는 것들은 조야하고 매우 부자연스러운 지적 구성체에 지나지 않는 경우가 많다. 어느 정도 타당한 통찰을 제공하고 연구와 논쟁을 자극할지는 몰라도, 그것들은 연구자 스스로 사고하도록 돕기보다는 사고를 차단하거나 일정한 방향으로 몰아갈 수 있다. 각 분과의 특정한 역사적 국면에서 특정한 논쟁에

대응하다가 다소 무계획적으로 생겨난 거대이론들은 그 주창자들에 의해 정통 전통으로 고착되고 또 지나치게 불균형한 관심을 끌어모을 수 있다. 인간의 평범한 경험과 상식에 근본적으로 가까운 분야들—로켓과학도 핵물리학도 아닌 분야들—에서 그 결과는 육중한 개념, 불가해한 전문용어, 산더미 같은 학술 논쟁인 경우가 너무나 많다. 이것들은 때로 중세의 스콜라 학자들을 떠올리게 하며 관련 지식을 이미 갖춘 사람들만이 이해할 수 있다. 이것들은 외부인을 어리둥절하고 당혹스럽게 만드는 동시에 전문 학자 공동체 내부인의 세계를 구성한다. 더욱이 어떤 주제와 관련이 있는 관념일지라도 지배적인 담론의 익숙한 관례와 틀에 맞추어 표현하지 않으면 같은 학계의 성원마저 사실상 이해하지 못하기도 한다. 학자 공동체의 사회학은 바로 이런 식으로 작동한다.

이것이 젠체하는 말로, 어쩌면 심지어 오만한 말로 들릴지도 모르겠다. 게다가 다음과 같은 강력한 반론을 제기할 수도 있다. 위의 서술은 과장된 희화화다. 전문 학자 공동체가 표준 용어와 공동 연구 의제를 공유하는 것은 불가피한 일이며, 그들의 내부 논쟁은 다른 모든 분과의 논쟁과 마찬가지로 시행착오, 주장과 반론을 통해 지식을 증진하는 방법이다. 지식에 이르는 더 나은 방법은 존재하지 않거나 존재할 수 없다. 온갖 결점에도 불구하고, 전쟁의 원인이라는 주제에 관해 우리가 아는 거의 모든 것은 두 분과의 학문적 작업에서 나온 것이다. 이해를 돕는 많은 이론, 중요한 통찰, 귀중한 경험적 데이터 역시 두 분과의 산물이다. 실제로 이 책도 그런 데이터와 이론에 크게 의존한다. 그럼에도 나는 논점을 강조하기 위해 명확한 표현을 고수하고자 한다. 인류학과 국제관계학 두 분과의 고압적인 거대이론들은 전쟁의 원인을 설명하기보다 이 주제를 바라보는 시각을 왜곡하는 경우가 너무나 많다. 이 책에서 주장한 대로, 진화론은 두 분과의 거대이론들에 만연하는 모순점을 해소하고 빈틈을 메우는 데 기여할 수 있다.

두 분과의 담론이 각각 자족적 성격이므로, 제2부의 두 장은 어떤 분과에 관심이 있느냐에 따라 따로따로 읽을 수 있다. 일반 독자에게는 두 분과의 지난 한 세기를 간략하게 훑어보는 보람찬 독서가 될 것이다. 아니면 제2부를 전부 건너뛰거나 둘 중 한 장만 읽고 근대 세계에서 외견상 전쟁이 감소한 원인을 다루는 제3부로 넘어가도 무방하다.

제4장

인류학: 사람들은 (만약 싸웠다면) 왜 싸웠는가?

루소주의적 편향—앞서 봤듯이 애당초 비폭력적인 존재로 선언된 동아프리카와 남아프리카의 수렵채집인에 초점을 맞춘—탓에 인류학 연구는 1960년대부터 국가와 농경 이전 인간의 싸움이라는 주제에서 길을 잘못 들었다. 더욱이 인류학의 해석 전통들과 거대이론들은 원주민들이 과연 싸웠느냐는 문제뿐 아니라 그들이 왜 싸웠느냐는 문제와 관련해서도 인류학자의 접근법에 심대한 영향을 주었다. 이 해석 전통들과 거대이론들은 대체로 19세기 말 이래 진화론—생물학적 진화론과 문화적 진화론 모두—의 영향에 인류학이 대응하는 과정에서 형성되었다.

문화적 진화와 생물학적 진화에 대한 인류학의 반발

문화적 진화는 생물학적 진화보다도 오래된 개념이다. 문화적 진화 개념은 18세기의 진보 이념과 19세기의 헤겔주의 철학, 마르크스주의 철학,

실증주의 철학과 더불어 대두했다. 문화적 진화를 옹호한 영향력 있는 이들로는 허버트 스펜서, 에드워드 타일러Edward Tylor, 루이스 헨리 모건Lewis Henry Morgan 같은 사회학과 인류학의 창시자들이 있다. 그들의 근거는 역사를 통틀어 인간 사회에서 기술의 정교함과 사회적 복잡성의 수준이 점점 높아지고 이런 발전 과정에서 이전 단계가 나중 단계의 전제조건을 이루는 전반적인 추세에 관한 설득력 있는 관찰이었다. 그렇지만 19세기의 위대한 진화론적 체계에 대한 반발이 곧 시작되었다. 19세기 진화론은 추상적이고, 교조적이고, 말끔하지 않은 역사적 현실에 무감각하고, 사변적이고, 형이상학적이고, 목적론적이고, 단선적으로 진보하는 역사를 상정한다는 비판을 받았다. 게다가 19세기 말부터 진화론은 갈수록 인종주의와 사회다윈주의에 의해 훼손되었다. 20세기 첫 수십 년간 미국 학계에서 현대 인류학 분과를 수립한 프랜츠 보애스는 인류학 연구의 방향을 바꾸어놓았다. 그는 생물학의 다윈 혁명을 받아들이면서도, 당시 알려져 있지 않던 문화적 진화의 초기 단계들에 관한 대략적인 추론을 거부하고 그 대신 현존하는 사회들, 그들의 다양한 문화, 특정한 환경에 문화적으로 적응한 사례 등에 관한 경험적 연구에 초점을 맞추었다.

20세기 동안 인류학계의 주요 학파들은 보애스가 남긴 유산의 여러 측면을 이어나갔다. 대체로 보아 인류학은 보애스가 강조했던 경험주의적 접근법과 문화적 특수성에 계속 유의했다. 인종주의와 그 끔찍한 표현 형태들에 격렬히 반발하는 흐름 속에서, 1945년 이후 인간 정신은 빈 서판이라는 견해가 승리를 거두었다. 인간은 백지 상태로 태어나고 오로지 문화적 경험과 사회적 학습에 의해 형성된다는 견해였다. 이 견해는 인간의 싸움이란 완전히 후천적인 현상이고 문화적 인공물에 불과하다는 견해를 부추겼다. 아메리카 북서부 연구를 개척한 보애스 자신은 과거 이곳 토착민들 사이에 격렬한 전쟁이 만연했다는 사실을 당연하게 받아들였다.[1] 보애스의 제자인 인류학자 마거릿 미드는 베스트셀러 저서 『사모아의 청소년 Coming of Age in Samoa』(1928)으로 유명 인사가 되었다. 이 책은 열렬한 미국 대중에게 느긋한 사회관계와 너그러운 성적 관습을 특징으로 하는 이상화된 부족사회를 제시했다. 50년 뒤에 이 책은 훨씬 더 공론화된 논쟁의 중심이 되었는데, 미드가 지난날 자신의 기대를 연구 주제에 투영했다는 것이 밝혀졌기 때문이다.[2] 그렇지만 미드는 사모아에서 "전쟁과 카니발리즘은 사라진 지 오래다"라고 간략하게 말함으로써 유럽인 도착 이전 사모아의 상황이 그 이후와 판이하게 달랐고 훨씬 더 폭력적이었다는 사실을 자신이 이미 알고 있었음을 드러내 보였다.[3] 미드의 전반적인 논조와 달리, 접촉 이전 사모아는 사회적 경쟁이 치열하고 폭력과 전쟁이 만연하며 어떤 근대 사회와 비교해도 유혈 사상자가 몇 배로 많은, 너무도 익숙한 모습이었다.[4] 앞서 봤듯이 목가적이라고 생각했던 폴리네시아의 크고 작은 사회들—18세기에 발견된 이래 유럽인의 공상의 대상이었던 곳—도 접촉 이전에는 아주 잔혹한 전쟁이 도처에서 일어나는 공간이었다. 훗날 미드는 오스트레일리아 원주민 수렵채집인 사이에 전쟁이 만연했음을 보여주는 증거를 잘 알게 되었고 이를 결코 부인하지 않았다. 그렇지만 미드는 전쟁—치명적인 집단 싸움—이 원시적인 것이 아니라 세계 각지의 인간 집단들에서 확산되고 그들에 의해 채택된 중독성 있는 문화적 발명품이라고 주장했다.[5] 생활방식을 거의 바꾸지 않은 원주민들 사이에서 그런 발명품이 왜 별안간 나타났느냐는 문제, 그리고 전쟁이 왜 그토록 중독성 강한 것으로 입증되었느냐는 문제는 불분명한 채로 남았다. 이미 지적했듯이, 그리고 도무지 불가해하게도, 미드는 '살인'—개인의 살해—도 전쟁과 비슷하게 '문화적 발명품'이라고는 생각하지 않았다.

유물론적 설명부터 문화적 설명과 심리적 설명에 이르기까지 다양한 설명이 제시되었음에도 인류학에서 '원시전쟁'의 원인은 종전과 별반 다름없이 수수께끼('순전한 공격성')로 남았다.[6] 진화론적 논리를 거의 우스꽝스럽게 뒤집은 일부 인류학자들은 '원시전쟁'의 이면에서 그 어떤 적응적 논리도 보지 못했다. 이 전통을 대표하는 학자 C. R. 홀파이크Hallpike는 이렇게 썼다.

> 원시전쟁이 적응적이지 않다면 어째서 그토록 흔하게 나타나는 것일까? 그 답은 분명 원시전쟁으로 이끄는 매우 널리 퍼진 요인들이 많다는 것이다. 젊은 남자들의 공격적 성향, 지도자 없는 사회에서 효과적인 사회적 통제의 부재, 집단 간 상호 의심, 복수, 사회 체제의 자기 유지 성질, 중재 제도를 발전시키는 데 따르는 문제, 전쟁 승리와 활력 일반의 종교적 연관성 등이 그런 요인들이다.[7]

그런데 젊은 남자들은 왜 그런 공격적 성향을 갖고 있는 걸까? 근원적인 분쟁이 존재하지 않는다면 사회적 통제와 중재 제도의 부재는 왜 전쟁으로 이어지는 걸까? 이런 환경에서 상호 의심은 대체 왜 있는 걸까? 맨 처음 복수를 촉발하는 것은 무엇일까? 종교와 활력은 왜 전쟁 승리와 연관되는 걸까? 마지막으로, 동물 사이에서 광범하게 일어나는 종내 싸움도 비적응적 활동으로 여겨야 할까?

이런 질문들은 답변을 받기는커녕 아예 제기되지도 않았다. 경쟁이 심한 진화적 자연 상태에서 싸움은 '의례적'이고 '표출적'인 목적 없는 활동으로서 삶의 실제 조건에 기반하지 않는 '심리적' 욕구를 충족하기 위해 '그저 그렇게' 일어났다는, 도무지 옹호할 수 없는 생각이 널리 퍼져나갔다.

이 생각은 지금도 인류학 문헌에서 흔히 발견된다. 한 인류학자는 이렇게 썼다. "수렵채집 공동체들에서 분출될 수 있는 폭력은 대개 화를 표출하는 것 외에 다른 특별한 목적이 없다. (…) 폭력은 계산된 위협이 아닌 분노의 산물이며, 심한 경우 일시적인 정신질환의 한 형태다."[8] 북아메리카 동부의 토착민 간 폭력의 패턴을 조사하는 다른 인류학자는 인류학 기록 전반에서 치명적인 싸움의 아주 뚜렷한 원인으로 나타나는 복수 동기를 올바로 강조했다. 그리고 이렇게 덧붙였다. "개인이나 집단의 명예를 지키는 것 외에 필연적인 정치적 목적은 없다."[9] 신체와 번식 자원을 둘러싼 경쟁, 명예를 지키고 높이는 행위, 경쟁자를 제거하고 억지하기 위한 복수, 이런 행위들의 밑바탕에 놓인 감정 메커니즘의 하나로서의 화 또는 분노, 그리고 이것들에 스며들고 이것들을 연결하는 더 깊은 논리는 시야에서 사라졌다.

문화적 진화 대 생물학적 진화?

문화의 특수성을 매우 중시하고 포괄적인 일반화를 의심하게 된 인류학 내에서 중요한 한 갈래는 20세기 동안 문화적 진화 전통의 명맥을 이어나갔다. 문화적 진화의 옹호자들은 선배들의 연구를 망쳐놓은 비경험적인 측면을 피하려 애쓰는 가운데, 분명 다선적多線的이고 다채로웠던 선사시대와 역사시대의 매우 뚜렷한 연쇄와 궤적에 주목했다. 더욱이 이런 발전 추세들을 설명하면서 환경에 대한 문화적 적응을 강조했다. 그렇지만 대다수 문화적 진화론자들은 인류학 동료들과 마찬가지로 생물학적 진화와 문화적 진화를 명확히 구분했다. 그들은 인간의 생물학적 성향을 인간의 사회적 행위 연구와 거의 무관한, 아주 사소한 의미밖에는 없는 것으로 여겼고, 사회적 행위가 문화에 의해 거의 무한정 변경될 수 있다고 가정했다.[10]

그렇다면 생물학적 진화와 문화적 진화는 어떤 관계일까? 우선 두 가지 진화 모두 계속 되풀이되는 복제의 형태—생물학적 형태 또는 문화적 형태—를 다룬다. 그중 이따금 나타나는 변이는 적어도 어느 정도는 온갖 종류의 선택압을 받게 된다. 생물학에서 복제자는 유전자로, 세포핵 안에 저장되어 다음 세대로 전달된다. 문화에서 복제자는 행위와 관념—리처드 도킨스가 말한 '밈meme'—으로, 사는 동안 두뇌에 축적되며 학습을 통해 두뇌에서 두뇌로 전달된다. 이로부터 생물학적 진화와 문화적 진화의 주요한 차이점 하나를 알 수 있다. 전자는 자손에게만 전달될 수 있는 '선천적' 복제자와 관련이 있는 반면, 후자는 원론상 어떤 두뇌로든 '수평적으로' 복제될 수 있는 획득 형질과 관련이 있다. 이런 획득 형질의 '라마르크식' 유전은 문화적 진화의 속도를 훨씬 더 빠르게 만든다. 하지만 문화적 진화에서도 복제자는 내구성이 매우 강하다. 언어와 관습처럼 세대에서 세대로 전해지며 재생산되는 상징과 관행의 체계는 특히나 변화가 더디다. 그렇다 해도 변하기는 한다—무작위적인 '부동浮動'과 '돌연변이'에 의해, 의도적인 적응에 의해, 또는 외래 '밈'의 영향에 의해 변한다.[11]

더욱이 결코 끝나지 않는 진화 경쟁에서 선택에 의해 추동되는 생물학적 진화와 문화적 진화는 시간이 지남에 따라 점점 더 복잡한 설계를 낳는 경향이 있다.[12] 복잡성을 규정하는 것은 상이한 부분들, 즉 기능적 위계 구조에 통합되어 있는 전문적이고 상호 의존적인 부분들의 수와 다양성이다. 복잡성이 증가하는 과정은 그 어떤 평가적 의미로도 '진보'가 아니며, 반드시 행복과 안녕의 증진, 또는 다른 어떤 목표로 귀결되는 것이 아니다. 진화에 복잡성이 점점 증가하는 경향이 있다고 해서 그 과정이 불가피한 것은 아니다. 진화적 형태는 아주 오랫동안 거의 변화 없이 유지될 수도 있다. 또 막다른 골목으로 진화하거나 자연적 또는 외부적 요인 때문에 환경이 급속도로 불리하게 변화한다면 퇴행하거나 멸종할 수도 있다. 어떤 과정이 될지 예정되어 있는 것이 아니다. 특정 성향이 강하게 나타날 경우, 그것은 되풀이해 번식하고 증식하는 복제자들이 치열한 경쟁 환경에 대처하기 위해 더 정교하고 복잡한 설계를 (경쟁과 선택을 통해) 진화시키는, 초월적이지 않은 내재적 경향으로 이해해야만 한다. (분명 때로는 효율 향상이 복잡성 증가가 아닌 단순화를 뜻하기도 하지만, 대부분의 경우 그 반대가 참이다.) 단순한 상호작용을 하는 단순한 요소들로부터 질서정연한 복잡성 또는 자기조직화가 자연발생적으로 진화하는 방식은 현대 과학 연구의 첨단에서도 가장 뜨거운 주제 중 하나다.[13]

마지막으로 우리의 주제에 가장 중요한 점은, 생물학적 진화와 문화적 진화가 단절이 아닌 연속을 나타낸다는 것이다. 무엇보다 문화적 진화는 생물학적 진화로부터 유래했다. 문화적 진화가 도약한 근본적인 이유는 생물학적 진화의 최신 기교 중 하나가, 즉 크게 향상된 가르치고 배우는 능력이 완성되었기 때문이다. 더 크고 더 유연한 열린 두뇌 설계—살아가는 동안 경험과 학습을 통해 환경과 상호작용함으로써 어느 정도 형성할 수 있는 설계—는 조류, 대형 포유류, 영장류, 유인원, 고인류 같은 진화적 군비 경쟁의 후기 산물들 사이에서 점점 발전한 장비였다. 성장 일로의 이 능력은 호모사피엔스와 함께 임계점을 넘었다. 유전적으로 구성된 우리의 '하드웨어'는 생애 동안 (특히 초년기에) 외부의 자극에 반응해 상당 부분 재구성될 수 있고, 전례가 없는 다양한 '소프트웨어'를 탑재할 수 있다. 그리하여 놀랍도록 다양한 '응용 프로그램'을 생성할 수 있다. 문화적 진화는 폭발적인 잠재력을 지닌 것으로 입증되었다. 농경을 채택한 이래 인류 발전의 엔진은 생물학적 진화보다는 문화적 진화가 압도적이었다.

그렇지만 문화적 진화가 빈 서판 위에서 작용해온 것은 아니다. 문화적 진화는 생물학적 진화로부터 하나의 잠재력으로서 유래했을 뿐 아니라, 오래도록 진화한 선천적인 성질이 깊이 새겨져 있는 인류의 생리적·심리적 풍경 위에서 작용해왔다. 문화적 형태의 경이로운 다양성과 문화적 진화의 놀라운 궤적은, 인류의 독특한 특질은 바로 본능 따위가 없다는 것이라는 견해를 낳았다. 그리하여 인류는 전적으로 문화 또는 역사에 의해 결정된다는 주장이 제기되었다. 올바로 사회화할 경우 인간은 사실상 어떤 행동이든 포용할 수 있을 것으로 추정되었다. 그렇지만 1950년대 이래 놈 촘스키Noam Chomsky가 언어학에서 일으킨 혁명은 인문학과 사회과학에 옛것을 새롭게 조명하는 모델을 제시했으며, 인간 정신을 빈 서판으로 보는, 20세기 중반을 지배했던 견해가 쇠퇴할 것임을 예고했다. 촘스키와 그의 제자들은 비록 오늘날 알려진 인간 언어가 수천 가지나 되고 과거에 우리가 모르는 훨씬 더 많은 언어가 사용되었다 할지라도, 인간의 모든 언어는 일군의 공통된 '심층적' 통사 패턴들을 공유한다고 주장했다. 이 패턴들에는 언어를 너무도 쉽고 자연스럽게 사용하게 해주는 우리의 선천적인 언어 처리 메커니즘이 반영되어 있다. 요컨대 인간은 원론적으로 가상의 어떤 언어든 생성해낼 수 있지만, 어디까지나 그 언어의 메타 구조가 심층적 공통 패턴들을 따르는 한에서만 그렇다.[14] 이런 이유로 언어의 다양성은 무한한 동시에 매우 제약된다.

언어는 문화적 형태의 정수로서 인간의 정신 구조 일반을 밝혀주는 모델이라는 것이 입증되어왔다. 그런데 사회과학자와 역사학자는 탁월한 근거를 들어 인간 사회의 다양성을 강조하면서도, 쉽게 관찰할 수 있는 우리 종의 핵심적인 특이성을 너무 자주 놓치곤 했다.[15] 대다수 문화적 진화론자는 본성-양육이라는 그릇된 이분법의 한 면만을 받아들이는 오류를 저질렀다. 실제로 문화적 형태는 엄청나게 다양하고 문화적 탄력성도 대단하지만, 어떤 형태든 가능한 것은 아니다. 문화적 선택과 선호는 단순히 생물학으로부터 넘겨받은 것이 아니다. 오히려 문화적 형태의 풍부한 다양성은 진화상 형성된 선천적 성향과 필요, 욕구—궁극적 목적, 근사적 메커니즘, 파생적 부산물—라는 명확히 인식할 수 있는 중핵 위에서, 그리고 그 주변에서 구성되어왔다. 생물학과 문화는 상호작용하면서 공진화하는 합성물을 이룬다. 그 합성물 전체는 놀랍도록 복잡하지만 임의적인 구성물과는 거리가 먼 것으로 여기는 편이 좋다. 인류의 사회생활과 역사 궤적에 관한 진화론적 시각은 인류학의 표준 대응처럼 생물학적 결정론을 조장하는 것이 아니라 일련의 복잡한 유전자-문화 상호작용에 초점을 맞춘다. 우리의 문화적 선택은 생물학적 성질로 인해 심하게 편향된다. 그런가 하면 연구들을 통해 입증된 대로, 역으로 우리의 문화적 선택으로 인해 일부 생물학적 특질이 선택되기도 한다.[16]

문화적 특질 또한 선택압을 받는다. 문화적 특질이라고 해서 반드시 더 나은 적응적 가치를 지니는 것은 아니다. 일부 문화적 특질은 대체로 특정한 생물문화적 환경에서 그저 '중독성'이 더 강할 뿐이고, 생물학적 집단 내에서 바이러스나 기생충이 퍼지는 것과 같은 방식으로 퍼지기도 한다. 그런 특질은 심지어 '감염'시킨 집단의 생존과 번식 성공에 해로우면서도 다른 집단들로 충분히 빠르게 확산되는 까닭에 멸종을 피하기도 한다. 생물문화적 합성물의 요소들은 끈으로 연결되어 있다—행동의 일부 측면들은 짧은 끈으로, 다른 측면들은 긴 끈으로 연결되어 있으며, 끈들의 신축성은 각양각색이다. 다수의 인류학자들이 이 새로운 시각을 앞장서 개진했고 또 1980년대 이래 인류학 담론에서 진화론적 논리가 약진하기는 했지만, 진화론적 논리는 주류 인류학에서 여전히 다소 이질적인 것으로 남아 있다.

문화유물론과 전쟁의 원인

인류학에서 문화적 진화에 관한 가장 야심 찬 이론은 마빈 해리스Marvin Harris와 그의 제자들이 주창한 '문화유물론'이다—전쟁의 원인에 관한 인류학 연구에 가장 큰 영향을 준 이론이기도 하다. '문화유물론'은 진화론적 논리와 몇 가지 중요한 특징을 공유한다. 마르크스에게 영향을 받은 해리스는 자신이 '생산'이라 부르는 생계유지를 위한 투쟁을 인류의 문화적 진화를 이끄는 원동력으로 분별력 있게 가정했다. 그리고 맬서스를 인용하면서 생산 다음으로 번식, 출산, 그리고 주어진 환경에서 인구와 한정된 자원의 균형을 맞추려는 노력을 강조했다. 더 나아가 그는 이런 근간 위에 더 높은 수준의 문화적 형태들로 이루어진 '상부구조'가 세워진다고 주장했다.[17] 분명 이 개념적 얼개는 앞서 인간 동기체계에서 다른 요소들의 근원으로 설명한 신체·번식 투쟁과 거의 구별되지 않는 것으로 보인다. 주된 차이점이라면 해리스가 생물학적 진화와 문화적 진화를 뚜렷하게 구별하거니와, 전자가 인간의 사회적 행동을 이해하는 데 중요함을 부인한다는 것이다.[18] 그리고 바로 이 점—두 가지 진화 형태의 긴밀한 연관성과 상호작용을 파악하지 못하는 것—때문에 '문화유물론'은 위의 요소들 모두가 사람들에게 왜 중요한지, 그리고 이 요소들이 서로 어떻게 연결되어 있는지 설명하는 더 깊은 논리를 결여하게 되었다. 예컨대 해리스는 번식, 성, 가족, 친족 연대를 따로따로 논하고, 이것들이 서로 어떻게 연결되는지 암시조차 하지 않는다. 확연히 드러나는 해리스의 빈틈을 꼽자면 번식을 주로 인구압의 관점에서 고찰한다는 것, 광범한 일부다처제 관행과 보편적인 친족 연대 현상을 기술하기만 할 뿐 결코 설명하지 않는다는 것, 인류학의 오랜 전통에 따라 근친상간 금기에 대한 순전히 사회문화적인 설명을 선호하고 이 금기의 확실한 생물학적 기반이 인간뿐 아니라 다른 사회적 동물들에게서도 일반적으로 나타난다는 사실, 즉 수컷이나 암컷이 보통 사춘기에 이르면 자기 집단을 떠나 다른 집단에 합류하는 사실을 간과한다는 것이다.[19] '문화유물론' 옹호자들은 결코 점들을 연결하지 않는다. 사실 '문화유물론'이 타당한 논점들을 많이 포함했던 이유는 바로 인간의 유전자-문화 상호작용을 설명하면서 우연찮게도 진화론적 논리를 조각조각 반영했기 때문이다. 그러나 '문화유물론'은 같은 이유로 진화론적 논리 전체를 이해하는 데에는 실패했다.

해리스와 그의 제자들이 전쟁의 원인에 관한 인류학 연구와 이를 둘러싼 논쟁에서 중심적 역할을 하지 않았다면 나는 이 모든 논점을 이렇게 길게 다루지 않았을 것이다. 오리노코 분지의 야노마모족과 뉴기니 고원지대의 부족들은 1970년대 동안 논쟁의 중심에 있었다. 이 원예민들이 자기들끼리 싸운 이유는 분명하지 않았는데, 그들이 농경지 부족을 겪었다는 실제 징후가 전혀 없었기 때문이다. 유물론 학파는 싸움의 원인을 매우 귀중한 동물성 단백질에서 찾았다. 그들은 야노마모족의 경우 싸움이 마을 주변 숲속에 있는 사냥 자원을 둘러싼 경쟁의 형태로 나타난다고 추정했다. 그리고 뉴기니의 경우 싸움이 가축화된 돼지를 기르는 데 필요한 숲속 방목지를 둘러싼 경쟁의 형태를 띤다고 추측했다. 이 해석은 그럴듯하긴 했지만 모든 증거에 꼭 들어맞지는 않았다. 실제로 문화유물론자들 스스로 부족한 부분을 보완할 설명을 찾기 시작했다.[20]

1970년대 중반부터 현대 진화론은 소수 인류학자들 사이에서 주목을 받기 시작했다. 이미 가장 유명한 야노마모족 연구자였던 나폴리언 섀그넌은 현대 진화론의 영향을 맨 먼저 받은 인류학자 중 한 명이었다. 섀그넌은 야노마모족의 내부 분쟁뿐 아니라 전쟁까지도 주로 번식 기회와 관련이 있다고 주장했다. 야노마모족 마을들 간에 전쟁이 나면 여자들은 대개 강간을 당하거나 결혼을 위해 납치를 당하거나 양쪽 다 당했다. 마을 안에서 일어나는 폭력적 혈수의 주된 원인은 간통이었다.[21] 앞서 봤듯이 이런 주장은 대부분 옳았다. 그렇지만 섀그넌은 한편으로 '단백질 논쟁'에서 야노마모족의 전쟁이 사냥 영역을 둘러싼 경쟁과 관련이 있다는 생각에 전면 반대하면서도, 다른 한편으로 진화론이 번식 성공을 가능하게 하는 신체적 요소들까지 포괄하는 넓은 의미의 번식이 아닌 좁은 의미의 번식을 다룬다는 유감스러운 인상을 주었다. 따라서 그의 주장은 갖가지 비판을 자초한 셈이었다.

여하튼 인류학자들은 인류학의 기존 해석 전통들을 철저히 재평가할 것을 요구하는 진화론의 침투에 상당한 저항감을 보였다.[22] 대부분의 비판은 진화론적 논리의 기초를 제대로 알지 못한 섀그넌의 입장을 겨냥했다. 예를 들어 한 비판자는 만약 싸움이 포괄적응에 이롭다면 왜 모든 곳에서 싸움이 계속 일어나지 않느냐고 따져 물었다.[23] 섀그넌은 다른 행동들과 마찬가지로 싸움도 포괄적응을 위해 사용할 수 있는 하나의 전술일 뿐이며 싸움의 성공과 활성화는 특정한 조건의 존재에 달려 있음을 깨닫지 못했다. 자주 제기된 다른 비판으로는 사람들이 자손의 수를 최대화하려는 욕구에 의해 움직인다는 주장이 옳지 않다는 것, 원시부족들 사이에 만연했던 유아 살해가 이 주장이 거짓임을 보여주는 실례라는 것, 여성을 성적 목적뿐 아니라 경제적 목적을 위한 노동력으로도 필요로 했다는 것 등이 있다.[24]

이런 비판들의 결점을 간략히 지적하겠다. 제2장에서 봤듯이, 자연에서 번식을 최대화하는 근사적 메커니즘으로 기능하는 것은 자손 수를 최대화하려는 의식적인 바람보다는 주로 성에 대한 욕구다. 효과적인 피임법이 등장하기 전에 사람들의 엄청난 번식 잠재력을 제한한 것은 주로 한정된 자원과 자원 경쟁이었다. 전형적인 유아 살해는 자원이 부족한 여건에서 신생아가 손위 형제, 이를테면 젖먹이 손위 형제의 생존 가능성을 위협할 때 일어난다. 포괄적응에서 관건은 자손의 수를 최대화하는 것이 아니라 생존하는 자손의 수를 최대화하는 것이기 때문이다. 여성과 아이가 일부 환경에서 소비하는 양보다 더 많은 양의 자원을 창출하고 성적-번식적 이유뿐 아니라 경제적 이유로도 귀하다는 사실은 진화론과 조응한다. 성공적인 생존이 성공적인 번식에 필수이기 때문이다. 생존과 번식은 상충하지 않고 때로 원만하게 어우러질 수 있다.

생존과 번식이 서로 연결되어 있음을 파악하지 못한 탓에 논쟁을 벌인 양편 모두 잘못된 방향으로 나아가고 말았다. 섀그넌은 야노마모족이 전쟁을 한 다른 이유, 어쩌면 더 중요한(번식 관련) 이유가 있을지 모른다고 주장한 점에서는 옳았지만, 사냥감 경쟁은 전쟁의 요인이 아니라고 주장한 점에서는 틀렸다. 실제로 '단백질 논쟁' 이전과 도중에, 그때까지 검토한 원시사회들 어디서나 사냥감 자원이 비슷한 역할을 한다는 사실이 일련의 연구에서 속속 확인되었다. 섀그넌의 적수들은 그 자신이 일찍이 "사냥감 동물은 풍부하지 않으며 한 지역의 사냥감은 빠르게 사라진다"고 지적했음을 일깨웠다. 그들은 야노마모족이 '단백질 부족'을 겪지 않았다는 점을 받아들였다. 그러면서도 그들은 최소한의 단백질 소비가 가능했던 것은 오로지 정적인 인구 수준 덕분이었고, 인구 수준이 정적이었던 이유는 무엇보다 다른 원시부족들의 경우처럼 야노마모족 사이 싸움에서도 기록된 높은 사망률 때문이었다고 지적했다. 인구가 증가하면 곧잘 사냥감이 부족해졌다는 것이다.[25]

처음에 전쟁의 번식 측면만을 강조하다가 비판자들에게 그것이 진화론의 전부라는 그릇된 인상을 심어주었던 섀그넌은 결국 신체를 위한 노력과 번식을 위한 노력의 상호 보완적 성격을 강조하기 시작했다.[26] 그런데 이상하게도 그 과정에서 자신이 진화론의 통찰과 문화유물론의 통찰을 '종합'한다고 주장함으로써 스스로의 입지를 크게 깎아내리고 논쟁 전체를 엉뚱한 방향으로 나아가게 했다. 반대편에서도 이와 비슷한 종합의 필요성을 제기했던 것으로 보인다. 이 논쟁에서 섀그넌의 주요 맞상대였으며 제1장에서 이미 만나본 인류학자 브라이언 퍼거슨은 원시전쟁의 원인에 관한 매우 정교하되 더욱 1차원적인 유물론적 해석을 내놓았다. 그렇지만 어떤 비물질적 동기든 해명하고 폄하하기 위해 모든 방안을 꼼꼼히 검토한 끝에, 그런 동기들이 실제로 일부 존재한다는 것을 인정할 수밖에 없었다.[27] 그는 갈수록 편협한 해석을 제시하면서도 전쟁의 원인을 더욱 폭넓게 연구할 것을 요구했다.[28]

이 논쟁이 겪은 이상한 우여곡절은 번식 대 유물론 구도가 그릇된 이분법임을 보여준다. 해리스는 사냥감 부족 가설을 보완할 궁리를 하다가 번식을 강조하는 해석을 제시했다. 원시사회들에 만연한 여유아 살해는 대체로 불안한 세계에서 남성 전사를 선호하기 때문에 발생하고, 그 결과 여성이 부족해져 여성을 차지하기 위한 투쟁이 한층 격렬해지는 악순환이 생긴다고 주장했다.[29] 그는 언제나 인구압과 연관된 번식을 자기 이론의 기둥 중 하나로 삼아왔고, 동시에 사람들의 성욕이 매우 강하다고 강조했다. 그런데 흥미롭게도 문화유물론자들은 생존과 번식의 너무도 명백한 연관성을 인정하는 데 혐오감을 보여왔다. 퍼거슨은 특히 전쟁의 원인에 관한 유물론적 해석에서 번식을 무시했다. 제2장에서 말했듯이, 그는 여성 납치와 강간이 수렵채집인 싸움의 원인인가 아니면 부작용인가 하는 의문을 제기했다—이는 슈퍼마켓에 가는 사람들이 진정으로 찾는 상품이 고기와 빵, 우유 중에 무엇이냐고 묻는 것이나 마찬가지다.[30] 다른 한편, 섀그넌은 진화론의 신체 요소와 번식 요소를 둘 다 인정하면서도, 원시부족—야노마모족만이 아니라 일반적으로—은 주로 신체적 이유보다 번식적 이유로 전쟁을 한다고 계속 주장했다.[31]

사실 인간의 자연 상태는 일반적인 자연 상태와 그리 다르지 않았다. 신체 투쟁과 번식 투쟁 모두 인간의 자연 상태의 필수적인 부분이었다. 섀그넌이 요청한 종합의 진정한 의미는, 사실 진화론이 생태학적 해석은 말할 것도 없고 유물론적 해석까지 포괄한다는 것, 진화론이 주요한 유물론적/생태학적 통찰을 뒷받침하는 폭넓은 설명 원리를 제공한다는 것이었다. 정작 종합해야 할 것은 유물론과 진화론이 아니라 전쟁에 대한 설명에 포함된 신체 요소와 번식 요소였다. 진화론은 언제나 두 요소로 이루어져왔고 두 요소가 어떻게 엮이는지를 설명해왔기 때문이다.

삶에 내재하는 규제 원리로서의 진화

한때 사회과학에서 인기를 누린 또다른 접근법이지만 근래에 와서 비판을 받은 '기능주의'의 상황도 크게 다르지 않다. 기능주의는 진화론과 거의 똑같은 질문을 던지고 거의 똑같은 답을 내놓는다. 그렇지만 기능주의는 사회적 현상의 기능을 환기시키면서도 그 기능이 무엇에서 생겨나는지 밝히지 않는다. 그런 기능은 자연이나 심지어 사회에도 존재한다고 추정되는 초월적인 조화에서 생겨나는 걸까? 기능주의는 사태를 뒤집어 생각하거나 잘못된 방향에서 접근한다. 일반적인 사회적 현상과 관계를 설명할 때 기능주의는 살아 있는 동인들의 상호작용이라는 맥락에서 아래로부터 설명하는 것이 아니라 추상적인 관념들로, 특히 '안정성'이라는 관념으로 개별 행동을 설명하려 한다.

예를 들어 우리 주제와 관련해 저명한 인류학자 앤드루 바이다Andrew

Vayda는 기능주의적 입장에서, 싸움이란 자원 압박으로 인해 촉발되는 인구통계학적 메커니즘이라고 주장했다.[32] 여기서 방향을 잘못 짚은 것은 기능주의적 답이 아닌 추론이다. 싸움은 과잉인구와 씨름하기 위한 자연 또는 사회의 규제 메커니즘 중 하나가 아니다. 오히려 싸움은 인간과 여타 유기체들이 개체수 증가로 인해 심화된 경쟁에서 우세를 점하기 위해 사용하는 전략 중 하나다. 맬서스가 과잉인구를 억제하는 또다른 긍정적 요인들로 꼽은 기근과 역병도 마찬가지다. 이것들은 자연의 설계에 내장된 '규제 메커니즘'이 아니다. 오히려 실제 기근은 인구가 생계수단 이상으로 늘어났을 때 발생한다. 이와 비슷하게 더 조밀한 인구는 그저 기생충과 병원균의 증식에 더 취약할 뿐이다. 만약 기능주의적 추론이 예컨대 유기체가 자신의 수를 늘리기를 '원한다'고 말할 때처럼 그저 상투어로 쓰이거나 약어로 받아들여진다면 분명 아무런 문제도 없을 것이다. 그렇지만 기능주의자들은 기능을 상투어나 약어가 아닌 진정한 설명으로 여긴다.

일부 독자는 인구압에 대한 진화론적 해석이 문화유물론적 해석이나 기능주의적 해석보다 낫다는 것을 이해하지 못할 수도 있다. 아니, 여기서 진화론을 왜 인간의 자연 상태를 연구하는 나머지 학문적 접근법과 다르고 또 우월한 것으로 제시하는지 의아하게 여길 수도 있다. 그 이유는 바로 진화론이 인위적인 분석적 구성물이 아니라 자연에 내재하는 원리이기 때문이다. 이미 지적했듯이, 진화론은 생명의 복잡한 설계를 설명하는 유일한 비초월적 메커니즘이다. 이 메커니즘은 각각의 단계에서 생존과 번식에 가장 적합한 자질을 지닌 개체들만 살아남게 한 맹목적인 자연선택이다. 그들이 남은 이유는 생존 투쟁에서 가장 성공적이었기 때문이다. 다른 이유는 없다. 성공은 어떤 초월적인 척도가 아니라 진화 과정에 내재하는 원리에 의해 규정된다. 유념할 점은 진화론적 논리 자체에는 어떠한 규범적 함의도 없다는 것이다. 진화론적 논리는 인간의 자연적 성질을 알려줄 수 있다. 자주 무시되는 그 성질의 효과들을 고려하는 편이 현명하겠지만, 그것들은 변덕스럽고 심지어 상충하기까지 한다. 적자適者가 생존을 최대화한다는 사실에는 신성한 측면도, 도덕적으로 강제되는 측면도 전혀 없다. 19세기 말과 20세기 초에 한편의 사회다윈주의자들과 다른 한편의 '빈 서판' 자유주의자들과 마르크스주의자들은 바로 이 점에서 서로 반대되는 오류를 저질렀다.

루소주의의 유산을 물려받은데다 20세기 동안 인간에 관한 연구에서 진화론적 시각을 거부하는 데 많은 노력을 기울인 탓에, 주류 인류학은 지금도 무거운 부담과 '허위의식'에 시달리고 있다. 그렇지만 다른 한편으로 인류학은 원주민 사회에 대한 필수 데이터의 주요 원천이자 저장고로서 막대한 공로를 인정받을 자격이 있다. 우리는 인류학 덕분에 진실에 더 가까운 그림을 재구성할 수 있다. 더욱이 일부 인류학자들은 주류 인류학 밖에서 주류 인류학과 갈등을 빚으면서, 선사시대 사회와 더 나아가 역사시대 사회의 동기 및 관행을 이해하는 데 진화론을 선구적으로 적용했다. 진화론은 생명 일반을 이해하게 해주는 하나뿐인 거대이론이다. 진화론은 인간 동기체계와 여기서 파생되는 행동의 깊은 뿌리와 저변의 논리를 설명하면서 정신분석학 이론, '유물론', '기능주의' 같은 학술적 구성물들과 경쟁하는 것이 아니다. 오히려 진화론은 이 구성물들의 주요한 통찰을 폭넓은 해석 얼개 안에 아우를 수 있다. 예를 들어 프로이트의 성 충동, 융의 창조성과 의미 추구, 아들러의 우월성 갈망—옹호자들에 따르면 제각기 인간의 행동을 이해하게 해주는 근본적인 조절 원리—은 진화론의 얼개 안에서 통합되고 상호작용하게 된다. 또 진화론은 이런 충동들의 수수께끼 같은 기원을 설명한다. 윌리엄 그레이엄 섬너가 말한 굶주림, 사랑, 허영, 우월한 힘에 대한 두려움처럼 오랫동안 거론된 인간 행동(싸움 포함)의 다른 동기들도 마찬가지다.[33] 싸움을 포함해 우리 종의 행동 패턴이 어마어마하게 풍부하고 복잡해진 까닭은 문화가 발전함에 따라 기하급수적으로 증가한 이런 동기들이 미묘하게 상호작용하고 가지각색으로 굴절되기 때문이다.

진화론이 자기복제 생명체들의 영역에서 물리학의 기본 법칙을 기반으로 하고, 이 법칙에 따라 작용하고, 또 이 법칙을 확장하는 것과 같은 방식으로, 더욱 구체적인 개념적 얼개들이 사회활동의 범위와 구조적 복잡성이 어마어마하게 증가함에 따라 사회활동의 여러 측면과 갈래를 밝히는 데 유용해지기도 한다. 이렇게 해서 사회활동의 각 측면이나 갈래에 관한 연구가 하나의 분과 또는 '사회과학'이 되고, 각 분과의 다양한 개념적 얼개들은 그 타당성과 포괄성, 엄격성에 따라 얼추 '이론'이라 불릴 자격을 얻게 된다. 그런 이론들은 분명 진화론—또는 물리학의 법칙—에서 파생되는 것도 아니고 진화론으로 환원되는 것도 아니다. 그 이론들은 진화론, 특히 우리를 지금의 우리로 만드는 유전자-문화 상호작용으로 확장된 진화론의 더 넓은 원리 및 통찰과 양립할 수 있다. 이는 인류학의 이론들뿐 아니라 전쟁의 원인을 다루는 국제관계학의 이른바 거대이론들도 마찬가지다. 이제 그 거대이론들을 살펴보자.

제5장

국제관계학 이론에서 말하는 전쟁의 원인(또는 원인의 부재)

국가 수준의 분쟁 및 전쟁 현상과 가장 밀접히 연관된 분과는 국제관계학이다. 20세기 전반기에 창설된 국제관계학을 좌우해온 것은 서로 경합하는 '현실주의' 학파와 '이상주의'/'자유주의' 학파 사이에 지속된 논쟁이다. 이 논쟁의 뿌리에는 18세기 이래 사람들을 점점 더 사로잡아온 근본적인 수수께끼가 있다. 이 책의 주제이기도 한 그 수수께끼는 전쟁이 왜 일어나느냐는 것이다. '이상주의자들' 또는 자유주의자들이 주장하는 것처럼 전쟁은 워낙 해로운 것이므로 사람들이 서로의 차이를 평화롭게 해소할 방법을 고안하고 나면 비이성적인 선택지가 되어 쉽사리 제거되는 것일까? 아니면 '현실주의자들'이 주장하는 것처럼 분쟁과 전쟁—따라서 군사적 수단 증강과 권력 추구—은 현실에 훨씬 더 깊게 뿌리박고 있는 것일까? 분쟁과 전쟁은 어떤 이유에서든 국제관계의 본질적 요소, 선의를 가진 선지자들이 제안한 여러 방법으로도 제거할 수 없는 요소일까? 분명 이 문제는 상당 부분 분쟁과 전쟁을 야기하는 원인에 달려 있고, 따라서 이 문제를 다루는 제대로 된 이론이 필요하다는 목소리가 아주 높았다. 그렇지만 서론에서 이미 지적한 대로, 두 학파의 이론가들은 전쟁의 원인을 기껏해야 에둘러 다루거나 그것에 대한 명백히 불완전하거나 비일관적인 설명을 개진해왔다.

현실주의: 권력, 인간의 동기, 전쟁의 원인

현실주의자들은 권력정치를 삼가고 외교정책에서 유토피아적 비전과 도덕적 당위, 공동 선의에 기초하는 공정한 세계 질서를 지향하는 순진한 열망과 높은 기대를 반박하는 매우 중요한 역할을 했다. 그들은 강제력을 가진 상위의 권위 없이 다수 국가들이 존재하는 무정부적 국제무대에서 국가들의 행동을 좌우하는 것은 자기이익과 자조自助라고 주장했다. 더 나아가 이런 조건에서 국가들을 움직이는 것은 전쟁으로 흐르기 십상인, 권력과 안보를 둘러싼 치열한 경쟁이라고 주장했다. 그렇지만 현실주의자들은 국가들이 왜 권력을 추구하느냐는 문제를 놓고 자기들끼리 의견이 갈렸다. 국제관계학 내에서 현실주의자들 사이 견해차와 현실주의자들과 그 비판자들 사이 견해차에 관해 수많은 글이 쓰였다. 그렇지만 이 논쟁이 대체로 잘못 나아간 것은 아닌지 의심하는 사람도 있다.

한스 모겐소Hans Morgenthau는 미국 학계에서 현실주의를 정립했으며, 그의 『국가 간의 정치Politics among Nations』(1948)는 이 분야에서 수십 년간 가장 영향력 있는 교과서였다. 프리드리히 니체와 알프레트 아들러의 전통 안에서 모겐소는 국가들은 권력을 추구하고 무력을 사용해서라도 권력을 얻고자 하며, 그 까닭은 권력과 우세 추구가 인간 본성에 내재하는 데 있다고 주장했다. 비판자들은 오래전부터 현실주의자들이 목표와 수단을 혼동하는 경향이 있다고 지적해왔다. 무엇보다 현실주의자들은 권력 추구에 초점을 맞추는, 전반적으로 옳은 입장으로 인해 권력 투쟁이 왜 일어나는지 설명해주는 근원적인 현실을 간과해왔다. 모겐소는 권력과 그 자신이 언급한 '자유, 안보, 번영' 또는 모종의 이상과 같은 외교정책의 다른 목표들 사이의 관계에 대해 모호한 태도를 보이는 것으로 유명했다. 때로 그는 권력이 그토록 중요한 것은 어떤 목표든 달성하기 위한 보편적인 수단이기 때문이라고 주장했다. 그렇지만 다른 모든 목표는 대체로 권력과 우세 추구를 감추는 위장막이라고 더 자주 주장했다. 가장 눈에 띄는 점은, 그가 자원을 순전히 권력을 위한 수단으로만 논하고(분명 일부 자원은 그런 수단이다) 그 자체로 탐나는 목표로는 전혀 논하지 않았다는 것이다.[1] 그는 "자본주의 이전 제국주의자든 자본주의적 제국주의자든 '제국주의적' 자본가든 원하는 것은 경제적 이익이 아닌 권력이다. (…) 제국주의적 팽창을 통해 개인적 이익을 얻고 경제적 문제를 해결하는 것은 그들에게 기분 좋은 덤, 반가운 부산물이지 제국주의적 충동을 이끄는 목표가 아니다"[2]라고 과감하게 주장했다. 이 주장은 예컨대 고대 아테네인, 베트남인, 에스파냐의 아메리카 정복자('황금, 신, 영광'), 18세기 인도의 영국인을 놀라게 했을 것이다. 많은 제국 건설자들이 최고의 독점적 지배를 열렬히 원했다. 그러나 그들이 각양각색으로 추구한 독점적 지배는 그 자체로 목표가 아니라 부와 안보를 비롯한 다른 목표들을 위한 수단이었다—이 모든 동기는 서로 연결되어 있고 영향을 주고받는다. 마지막으로, 모겐소는 권력과 우세 추구가 인간 본성에 뿌리박고 있는 이유도, 그토록 압도적으로 중요한 이유도 설명하지 않는다.

모겐소는 "권력으로 정의되는 이익 개념"을 국내 정치와 국제 정치 모두의 특징으로 가정했다.[3] 그리고 이렇게 제한된 의미의 정치적 이익을 권력과 동일시하는 견해를 정당화하면서 그 내용만이 아니라 방법론까지 근거로 들었다. 그는 정치학에서의 권력은 경제학에서의 부("부로 정의되는 이익")와 같다고 주장했다. 다시 말해 권력은 정치학을 독자적인 탐구 영역으로, 다른 분과들과 구별되는 개별 분과에서 나름의 방법으로 연구하는 영역으로 만들어주는 근원적인 논리라고 주장했다. 분석적으로 깔끔하게 들리는 이 주장은 많은 이들에게 설득력을 발휘했다. 하지만 현실의 사람들은 개별 영역에서 개별 이익을 추구하는 것이 아니다. 사람들은 여러 욕구를 추구하고 그런 욕구를 충족하는 데 필요한 수단들은 어디서나 서로 뒤얽혀 있다. 역사적으로 권력과 부는 권력이 부의 획득에 이바지하고 부가 권력으로 바뀌는 식으로 서로 교환되었다.[4] 게다가 경제학 비유에는 오해의 소지가 있다. 부와 권력은 둘 다 인간의 다른 목표들을 달성하기 위한 보편적인 수단으로 여겨진다—이 점에서 경제학 비유에 피상적인 매력이 있기는 하다. 그렇지만 근대 경제학은 선진 사회들이 먼저 국내 경제에서, 그리고 점점 더 국제 경제에서 무력의 사용을 배제한 실제 역사적 과정에 입각해왔다. 그에 반해 정치—국내 정치든 국제 정치든—는 분명 경제적 이익 추구를 배제하지 않는다. 이 점에서 두 '독자적 영역'은 대칭을 이루지 않는다.

'현실주의' 학파의 다른 개척자들은 국익과 권력을 동일시하는 문제에 모겐소보다 조심스러운 입장을 보였다. 예컨대 모겐소보다 먼저 저술한 라인홀드 니부어Reinhold Niebuhr는 더 깊고 더 넓게 연구했다. 그는 무정부적 조건에서 "공동체들 간 분쟁을 조장하는 선망, 시기, 자만, 아집, 탐욕 같은 충동들"을 언급했다.[5] "야망과 허영"은 쉽사리 방어적인 것에서 공격적인 것으로, "삶에의 의지"에서 "권력에의 의지"로 변하는데,[6] "방어 수단이 공격 수단으로 빠르게 변모할 수 있기" 때문이다(안보 딜레마).[7] "자연이 부여하는 성충동으로 인해 인간은 그 자신의 생명을 보존하기 위해 쏟는 만큼의 에너지를 들여 인간 종을 영속화하려 한다." 리비도는 권력에의 의지로 바뀐다.[8] 사회적으로 높은 지위를 차지하려는 투쟁은 치열하다.[9] 이처럼 니부어의 견해는 분쟁과 전쟁으로 이어지는 인과적 연쇄를 거의 전부 담고 있다. 그렇지만 그의 견해에는 몇 가지 이해할 만한 약점이 있다. 우선 니부어는 이 모든 요소가 왜 존재하고 정확히 어떻게 연관되는지 설명해줄 논리를 구체적으로 명시하지 않았다. 이 사실은 그가 이를테면 "더 많은 보물을 얻으려는 탐욕"[10]을 의식하면서도 자신의 저술에서 물질적 보상 추구의 중요성을 축소해서 말한 이유를 어느 정도 설명해준다. 마지막으로 니부어는 이런 인간적 욕구들을 부정적인 약점이나 결점으로 여겼는데, 그의 현실주의가 인간의 본성에 결함이 있다는 종교적 견해와 밀접히 연관되어 있었기 때문이다.

아널드 울퍼스Arnold Wolfers는 현실주의자들 가운데 가장 시야가 넓고 분별력이 있으며 다원주의적이고 교조성이 가장 덜한 학자였다. 그는 인간의 동기들을 확고히 분석의 중심에 두었다. 우선 그는 개인의 욕구와 국가의 이익이 뚜렷이 구별되는 두 가지 범주를 이룬다는 통념에 반기를 들었다. 국민주권이 우세할 때 "국가의 이익은 실은 인간의 이익이다—사실 국가의 이익은 오늘날 정치적 동기의 주된 원천이다".[11] 사람들은 "국가의 소중한 소유물을 획득하거나 되찾을 기회로부터 이익을 얻으려는 강한 성향을 공유하며, 국력은 국가의 가치를 보존하거나 획득하는 주된 수단이다".[12] "소유물에 대한 애착, 두려움, 야망은, 비록 개인마다 집단마다 다르기는 해도, '인간 본성의 일반적인 특성'이라고 적절하게 불릴 수 있다."[13] "이익을 얻을 기회뿐 아니라 위험도, 욕구뿐 아니라 두려움도" 중요한 변수로서 사람들의 마음 안에서 서로 끊임없이 경합하며,[14] 소중한 가치들 자체가 개인과 집단의 선호와 함께 변화한다. 울퍼스는 모겐소를 요령 있게 비판하며[15] 이렇게 썼다. "통상 권력은 다른 목표를 위한 수단이지 그 자체로 목표가 아니다. (…) 그러므로 긍정적이든 부정적이든 권력 추구를 권력이 이바지할 것으로 기대되는 목표와 의도의 맥락 밖에서 다루는 것은 권력에서 지적인 의미를 모조리 앗아가는 것이다."[16] 더 나아가 울퍼스는 권력을 다른 모든 목표를 성취하기 위한 보편적인 수단으로 보는 것은 지나치게 단순한 견해라고 지적했다. 권력 자체에 비용이 아주 많이 드는 까닭에, 인간의 다른 목표들을 성취하는 데 필요한 자원을 마련하기 위해 권력에 투자하는 편이 안전하다고 느끼는 것 못지않게 언제나 권력에 대한 투자를 줄이려는 압력이 있다는 것이다.[17] 울퍼스는 생존이 인간에게 가장 필수적인 목표이므로 안보가 다른 무엇보다 중요하다는 견해를 거부했다. "역사를 훑어보기만 해도 (…) 생존은, 특히 강대국들에서는, 예외적인 경우에만 위태로워진다는 것을 알 수 있다."[18] 울퍼스는 무정부 상태의 역할과 관련해서도 혼란이 있다고 보았다. 권력처럼 무정부 상태도 폭력적 분쟁의 전제조건 중 하나이지 실질적 원인은 아니라는 것이다. 실질적 원인은 다수가 추구하는 실제 목표다.[19]

경제적 이익—가장 세속적이고 ('관념적'에 반대되는 의미에서) 가장 실체적인 요인—에 대한 욕구는 당연히 현실주의 세계관의 한 요소여야 했다. 그리고 실제로 몇몇 선도적인 현실주의자들은 경제적 이익에 중요한 역할을 부여했다. 그들 중 저명한 현실주의자 로버트 길핀Robert Gilpin은 (다른 목표들에 더해) 권력과 부를 국제관계의 두 기둥으로 가정했다. 그에 따르면 국가의 이익이 될 수 있는 목표로는 "안보, 경제적 이익, 또는 이데올로기적 목표"가 있다. 국제 체제의 변화는 "이익 분배"의 변화를 수반한다.[20] "시대가 달라지면 다양한 목표들의 조합 비율도 변한다. 예를 들어 안보 목표대 경제적 목표의 비율은 대내 요인과 대외 요인에 따라 변할 수 있다."[21] 울퍼스처럼 길핀도 '대포와 버터'(권력과 부—옮긴이)가 때때로 서로 교환되고 서로를 강화한다고 지적했는데, 전자가 후자로부터 변환되거나 후자에 투자될 수 있기 때문이다.[22]

또다른 선도적 현실주의자 스티븐 크래스너Stephen Krasner는 "국익 개념이 근래에 너무 남용되었다"고 썼다. 그에 따르면 현실주의 연구들은 국익 개념을 기본적으로 가정한 채 권력의 역할에 초점을 맞추는 논리적-연역적 모델을 구성했다.[23] 그렇지만 모겐소에게는 "무엇을 위한 권력이냐는 것이 언제나 수수께끼"라는 문제가 있었다.[24] 크래스너는 다른 접근법을 제안했다. "국익은 귀납적으로 미국의 핵심 의사결정자들이 선호하는 것들로 정의된다. (…) 그들의 선호는 심리적 욕구 충족부터 부의 증가, 적의 약화, 영토 획득, 정의 확립까지 다양하다."[25] 저서 『국익 방어하기—원료 투자와 미국의 외교정책Defending the National Interest: Raw Materials Investments and US Foreign Policy』에서 크래스너는 미국이 가변적으로 안보뿐 아니라 경제적 번영을 위해서도 원료를 추구했다고 지적했다.[26]

국제무대에서 국가들이 추구하는 부와 권력을 비롯한 목표들 각각의 역할과 상호관계에 관한 위의 논의는 구태여 말할 필요가 없을 정도로 명백해 보일지도 모르겠다. 그렇지만 국제관계학 학자들 사이에서 이 주제의 요인들은 줄곧 심각한 혼란 상태였고, 케네스 월츠Kenneth Waltz의 저서 『국제 정치 이론Theory of International Politics』(1979) 출간과 함께 국제관계학에서 중대한 변화가 일어나는 바람에 더욱 혼란스러워졌다. 이 책은 새로운 기본적 가정들을 도입하고 새로운 논리적-연역적 모델(크래스너의 용어를 사용하자면)을 주장하여 현실주의자들에게 엄청난 영향을 끼치고 국제관계학에서 놀라운 반향을 불러일으켰다. 그 결과, 분쟁과 전쟁의 근원에 관한 국제관계학의 담론은 현실에서 더욱 멀어졌다. 이제 개념과 주장이 빽빽하게 들어찬 숲으로 들어가보자. 많은 독자에게 그런 개념과 주장은 육중하고 인위적으로 보일 것이다. 그러나 옹호자들에게는 세상 전부나 마찬가지였고, 한 세대 동안 현실주의적 이론화 작업의 첨단으로 여겨졌다.

월츠의 영구기관: 전쟁의 원인은 어디서 생겨나는가?

모겐소와 마찬가지로 월츠도 어떤 학문 분야의 이론이든 '영역 특수적'이어야 한다고, 즉 다른 분야들뿐 아니라 관련 분야들과도 구별되는 해당 분야 자체의 특수한 특징들에서 파생되어야 한다고 주장한다. 모겐소는 자신의 연구 분야를 정치학으로 여기는 반면 월츠는 국제관계를 다루는 분야를 정치학 일반과 구별되는 국제관계학으로 여긴다. 월츠가 제기하는 물음은, 국제관계학이라는 분야 또는 영역의 독특하고 근본적인 특징들은 무엇이고 그 특징들이 국제관계학의 기저 패턴들을 어떻게 규정하느냐는 것이다. 그는 국내 정치와 달리 국제 체제를 규정하는 특징은 무정부 상태, 즉 국가들에 강제력을 행사하는 상위의 권위가 없는 상태이며, 그 결과로 국가들 간에 고질적인 불안이 생긴다고 주장한다. 그런 환경에서 모든 국가는 자국의 생존을 걱정하고, 타국이 공격해올 수 있으므로 다른 모든 국가를 우려하며, 자국에만 의존할 수 있고, 스스로를 보호하기 위해 무장을 비롯한 조치들을 필요로 한다. 월츠는 국가별로 목표들이 서로 다르고 또 다양하다는 것을 잘 알고 있다. 그럼에도 그는 국가들의 다른 목표들이 무엇이든 간에 국제 체제의 무정부적 본성 때문에 국가들이 (각국 지도자나 국민의 실제 바람과 무관하게) 안보를 최우선 목표로 추구하도록 압력을 받는다고 주장한다. 모겐소와 달리 월츠는 권력을 주로 목표 자체가 아닌 안보의 수단으로 여긴다.[27] 흥미롭게도 월츠는 아마도 완전히 깨닫지 못했기 때문인지 안보 딜레마에 관해 결코 길게 쓰지 않았지만, 그의 지적 구성물 전체는 사실 안보 딜레마의 논리에 기반한다.[28]

월츠의 주장에서 핵심은 모겐소의 방법처럼 체제의 구성단위들의 특성을 통해 체제를 설명하려는 '환원주의적' 접근법과 자신의 방법과 같은 '체제적' 접근법을 구별해야 한다는 것이다. 체제적 접근법은 체제의 성격에 따라 상호작용하게 되는 구성단위들 사이에서 나타나는 특징들—구성단위들로 거슬러올라갈 수 없는 특징들—에 초점을 맞춘다.[29] 월츠에 따르면 국가들로 구성된 무정부적 체제의 구조와 내적 역학은 분쟁과 전쟁이 존재하는 이유에 대한 올바른 설명에서 핵심을 이룬다. 이런 이유로 그가 주장한 유형의 현실주의에는 '구조현실주의' 또는 '체제현실주의'라는 이름이 붙었으며, 분쟁과 전쟁이 권력과 우세를 원하는 인간의 본성적 갈망에서 기인한다는 모겐소의 단위 수준 분석은 이제 대조적으로 '고전적 현실주의'라 불리게 되었다.

월츠의 책은 연역적 추론의 본보기였다. 그는 촘촘하고 간결하고 난공불락처럼 보이는 분석적 구조물을 체계적으로 신중하게 건설했다. 그의 체제현실주의 또는 구조현실주의는 20년간 격렬하게 벌어진 국제관계학 논쟁의 중심에 있었고 지금도 유력한 이론의 자리를 지키고 있다. 한편으로 월츠의 이론은 엄청난 매력으로 현실주의자들을 끌어당겼다. 그렇지만 비판자들은 그의 스콜라 철학자 같은 논리가, 그리고 내적 일관성과 외적 타당성을 갖추었다는 주장이 어떤 점에서 왜 부족한지 밝히려 애썼다. 월츠의 추론의 핵심을 타격한 가장 중요한 비판은 무정부 상태의 역할과 결과, 그리고 성격에 관한 그의 중심 주장과 관련이 있었다.

결정적인 문제는, 월츠가 전쟁의 다른 원인들—'국가 수준'의 원인들—을 인정하면서도 오로지 '체제 수준'의 안보 딜레마에만 초점을 맞춘

탓에 국가의 목표들과 안보 딜레마의 출현 사이의 밀접한 연관성이 불분명해졌다는 것이다. 그는 안보 딜레마에 외견상 별도의 독립적인 생명을 부여했고, 여하튼 모두의 관심을 안보 딜레마로만 쏠리게 했다. 분명 체제 내에 폭력적 선택지를 사용할 가능성이 있을 경우 얼마나 많은 행위자든 그것을 가장 유리한 선택지로 여기고 그로 인해 체제가 본질적으로 불안해질 아주 현실적인 전망이 있다. 그렇지만 그 전망이 존재하려면, 불안이 만연하려면, 안보 딜레마가 불타오르려면, 무언가를 둘러싼 실제적 또는 잠재적 경쟁 상태가 전제되어야만 한다. 가령 사슴과 다람쥐가 규제되지 않는 무정부적 환경에서 함께 서식하더라도 둘 사이에 현실적인 불안은 생기지 않는데, 그들이 동일한 신체 자원이나 번식 자원을 두고 경쟁하지 않기 때문이다(또는 서로를 먹이로 삼지 않기 때문이다). 월츠와 그의 제자들의 인과적 도식은 바로 이 점을 놓쳤다. 국제 체제의 무정부적 성격은 전쟁이 되풀이해 일어나는 이유를 설명하기에 충분하지 않다. 그 이유를 설명하려면 '체제' 수준이 아닌 '단위' 수준의 가정, 즉 국가들이 안보 외에 폭력적으로 추구할 수도 있는 다른 동기들을 갖고 있다는 가정이 필요하다—더욱이 단위 수준의 동기들은 체제에 불안이 만연하는 이유이기도 하다.

앞서 말했듯이 울퍼스는 일찍이 1962년에 이 점을 명확히 인식했다.

> 저마다 독립적으로 결정하고 실행할 수 있는 민족국가들이 다수 존재한다는 사실만으로도 세계의 비평화 상태와 국제무대를 채우는 권력 투쟁을 충분히 설명할 수 있을 것이다. 다수의 주권국들로 이루어진 어느 체제에나 내재하는 무정부 상태는 의심할 나위 없이 국제 분쟁의 전제조건 중 하나다. 무정부 상태가 없다면 평화적이든 비평화적이든 국제 관계가 있을 수 없다. 그럼에도 권력 투쟁과 전쟁의 가능성이 과연 현실화될지, 그리

고 어느 정도로 현실화될지 결정하는 것은 결국 행위자들이 추구하는 목표 자체와 그 것을 추구하는 방식이다.[30]

결정적으로 중요하고 실은 아주 명백한 이 논점을 월츠와 그의 제자들은 알아차리지 못했고, 그 탓에 다수의 학자들이 다시 살려내야 했다.[31] 현실주의자 중에서는 랜들 슈웰러Randall Schweller가 이 논점을 개진했다. 슈웰러는 적절한 제목의 논문 「신현실주의의 현상 유지 편향: 무슨 안보 딜레마?Neorealism's Status-Quo Bias: What Security Dilemma?」(1996)에서 이렇게 썼다.

> 국가들이 자국의 생존 외에 아무것도 추구하지 않는다고 가정한다면, 그들이 위협을 느끼는 이유는 무엇인가? (…) 월츠의 주장은 위협이 먼저 존재한다고 가정할 경우에, 오직 그럴 경우에만 말이 된다. 위협이 먼저 존재하지 않으면 안보의 필요성은 애당초 생기지도 않는다. 무정부 상태에서 안보 딜레마를 촉발하는 것은 체제를 구성하는 단위에 해당하는 포식성 국가들이 존재할 가능성이다. (…) 오늘날 현실주의자들은 자신들이 설명하려는 체제와 행위를 활성화하는 바로 그 국가들을 무시한다. (…) 강대국의 수와 무정부적 질서로 정의되는 구조 하나만으로는 월츠가 설명한다고 주장하는 결과와 행위를 설명할 수 없다.[32]

슈웰러가 지적했듯이, 구조현실주의의 이론화 작업에서는 한 가지 근본적인 오류가 다른 오류를 강화하고 또 역으로 그런 오류에 의해 강화되어왔다. 다시 말해 구조현실주의자들은 안보 추구를 무정부적 국제 체제의 자급자족적 원동력으로 가정—논리적으로 말이 될 리가 없는 가정—한 까닭에, 다른 목표들을 으레 인정하면서도 부차적인 것으로 치부해왔다. 더구나 그들은 '현상 유지 편향'을 키워왔다. 월츠와 이른바 '방어적 현실주의자들'은 팽창주의적인 국가에 맞서 형성되는 연합의 균형 유지 효과 때문에 어차피 국제무대에서 공격적인 조치로 실익을 얻기가—본질적·보편적으로—불가능하다고 주장했다.[33] 그렇지만 이 주장은 전혀 사실이 아니다. 위협을 가하는 지배적인 국가에 대항하는 균형 유지가 국제 관계에서 가장 흔하고 강력한 메커니즘이긴 하지만, 이 메커니즘을 만능으로 가정하는 것은 그야말로 독단론이다. 균형 유지는 전통적인 유럽 강대국 체제—실은 이 체제에서 방금 말한 독단론을 추출해 보편화한 것이다—에서는 특히 효과적이었지만, 고금을 통틀어 세계의 다른 지역들에서는 훨씬 덜 효과적이었다. 한 연구는 세계사를 연구하는 어떤 학자든 익히 아는 이 사실, 가장 두드러진 실례를 몇 가지만 들자면 고대 로마, 중국, 무굴 제국, 아스텍, 잉카의 체제에서 나타난 사실을 입증했다.[34]* 요컨대 구조현실주의의 방어적 편향은 그 자체로 앞뒤가 맞지 않을뿐더러 역사적 경험과도 배치된다.

위의 비판들 중 일부만을 파악한 현실주의자 존 미어샤이머John Mearsheimer는 어쨌든 월츠의 '방어적 현실주의'에는 사실상 전쟁을 벌일 이유가 없음을 인정했다.[35] 이 이론을 바로잡고 현실주의에 없는 엔진을 더할 의도로, 그는 구조현실주의의 변형인 '공격적' 현실주의를 제시했고, 무정부적 국제 체제의 안보 압력 자체 때문에 생존을 추구하는 국가들로서는 단순히 자국의 권력을 방어하는 데 그치지 않고 타국을 정복하고 종속시키는 방법으로 권력을 공세적으로 증대하기 위해 끊임없이 시도할 수밖에

* 이 체제들은 현실주의자들이 곧잘 주장하는 것처럼 '지역' 체제에 불과했던 것이 아니라 당대의 흔한 감각으로는 때로 나머지 세계와 완전히 별개인 체제였다.

없다고 주장했다. 미어샤이머의 입장이 구조적이라는 데 주목하라. 이 얼개 안에서는 다양하게 존재할 수 있는 전쟁의 다른 동기들을 가정할 필요가 없다. 불안과 분쟁, 전쟁이 무정부적 국제 체제에서 생겨나기 때문이다. 이처럼 미어샤이머는 무정부적 체제 자체를 전쟁의 원인으로 상정하고, 순전히 방어적인 국가들이 각국 지도부와 국민의 진짜 바람과 무관하게, 그리고 그들의 다른 목표들이 무엇이든 간에, 무정부적 체제 때문에 공격적으로 행동하게 된다고 주장한다. 그는 여기에 '강대국들의 비극'이라는 딱지를 붙였다.[36] 그렇지만 그는 자신의 '공격적 구조현실주의'가 아무것도 해소하지 못한다는 것, 구조현실주의 일반과 똑같이 치명적인 문제를 안고 있다는 것을 알지 못했다. 분명 안보 딜레마에 대한 방어적 대응과 공격적 대응 둘 다 다양하게 존재해왔다. 그렇지만 미어샤이머의 '공격적' 개념을 포함해 안보 추구와 안보 딜레마에 기반하는 모든 개념은 만약 어느 쪽에도 상대를 공격할 적극적인 동기가 잠재적으로도 전혀 존재하지 않는다면 대체 안보를 (방어적으로든 공격적으로든) 왜 추구하느냐는 물음에 답하지 않는 것이고, 실은 이 물음을 제기하지도 않는 것이다.

사실 미어샤이머의 공격적 구조현실주의는 방어적 구조현실주의와 '현상 유지 편향', 즉 체제 내 다른 국가들이 패권국을 열망하는 국가에 맞서 균형을 잡는 조치를 취하기 때문에 지배 시도에 기껏해야 제한된 가치밖에 없을 가능성이 높다는 가정을 공유한다. 그의 주장대로라면 공격적 조치와 지배 시도는 안보를 추구하는 국가들로서 피할 수 없는 것인 동시에 대체로 완수할 수 없는 것이다. 이는 '강대국들의 비극'의 또다른 측면이다. 사실 현실주의자들은 냉철한 현실주의를 자랑하면서도 전쟁은 채산이 맞지 않는다는 반대편 '이상주의자들'의 견해를 점점 더 공유하는 경향을 보였고, 전쟁이 제거될 수 있느냐 아니면 모든 국가에 '비극적으로' 강요되느냐 하는 문제에 대해서만 견해를 달리했다.

구조현실주의의 가정과 반대로 실제로 역사상 많은 공격적 국가들이, 체제 내에서 패권국이 되었든 되지 못했든(상당수가 패권국이 되었다), 막대한 보상을 얻었다. '비극'은 대부분 패전국의 몫이었다. 현실주의 학파가 실은 가장 비현실주의적이라는 오래된 재담을 마치 정당화라도 하듯이, 현실주의자들은 활동 전체의 목표를 놓쳤다. 무엇보다 그들은 분쟁과 전쟁을 낳는 인간의 동기들이라는 중심 주제를 터무니없이 잘못 해석했다. 모겐소는 인간 행동과 분쟁의 다른 모든 동기를 시야에서 가리는 방식으로 권력과 우세에 대한 갈망에 집중했다. 구조현실주의자들은 이 동기들을 사실상 시야 밖으로 밀어낼 정도로 안보의 필요성에 초점을 맞추었다. 그들의 유명한 체제는 계속 엔진이 없는 상태로, 무정부적 체제 자체의 내부 논리만을 연료로 삼아 돌아가는 진정한 영구기관으로 남게 되었다. 다른 모든 것은 체제의 외부 환경과 외생 요인으로 가정되었다. 이런 이유로 경제적 이익을 비롯해 욕구의 대상인 탐나는 많은 것들이 주류 현실주의자들의 눈에는 현실주의의 신조에 들어맞지 않는 것, 현실주의의 교리에서 벗어나는 것으로 보이는 지극히 역설적인 결과가 나타났다. 사실은 현실주의자들이 그런 동기 또는 자기이익을 경쟁과 분쟁이 일어나는 현실 세계의 강력한 엔진으로 제일 먼저 강조했어야 한다. 월츠가 자기 이론의 틀을 겸손하게 세운 것처럼 구조현실주의는 국제 체제의 제한되지만 정제되고 간결한 논리가 되어야 한다. 그렇지만 구조현실주의가 실제로 반영하는 것은 안보 딜레마 단 하나의 정말로 제한된 논리다. 구조현실주의는 무엇이 안보 딜레마를 낳고 실제로 분쟁 상황 전체를 추동하는지를 설명하는 결정적인 요소를 외면해왔다.

지난 한 세대 동안 구조현실주의가 국제관계학 담론을 끌어당긴 중력이 얼마나 강했던지 그 비판자들까지 덩달아 편향되곤 했다. 예컨대 글렌 스나이더Glenn Snyder는 미어샤이머의 책에 관한 통찰력 있는 서평에서 안보 외에 국가의 영광, 명예, 이데올로기 전파, 민족 통일 같은 다른 중요한 동기들을 강조하면서도 유독 경제적 동기에는 "어쩌면 경제적 번영"이라며 단서를 달았다.[37] 이 얼마나 불확실한 동기인가.

신고전적 비판과 착오

슈웰러는 (한 세대 전의 울퍼스처럼) 구조현실주의자들의 근본적인 전제, 즉 행위자들의 동기와 관계없이 국제 체제의 무정부적 성격으로 분쟁과 전쟁을 충분히 설명할 수 있다는 전제를 철회했다. 슈웰러는 국가들이 자주 "탐나는 가치"를 얻기 위해 전쟁을 일으키고 "예컨대 탐욕, 신성한 권리, 명백한 운명, 보복"처럼 다양한 목표를 위해 행동한다고 지적했다.[38] 더욱이 이 모든 '단위 수준' 동기들은 체제 내 다른 국가들이 모두 느끼는 불안의 실제 원인이다. 슈웰러를 위시한 학자들은 국제 체제를 제대로 이해하려면 서로 분리될 수 없는 개별 국가들의 행위와 체제의 효과를 둘 다 고려해야 한다는 생각에 역점을 둔 '신고전적' 현실주의를 주창했다.

불행히도, 이른바 신고전적 현실주의자들마저 국제 체제의 실제 추동력인 국가들의 목표가 얼마나 중요한지를 완전히 파악하지 못했다. 그들은 국가의 야심이 아니라 세력 균형에 대한 각국의 '인식(또는 오인)'에서 기인하는 권력 우위를 둘러싼 혼선과, 권력을 극대화하려는 각국의 노력에 제동을 거는 국내의 '제약 조건'에 초점을 맞춘다.[39] 놀랍게도, 슈웰러 본인이 이 함정에 빠졌다. 처음에 그는 구조적 논리의 치명적인 결점을 드러내는 가운데 국가가 추구하는 목표로 '탐욕', '이익을 얻을 기회', '수익', '보상', '전리품' 등을 명시했다.[40] 이런 이유로 그의 접근법에는 '동기 현실주의'라는 별명이 붙었다.[41] 그렇지만 슈웰러는 갈수록 국제관계의 주된 원동력을 권력을 추구하는 국가들로 한정해갔다. 오늘날 그는 자원을 순전히 권력을 얻기 위한 수단으로 다룰 뿐 권력 추구를 자극하는 동시에 대개 떠받치는 탐나는 목표 자체로 다루지 않는다. 초기 저술에서 국가 행위의 동기로 꼽았던 '영토'와 '탐나는 가치' 같은 폭넓은 개념들은 사라지고 없다. 그가 말하는 '현상 타파 국가revisionist state'는 오직 권력만을 추구하는 것으로 보이고, 다른 국가들은 이를테면 경제적 번영 같은 다른 목표들 때문이 아니라 오로지 '국내 제약 조건' 때문에 권력을 추구하지 못하는 것으로 간주된다.[42] 이렇게 그는 권력에 집중하면서 이것이 현실주의적 원리라고 주장하며, 실제로 주류 현실주의는 줄곧 이렇게 주장해왔다. 그러나 권력/안보에만 온통 집중하는 입장—권력/안보의 핵심 기능을 강조하는 입장과 반대되는—이 현실주의적인가? 앞서 봤듯이 일부 선도적 현실주의자들—니부어부터 울퍼스, 길핀, 크래스너, 그리고 최근에 합류한 찰스 글레이저Charles Glaser까지—은 그렇게 생각하지 않았다.[43]

'공격적 현실주의'라는 용어는 오직 안보 추구에만 입각하는 미어샤이머의 공격적 구조현실주의와 현실주의의 진정으로 공격적인 형태들 둘 모두에 무분별하게 적용된다. 이 두 가지는 서로 매우 다르다.[44] 후자는 이 세계에서 무력을 포함하는 무언가를 얻으려 하고 또 자주 충족되는 야심을 인정한다. 그런 야심은 우리가 아는 세계에 아주 중요하다. 그런데 이상하게도 최근 수십 년간 국제관계학 이론에서는, 그중에서도 이른바 현실주의에서는 자취를 감추었다.

진화상 형성된 인간의 동기들, 그리고 전쟁에 관한 진정으로 체계적인 3차원 설명

슈웰러는 초기 저술에서 현실주의의 선조 중 한 명으로 널리 인정받는 마키아벨리를 야심ambizione의 역할과 관련해 인용한다. "영토 확장의 욕구는 아주 자연스럽고 정상적인 욕구다."[45] 이와 비슷하게 울퍼스는 인간의 기본적인 욕구의 역할을 파악하여, 고상한 다른 무언가가 아니라 "국가의 이익이 실은 인간의 이익이다"라고 말한다.[46] 찰스 글레이저도 거의 같은 주장을 편다. "의사결정을 하는 국가의 특징을 규정하는 것은 그 동기들이다. 동기는 한 국가의 근본적인 이해관계 또는 목표를 담고 있는 것, 그 국가가 가치 있게 여기는 것을 구현한다."[47] 사실 국가 이익은 아주 간단하게 말하자면 정치적 결정에 영향력을 (최상층에, 또는 더 넓게) 행사하는 사람들이 관심을 두는 것이다. 인간의 동기를 이해하지 못하고는 국가의 목표도, 국제 체제의 원동력도 제대로 설명할 수가 없다.[48] 이 책이 주장하듯이, 전쟁은 인간 동기체계 전반의 근간을 이루는 인간 욕구의 대상들과 동일한 대상들을 얻기 위해 수행해온 것이다. 다만 폭력적 수단으로, 무력을 사용해 수행해왔을 뿐이다. 전쟁이란 정치의 연속이라는 유명한 표현대로, 정치—대내 정치와 대외 정치—는 앞서 살펴본 진화상 형성된 인간의 목표들과 동일한 목표들을 국내 '수준'과 국가 간 '수준'에서 성취하려는 활동이다.

일부 저자들은 '정치'가 전쟁의 원인들을 완전히 포괄하지 못한다고 생각했다.[49] 진화론이 인간의 궁극적 목표들을 설명한다고 주장한 국제관계학 학자 브래들리 세이어Bradley Thayer마저, 이와 모순되게도 전쟁은 정치적 이유뿐 아니라 진화에 뿌리박은 자원 추구에서도 기인하므로 클라우제비츠의 논지를 확장할 필요가 있다고 말했다.[50] 이 주장은 정치적 목표, 고상한 '국가의 이유'가 어쨌거나 인간의 평범한 목표와 별개이고 진화론적 논리 밖에 있다는 의미를 함축한다. 또한 더 놀랍게도 자원 추구는 정치의 목표에 속하지 않는다는 의미까지 함축한다.*

세이어는 국제관계학에서 진화론적 시각을 개척한 큰 공로를 인정받을 자격이 있다. 이 분과에서 진화론은 생소하고 이질적인 이론이었고 지금도 그런 반면, 현실주의 이론은 줄곧 권위를 누리는 지배적인 이론이었다. 이런 이유로 세이어는 주요한 현실주의 명제들의 타당성을 확인하고 또 현실주의 접근법들 중 무엇이 진실에 더 가까운지 가려내는 데 진화론적 시각이 유용하다는 것을 동료들에게 입증하고자 애를 썼다. 그렇지만 전쟁의 원인을 다루는 주요한 현실주의 갈래들의 논리가 심각하게 혼란스럽다는 사실과 별개로, 진화론과 현실주의는 동격이 아니다. 국가 이전 사회를 연구하는 인류학 학파들과 마찬가지로 현실주의 '이론'은 얼마간 유용한 분석적 구성물인 반면, 진화론은 생명에 내재하는 원리다.[51] 이번에도 필요한 작업은 자연적으로 진화한 인간의 욕구들이 '정치'의 영역에서 (사회와 국가, 국제 체제의 구조를 통해) 어떻게 작동하는지 보여주는 일이다. 인간의 모든 욕구는 비용-편익 계산에, 그리고 목표 달성을 위한 폭력적 선택지가 널리 퍼지는 데 어느 정도 영향을 준다.

국가들의 목표와 국제관계를 이해하려면 인간의 동기를 반드시 고려해야 한다는 것을 강조하는 가운데, 잭 도널리Jack Donnelly와 리처드 네드 리보Richard Ned Lebow는 고전 철학자들의 저술에서 인간 본성에 대한 언급을 찾고 또 인용했다. 도널리는 현실주의적 사유의 선조들이 말한 선천적 동기들 사이에, 즉 투키디데스의 "두려움, 명예, 이익"(I.76), 홉스의 경쟁, 불신,

* 인간의 싸움을 다루는 인류학 이론에서 진화론적 시각과 유물론적 시각을 조화시켜야 한다는 섀그넌의 착오도 이 주장과 얼마간 비슷하다. 그렇지만 실은 진화론적 시각이 유물론적 시각을 포함하고 또 설명한다.

영광(『리바이어던』, 13.6), 마키아벨리의 "영광과 부", "명예와 (…) 번영"(『군주론』, 25.2; 『로마사 논고』, I.37.2) 사이에 밀접한 유사성이 있음을 발견했다.[52] 리보는 플라톤과 아리스토텔레스까지 거슬러올라가 전쟁의 네 가지 기본 원인으로 인간의 욕망(그중에서도 특히 재물욕), 정신(자존심, 명예, 평판, 그리고 평판 손상에 복수하려는 충동), 이성, 두려움을 꼽았다.[53]* 물론 고전 철학자들은 엄청난 권위자들이며, 인간 동기체계에 관한 그들의 사유는 생물학이나 자연학에 관한 그들의 가르침보다 오늘날 훨씬 더 신선하게 다가온다. 그러나 이런 전통적인 동기 목록들은, 시대의 통찰과 지혜를 나타내기는 하지만, 동기들의 원천, 상호관계, 위계를 설명하지 못한다. 위에서 말한 모든 동기의 밑바탕에 있고 또 이 동기들을 설명하는 더 깊은 논리는 진화론적 시각이 출현하고 나서야 조명할 수 있었다. 이와 비슷하게, 진화론적 시각은 합리적 선택 계산법을 더 넓은 맥락 안에 놓고 바라본다. 진화론적 시각은 사람들의 실제 행위의 밑바탕에 대체로 합리적 선택 계산법이 있는 이유를 밝히고, 아무것도 아닌 것으로 간단히 일축할 수 없는 탐나는 '가치들' 자체를 훨씬 더 중시한다.[54]

월츠가 초기 저서 『인간, 국가, 전쟁Man, the State and War』(1959)에서 제시한 분석의 세 수준—개인 수준, 국가 수준, 국제 체제 수준—은 모두 서로 연결되어 있고 불가분하고 전쟁을 설명하는 데 필요하다. 월츠가 선뜻 인정하듯이 세 '수준'(나중에 월츠는 두 가지 수준, 즉 국가 수준과 국제 체제 수준만 분석했다)에서 비롯되는 요인들의 조합만이 전쟁의 원인이 되는 것은 아니다. 이 세 '수준' 각각에 충분조건은 못 되어도 필요조건은 되는 전쟁의 원

---

* 리보나 그리스 철학자들과 달리, 그리고 데이비드 흄David Hume과 같이 나는 이성을 독립적인 충동 또는 목표가 아니라 다양한 욕구를 추구하는 과정에 내포된 편익과 비용, 위험을 평가하는 도구로 본다.

인이 있으며, 세 '수준'이 서로 불가분하게 연결되어 있으므로 전체를 조각들로 쪼개서는 안 된다. 전쟁에 관한 1차원 설명이 아닌 3차원 설명이 필요한 것이다. 월츠는 '체제적' 접근법과 '환원주의적' 접근법의 차이를 아주 구체적인 방식으로 규정했고, 국제관계학 학자들은 그 방식을 습관처럼 흉내내기에 이르렀다. 연구자들은 국제관계학의 특이한 언어를 내면화하고 편하게 말할 수 있을 때 이 분과의 일원이 되었다고 느낀다. 그렇지만 모든 '수준들'의 상호관계와 상호연결성에 집중하지 않고 월츠처럼 한 가지 '수준'에만 집중하는 것은 체제가 어떻게 작동하는지를 체제적·'구조적'으로 파악하는 접근법이 결코 아니다. 실은 그것이야말로 진짜 환원주의적인 접근법이다.

토머스 쿤Thomas Kuhn과 임레 러커토시Imre Lakatos가 창시한 과학철학의 발전에 의존하여, 월츠는 어떤 이론—변수들 사이의 연관성에 관한 추상적 모델—이 틀렸음을 경험적으로 입증할 수는 없다고 역설했다. 그리고 한 이론을 권좌에서 몰아내려면 더 뛰어난 다른 이론을 내놓아야 한다고 주장했다.[55] 뛰어난 이론은 논리적으로나 경험적으로나 진정으로 통합적인 접근법을 채택하여 상호작용하는 인간의 선천적 동기, 국가, 국제 체제를 3차원 구성물로 결합해낸다. 요컨대 폭력적으로 추구할 수도 있는 사람들의 필요와 욕구뿐 아니라 여기서 유래하여 안보 딜레마를 부채질하는 권력 추구와 상호 불안 상태까지 모두 인간의 본성에 따라 주조되는 것이다(이 가운데 일부는 행동 '도구상자' 안에 선택지, 가능성, 수법으로만 존재한다). 이렇게 주조되는 이유는 인간들이 지질학적 기간 동안 필요와 욕구, 권력 추구, 상호 불안 모두가 문자 그대로 생사를 가르는 문제였던 생존 투쟁 과정에서 진화의 압력을 강하게 받으며 형성되었기 때문이다. 국가-리바이어던들 내부에서는 개인 간 경쟁 상황에서 폭력적 선택지가 대체로 억지되어왔지만, 그들 사이에서는 국가 간 체제의 무정부적 성격 때문에 이따금 대규모 폭력 사태가 발생하고, 적어도 그들 중 하나는 평화적 선택지(협력 그리고/또는 평화적 경쟁)보다 폭력적 선택지를 통해 더 많은 이익을 얻을 수 있다고 믿는다. 그렇지만 첫 단계로 돌아가 생각하면, 만일 부족한 자원을 차지하려는 근본적인 경쟁 상태에서 폭력을 사용할 가능성이 현실에, 따라서 인간 본성에 내재하지 않는다면, 국제적 무정부 상태 자체는 전쟁을 설명하는 이유가 되지 못할 것이다.

그러므로 전쟁의 필요원인과 충분원인—분명 어느 전쟁에나 특수한 사정이 있을 것이다—은 다음과 같다. 서로를 해할 수 있는 능력을 가지고 있고 권력을 효과적으로 독점하는 상위 권위가 없는 환경에서 활동하는 정치적으로 조직된 행위자들은 인간의 목표들을 얻거나 방어하는 데, 그리고/또는 그렇게 하는 데 도움이 될 수 있는 체제 내 권력을 얻거나 방어하는 데 비용 대비로 가장 효과적인 선택지라고 판단할 경우, 폭력에 의존한다. 전쟁의 근본 원인들을 이해한다는 것은 곧 (a) 진화상 형성된 인간의 목표들을 추구하면서 (b) 폭력적 행동이라는 수단을 사용하는 선택지가 (c) 무정부적 체제에 잠재적으로 내재하는 방식을 파악하는 것이다. 다시 한번 말하지만, 인과적 상호작용을 하는 이른바 '수준들'—개인 수준, 국가 수준, 국제 체제 수준—모두를 3차원으로, 하나의 전체로 파악해야 한다.*

국제관계학 분야에서 전쟁의 원인을 주제로 삼는다고 말하는 책들 중

* 이 세 가지 '차원'은 구체화된 형이상학적 실체들이 아니라 오늘날 두드러지는 경험적 특징들을 개념화한 것이다. 현재 이 세 차원 안에 '접혀 있는' 다른 '차원들'(국내 압력 집단, 다국적 기업, 초국적 연맹 같은)은 앞으로 더 중요해지면, 또는 설령 그렇지 않더라도 별개로 개념화될지도 모른다.

절대다수는 실은 전쟁의 발발 가능성과 빈도에 영향을 주는 것으로 추정되는 다양한 조건을 다룬다. 다시 말해 전쟁을 가능하게 하고 조장하는 조건을 다룰 뿐 전쟁으로 이어지는 근본 원인들 또는 동기들에 대해서는 사실상 침묵한다.[56]

정적이거나 진화하는 현실: 역사적 전환 국면에 접어들다(3차원+시간)

알렉산더 웬트Alexander Wendt는 무정부 상태 자체가 필연적으로 불안과 전쟁을 낳는다는 구조현실주의자들의 전제에 가장 주목할 만한 비판을 가한 이들 중 한 명이다. 그는 "무정부 상태는 국가들이 활용하는 것이다"라는 적절한 표현을 만들어냈다. 그는 타국을 상황에 따라 적, 경쟁자, 또는 친구로 삼을 수 있는 무정부적 조건을 제시했고, 이 세 가지 자세를 각각 토머스 홉스, 존 로크, 이마누엘 칸트가 기술한 무정부적 질서와 동일시했다.[57] 이 세 가지 자세는 사람들이 자신의 목표 또는 자기이익을 성취하기 위해 사용하는 세 가지 대안적이고 보완적인 행동 전략으로 설명하는 편이 더 나을 것이다. 앞서 말했듯이, 세 전략은 평화적 협력, 비폭력적 경쟁, 폭력적 분쟁이다—특정한 상황에서 사람들이 각자의 비용 대비 효과를 어떻게 평가하느냐에 따라 실행 전략이 바뀔 수 있다. 사람들이 언제나 세 가지 행동 전략 모두를 다양하게 사용해오긴 했지만, 국가 이전 무정부적 사회에서는 폭력적 선택지가 두드러지게 사용되었다.[58] 역사 내내 무정부적 국가 체제에서도 폭력이 거의 만연했다. 그렇지만 무정부적 국제 체제에서 세 행동 전략의 비용 대비 효과 계산법과 실제 보상은 근대에 들어선 이래 현저히 바뀌지 않았을까?

이 물음은 전쟁이 왜 일어나느냐는 문제와 중요한 관련이 있는 현실주의의 또다른 치명적인 결점으로 우리를 이끈다. 오래전부터 현실주의 이론은 국제 체제의 성격에 대한 일군의 변경 불가능한 형이상학적 원리들로 정식화된다는 비판을 받아왔다.[59] 그렇지만 역사적 조건이 광범하게 전환된 결과로 국제관계의 패턴이 급격하게 변화할 수도 있지 않을까? 이 물음에 현실주의자들은 모호하게 대응해왔다. 월츠는 국제 체제의 무정부적 질서가 다른 무언가로 변한다면(이런 일이 아예 불가능한 것은 아니라고 인정했다) 국제관계가 지금과 같지 않을 것이고, 자신의 이론이 더이상 타당하지 않을 것이라고 말했다.[60] 그와 동시에 그는 그런 변화가 일어날 징후는 보이지 않는다고 주장했다. 더 중요한 점은, (1970년대 냉전 시기에 저술한) 그가 무정부적 질서가 상호연관성이 더 높아지고 더 온화해지는 방향으로 변화하는 증거를 발견하지 못했다는 것이다.[61] 길핀의 이론은 기술적·경제적·사회적 조건이 변화함에 따라 국가들의 비용 대비 효과 계산이 끊임없이 달라지는 등의 체제 내 변화를 고려하고, 국가들 중 일부는 권력이 강해지고 다른 일부는 권력이 약해지는 이유를 설명하여 찬사를 받았다. 그렇지만 역사적 조건의 급격한 변화가 권력 추구 선택지를 실행할지 여부뿐 아니라 분쟁, 평화적 경쟁, 협력이라는 세 가지 전략 중에서 선택을 내리는 구조 전체에도 영향을 줄 수 있지 않을까? 월츠처럼 냉전 시기에 저술한 길핀은 그런 역사적 전환이 실제로 이루어지고 있느냐는 문제에 회의적인 입장까지는 아니더라도 조심스러운 입장을 보였다.[62] 권력 이동과 분쟁에 관한 다른 이론들은 길핀의 이론보다 훨씬 더 좁은 범위를 다루면서도, 길핀의 이론과 비슷하게 역사적 변화를 '순환론적'으로, '그게 그거'라는 식으로 인식했다.[63]

현실주의자들이 현실의 주된 특징과 추동력의 가장 가까운 근사물 또는 가장 유용한 추상물로서의 권력/안보 추구에 집중하는 동안, 비판자들은 현실주의자들이 도외시하는 현실이 그냥 무시하기에는 너무 중요하다고 느꼈다. 이런 이유로 국제관계학 내에서 '구성주의' 학파가 출현하여 행위자들의 정체성, 가치관, 이념, 인식—모두 대체로 사회와 집단이 속한 특정한 역사적 국면의 영향을 받아 형성된다—의 중요한 역할을 강조했다. 구성주의는 현실주의자들의 과도한 환원주의에 대한 제한된 대응으로, 그리고 그 환원주의를 분별 있게 교정하는 이론으로 보는 편이 가장 좋다. 구성주의는 현실 세계에 권력/안보 추구 말고도 정치적 태도와 결과에 영향을 주는 것들이 많이 있다는 아주 명백한 사실을 일깨워주는 유익한 이론이다.

자유주의는 현실주의에 더 실질적인 도전을 제기한다. 구성주의는 역사가 중요하다고 보는 반면, 자유주의는 역사적 변화에 초점을 맞춘다. 어떤 의미에서 자유주의는 역사적 발전이 어떻게 행위자들의 선택 방침을 바꾸고 따라서 국제 체제의 논리까지 바꾸는가 하는 물음에 이제까지 구성주의측에서 내놓은 가장 중요한 논거라고 말할 수 있다. 자유주의의 일부 갈래들은 보편주의적이고 비역사적인(그리고 순진한) 언어를 구사하지만, 다른 갈래들은 수천 년 전 농업을 채택한 이래 인류가 경험한 가장 심대한 전환, 즉 19세기 초 이래 풍족한 산업-상업 사회, 근대성, 자유민주주의가 등장하고 퍼져나간 역사적 전환에 분명하게 근거한다. 현실주의자들은 세계—국제관계의 논리와 현실을 포함하는—가 어떤 중요한 방식으로도 변하지 않았다고 단호히 주장해왔다. 그런 변화 관념은 현실주의자들의 추상적인 도식과 사고방식에 반하는 것이다. 그러나 더 깊게 생각하면, 이 도식—그 전제조건과 결과—을 역사적 전환에 맞추어 변경하지 말아야 할 이유는 없다. 현실주의가 이상주의자들의 허황된 생각을 교정하는 건강한 이론으로 출현했음에도, 현실주의자들은 아주 중요한 변화가 일어났다는 증거에 저항하기 일쑤였다. 심지어 이런 증거가 압도적 우세를 점한 뒤에도 마찬가지였다.

자유주의의 여러 갈래들 역시 전쟁의 원인에 관한 명시적이고 완전한 이론을 결여하긴 했지만, 그중 일부 갈래는 근대 동안 전쟁을 억제한 요인들과 관련해 아주 중요하고 우리의 이해를 높여주는 풍부한 발견과 통찰을 내놓았다. 뒤이은 장들에서 우리는 세계 각지에서, 그중에서도 선진 지역들에서 전쟁이 감소하는 것으로 보이는 현상을 설명하는 여러 견해를 검토할 것이다. 인간의 욕구를 충족하기 위한 폭력적 선택지와 평화적 선택지를 저울질하는 비용-편익 계산이 근대의 발전으로 인해 어떻게 바뀌었는지 밝힐 것이다. 비판자들에게 더 뛰어난 이론을 제시하라고 요구한 월츠에게 대꾸하자면, 그런 국제관계 이론은 3차원—인간의 욕구, 국가, 국제 체제—외에 넷째 차원인 시간까지 포괄해야 한다. 사회적 조건과 국제체제는 진화하고 있다.

이는 현실주의적 지침이 타당성을 완전히 상실했다는 뜻이 아니라 그저 세계무대에서 아주 현실적인 변화가 일어나고 있다는 뜻이다. 자유주의 학파와 구성주의 학파의 주요 옹호자들이 분별 있게 주장해온 대로, 두 학파를 (현실주의적으로 이해한) 현실주의와 대비되는 것으로 보아서는 안 된다. 오히려 현실주의와 결합하여 더욱 포괄적인 견해를 만들어내는 것으로 보아야 한다.[64] 여하튼 1970년대부터 이른바 신자유주의자들이 이상주의적인 화합과 이타주의보다 사람들의 자기이익 추구를 강조한 이래 자유주의와 현실주의의 간극은 좁아져왔다. 구성주의자 웬트 역시 예전에 생각했던 것보다 자기이익이 더 중요하다고 인정했다. "인간들은 그런 자기이익 편향 없이는 진화에서 결코 살아남지 못했을 것이고, 이는 국가들도 마찬가지일 것이다."[65] 그렇지만 현실주의 신조는 이익보다 권력/안보에 초점을 맞추거나 이 두 가지를 뭉뚱그리다가 경직되었고, 현실주의자들은 세계무대에서 폭력적 분쟁을 줄일 가능성이 있다고 제시된 것이라면 무엇이든 의심했다. 이런 이유로 그들은 자유주의의 견해, 구성주의의 견해, 현실주의의 견해가 수렴한다는 것을 올바로 인식하지 못했다. 세 '학파'는 서로 배타적이지 않다. 현실주의와 이상주의-자유주의 간 논쟁은 그동안 몇 가지 결정적인 문제를 건드렸고 몇몇 측면에서 추가 증거를 요청했다. 그렇지만 국제관계학 학자들 사이에는 이 논쟁이 너무 오래 지속되었고, 그간 경직되어온 것으로 보이며, 이제 이 논쟁을 넘어설 필요가 있다는 넓은 공감대가 있다.[66] 권력, 도덕, 그리고 외교정책을 실행함에 있어 가능한 것, 실리적인 것, 바람직한 것의 경계 등을 포함하는 쟁점들에 대한 논쟁—실천적인 동시에 이론적인 논쟁—은 분명 계속될 것이고 또 필연적으로 그럴 수밖에 없다. 세계적 발전의 효과를 평가하는 균형감각과 천년왕국설 같은 허황된 공상을 경계할 필요성 둘 다 대단히 중요하다. 권력은 현실 세계에서 이제껏 중추적이었고 세계의 많은 지역에서는 지금도 그렇다. 그와 동시에, 사람들의 자기이익을 증진하는 평화적 경쟁과 협력의 형태들이 사회적 가치 및 규범의 광범한 변화와 맞물려 뚜렷이 성장해온 것도 사실이다.[67] 상술한 것들은 모두 중요하며, 특히 전쟁 발발에 엄청난 영향을 끼친다.

제3부

근대화 평화

제6장

전쟁은 감소해왔는가? 그 이유는?

퍼즐

세계는 교전을 줄이고 평화를 증진하는 방향으로 변해왔는가? 이 생각은 19세기 동안 유럽과 서구에서 처음 등장했다. 그러나 이 생각은 20세기 전반기에 긴 그림자를 드리운, 역사상 가장 파괴적이고 치명적인 전쟁에 속하는 양차 대전에 의해 무참히 깨진 것으로 보인다. 이따금 불가피하게 전쟁으로 폭발하는 분쟁과 권력/안보 투쟁을 강조하는 현실주의 사상은 이런 이상주의적-자유주의적 평화 예감에 반발하여 출현했다. 현실주의는 냉전이, 즉 오직 또는 주로 핵 억지 때문에 제3차세계대전이라는 열전熱戰으로 번지지 않았다고 하는 거인들의 충돌이 시작되자 더욱 힘을 얻었다. 그렇지만 냉전 종식 이전부터, 그리고 종식 이후 점점 더 전쟁 감소에 대한 새로운 주장들이 제기되고 또 이목을 끌었다. 1970년대부터 민주주의/자유주의 사회들이 서로 싸우지 않는다는, 처음에는 놀라움을 자아낸 발견이 점차 신뢰를 얻었다. 그런가 하면 결정적인 요인은 따로 있고 우리가 목격하는 것은 민주주의 평화보다는 자본주의 평화라는 대안적 또는 보완적 이론이 제시되었다. 다른 이들은 더욱 폭넓은 현상을 감지했다. 저서 『최후의 날로부터 멀어지기—대전쟁의 퇴화Retreat from Doomsday: The Obsolescence of Major War』(1989)에서 존 뮬러John Mueller는 전쟁 감소가 정치적 또는 경제적 체제와 무관한 일반적인 변화, 핵 요인에 앞서 시작된 독립적인 변화라고 주장했다. 뮬러에 따르면 전쟁 감소의 원인은 전쟁에 반대하는 '태도 변화'였다. 나의 『문명과 전쟁』, 스티븐 핑커의 『우리 본성의 선한 천사』, 조슈아 골드스타인의 『전쟁과의 전쟁에서 승리하기Winning the War on War』, 이언 모리스의 『전쟁! 무엇에 이로운가?』는 모두 국가들의 발흥과 함께 폭력에 의한 사망 비율이 전반적으로 낮아졌고 근래에 전쟁이 대폭 감소했다고 주장한다.

그렇다면 몇 가지 물음에 답을 내놓을 필요가 있다. 첫째, 전쟁이 실제로 감소해왔는가? 전쟁 감소 주장은 학계에서 전쟁에 관해 저술하는 이론가들뿐 아니라 일반인들 사이에도 널리 퍼진 불신에 부딪힌다. 일반인들은 우리가 역사상 가장 평화로운 시기를 살고 있다는 주장에 깜짝 놀란다. 우리 시대는 세계 각지의 분쟁에 대한 미디어의 보도와 이미지로 넘쳐나고, 그중 일부는 몹시 격렬한 유혈 사태이며, 앞으로 발생할 것으로 보이는 다른 분쟁들이 대기하고 있지 않은가? 미국과 그 맹방들은 지난 수십 년간 일련의 추악한 전쟁에 거듭 관여하지 않았는가? 그렇지 않더라도 오늘날 세계가 상대적으로 평화로운 것은 소련 붕괴 이후 미국이 누리는 일시적인 패권, 냉전 이후의 일시적인 국면 덕분이 아닐까? 사실 우리는 오래된 환상에 다시 한번 사로잡히는 중이고, 중국이 초강대국으로 부상하거나, 러시아가 재기하거나, 남아시아와 중앙아시아, 중동, 아프리카에서 잔인한 전쟁이 일어나면 그 환상이 다시 한번 깨지지 않을까?

둘째, 전쟁이 실제로 감소해왔다면 그 이유는 무엇인가? 앞서 말했듯이, 당대 현실을 설명하기 위해 평화의 여러 유형과 원인이 제시되었다. 예를 들어 서로를 억지하는 핵 평화, 재래식 형태의 전쟁조차 너무나 치명적이고 파멸적이고 비용이 많이 드는 전쟁이 되었거나 반대로 전쟁이 더이상 보상을 약속하지 않는다는 견해, 전쟁은 언제나 대실책이었고 사람들이 더 현명해지고 전쟁에 신물을 느끼면서 결국 제거되고 있다는 생각, 민주주의 평화, 자본주의 평화, 국제 제도를 통한 평화 등이 제시되었다. 이 설명들은 각각 얼마나 타당할까? 서로 어떻게 연관될까? 또 서로를 어떻게 대체하거나 보완할까?

셋째, 교전 상태가 실제로 감소해왔다면 그 기간은 얼마나 될까? 교전 상태가 감소하기 시작한 시점은 여러 학자가 제각기 주장하듯이 냉전이 끝난 시점일까, 1945년일까, 1918년일까, 아니면 19세기일까? 분명 이 물음의 답은 변화의 원인에도 중요한 단서가 될 것이다.

최근 수십 년간 전산화된 정보처리용량이 기하급수적으로 증가함에 따라 정량적 연구 기법이 이런저런 가설을 검증하는 데 사용되었다. 또한 시간과 공간을 가로질러 잠재적으로 관련 있는 여러 변수를 부호화하는 대용량 데이터 집합들이 설득력 있는 증거를 찾기 위해 발굴되었다. 그 결과는 풍성했다. '정량적定量的' 연구자와 '정성적定性的' 연구자 사이에는 이해할 만한 긴장이 존재하지만, 사실은 양측 모두 결정적인 역할을 하고 서로를 보완하는 것이다. 데이터는 그 자체로 존재하지도 않고 스스로 말하지도 않는다. 데이터는 선별되고 범주화되어야 하며, 그 과정에는 필연적으로 선택과 판단이 들어간다. 우리는 정보에 근거하는 질문을 제기해야 하고, 그런 질문이 결국 우리가 얻는 답에 영향을 준다. 발견한 것을 해석할 때는 맥락이 관건이며, 유의미하고 타당한 포괄적 해석이나 이론을 구성할 필요가 있다. 폭넓은(표본 크기가 큰) 통계 연구들은 때로 작은 개념적·경험적 차이를 숨긴다. 국제관계학 학자들은 많은 역사가들이 각자 연구하는 특정한 사회와 시대를 넘어 더 일반적으로 생각하지 못한다고 곧잘 개탄하는 반면, 역사가들은 국제관계학 연구에서 이론과 설명으로 통하는 많은 것들에 담긴 조잡한 단순화, 편향적이거나 인위적인 명제에 경악하곤 한다. 이 장에서는 조각들을 모아 커다란 퍼즐을 맞추려는 시도의 일환으로 비교역사적 분석의 도구들을 사용해 전쟁 감소와 관련 있는 데이터와 여러 이론을 검토할 것이다. 나는 이 책에서 줄곧 살펴본 전쟁의 원인들이 과거와 달라진 조건에서 어떻게 변했는지, 아울러 인간의 동기와 행동이 어떻게 해서 점점 더 평화적인 행동 전략을 지향하게 되었는지 따져볼 것이다.

핵무기가 답인가? 긴 평화—하나가 아닌 셋

두 차례 파괴적인 세계대전 이후에, 그리고 긴장된 냉전 시대에 세계가 점점 더 평화로워진다는 생각은 완전히 틀린 것으로 보였으며, 이는 이해할 만한 일이었다. 핵을 보유한 초강대국들 간 공포의 균형에서 좋다고 말할 수 있는 점이라곤 그 균형의 이면, 즉 상호확증파괴MAD에 대한 두려움 때문에 냉전이 제3차세계대전으로 바뀌지는 않으리라는 예상뿐이었다. 1945년 이후 강대국 전쟁을 겪지 않는 세월이 길어짐에 따라 여기에 '긴 평화'라는 이름이 붙었다.[1] 현시점에 강대국들 간 긴 평화는 70년 넘게 계속 이어지는 중이며, 유일한 부분적 예외는 한반도에서 미국과 중국이 관여한 제한전쟁(1950~1953)이었다. 긴 평화를 주장하는 이들에 따르면 초강대국들의 조심성은 체제 전체에 영향을 주었는데, 그들이 핵을 보유한 자신들까지 집어삼킬 정도로 전쟁이 확대되는 불상사를 막고자 동맹국과 종속국의 전쟁 관여를 제지했기 때문이다.

그렇지만 강대국들 사이 긴 평화가 특별하지 않다는 점은 좀처럼 지적되지 않았다.[2] 이미 1871년부터 1914년까지 강대국들 사이에 43년간 지속된 평화기가 있었다(1904~1905년 러일 전쟁은 부분적인 예외다). 그리고 이 둘째로 긴 평화에 앞서 1815년부터 1854년까지 강대국들 사이에 39년간 지속된 셋째로 긴 평화가 있었다(도표 6.1). 강대국 전쟁은 특히 중요한데, 역사적으로 이 유형의 전쟁이 언제나 가장 결정적인 동시에 가장 파괴적인 국가 간 전쟁, 가장 강력하고 단연코 가장 호전적인 국가들 사이에 일어난 전쟁이었기 때문이다. 주목할 점은 둘째로 긴 평화와 셋째로 긴 평화 둘 다 핵무기 등장 이전에, 경쟁이 치열한 강대국 다극 체제에서 나타났다는 사실이다.

그런데 19세기와 20세기의 오랜 평화 기간들은 그 이전 시대들과 비교해 이례적일까? 격렬한 전쟁 기간들 사이에 일정하든 그렇지 않든 평화적인 소강 상태가 길게 지속되는 것이 역사의 정상적인 패턴 아닐까? 전쟁과 군사화된 국가 간 분쟁에 관한 정량적 데이터베이스로 가장 널리 사용된 'Correlates of War'(전쟁상관성, COW) 데이터는 1816년 이래 기간을 다룬다. 그런 까닭에 연구자들은 COW로부터 긴 평화 현상이 예외적인 현상인지 여부를 알아낼 단서를 얻지 못했거나, 긴 평화 현상이 COW가 다루는 기간 내에 과연 존재하는지, 그리고 이 기간에서 특별한 현상인지 짐작하지도 못했다. 우리의 지평과 우리가 의식하는 문제들은 이 데이터베이스의 기간으로 인해 한정되었다. 다행히 이 추세를 더 길게 다루는 몇몇 통계 연구가 있다.[3] 1815년 이전과 이후의 유럽 강대국 체제를 비교해보면, 강대국끼리 전쟁한 햇수가 워털루 전투(1815) 이후 한 세기 동안 대략 3분의 2만

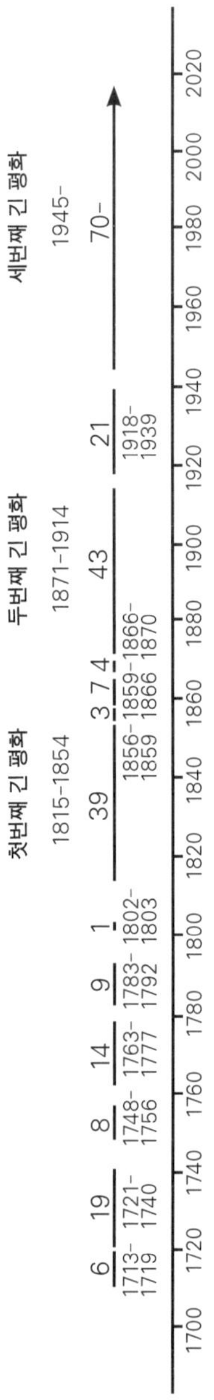

도표 6.1 1815년 이래 강대국들 사이 긴 평화 현상.

큼 감소하여 그 이전 세기들과 비교해 겨우 3분의 1 수준이었다는 사실이 드러난다. 잭 레비Jack Levy가 COW 데이터와 그에 앞서 비슷한 기간을 다룬 몇몇 통계 연구에 관해 썼듯이, "빈 회의(1814년 9월부터 1815년 6월까지 나폴레옹 전쟁을 수습하고 유럽 질서를 재편하기 위해 유럽 국가들이 개최한 국제회의—옮긴이) 직후인 그 연구들의 시작점으로 인해 추세 분석이 심각하게 편향되는데, 이 기간이 〔레비의 연구가 다룬〕 지난 500년 중 가장 평화로운 기간이었기 때문이다."[4] 예를 들어 둘 다 민주정이 아니었던 오스트리아와 프로이센은 (강대국 전쟁만이 아닌 모든 전쟁을 셈에 넣을 때) 1815년 이후 전반적으로 가장 급격한 교전 상태 감소를 기록했다. 두 나라는 18세기 및 17세기의 기록과 비교해 1815년 이후 약 3분의 1에서 4분의 1 수준으로 싸웠다. 오스트리아의 경우 18세기 동안 2년에 1년씩, 16세기와 17세기 동안 4년에 3년씩 전쟁을 했다. 프로이센은 18세기 동안 3년에 1년씩 전쟁중이었고, 17세기의 60퍼센트를 전쟁을 치르며 보냈다.[5]

두 나라의 경우와 비슷하게, 18세기(또는 그 이전)에는 강대국들 사이에 긴 평화가 없었다. 뒤이어 개관할 전쟁들은 18세기와 19세기 유럽의 고전적인 다섯 강대국—영국, 프랑스, 프로이센/독일, 오스트리아, 러시아—중 적어도 두 나라가 겨룬 싸움으로 국한된다. 다시 말해 이들 비슷한 강대국끼리 비교할 것이고, 18세기 초입에 여전히 강대국 지위를 주장하던 스웨덴, 에스파냐, 네덜란드 공화국, 폴란드, 오스만 제국은 배제할 것이다. 이렇게 강대국의 정의를 국한하더라도, 프랑스 혁명 전쟁과 나폴레옹 전쟁 기간(1792~1815)에 모든 강대국이 프랑스와 평화롭게 지낸 때는 겨우 1년(1802~1803)에 불과하다. 이전 강대국 전쟁이 끝나고 다음 강대국 전쟁이 발발하기까지 얼마나 걸렸는지 보면, 미국 독립 전쟁(1778~1783년, 프랑스 관여)과 프랑스 혁명 전쟁 사이에 9년, 바이에른 계승 전쟁(1777~1779)과 프랑스 혁명 전쟁 사이에 15년, 7년 전쟁(1756~1763)과 바이에른 계승 전쟁 사이에 14년, 오스트리아 왕위 계승 전쟁(1740~1748)과 7년 전쟁 사이에 8년, 대북방 전쟁(1719~1721년 영국이 반러시아 연합에 가담)과 오스트리아 왕위 계승 전쟁 사이에 19년, 에스파냐 왕위 계승 전쟁(1701~1713)과 대북방 전쟁 사이에 6년이 걸렸다. 16세기와 17세기에는 강대국 전쟁이 18세기보다도 더 자주 일어났다.

이처럼 강대국들 사이 세 번의 긴 평화기는 사실 그 이전 역사와 비교하면 매우 이례적인 현상이었다. 근대 강대국 체제에서 이제까지 가장 긴 세 번의 평화기는 모두 1815년 이후 나타났고, 뒤로 갈수록 그 기간이 점점 길어졌다. 1945년 이후 가장 긴 평화의 내구성에 핵 요인이 아무런 기여도 하지 않았다고 말한다면 어리석은 주장일 것이다. 상호확증파괴의 전망—누구도 승자가 될 수 없다는 전망—이 핵 홀로코스트로 악화될 수도 있는 전쟁을 궁극적으로 억제하는 역할을 했기 때문이다. 핵무기는 마치 교수형 밧줄처럼 모든 관련자의 이목을 놀라우리만치 집중시켰다. 그럼에도 핵시대가 도래하기 한참 전부터 뚜렷한 추세가 나타나고 있었다. 이미 지적했듯이, 강대국들은 다른 국가들보다 전쟁에 훨씬 더 관여하고, 그들 간 전쟁은 가장 큰 전쟁이다. 하지만 1815년 이후 강대국들의 경우와 비슷하게 선진 세계의 모든 국가들 사이에서도 전쟁 빈도가 급격히 낮아지는 현상이 기록되었다. 1815년부터 1914년까지 19세기 유럽의 사람들은 인류 역사상 가장 평화로운 세기를 살았고, 곧 상황이 이례적으로 전개되고 있음을 깨달았다. 분명 우리는 1815년부터 현재까지 기간을 통틀어 전체 추세를 설명할 필요가 있다. 그렇지만 같은 이유로, 이 추세에서 벗어난 엄청난 예외인 양차 대전도 설명할 필요가 있다. 전쟁 감소 현상에 관한 포괄적인 설명은 동전의 양면을 모두 해명해야 한다.

전쟁은 너무도 치명적이고 파괴적인 싸움이 되어왔는가?

대大전쟁이 감소한다는 말을 들을 때 사람들이 맨 먼저 보이는 가장 직관적이고 자연스러운 반응은, 근대의 전쟁이 생명과 부를 감당 못할 만큼 앗아가는 까닭에 그런 변화가 생기는 것이 틀림없다는 것이다. 이 지적은 핵전쟁에 관한 한 분명히 참이다. 그리고 핵전쟁만큼은 아닐지라도 막대한 해를 입힌 양차 대전을 비롯한 재래식 전쟁들에 관해서도 참일 것이다.[6] 이런 추론 방식은 앞서 말한 포괄적이고 타당한 설명의 두 가지 기준을 모두 충족하는 것으로, 다시 말해 핵무기 시대뿐 아니라 그 이전 둘째와 셋째로 긴 평화까지도 포괄하는 것으로 보일 것이다. 그리고 이 추론 방식은 근대의 전쟁이 감당 못할 만큼 파괴적이고 치명적인 전쟁이 되었음을 깨닫는 인류의 학습 과정에서 양차 대전이 획기적인 사건이었다고 본다. 1500년 이래 역사 기록에 관한 통계 연구들은 전쟁의 빈도가 시간이 흐름에 따라, 특히 19세기와 20세기에 낮아지는 동시에, 그렇게 더 드물게 일어나는 전쟁에 더 많은 죽음과 파괴가 '집중'된다는 의미에서 전쟁의 강도가 더 강해졌다고 주장한다.[7] 따라서 어쩌면 교전 상태가 전혀 줄고 있지 않을 수도 있다. 전쟁의 강도와 빈도 사이에 일종의 균형이 생긴 것인지도 모른다. 다시 말해 더 적고 더 짧지만 더 격렬한 전쟁들이 더 많고 더 길지만 덜 격렬한 전쟁들을 대체해온 것인지도 모른다. 과거에는 수십 년씩 걸렸던 전쟁이 근대의 조건에서는 겨우 몇 년, 심지어 몇 개월밖에 걸리지 않은 것인지도 모른다. 그렇지만 근대의 전쟁이 더 '집중된' 전쟁이 되었다 할지라도, 전반적인 죽음과 파괴, 소모되는 자원 면에서 전쟁의 비용이 늘어난 것은 아니다. 레비가 보여주었듯이 "전쟁의 빈도와 심각성 사이에 반비례 관계가 있다는 가설은 경험적 증거로 뒷받침되지 않는다".[8] 사실 근대의 대부분 동안 전쟁의 빈도가 낮아지는 동시에 전쟁의 비용도 감소했다.

이 추세는 1815년부터 1914년까지 한 세기 동안 가장 확연하게 나타났다. 이 기간에 강대국 간 첫번째와 두번째 긴 평화가 나타났을 뿐 아니라, 두 평화기 사이인 1854~1871년에 비교역사적 관점에서 볼 때 파괴 면에서 상위권과 거리가 먼 전쟁들이 발발하기도 했다. 여기에는 국지적인 크림 전쟁(1854~1856), 짧은 프랑스-오스트리아 전쟁(1859), 짧지만 결정적인 프로이센-오스트리아 전쟁(1866)과 프랑스-프로이센 전쟁(1870~1871)이 포함된다. 그러나 승자인 프로이센이 큰 이득을 얻은 마지막 두 전쟁 이후 다시 강대국 평화가 찾아와 43년간 이어졌다. 전쟁의 비용과 전쟁의 빈도 사이에 반비례 관계는 없었다.

16세기부터 20세기까지 근대 유럽 체제에서 19세기 동안 교전이 단연적게 일어났다는 사실은 근대 전체를 다룬 모든 통계 연구로 확인되었다.[9] 그런데 이 뚜렷한 사실을 어떻게 설명할 수 있을까? 양차 대전과 냉전 시대에 저술한 피티림 소로킨Pitirim Sorokin과 잭 레비 모두 19세기의 상대적 평화로움을 예외로 치는 경향을 보였고, 지난 500년간 전쟁이 양적으로 뚜렷하게 늘어나거나 줄어드는 전반적인 추세가 없었다고 결론 내렸다.[10] 레비는 "19세기는 지난 500년의 연속적인 전쟁 패턴에서 이례적인 시기로 보아야 한다"라고 썼다.[11] 그렇다면 19세기 전체를 통계적 요행으로 여겨야 하는가? 더욱이 19세기에 기록된 대전쟁 급감 추세는 양차 대전이 끝나고 냉전이 시작된 이후 더욱 길게 이어지고 있다. 이 책의 주장처럼 이는 1815년에 시작된 추세의 연속이다. 다만 양차 대전으로 이 추세가 잠시 중단되었을 뿐이다. 그렇지만 이 추세의 깊은 뿌리를 알아보기 전에 먼저 양차 대전 자체가 과연 이례적으로 치명적이고 파괴적이고 비용이 많이 든 전쟁이었는지 검토할 필요가 있다. 어쩌면 19세기에는 전쟁의 치명성과 비용이 실제로 높아지지 않았을지라도 양차 대전 시기에는 높아졌고,

그리하여 향후 전쟁을 대하는 태도의 변화에 영향을 준 것인지도 모르니 말이다.

양차 대전, 특히 제2차세계대전은 분명 전쟁 사망자 수(제1차세계대전 1600만 명 이상, 제2차세계대전 6000만 명 이상)에서 상위권에 들었고, 경악스러운 물질적 지출을 수반했다. 그렇지만 이 절대치들은 두 가지 이유에서 오해의 소지가 있다. 첫째, 근대 국가들은 전근대 국가들보다 인구가 더 많고 훨씬 더 부유하므로 진짜 문제는 국민 중 몇 퍼센트가 전시에 사망했고 전쟁이 얼마나 큰 경제적 곤경을 수반했느냐는 것이다. 둘째, 명칭이 시사하듯이 세계대전, 특히 제2차세계대전은 여러 대륙에서 많은 국가가 관여한 전쟁이었다. 이것이 양차 대전의 사망자 수가 그토록 많은 또다른 이유다. 다시 한번 우리는 양차 대전에 많은 국가가 참전한 사실에서 기인하는 사상자 총계가 아니라 세계 각지에서 숱하게 일어나는 개별 전쟁들의 상대적 사상자 수, 전반적인 사망률을 살펴볼 필요가 있다. 절대치는 아주 인상적이기는 해도 우리의 시각을 왜곡한다.

사실 양차 대전은 역사에서 예외적인 사례와는 거리가 멀다. 소로킨과 레비 둘 다 유럽에서 20세기(사실상 전반기)가 지난 500년간 가장 치명적인 세기이기는 했지만 예외적으로 치명적이었던 것은 아니라는 사실을 발견했다. 몇몇 지표를 보면 "17세기가 가장 호전적이었다".[12] 레비는 20세기가 "대부분의 측면에서 그 이전 세기들과 전반적으로 비슷하다. 여기서 사용한 핵심 지표들에 의하면, 강대국들이 관여한 20세기 전쟁들과 16~18세기 전쟁들 간에는 차이점보다 유사점이 더 많다"라고 결론 내렸다.[13] 그리고 다시 말하지만 모든 통계 연구에 따르면 근대에 정말로 예외적인 시기는 19세기(아울러 1945년 이후 시기)다.

근대 유럽 체제 외에 세계사의 광활한 영역들도 마찬가지로 암울한 이야기, 때로는 더 암울한 이야기를 들려준다. 널리 알려진 대로, 그리고 먼 과거까지 과감히 거슬러올라간 소수의 통계 연구들이 지적하는 대로,[14] 전근대 기록에는 인구와 사망자 통계를 비롯한 어떤 종류의 통계든 설령 아예 없진 않더라도 극히 부족하다. 사료에 나오는 숫자들은 대개 지어낸 것이고, 가장 믿을 만한 기록조차 대체로 모호하고 여러 해석에 열려 있다. 따라서 어느 정도 정보에 근거한 추정에 의존할 수밖에 없다. 이런 이유로 아래에서 개관하는 사례들은 부정확한 숫자를 포함하거니와 정량적 연구의 기준으로 볼 때 '일화적'이기도 하다. 그럼에도 종합해서 보면 아래 사례들은 개략적이되 충분히 분명한 척도를 제공하며, 양차 대전처럼 역사상 가장 규모가 크고 피를 많이 본 전쟁 축에 든다. 더욱이 이 사례들은 가장 잘 기록된 전근대 문명들과 분쟁들에서 추린 것이다. 반쯤 신화적이거나 허구적인 숫자는 여기서 인용하지 않는다.

아테네와 그 위성국들이 한편, 스파르타와 그 동맹국들이 한편이 되어 싸운 펠로폰네소스 전쟁(기원전 431~404)은 고대 그리스의 세계대전이었다. 빅터 핸슨Victor Hanson의 추산에 따르면, 지상전과 해전에서 사망한 아테네인 전사자 총계는 전시 30년 동안 아테네 남성 인구의 약 3분의 1에 달했다. 유명한 역병을 고려하면—전쟁이 이 역병의 직접적인 원인이었는데, 아티카 지방에서 소개疏開된 시골 인구가 아테네 성벽 안에 밀집해 있었기 때문이다—아마도 아테네 전체 인구의 3분의 1이 사망했을 것이다.[15] 이 추산을 참으로 가정하면, 고대 아테네의 사망자 수는 그 어느 나라의 제1차세계대전과 제2차세계대전 사망자 수를 합한 것보다도 높은 수준이다. 펠로폰네소스 전쟁의 경제적 비용 역시 경악할 정도였다. 그럼에도 그리스 세계는 내부의 싸움과 외적에 맞선 싸움을 계속 이어갔다. 두 편으로 갈라져 싸운 연합들의 인구와 사상자에 대한 핸슨의 추정치에 논란의 여지가 없는 것은 아니다.[16] 그렇지만 설령 실제 수치가 더 작았다 해도, 전반적인 그림은 크게 달라지지 않는다.

고대 그리스에 더해 우리는 전근대의 인력 통계 중 가장 훌륭한 축에 드는 고대 로마의 통계도 가지고 있다. 로마는 주기적으로 시민 인구조사를 실시했다. 비록 데이터에 대한 정확한 해석을 두고 몇 가지 논란이 있기는 하지만, 로마의 경우에도 전반적인 그림은 충분히 분명하고 많은 것을 드러낸다. 공화정 로마가 치른 가장 격렬한 전쟁인 제2차 포에니 전쟁(기원전 218~202)의 첫 3년 동안 17~46세 로마 시민 약 20만 명 가운데 5만여 명이 죽었다.[17] 이는 단 3년 만에 징집연령 집단들 중 약 25퍼센트를 잃은 것으로, 제2차세계대전 시기 러시아의 군인 사망률과 같은 수준이고 독일의 군인 사망률보다 높은 수준이다. 그리고 전쟁의 '강도' 또는 '집중' 면에서 제2차세계대전보다 더 높지는 않더라도 그와 비슷한 수준이었다. 그런데 제2차 포에니 전쟁의 사망자 수, 전쟁 중 이탈리아 시골 지역의 황폐화와 로마 자유농의 막대한 피해에도 불구하고 전후 로마의 전쟁 성향은 거의 약해지지 않았다.

13세기에 몽골족은 유라시아 사회들을 정복하면서 역사시대를 통틀어 가장 참혹한 살상과 파괴를 자행했다. 또한 몽골 전쟁은 지리적 범위 면에서 양차 대전과 얼추 비슷했다. 중국과 러시아에서 급감한 인구에 대한 추정치들은 서로 크게 다르다. 그렇지만 가장 낮은 추정치들조차 적어도 제2차세계대전에서 소련이 기록한 약 15퍼센트라는 끔찍한 사망률과 같은 수준이고, 중국의 추정치는 거의 확실하게 훨씬 더 높은 수준이다.[18] 위키피디아의 전쟁 사망자 수 목록이 어떤 기준이 된다면, 그리고 실상과 크게 다르지 않다면, 몽골의 정복은 절대치로 보면 세계사에서 제2차세계대전 다음으로 치명적인 전쟁이고, 상대치로 보면 제2차세계대전보다 훨씬

삽화 6.1 〈전쟁의 참화Les Grandes Misères de la guerre〉, 자크 칼로(Jacques Callot), 1632년.

더 치명적인 전쟁이다. 제1차 세계대전은 절대치(불충분한 지표)로 보더라도 전근대 중국에서 인명을 대량으로 앗아간 수차례의 동란에 이어 겨우 6위에 불과하다.[19]

시선을 근대 초 유럽으로 옮기면, 30년 전쟁(1618~1648) 동안 어느 정도는 전쟁 관련 질병과 기근에서 기인한 독일의 인구 손실은 전체의 5분의 1과 3분의 1 사이였던 것으로 추정된다.[20] — 5분의 1이든 3분의 1이든, 독일의 제1차세계대전 사망자 수와 제2차세계대전 사망자 수를 합한 총계보다도 높은 수준이다(삽화 6.1). 위에서 언급한 사례들은 모두 범위와 규모 면에서 역사상 최대인 전쟁들에 속한다. 하지만 부족들, 도시국가들, 국가들 사이에 벌어진 더 작고 덜 영광스러운 수많은 전쟁의 상대적 사망률도 대개 최대 전쟁들의 사망률만큼이나 높았다.[21]

이 발견이 다수의 직관에 반하는 것처럼 보이는 한 가지 이유는, 근대의 더 발전한 군사 기술이 더 강한 치명성과 파괴력을 의미한다고 가정하는 경향에 있다. 그렇지만 핵무기를 예외로 치면, 이는 그릇된 가정이다. 선진 군사 기술은 예컨대 기갑 병력, 기계화된 병력의 속도와 민첩성, 방어용

삽화 6.2 제2차세계대전 시기 소비에트 전쟁포로들.
나치 독일은 바르바로사 작전을 시작하고 8개월 내에 고의로 굶기고 악천후에 노출시키는 방법으로 소비에트 전쟁포로 약 200만 명을 죽였다. 이는 근대의 독특한 현상이 아니라 전근대의 표준을 재개한 사건이었다.

전자장치 같은 더 강한 방어력을 의미하기도 한다. 공격의 발전과 방어의 발전은 보통 나란히 이루어진다. 게다가 제2차세계대전에서 나치 독일이 비전투원 수백만 명—유대인, 소비에트 전쟁포로와 민간인—가운데 대다수를 어떤 정교한 군사 기술이 아니라 의도적으로 굶기고 악천후에 노출시키고 집단으로 처형하는 방식으로 살해했다는 사실이 너무 자주 잊히곤 한다(삽화 6.2). 20세기 동안 일반적인 집단학살 사례들은 끔찍한 르완다 집단학살이 일깨워주었듯이 그 이전 역사의 사례들과 흡사하게 가장 단순한 기술로 자행되었다(삽화 6.3). 앞서 보았듯이, 선사시대 사회들은 원시적인 석기를 사용해 역사시대 사회들보다 훨씬 더 높은 폭력에 의한 사망률을 기록했다. 역사시대 동안, 공중 폭격이 등장하기 한참 전부터, 침공

삽화 6.3 르완다 집단학살에 사용된 무기 마체테.

군은 도시를 정복하고 나면 때로 불을 지르고 남김없이 파괴하고 주민을 몰살했다. 시골도 더 나을 것이 없었다. 산업적 근대화가 시작되고 양차 대전 때처럼 민간인 인구가 전쟁을 위한 생산에 대규모로 투입되기 한참 전부터 총력전이 여러 차례 벌어졌다.

따라서 근대 전쟁에서 민간인이 더 많이 죽는다는 가정도 똑같이 그릇된 것이다.[22] 침공당한 나라의 인구는 오히려 근대 이전에 전쟁으로 인한 심각한 피해를 훨씬 더 많이 입었다. 그들의 피해는 그저 직접적인 살해와 학살 때문이 아니라 주로 전쟁의 참화와 이동하는 군대가 가져오는 기근과 질병 때문이었다. 앞서 암시했듯이, 제2차세계대전에서 사망자가 많이 나온 주된 이유는 30년 전쟁이 끝나고 대략 17세기 중엽부터 유럽에서 갈수록 억제되어온 민간인 학살을 재개한 데 있다. 제2차세계대전 사망자 수에서 민간인의 비중은 절반 이상으로, 소련과 중국이 각각 나치 독일의 집단학살 정책과 제정 일본의 만행에 극심한 고통을 겪었다. 민간인 집단학살과 마찬가지로 특히 동부전선(양측 모두)과 동아시아에서 악명 높았던 극히 많은 전쟁포로 사망자 수 역시 전근대의 가장 나쁜 표준을 상기시킨다. 이 수치 역시 정교한 군사 기술과는 관련이 없었다. 따라서 일부 통계 연구들처럼 전사자만을 계산에 넣을 경우 전쟁 사망률 데이터가 왜곡되고 전근대 전쟁들의 총비용이 축소된다. 전쟁 개시 여부를 계산하고 결정할 경우 단순히 전사자 수만이 아니라 전쟁 사망자 총계가 더 중요하다.[23]

상대적인 부를 고려할 때 지난 두 세기 동안의 전쟁이 그 이전 역사의 전쟁보다 경제적으로 비용을 더 많이 잡아먹었던 것도 아니다. 전쟁은 언제나 엄청난 경제적 노력을 수반했고 국가의 지출에서 단연 비용이 많이 드는 항목이었다.[24] 전쟁으로 인한 파괴와 전비 지출의 사례는 수없이 많으므로 몇 가지 사례만 인용해도 충분할 것이다. 먼저 이미 언급한 사례들부터 살펴보자. 몽골족이 북중국과 남중국, 중앙아시아, 이라크, 러시아의 고도로 발달한 문명들을 정복하면서 얼마나 극심하게 파괴했던지, 이들 문명이 회복되는 데 수 세대, 때로는 수 세기가 걸렸고, 일부는 결코 회복되지 못했다. 30년 전쟁이 독일에 끼친 영향도 마찬가지다. 16세기와 17세기 에스파냐와 18세기 프랑스는 전쟁 수행과 경악스러운 전쟁 부채 때문에 경제가 파탄 났고, 프랑스의 경우 결국 대혁명을 맞았다. 더욱이 산업화 이전 사회의 사람들은 최저 생계 수준 근처에서 살았으므로 전쟁으로 인한 지출과 황폐화는 거의 문자 그대로 그들의 입에서 빵을 빼앗는 원인이었다. 전근대 전쟁에서는 굶주림과 질병 때문에 죽는 일이 그야말로 다반사였다.

단순히 무분별한 습관을 끊는 법을 배운 것뿐일까?

전쟁으로 인한 사망자 수, 파괴, 지출이 1815년 이후 대폭 증가한 게 아니라면, 어쩌면 우리가 심경의 변화를 겪은 것일까? 만연한 전쟁을 이데올로기적·도덕적 관점에서 바라보고 전쟁 극복을 우리가 종국에 받아들일 자발적 자유의지의 소산으로 여기는 오랜 전통이 있기는 하다.[25] 그렇지만 불교와 기독교 같은 역사상 가장 강력한 도덕적 신조들이 지난 수천 년간 전쟁을 비난했음에도 이렇다 할 효과가 없었다는 데 유의해야 하며, 과연 지금이라고 다를지 따져봐야 한다. 존 뮬러에 따르면 전쟁에 반대하는 '태도 변화'는 특별한 이유 없이 일어났고, 갑자기 인기를 얻는 유행과 다르지 않았다. 그는 결투와 노예제 같은 다른 사회적 관행들이 사라진 이유도 똑같이 설명할 수 있다고 믿는다.[26] 여러 면에서 역사적으로 순진한 이런 견해를 뮬러가 언급하는 모든 변화와 관련하여 논할 지면이 이 책에는 없다.[27] 그러나 그가 반전反戰 '태도 변화'의 기원을 제1차세계대전 이후 대중의 반발에서 찾는 반면 전쟁 급감은 사실 훨씬 이전에, 1815년 이후 시작되어 19세기 동안 계속되었다는 점은 지적할 가치가 있다. 그럼에도 뮬러는 이 기간에 전쟁의 고결한 미덕을 칭송한 철학자, 예술가, 정치인의 발언을 인용한다. 따라서 사회적 태도가 먼저 변화하여 현실의 변화를 자극했다기보다는 현실의 변화에 뒤이어 사회적 태도가 변화한 것으로 보인다. 근대의 전쟁 감소가 이데올로기나 태도의 변화를 수반한 것은 의심할 나위가 없지만, 순전한 관념의 영역에서 출발하지 말라는 충고, 또는 그 영역에 갇히지 말라는 충고가 꼭 확고부동한 마르크스주의자에게만 필요한 것은 아니다.

물질적 계산으로 다시 돌아가자면, 어쩌면 전쟁은 언제나 이익이 되지 않았고, 결국 손해가 되는 게임으로 인식되어온 것인지도 모른다. 또는 그렇지 않고 근대의 조건에서 비로소 이익이 되지 않는 게임이 된 것인지도 모른다. 만약 근대 전쟁의 비용 측면에서 상당한 변화가 있지 않았다면, 그 변화는 이익 측면에서 생겼을 것이다. 칼 케이슨Carl Kaysen이 뮬러를 비판하며 말했듯이, 아마도 전쟁은 생각할 수도 없는 일이 되기 전에 이익이 되지 않는 일이 되었을 것이다. 우리는 먼저 전쟁이 수지맞는 일이었던 적이 없다는 생각을 검토하고, 그후에 근대의 조건에서 수지맞지 않는 일이 되었다는 생각을 고찰할 것이다.

전쟁이 미친 짓은 아닐지라도 터무니없는 짓이라는 생각은 오래전부터 이어져오다가 근대 들어 서구 사회들에서 갈수록 확고해졌다. 이 견해에 따르면 전쟁은 근본적으로 비생산적이고 비합리적인 일이며, 일부 또는 다수의 어리석음에서, 또는 모두가 전쟁으로 손해를 보고 전쟁을 하지 않는 편이 더 나은 상황을 의미하는 여러 종류의 죄수의 딜레마에서 기인한다. 제3장에서 봤듯이, 전쟁은 맹렬히 계속되는 한 생명과 부의 전반적인 순손실을 의미한다. 그렇지만 전체의 순손실이 상황 논리까지 완전히 무력화하는 것은 아니다. 대개 승자들은 서로 다투는 보상 가운데 더 많은 몫에 대한 통제권을 차지함으로써 장기적으로 보면 이익을 계속 얻어낼 수 있었다. 많은 전쟁이 쌍방의 손실로 끝나기는 했지만, 일부 전쟁은 승자에게 막대한 이익을 안겨주었다. 적어도 한 집단에게 전쟁으로 이익을 얻을 것 같다고 믿을 이유가 있었고 전쟁이 다른 모든 선택지보다 더 나았을 경우, 전쟁은 합리적인 동시에 최적의 선택이었다. 그런 경우에 죄수의 딜레마 함정은 존재하지 않는다.

통치자와 엘리트는 전쟁의 혜택을 차지한 반면 평민은 자신의 이익에 반해 참전을 강요당하고 생명과 재산, 고통으로 전쟁의 대가를 치러야 했다는 점에서, 손해와 이익의 논리가 집단별로 사뭇 달랐던 것은 아닐까?

이는 전쟁에 관한 또다른 뿌리 깊은 통념이다.[28] 대부분의 역사적 사회들에서 그런 불균형이 팽배했다는 것, 민중이 억압을 받았고 이익이 위쪽으로, 사회의 상류층으로 향했다는 것은 분명하다. 따라서 지난 두 세기 동안 민중이 자유로운 주권자가 되어감에 따라 구체제에 참여하는 일과 전쟁의 부담을 짊어지는 일을 갈수록 거부해왔다는 생각은 타당하다. 실제로 18세기 후반에 구체제를 비판한 계몽주의자들은 이런 변화를 예상했다. 장자크 루소는 전제적 통치자들이 세력 확장의 희망을 결코 버리지 않을 것이고, 그들의 권력을 빼앗는 민중 혁명만이 민중 간 상호 합의를 통해 화평을 맺을 희망을 줄 수 있다고 주장했다.[29] 프랑스의 마르키 드 콩도르세Marquis de Condorcet와 미국의 토머스 페인Thomas Paine도 점점 커지는 이 신념을 표명했다. 페인은 『인간의 권리The Rights of Man』(1791)에서 "군주정은 모두 군사적이다. 전쟁이 그들의 무역이고, 약탈과 세입이 그들의 목표다"라고 말했다.[30] 또 "국민과 별개의 이익을 허용하지 않는 정체 때문이 아니라면, 공화정들이 전쟁에 뛰어들지 않는 이유가 무엇이겠는가?"라고 썼다.[31] 이마누엘 칸트는 『영원한 평화를 위하여Zum ewigen Frieden』(1795)에서 아주 비슷한 이념을 표명했다. 칸트 역시 국가들이 입헌-공화주의 체제를 발전시킴에 따라, 전쟁이 일어나면 그 대가를 직접 짊어지고 부담해야 할 국민들이 전쟁에 찬성하지 않는 경향을 보일 것이라고 주장했다. 칸트에 따르면 입헌-공화주의 국가들은 서로의 차이를 평화롭게 해소하기 위해 연맹을 결성해야 한다.[32]

칸트는 유럽 지식인들이 프랑스 혁명에 전반적으로, 그러나 짧게 열광한 기간에 이 책을 썼다. 그 무렵 프랑스 혁명 전쟁은 프랑스 인민이 새로 얻은 자유의 싹을 잘라버리기 위해 군사적으로 개입하는 구체제 강국들에 반발하는 방어 전쟁으로 타당하게 여길 수 있었다. 그렇지만 혁명기 프랑스는 곧 공세를 취했고, 프랑스의 대규모 시민군은 유럽을 휩쓸며 프랑스 제국의 지배 아래 종속시켰다. 더욱이 알렉산더 해밀턴Alexander Hamilton이 『연방주의자 논고Federalist Papers』 제6편에서 공화주의가 평화적이라는 견해를 거부하며 주장한 대로, 칸트와 페인은 역사를 훑어보기만 해도 일부 참여적 공화국들이 역사상 가장 호전적이고 공격적이고 군사적으로 성공한 축에 드는 국가임을 알아챘을 것이다. 이 점은 고대 아테네 같은 직접민주정들—칸트는 이 직접민주정들이 입헌적 제약을 결여했고 다수의 폭정을 휘둘렀다고 믿었다—만이 아니라 특히 공화정 로마를 비롯해 고대와 르네상스 시대의 다른 도시국가 공화정들도 마찬가지였다. 역사에서 칭기즈 칸 한 사람만이 전쟁으로 막대한 이익을 얻고 전쟁을 열렬히 추구했던 것은 아니다. 미꾸라지 같은 소수에게 전쟁의 책임을 지울 수 있었던 것도 아니다. 아테네에서 공격적인 제국 팽창과 전쟁을 요구한 쪽은 귀족층이 아닌 민중이었다. 민중 자신이 아테네 육군에 소속되어 싸우고, 함선에 배치되어 노를 젓고, 펠로폰네소스 전쟁중에 아티카 지방에서 강제로 소개된 것처럼 전쟁의 파괴와 참화를 견뎌내야 했음에도 그런 요구를 했다. 이와 비슷하게, 공화정 로마의 이례적인 팽창과 권력의 비밀은 전쟁을 목적으로 민중을 동원하고 대규모 시민군을 조직할 수 있었다는 데 있다.

그렇다면 아테네와 로마의 시민들은 어째서 전쟁에 거듭 찬성하고, 참혹한 지구전을 몇 년이고 견뎌내고, 자신들의 피와 재산, 궁핍으로 전쟁의 대가를 치렀던 걸까? 그것은 그들이 어리석거나 무분별했기 때문이 아니라 그들에게 전쟁의 이익 측면이 비용 측면보다, 그리고 순전히 평화적인 행위로 얻을 법한 이익보다 더 크게 보였기 때문이다. 무엇보다 전쟁에는 전리품이 있었다. 게다가 아테네는 예산의 절반가량을 제국을 통해 거두어들이는 풍족한 공물로 마련했고, 그렇게 확보한 예산으로 민중을 고용하는 대규모 공공 건축과 해군의 비용을 댔다.[33] 더욱이 제국의 위력은 아테네의 무역 패권을 한층 강화했으며, 그렇게 강화된 무역 패권은 다시 아테네의 자원을 늘리고 제국의 위력을 강화했다. 마지막으로, 패배한 적으로부터 몰수한 영토에 세워진 식민지의 농지cleruchy가 아테네 빈민들에게 배분되었다. 페리클레스가 아테네 사람들에게 연설하며 분명하게 밝혔듯이, 민주정 아테네의 민중은 제국을 무자비한 냉혹함으로 통치하는 참주들이었다.[34] 로마는 위성 '동맹들'로부터 공물을 징수하지는 않았지만, 이탈리아 전역에서 물리친 적들로부터 엄청나게 넓은 토지를 몰수하여 로마 시민과 로마의 가장 가까운 동맹인 라틴인이 거주하는 식민지들을 세웠다.

따라서 전쟁이 언제나 손해 보는 게임이었고 사람들이 전쟁으로 이득을 얻을 수 없음을 깨달으면서 결국 전쟁을 폐기했다는 견해는 근거가 거의 없는 셈이다. 민중은 언제나 지는 쪽에 있었고 참전을 강요당하기만 했다는 견해도 사실이 아니다. 사실 민중은 정치권력과 전리품을 더 많이 차지할수록 전쟁과 제국주의를 더 열렬히 지지하고 더 악착같이 싸웠다. 역사적으로 민주정과 공화정이 전쟁에서 유달리 강력했던 것은 그것들이 사회적·정치적으로 포용적인 체제였기 때문이다.

그런데 잠깐. 페인과 칸트, 그 이후 수많은 논자들의 가정, 즉 민중에게 전쟁은 채산이 맞지 않는 일이었고 그래서 민중이 자연히 전쟁에 반대하는 쪽으로 기울었다는 가정이 틀렸다 할지라도, 두 사상가 모두 아주 현실적인 무언가를 지적하지 않았던가? 두 사람 모두 민주정/공화정 국가들의 체제에서 전쟁을 제거할 수 있다고 주장했다. 어쩌면 민주정 또는 공화정 국가들은 비민주정 국가들과는 악착같이 싸우면서도 다른 민주정 또는 공화정 국가들과는 싸우지 않았던 것인지도 모른다. 이 생각은 1970년대부터 근대 국가 체제에 관한 국제관계학 이론에서 대발견으로 여겨졌다.

민주주의 평화론의 범위와 한계

민주주의 국가들이 비민주주의 국가들보다 덜 호전적이고 더 평화적이라는 생각은 계몽주의 시대부터 널리 퍼져나갔다. 회의론자들은 민주주의 평화가 개인과 집단이 자기네 것이라고 편향되게 주장하는 미덕 중 하나에 불과한 것은 아닌지 의심했다. 실제로 민주주의 국가들이 평화롭다는 주장을 더 엄격한 정량적 방법으로 검토했을 때, 19세기와 20세기 동안 민주주의 국가들이 비민주주의 국가들보다 덜 싸웠음을 보여주는 증거는 나오지 않았다. 그렇지만 그 이후 일부 학자들이 조금 다른 문제를 제기하자 상황이 극적으로 바뀌었다. 그들은 19세기와 20세기 동안 민주주의 국가들이 얼마나 많이 싸웠느냐고 묻지 않고 서로 얼마나 많이 싸웠느냐고 물었다. 그때부터 수많은 정성적·정량적 조사로 입증된 놀라운 결과는, 민주주의 국가들이 서로 매우 드물게 싸웠거나 거의 싸우지 않았다는 것이다.[35] 민주주의 (국가 간) 평화 명제는 국제관계학에서 발견한 가장 견고한 '법칙'이라고 정당하게 선언되었다. 민주주의 평화론으로 인해 자기네 신조가 완전히 허물어진 '현실주의자들'만이 승산이 점점 줄어드는 싸움을 계속하고 있을 뿐이다.

그렇다고 해서 민주주의 평화와 관련된 근본적인 문제들이 남아 있지 않다는 뜻은 아니다. 한 가지 난제는 민주주의 평화를 전근대에 적용할 수 있느냐는 것이다. 근대 자유주의/민주주의 국가들이 서로 거의 싸우지 않는다면, 그 이전 민주주의 국가들도 마찬가지였을까? 이번에도 가장 중요한 검증 사례는, 데이터 문제가 있기는 하지만, 고전고대의 민주정들과 민중적 공화정들이다. 19세기와 20세기의 기록에 조금이나마 근접하는 고대

체제들의 전쟁과 정체에 관한 기록을 우리는 가지고 있지 않다. 그렇다 해도 민주주의 평화론이 근대에 거의 보편적으로 적용되는 것으로 보이므로, 고전기 기록에 몇몇 중요한 반증 사례만 있더라도(만약 있다면) 이 이론이 고대에는 적용되지 않는다는 것을 보여줄 수 있을 것이다.

이 주제에 관한 연구들은 비교적 드물고 그 결과들은 서로 엇갈린다. 한 연구는 고대 그리스에서 민주주의 평화의 증거를 거의 발견하지 못했다. 오히려 반론 증거를 발견했다. 가장 극적인 사례는 펠로폰네소스 전쟁 중에 민주정 아테네가 민주정 시라쿠사를 침공한 대규모 원정(기원전 415~413)으로, 결국 아테네의 재앙으로 끝이 났다.[36] 일부 민주주의 평화론자들은 시라쿠사가 민주정으로 돌아간 사실을 아테네가 알지 못했을 거라고 주장했다. 그렇지만 투키디데스는 이 점을 꽤 구체적으로 언급한다. "아테네인들은 온통 절망감에 휩싸였다. (…) 그들이 전쟁을 벌인 모든 도시 가운데 당시 이 도시들만이 그들 자신의 도시와 비슷하게 민주적인 성격의 정체를 유지하고 있었다."[37] 그럼에도 어느 연구는 이 사례와 그 밖에 다른 사례들의 증거를 유달리 왜곡하는 해석에 근거하여, 고대 공화정들 역시 서로 결코 싸우지 않았다고 주장한다.[38] 몇 가지 사례만 더 들어도 이 주장이 틀렸음을 충분히 보여줄 수 있다.

우리에게 알려진 고대 그리스의 민주정들은 대부분 기원전 5세기 아테네 제국에 속해 있었다. 아테네는 제국으로 변모한 동맹에 속한 도시국가들에 민주정체를 적극 권장했다. 이 제국은 압도적인 무력을 이용해 도시국가들로 하여금 제국에 가담하도록 강요하고 이탈하지 못하게 막는 등 강압적이고 억압적이었다. 또한 동맹의 성원들이 서로 싸우지 못하게 막았다. 반란은 가혹하게 진압되었다. 때로는 과두정 지배층이 반란 음모를 꾸몄지만, 때로는 도시 인구 전체가 반란에 가담했다. 펠로폰네소스 전쟁 동안 보통 임명된 장군들보다 더 극단적이었던 아테네 민중은 반란을 일으킨 도시의 성인 남성 전체를 무차별적으로 처형하고 여성과 아이를 노예로 팔자는 결정을 거듭 내렸다. 그럼에도 전쟁 후반기에 아테네의 권력이 쇠락하자 동맹 도시 다수가 반란을 일으켰다. 요컨대 기원전 5세기 그리스의 기록은 민주정 국가 간 평화보다는 대체로 민주정 제국의 폭력적 강압을 나타낸다.[39]

기원전 4세기는 검토해야 할 더욱 중요한 사례인데, 어느 정도는 이 시기에 그리스 민주정들의 수가 늘었기 때문이다. 기원전 377년 아테네가 주도해 결성한 두번째 동맹은 자발적이고 평등주의적인 원칙에 입각하고 있었다. 아테네는 스파르타를 약화하기 위해 테베가 독립을 되찾도록 지원했다. 테베는 민주정이 되었을 뿐 아니라 민주적 기반 위에서 보이오티아 연맹을 재건하기까지 했다. 기원전 371년, 에파미논다스 장군 휘하 보이오티아군은 레욱트라 전투에서 천하무적 스파르타군을 격파했다. 뒤이어 그리스의 세력균형이 극적으로 바뀌었다. 스파르타의 패권과 전제적 제국 통치는 끝장난 반면 테베는 두각을 나타냈다. 펠로폰네소스 반도를 침공한 에파미논다스는 스파르타의 위성국들이 독립해 민주정이 되고 민주적인 지역 연맹을 결성할 수 있도록 지원했다. 또 스파르타의 예속민 헤일로타이heilotai를 대부분 자유롭게 풀어주었다. 그런데 테베에 명백히 유리한 이 고결한 조치에 다름 아닌 민주정 아테네가 맹렬히 반대했다. 레욱트라 전투 이후 아테네가 두려워하고 자기네와 견준 패권은 스파르타가 아닌 테베의 패권이었다.

기원전 369년, 아테네는 그리스의 자유에 등을 돌린 채 억압적인 과두정 스파르타와 역시 과두정인 스파르타의 동맹국들, 시라쿠사의 디오니시오스와 페라이의 피에 굶주린 알렉산드로스 같은 참주들, 그리고 그리스

외부의 전제정 페르시아 등과 동맹을 맺고서 테베에 맞서는 전쟁에 가담했다. 그리스의 커다란 두 민주정은 제국의 주변부 전역에서 7년간 전쟁을 벌였다. 이 전쟁은 숱한 교전을 포함했고, 아테네가 테베에 맞서 참가한 만티네이아 전투(기원전 362)로 정점에 이르렀다. 당시까지 그리스 역사에서 최대 규모였던 이 전투에서 에파미논다스는 다시 한번 압승을 거두었지만 목숨을 잃었다. 그로써 테베의 패권과 전쟁은 끝이 났다. 그 이후 아테네가 다시 패권을 주장하면서 동맹국들을 상대로 과거의 첫 제국처럼 행동하기 시작하자 동맹시 전쟁(기원전 357~355)이라고 알려진 반란이 일어나 동맹이 와해되었다. 테베라고 해서 다른 민주정을 성인聖人처럼 대했다고 오해하는 일이 없도록 지적하자면, 기원전 373년 테베는 숙적인 민주정 플라타이아를 정복해 쑥대밭으로 만들었다.

놀랍게도, 공화정 로마가 이탈리아 반도에서 치른 전쟁들의 기록을 이 맥락에서 검토한 학자는 없었다. 하지만 그리스 못지않게 로마의 경우에도 민주주의 평화 현상은 미심쩍어 보인다. 로마 공화정이 얼마나 민주적이었느냐는 문제는 고전 학자들 사이에서 여전히 논쟁거리인데, 최근에는 더 민주적이었다는 쪽으로 기울고 있다.[40] 고대 역사가 폴리비오스는 로마를 혼합정체로, 즉 평민들의 민회와 호민관, 귀족들의 원로원, 선출된 정무관들이 권력의 균형을 이루는 정체로 분류했다.[41] 그렇지만 고대인이라면 우리의 근대 자유민주주의 국가들 역시 혼합정체로 분류했을 것이라는 데 유의해야 한다. 고대 공화정들과 달리 근대 자유민주주의 국가에는 법률을 직접 제정하고 전쟁과 평화 같은 중대사를 결정하는 모든 시민의 민회가 없기 때문이다. 이탈리아의 다른 도시국가들의 내부 정체에 관한 지식은 빈약하다. 그렇다 해도 이탈리아에서 로마의 통치에 복속된 이탈리아계와 그리스계 도시국가 수백 곳 가운데 공화정이 없었다는 주장, 즉 이탈리아에서 사실상 로마만이 공화정이었다는 주장은 명백히 성립 불가능하다. 예를 들어 이탈리아 남부의 유력한 두 도시국가 카푸아와 타렌툼은 제2차 포에니 전쟁중에 로마를 배신했다가 가혹하게 진압당할 당시 둘 다 민주적 공화정이었다.[42] 그리고 두 도시에서 로마에 대항하는 반란을 주도한 세력은 민주적 파벌이었다. 더욱이 폴리비오스는 아리스토텔레스를 좇아 제2차 포에니 전쟁에서 로마와 겨룬 카르타고를 당시 로마 공화정보다 민중(바르카 가문의 주전파를 지지했다)의 지배력이 더 강한 혼합정체로 판단했다.[43] 이처럼 다른 국가들의 민주적 성격은 전쟁을 막지 못했다. 그리고 다른 어떤 사례에 대한 증거에도 로마가 전쟁과 평화를 공적으로 논의할 때 적의 정체를 고려할 가치가 있는 문제로 여겼다는 언급은 일절 없다.

그런데 민주주의 평화가 근대 이전에 적용되지 않았다면 그 이유는 무엇이었을까? 전근대 민주정들의 행위와 근대 민주정들의 행위 사이에 역사적 차이가 있음을 얼마간 의식하는 민주주의 평화론자들조차 이 차이가 왜 존재하느냐는 물음을 제기하지 않았다. 이 물음은 과거를 이해하기 위해서만이 아니라 근대 평화 현상을 설명하기 위해서도 중요하다. 이 점에서 전근대와 근대의 차이는 민주주의 국가들 간 평화를 작동시키는 불가결한 핵심 요소에 대한 중요한 단서를 제공할지도 모른다.

민주주의 평화라기보다 자유주의 또는 자본주의 평화인가?

일부 학자들은 문제의 평화가 민주주의 평화라기보다 자유주의 평화라고 주장한다.[44] 자유주의와 민주주의는 20세기 초부터 자유민주주의라는 형태로 동행해왔다. 그래서 우리는 이 둘을 하나로 여기는 경향이 있다. 그렇지만 20세기 이전에 자유주의와 민주주의는 강하게 연관되지 않았으며, 둘 사이 차이는 민주주의 평화든 자유주의 평화든 특히 근대의 평화를 설명하는 데 중요할지도 모른다. 근대 평화 현상을 설명하면서 민주주의보다 자유주의를 강조하는 학자들은 고대 민주정들을 자유주의적 정체로 여기기 어렵다고 주장한다. 고대 민주정들이 노예제를 운영했거니와, 일반적으로 자유주의적 권리와 그 밖에 칸트가 요구한 권력분립 같은 공화주의의 전제조건을 옹호하기 않았기 때문이다.

그렇지만 이 주장은 겉보기만큼 설득력이 있지 못하다. 노예제의 존재는 고대 민주정과 근대 민주정의 주요하고도 자주 거론되는 차이지만, 노예제와 민주주의 평화의 연관성은 분명한 것과는 거리가 멀다. 물론 국내에서 자유민과 노예의 차이는 극히 중요했다. 그런데 이 차이가 대외 문제에서 시민들의 행위에 정확히 어떤 방식으로 영향을 주었을까? 가장 흔한 답변은 노예제가 일반적으로 인간의 권리와 평등, 존엄을 덜 존중하는 태도를 의미했고 이런 태도가 국가들 간 관계에까지 영향을 주었다는 것이다. 이렇게 보면 민주주의 평화는 근본적으로 이데올로기적 현상이 된다. 물질적으로 노예는 분명 전리품의 주요 형태 중 하나이긴 했지만, 고대에나 근대에나 노예가 여러 전리품 가운데 단연 중요했다고 주장하기는 어렵다. 자유주의적 권리 일반에 관해 말하자면, 의견과 언론의 자유, 생명과 재산을 보호하는 법적 장치, 적법 절차, 법치 등은 모두, 근대의 권리와 다소 형태가 다르긴 했지만, 고대 민주정과 공화정에서 중요한 규범이었다. 펠로폰네소스 전쟁 시기 아테네에서 아리스토파네스는 여성들에게 전쟁을 막기 위한 섹스 파업을 요청하는 극을 상연할 수 있었으며, 비록 로마에 유리한 쪽으로 자유롭게 해석되긴 했지만 로마에서 정당한 전쟁은 신성불가침 원칙이었다. 마지막으로, 몽테스키외Montesquieu가 정식화한 의미의 권력분립은 고대에 존재하지 않았지만, 권한과 견제의 분리 및 권력 균형은 엄연히 존재했다. 고대 아테네가 직접민주정의 위험과 다수의 폭정으로 유명해지긴 했으나 혼합정체인 로마 공화정에서는 제도의 제약이 아주 강했다. 예컨대 실제 로마 군단에서 복무하는 평민 전우들의 민회인 켄투리아회comitia centuriata가 소집되어 전쟁 찬반 투표를 했다. 다만 그에 앞서 원로원에서 먼저 개전 문제를 논의하고 결정했고, 매년 경쟁이 치열한 선거를 통해 선출되는 집정관이 민회에서 이 사안을 발의했다.

그렇지만 별개의 개념이자 주요한 세력으로서의 자유주의는 분명 근대의 창안물이다. 그런데 그 이유는 무엇일까? 자유주의가 근대의 창안물이라는 사실 역시 결정적인 단서를 품고 있다. 지금까지 자유주의의 정치적 측면을 다루었지만, 정치적 자유주의는 널리 알려진 대로 신조이자 현실로서의 경제적 자유주의와 함께 출현했다. 정치적 자유주의가 17세기와 18세기 상업자본주의의 시대에 먼저 네덜란드 공화국에서, 뒤이어 영국에서 등장한 것은 우연이 아니다. 19세기 동안 자유주의는 산업자본주의를 개시한 영국에서 더욱 단단히 자리를 잡았다. 정치적 자유주의와 경제적 자유주의는 서로 뒤얽혔고 서로를 강화했다.[45]

계몽주의 시대에 민주주의-자유주의 평화를 예언한 이들은 이 비전의 정치적 측면과 더불어 경제적 차원을 강조했다. 몽테스키외가 『법의 정신De l'Esprit des Lois』에 썼듯이 "상업의 자연적 결과는 평화로 이어지는 것이다. 서로 교역하는 두 국가는 상호 의존적인 관계가 된다".[46] 토머스 페인에 따르면, 상업은 "평화로운 체제로서, 제도들은 물론이고 국가들까지 서로에게 유익하게 만들어 인류의 화목을 증진한다. (…) 만약 전 세계적 규모로 작용할 수 있다면, 상업은 전쟁 체제를 근절할 것이다".[47] 이와 비슷하게 칸트는 "상호적 자기이익"을 언급하며 "전쟁과 양립할 수 없는 상업 정신이 조만간 모든 민족을 사로잡을 것이다"라고 전망했다.[48]

상호 무역이 평화를 조성한다는 생각은 19세기와 20세기 동안 검토되었고, 근래에 국제관계학 이론가들에 의해 광범하게 조사되었다.[49] 일부 학자들은 더 나아가 민주주의 평화라고 알려진 것이 실은 '자본주의 평화'라고 주장했다. 에릭 가츠크Erik Gartzke는 1950~1992년의 세계 데이터를 분석하다가 세계 시장에서의 상호 무역과 공동 이익이 (각국의 정체가 어떻든) 국가들 사이 교전을 줄이는 가장 중요한 요인임을 발견했다. 그는 민주주의 자체는 훨씬 덜 중요한 요인이라고 주장하면서도, 민주주의 국가들 사이에 전쟁이 거의 일어나지 않는 것은 설명해야 할 두드러진 현상이라고 인정했다.[50] 비판자들은 가츠크의 통계 작업에서 중요한 오류를 발견했고, 그것을 바로잡고 나자 민주주의와 민주주의 국가들 간 평화의 효과가 더 높게 나타났다.[51] 더구나 가츠크가 제2차세계대전 이후로 한정한 연구 기간은 더 장기적인 역사적 문제들을 불러일으킨다.

첫째, 상호 무역으로 밀접히 연관된 선진 자본주의 강대국들이 격돌한 제1차세계대전이라는 문제가 있다. 이 강대국들 중에서도 영국과 독일이 가장 두드러진 사례다. 두 나라는 세계에서 미국 다음으로 발전한 자본주의 경제 대국이자 선도적 무역국으로서 (미국 상품 수입을 예외로 하면) 서로 주요한 무역 파트너 관계였다.[52] 이 문제는 자본주의 평화의 또다른 주창자로서 가츠크보다 훨씬 길게 19세기와 20세기를 모두 다룬 패트릭 맥도널드Patrick McDonald가 제기했다. 맥도널드는 19세기 동안 전쟁을 줄이는 데 민주주의보다 자본주의가 더 중요했다고 주장하면서도, 가츠크처럼 민주주의 국가들 사이 평화가 중요했음을 인정했다. 그는 자본주의 평화 개념을 다듬으면서 자유무역, 국내 경쟁 시장, 경제 분야에서 정부의 작은 역할을 이 개념의 토대로 명시했다. 그는 1914년 이전 첫 세계화 시대에 GDP 대비 국제 무역량이 매우 많기는 했지만, 이것은 주로 철도와 증기선 덕분에 운송비가 하락했기 때문이며, 19세기 후반에는 오히려 보호주의가 강화되고 고관세가 더욱 높아졌다고 지적했다. 이 분석에 따르면 1914년 제1차세계대전 발발을 무역-평화 연계를 반증하는 설득력 있는 사례로 여겨서는 안 되는데, 이때 자유무역이 존재하지 않았기 때문이다.[53] 강조점이 조금 다르긴 하지만 가츠크 이전에 다른 학자들도 비슷한 결론에 도달했고, 이후 맥도널드도 비슷한 결론을 내렸다.[54] 이 논점은 뒤에서 다시 다룰 것이다.

자본주의 평화론의 둘째 문제는 국제 무역이 근대 최악의 수준이었던 양차 대전 사이 기간에 존재했던 평화를 간과한다는 것이다. 1929년 대공황이 닥치자 민주주의 국가들을 포함해 강대국들은 모두 엄격한 보호주의 정책을 도입했다. 이 기간에 예컨대 미국의 경제는 영국이 1932년부터 자유무역을 포기하고 보호주의를 채택하면서 자기네 제국 주변에 두른 관세장벽 때문에 심각한 타격을 받았다. 1920년대 내내 고관세를 유지한 미국 자체도 1930년에 관세를 더 올렸다. 그 결과 1930년대 초에 국제 무역량은 공황 이전의 3분의 1에 불과한 수준으로 속절없이 추락했다. 그렇다 해도, 비록 루스벨트 행정부가 다른 나라들에 관세를 낮추라며 외교적·경제적 압력을 가하긴 했지만, 관세장벽을 무너뜨리기 위해 무력을 행사하는 것은 말할 것도 없고 위협을 가하는 것조차 생각할 수도 없는 일이었다. 실제로 미국은 국외뿐 아니라 국내에서도 뉴딜 정책으로 자본주의가 제약을 받았음에도, 관세장벽을 부수려 다른 나라를 위협하는 일을 하지 않았다. 요컨대 자본주의 평화가 전혀 작동하지 않은 1930년대 내내 민주주의 평화는 작동했다. 현실주의자들은 민주주의 국가들 사이에 전쟁이 없는 것은 그들이 더 큰 위협—1930년대에는 독일, 일본, 이탈리아의 위협—에 맞서 연합하기 때문이라고 주장해왔다.[55] 20세기 전체를 놓고 보면 매우 미심쩍은(민주주의 국가들이 끼리끼리 뭉쳐야 하는 이유, 그것도 현상 유지 진영에서 뭉쳐야 하는 이유는 무엇인가?) 이 주장은 1930년대에 국한해서는 입증하거나 반증할 수 없고, 가능성 있는 가상의 상황에 대한 판단의 문제로 남아 있다. 이들과 달리 '현실주의'를 거부하는 자본주의 평화론 옹호자들은 1930년대라는 난제를 그저 다루지 않는다. 1950년대 이후 기간에 대한 가츠크의 분석은 전간기를 배제한다. 더 긴 역사적 기간을 다루는 맥도널드는 민주주의 평화가 제1차세계대전 이후에야 중요해졌다고 주장하면서도, 1930년대에 민주주의 국가들이 보호주의를 폈음에도 그들 사이에 존재한 평화를 설명은커녕 언급도 하지 않는다.[56]

셋째, 가츠크와 맥도널드 둘 다 20세기 공산주의 강대국인 소련과 중국을 명확하게 다루지 않는다. 두 나라는 산업 발전을 이루는 동안 자본주의와 사유재산을 완전히 삼갔고, 무역 면에서 외국 시장에 닫혀 있었다. 그럼에도 두 나라는 각국의 전근대 기록(특히 경쟁이 매우 치열했던 유럽 체제와 근동 체제에서 러시아의 기록)과 비교해 전반적인 교전 감소 추세를 보였다. 양국의 교전 감소는 민주주의 평화로 설명할 수 없고, 자본주의 평화에 해당하지도 않는다. 마지막으로, 사회민주주의 국가들은 어떻게 이해해야 하는가? 여기에는 주로 서유럽 국가들과 무엇보다 유달리 평화적인 스칸디나비아 국가들이 포함된다. 이들 국가는 여러 면에서 자본주의적이긴 하지만, 국가가 사회와 경제에 깊숙이 개입하는 것을 특징으로 한다.

요컨대 가츠크와 맥도널드가 제시한 자본주의 평화 개념은, 아주 실질적인 무언가를 건드리기는 하지만, 역사적 경험 전체를 설명하지 못하고 이야기 전부를 말해주지 못한다. 자본주의 평화의 또다른 버전을 제시한 마이클 무소Michael Mousseau는 개인의 자유로운 경제활동이 아니라 시장을 통해 맺는, 문화적 규범을 준수하는 비인격적 계약을 이 평화의 특징으로 꼽았다. 무소의 개념은 1930년대에 뉴딜 정책을 편 미국을 비롯해 보호주의 정책을 시행한 다른 자본주의-민주주의 국가들뿐 아니라 잠재적으로 사회민주주의까지 담아낼 수 있는 것이다.[57] 그렇지만 무소가 말하는 문화를 준수하는 계약으로서의 자본주의는 모든 것을 아주 한정된 특징과 연관짓는 것이며, 이 개념이 통계상 무작위 상관관계를, 또는 그렇지 않더라도 더 근본적인 무언가의 부수현상을 반영하는 것은 아닌가 하는 의구심을 불러일으킨다.[58] 어쩌면 상호적인 자유주의적 공화주의, 호혜 무역, 서로 공유하는 국제 제도 등을 포괄하는 페인과 칸트의 다多요인 얼개가 더 정확했던 것은 아닐까?[59] 이 얼개의 예상이 기이하리만치 적중했던 까닭에 우리는 이것의 결점들을 간과하는 경향이 있다. 우리가 확인한 그 결점들을 정리해보자. 첫째, 전근대 민주정과 공화정 국가들은 실제로 서로 싸웠다. 둘째, 비민주주의 강대국들은 1815년 이래 교전의 전반적인 감소 추세를 공유했고, 여기에는 대체로 세계 무역 체제 밖에 있었던 공산주의 강대국들이 포함된다. 셋째, 19세기까지 국가들은 다른 국가들과 무역을 공유하기보다 무력으로 무역을 독점하고 부의 유출을 막는 중상주의 정책을 펴려고 했다. 알렉산더 해밀턴은 『연방주의자 논고』(제6편)에서 민주주의를 평화주의적으로 보는 견해를 역사적 기록에 근거해 거부한 뒤 신생 공화국 미국의 재무장관이 되어 중상주의 정책을 옹호했다.

그렇다면 이 모든 현상을 설명할 수 있는 19세기 초 이래의 변화는 무엇일까? 무엇 때문에 국가들이 덜 싸우게 되었고, 민주주의 국가들 간 전쟁이 사실상 사라질 정도로 그들의 선호가 바뀌었으며, 국제 무역이 급증하는 한편 보호주의가 감소했던 것일까? 이런 현상들을 조화시킬 수 있는 요소, 교전의 전반적인 감소, 근대의 민주주의-자유주의 평화, 자본주의 평화를 포괄하고 통합할 수 있는 요소는 무엇일까? 우리는 어떤 요소를 놓치고 있는 걸까?

근대화 평화

산업혁명은 인류의 역사에서 일대 도약이었다. 산업혁명은 인간 사회의 전면적인 전환, 신석기 시대 농업혁명 이래 가장 심대한 전환을 불러왔다. 전쟁 감소와 근대화 과정—둘 다 19세기 초부터 전개되었지만 국제관계학 내 논의에서 사실상 간과되었다—의 상관관계가 우연일 가능성은 별로 없다.[60] 그렇다면 둘 사이의 인과관계는 무엇일까? 이 물음의 답은 아주 일찍부터, 19세기 중엽 이전부터 제시되었는데, 관찰자들이 첫번째 긴 평화와 그것의 이례적인 성격을 알아채기 시작했기 때문이다. 근대의 다면적인 전환 과정에 속하는 꽤 많은 개별 요소들이 교전 감소의 주요 측면들—핵 평화, 민주주의 평화, 자본주의 평화 등등—과 관련이 있는 것으로 보이므로, 여기에는 장님들이 모여 코끼리를 만지는 이야기를 떠올리게 하는 위험이 내포되어 있다. 다시 말해 각자 코끼리의 다른 부분을 만지다가 코끼리의 성격과 형태에 대해 저마다 다르게 결론 내릴 위험이 있다. 그렇지만 여기서 주장한 대로 우리는 복합적인 효과, 근대화 과정으로 포괄되는 전체를 다루고 있는 것이다. 이 과정의 일부 요소들은 산업 시대 초창기부터 전반적인 교전 감소에 영향을 준 반면, 다른 요소들은 근대화 과정이 진행된 지난 두 세기에 걸쳐 등장하여 나중에 영향을 주었다. 이 요소들의 효과가 심화되고 누적된 과정과 무장 대치의 발생 횟수가 점차 감소한 과정은 나란히 진행되었다(물론 양차 대전은 예외다). 따라서 근대화 평화는 하나의 전체로 이해해야 한다. 앞서 말한 평화의 여러 형태는 더 넓고 더 포괄적인 현상 또는 발전의 측면들로서 서로 영향을 주고받으면서 서로를 강화해온 것으로 보인다. 이제 상호작용을 염두에 두면서 주요 요소들 중 일부를 검토해보자.

산업화 또는 경제개발: 맬서스의 덫에서 벗어나기

산업-기술 사회가 성장하면서 나타난 핵심적인 변화는 부의 기하급수적 증가였다. 1인당 생산량이 계속 가파르게 늘어나며 부의 증가를 견인했고, 그 덕분에 인류는 당시까지 인류 역사를 특징지은 맬서스의 덫에서 갑작스레 벗어나게 되었다. 전근대에는 생산성이 증가하더라도 대체로 인구 성장에 의해 상쇄되었고, 절대다수의 사람들은 최저 생계 수준에 가까운 지독한 가난 속에서 위태롭게 살아갔다. 그렇지만 산업-기술 혁명이 일어난 이래 이 모든 것이 극적으로 바뀌었다. 산업 세계에서 평균 성장률이 산업화 이전과 비교해 약 10배 높아졌고, 사상 처음으로 1인당 생산량의 실질적·지속적 성장률이 연평균 1.5~2.0퍼센트를 기록했다. 이런 수치들을 종합적으로 고려하면, 산업혁명이 시작된 이래 선진국들에서 1인당 생산량이 15~30배 증가한 셈이다.[61]

이런 배경에서 전쟁에 영향을 끼친 근대의 첫번째 중대한 변화가 일어났다. 다시 말해 대체로 국내에서 이루어진 발전, 즉 기계 기반 생산의 채택(풀려난 프로메테우스)에 힘입어 경제 파이가 꾸준히 커졌다. 부의 양이 근본적으로 한정되었던 전근대에는 부를 어떻게 나누느냐는 것이 관건이었지만, 이제 더이상 그렇지 않았다. 그 결과 부의 획득은, 한 참가자가 손해를 봐야만 다른 참가자가 이익을 얻는 제로섬 게임에서 점차 멀어졌다. 영향력 있는 사회사상가 오귀스트 콩트Auguste Comte는 인간의 발전에서 전사 사회가 산업 단계에 밀려나는 과정을 개념화하면서 (스승 생시몽Saint-Simon과 마찬가지로) 1815년 이후 수십 년간의 평화로운 분위기를 표현했다.[62] 거의 같은 시기에 다른 사람도 아니고 장차 프로이센 참모총장으로 이름을 떨칠 헬무트 폰 몰트케Helmuth von Moltke가 비슷한 논리를 표현했다. 전제적인 프로이센이 의회도 헌법도 갖추기 전인 1841년에 그는 이렇게 썼다.

> 우리는 수없이 조롱당한 유럽 전반의 평화를 믿는다고 솔직하게 고백한다. 앞으로 유혈 장기전이 없지는 않겠지만 (…) 가늠할 수 없이 증가하는 비용 때문에 전쟁은 갈수록 드물어질 것이다. 직접적으로는 실제 비용 때문이고, 간접적으로는 필시 노동을 경시하게 되기 때문이다. 평화로운 25년간 훌륭하고 현명한 행정 아래 프로이센의 인구가 4분의 1 증가하지 않았던가? 그리고 오늘날 프로이센 주민 1500만 명이 과거의 1100만 명보다 잘 먹고 잘 입고 잘 교육받지 않는가? 이런 결과는 군사작전의 승리나 지방 정복에 필적하면서도, 다른 국가들의 비용도, 전쟁이 요구하는 엄청난 수의 희생자들도 없이 성취한다는 점에서 크게 다르지 않은가?[63]

몰트케는 전쟁의 '직접' 비용이 증가한다고 말한 점에서는 틀렸을지 몰라도, 경제 파이가 커지고 전쟁과 정복의 대안인 평화로운 성장의 매력이 높아지는 추세와 관련된 전쟁의 '간접' 비용은 아주 명확히 인식하고 있었다. 프로이센은 1815년부터 1864년까지 49년간 평화를 유지했는데, 이는 프로이센의 이전 기록과 비교하면 깜짝 놀랄 만큼 긴 기간이었다.

일부 학자들의 주장처럼 영토가 가장 중요했던 농업 시대와 반대로 산업 시대와 정보화 시대에 정복 자체의 수익성이 없어진 것은 아니다. 이 주장에는 두 가지 버전이 있다. 하나는 전쟁이 본질적으로 수익성 없는 일이 되었다는 것이고, 다른 하나는 과거와 비교해 전쟁의 수익성이 떨어졌다는 것이다. 첫번째 명제는 말이 되지 않는다. 선진 국가나 영토를 정복하여 이익을 남길 수 있었거나 실제로 남긴 것으로 확인된 사례들이 있다.* 전쟁과 정복의 수익성이 예전보다 낮아졌다는 두번째 명제는 수량화하기가 어렵다. 그리고 여하튼 이 명제는 요점에서 다른 데로 주의를 돌리게 한다. 수익성 방정식에서 결정적인 변화는 전쟁이 아닌 평화 쪽에서 일어났다. 비용과 수익이 하나의 연속체를 이룬다 할지라도, 이 연속체의 정확히 어디에서 변화가 일어났는지 깨닫는 것은 중요하다. 전쟁과 정복의 수익성이 낮아지거나 없어진 것이 아니라, 평화적인 경제 활동은 수익성이 높아지고 부를 얻는 유망한 길이 된 반면 정복은 불확실하고 위험한 활동으로 머무르고 경장성장에 쓰일 자원을 끌어다 쓰는 덜 매력적인 길이 된 것이다. 문제는 정복과 군사 점령의 체제로 수익을 낼 수 있느냐는 것이 아니라, 공개

* Kaysen은 'Is War Obsolete?'에서 산업 시대에 전쟁이 본질적으로 수익성 없는 일이 되었다고 주장하면서도, 나치 독일이 자기네 유럽 제국을 착취한 사례를 언급한다. Peter Liberman은 *Does Conquest Pay? The Exploitation of Occupied Industrial Societies*, Princeton: Princeton UP, 1996에서 나치 독일뿐 아니라 일본의 제국 착취와 또다른 두 사례까지 다루는데, 그의 결론은 정복이 수지맞는 일이라는 것이다. Stephen Brooks가 'The Globalization of Production and the Changing Benefits of Conquest', *Journal of Conflict Resolution*, 43:5 (1999), 646-70과 *Producing Security: Multinational Corporations, Globalization, and the Changing Calculus of Conflict*, Princeton: Princeton UP, 2005, chap 6에서 제기하는 비판에는 아쉬운 점이 있다. 첫째, Brooks는 유감스럽게도 소비에트 제국을 연구 사례로 선택한다. 소비에트 제국이 소련에 경제적으로 유익하지 않았을지 몰라도, 이것은 무엇보다 이 제국이 소련 자체와 마찬가지로 공산주의적이었고 따라서 경제적으로 제대로 기능하지 않았기 때문인데, Brooks는 이 점을 지적하지 않는다. 둘째, Brooks는 전 세계적 생산 체인의 일부인 국가들의 부가 외국의 통치 아래서는 유지되기 어렵다고 주장하는데, 전적으로 설득력 있는 주장은 아니다. 예를 들어 영국이 정보화 시대의 주요한 금융·무역 허브인 홍콩을 중국에 마지못해 반환한 사례를 생각해보라. 이따금 역사적으로 정교함이 떨어지긴 하지만 Richard Rosecrance는 *The Rise of the Trading State: Commerce and Conquest in the Modern World*, New York: Basic Books, 1986에서 정복 자체의 수익성이 없는 것이 아니라 무역과 비교해 정복의 수익이 낮아진 것이라고 올바로 지적한다. 같은 저자의 *The Rise of the Virtual State: Wealth and Power in the Coming Century*, New York: Basic Books, 1999도 참조하라.

무역을 하는 산업 체제라는 대안으로 수익을 더 많이 낼 수 있느냐는 것이다. 두 가지 흔한 명제—근대 전쟁은 전근대 전쟁과 비교해 절대적 의미에서 더 치명적이고 비용이 더 많이 드는 일이 되었다는 명제와 수익이 훨씬 덜 나는 일이 되었다는 명제—모두 참이 아니다. 근대의 조건에서 평화의 수익성이 높아지면서 두 가지 행동 전략의 상대적 균형이 기울어진 것이다.* 전근대에 문명권 경계지역의 가난한 전사 사회들뿐 아니라 상류층 전사 엘리트들에게도 표준이나 마찬가지였던 포식 생활은 거의 자취를 감추었다. 근대 초기 상업자본주의가 부상하는 동안 영국의 젠트리 계층이 맨 처음으로 했던 대로, 선진 사회의 엘리트들은 더 큰 보상을 얻는 길을 따라 생산적 목표를 추구하는 쪽으로 돌아섰다. 같은 시기 가난한 사회들은 선진 사회들을 정복하기에는 너무 약해졌는데, 애덤 스미스Adam Smith가 지적한 대로 전근대와 달리 근대 이후 군사적 하드웨어의 시대에는 더 높은 경제적 생산성과 군사력 사이에 직접적인 관계가 있었기 때문이다.[64] 칭기즈 칸 선택지는 이미 도태되고 없었다.

사실 산업 시대에 교전 감소는 아직 근대화의 길에 들어서지 않은 국가들 사이에서도 나타났는데, 여기에는 세 가지 주된 이유가 있다. 그런 국

* 존 뮬러는 나중에 자신의 무작위 관념 테제를 재고하면서 19세기 초부터 풍족함의 수준이 기하급수적으로 높아졌음을 인정하게 되었다. 그렇지만 번영, 자본주의, 평화에 관한 생각의 변화가 급등하는 풍족함의 원인이라고 주장하는 등 관념과 물질적 발전의 일방향 관계를 계속 옹호하고 있다. 그는 산업혁명, 번영 증대, 태도 변화의 깊은 상호연관성을 파악하지 못하고 있다. 더 나아가 19세기 동안 산업화가 군국주의 정신을 강화했다고 주장하는데, 사실 19세기는 당시까지 가장 평화로운 세기였다. 또 적어도 제2차세계대전의 경우 독일 민족의 의지에 반해 그들을 전쟁으로 끌어들인 책임이 히틀러에게만 있다는 자신의 주장을 잊은 채, 양차 대전의 원인이 산업화에 있다고 주장한다(John Mueller, *The Remnants of War*, Ithaca: Cornell UP, 2007, 33, 165-6; 'Capitalism, Peace, and the Historical Movement of Ideas', in G. Schneider and N. Gleditsch (eds.), *Assessing the Capitalist Peace*, London: Routledge, 2013, 64-79). 이 장의 주 66도 참조.

가들은 첫째, 선진국들과 비교해 상대적으로 약해졌고 따라서 군사적 승리를 거둘 가능성이 낮아졌다. 둘째, 첫번째 이유와 경제적 보상 때문에 자원을 아끼고 근대화에 투자할 동기가 있었다. 셋째, 패권을 쥔 선진 세계의 압력에, 즉 평화를 교란하지 말라는 압력에 더 취약해졌다.[65] 그리하여 경제성장은 선진국들에 전쟁보다 더 매력적인 선택지가 되는 동시에, 사회문화적인 이유로 근대화를 시작할 준비가 안 되어 있거나 근대화를 꺼리는 후진국들까지 뒤흔들었다.

이 논리는 근대화 평화의 분포와 일맥상통한다. 첫째, 근대화 평화는 선진 세계에서 훨씬 더 강하다. 과거에는 부유하고 강력한 국가들 사이에 전쟁이 가장 빈번하고 격렬했던 반면, 근대화 이후 강대국들과 그 밖에 선진국들은 갈수록 서로 싸우지 않으면서 세계의 선진 지역들을 '평화지대'로 바꾸어왔다. 아직 남은 전쟁은 세계의 낙후된 '전쟁지대'에서 후진국들 간에, 또는 후진국과 선진국 간에 일어난다.[66] 따라서 1945년 이후 "전 세계에 걸친 무력 분쟁의 감소"가 국제 평화유지군 덕분이라는 조슈아 골드스타인의 테제는 요점이 될 수 없는데, 평화유지군은 대부분 개발도상 지역들에 배치된 반면, 같은 기간 전쟁 감소는 대부분 평화유지군이 없는 선진 세계에서 나타났기 때문이다.[67] 세계의 선진 지역과 개발도상 지역의 현격한 차이를 고려하면, 많은 연구자가 하듯이 선진국과 후진국의 교전 기록을 모두 합해 총계를 내는 일은, 근대적인 조건과 대체로 전근대적인 조건을 구별하지 않는 것이므로 사과와 배를 비교하는 격이 된다.[68] 1815년부터 현재까지 기간에 세계의 지역들은 근대화와 전쟁 둘 모두와 관련하여 판이한 조건들을 나타낸다. 선진국들과 후진국들은 같은 세기에 속해 있을지라도 완전히 같은 단계에 있는 것은 아니다.

일각에서는 후진 지역들의 이른바 '새로운 전쟁'이 갈수록 드물어지는 국가 중심의 구식 정규전을 대체한다고 추정한다.[69] 그렇지만 더 정확히 말하면, 새로운 전쟁은 전근대의 전쟁, 이를테면 18세기 이전 유럽의 전쟁과 유사하다. '새로운' 전쟁과 마찬가지로 이런 옛 전쟁에서도 국가의 권위가 약했고, 지역 민병대와 진취적인 군벌 같은 비국가 행위자들이 전쟁에서 중요한 역할을 했으며, 민간인이 학살과 약탈, 강간을 당했고, 분파적 '정체성'—종족적·종교적 정체성—이 우세했다. 그럼에도 불구하고, 비록 선진 세계보다 약하게 나타나긴 하지만 개발도상 세계에서도 앞서 설명한 이유들 때문에 근대화 평화가 눈에 띄게 나타나고 있다. 특히 1990년 이래 아프리카와 아시아에서 교전이 뚜렷하게 줄고 있는데, 그 양상이 1815년 이후 유럽에서 전쟁이 감소한 양상과 얼마간 비슷하다(도표 6.2 참조).

요컨대 근대화의 여러 가닥들을 풀어내고 이것들이 전쟁이 끼친 영향을 밝힘에 따라 경제성장 또는 개발이 산업 시대 이래 전쟁을 억제해온 근본 요인으로 드러나고 있다. 가츠크는 1950~1992년을 다룬 연구에서 개발을 주요 요인으로 꼽았다. 호바르드 헤그레Håvard Hegre는 같은 기간에 개발이 국제 무역 성장의 기반이자 전제조건이었음을 발견했다. 마이클 무소, 호바르드 헤그레, 존 오닐John Oneal은 기간을 1885년까지 넓힌 연구에서 민주주의 평화가 작동하는 데에도 개발이 불가결했음을 보여주었다. 경제학자 티모시 베슬리Timothy Besley와 토르스텐 페르손Torsten Persson은 그들이 말하는 "개발 클러스터cluster (…) 즉 효과적인 국가 제도, (국내) 정치적 폭력의 부재, 1인당 고소득이 양陽의 상관관계를 보이는 경향"을 입증했다.[70] 개발과 민주주의 평화의 연관성은 19세기와 비교해 20세기에, 그리고 후진국이나 개발도상국과 비교해 선진국에서 민주주의 평화가 더 강했던 이유를 설명해준다. 이보다 드물게 지적된 점은, 이 연관성이 근대 이전에 민주주의 평화가 없었던 이유도 설명해준다는 것이다.

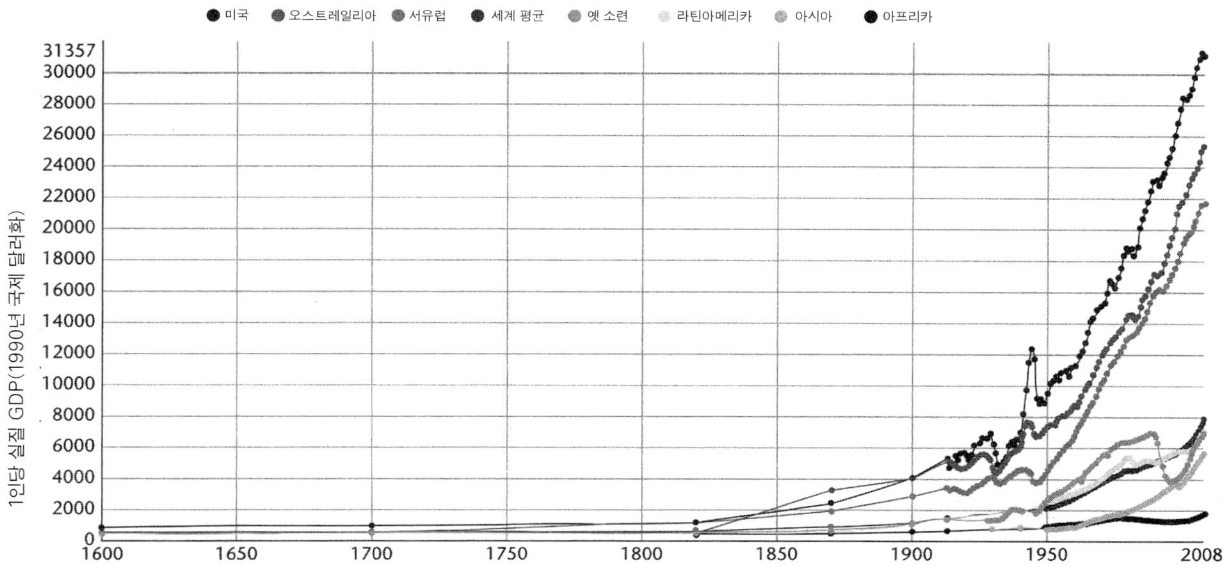

도표 6.2 맬서스의 덫에서 벗어나기: 1인당 실질 GDP 증가(PPP).

전근대와 비교해 1800년을 전후로 산업화가 시작된 이래 기하급수적으로 증가하는 부에 주목하라. 또한 여전히 엄청난 선진국들과 개발도상국들 사이 격차에 주목하라. 이 격차 때문에 세계 평균은 여러 면에서 대표성이 부족한 수치다. 그렇지만 아시아(의 일부)와 이보다 덜 역동적이기는 해도 라틴아메리카에서 GDP가 대폭 증가했다. 반면 아프리카는 아직까지 근대화의 도정에 올랐음을 입증하지 못했다.

이런 발견들은 완전한 시각으로 종합하고 평가할 필요가 있다. 최근 논쟁이 대부분 민주주의와 무역 가운데 무엇이 전쟁 감소에 더 근본적이냐는 문제에 초점을 맞추기는 했지만, 실은 둘 다 더욱 근본적인 요인에, 즉 산업화 또는 경제 근대화에 달려 있다. 다시 말해, 산업화 이전과 비교해 산업 시대가 시작된 1815년 이후 민주주의 국가와 비민주주의 국가, 자본주의 국가와 비자본주의 국가를 막론하고 교전이 전반적으로 급감한(나라별로 전쟁 감소의 속도가 다르긴 했지만) 데에는 무엇보다 경제개발이 중요했다.[71] 그렇다고 해서 경제성장, 무역 증대, 자유민주주의가 서로 연결되어 있고 여러 방식으로 서로를 강화하지 않는다는 뜻은 아니다(다만 완전히 또는 보편적으로 그런 것은 아니다). 또 무역과 자유민주주의가 각각 교전 감소에 매우 강하고 뚜렷한 영향을 주지 않았다는 뜻도 아니다. 내 말은 개발 평화가 자본주의 평화나 자유민주주의 평화보다 더 넓고 더 근본적이라는 것, 예컨대 산업 시대의 비민주주의 국가나 공산주의 국가까지 포괄한다는 것이다. 칸트가 말한 평화를 위한 삼각대의 다리들(민주주의, 경제적 독립, 국제법과 국제기구—옮긴이)은 서로 연결되어 있기만 한 것이 아니라 무언가 위에 서 있기도 하다. 다시 말해 세 다리는 산업 시대를 단단히 딛고 서 있다(도표 6.3).

상업주의의 효과

민주주의 평화와 더불어 상호 의존하는 상업을 통한 평화는 근대화 평화의 가장 익숙한 요소다. 실제로 민주주의 평화 못지않게 상업을 통한 평화의 실현도 근대화와 산업생산에 달려 있다.

자유무역의 이점은 애덤 스미스가 잘 보여주었고 데이비드 리카도 David Ricardo가 상세히 설명했다. 고전파 경제학자들에 따르면, 보호주의—

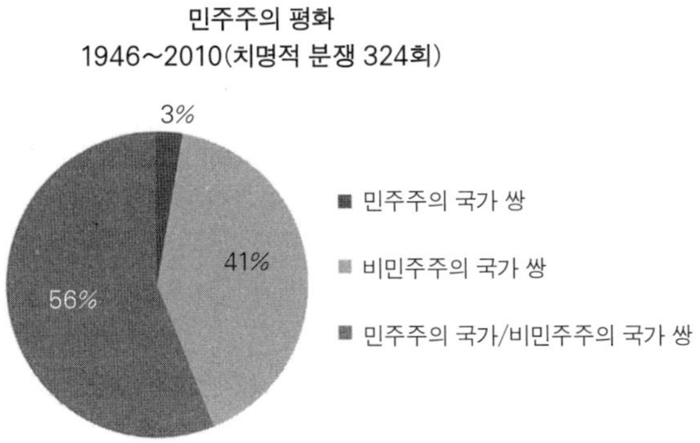

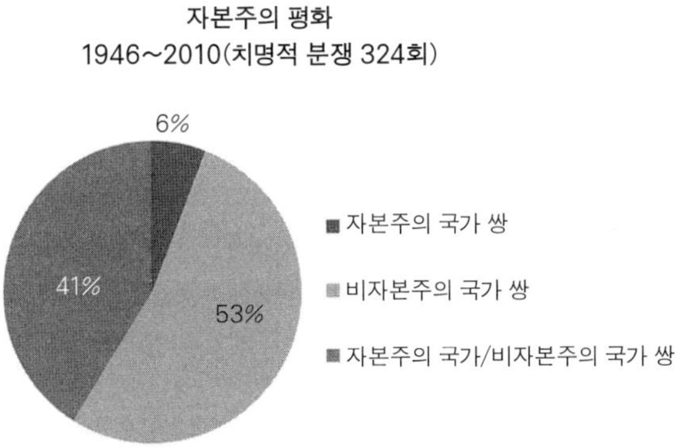

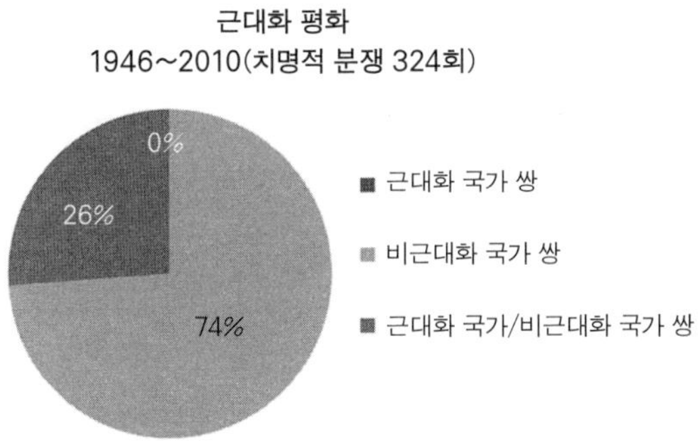

도표 6.3 치명적인 국가 간 군사분쟁과 민주주의, 자본주의, 근대화의 연관성, 1946~2010 (사망자가 발생한 양국 분쟁 324회).

평균적으로 민주주의 국가들(정치체 점수>3)은 1946~2010년에 전체 국가 중 약 34퍼센트를 차지했다. 민주주의 국가 쌍들이 치명적인 군사분쟁을 벌일 무작위 확률은 약 11퍼센트인 데 반해 실제 수치는 3퍼센트이므로, 이는 민주주의 평화 명제를 강하게 뒷받침하는 결과다.
민주주의 국가 쌍, 자본주의 국가 쌍, 높은 수준의 개발/근대화 국가 쌍 모두 아주 강한 평화 효과를 나타내지만, 그중 개발/근대화의 효과가 분명 가장 강하다. 더욱이 1946년 이후 기간에 민주주의, 자본주의, 근대화/개발이 일부 겹치기는 해도(특히 민주주의와 자본주의의 겹침이 두드러진다), 민주주의와 자본주의는 대체로 근대화에 따라 변화한다. 가장 눈에 띄는 점은, 근대화된 국가들 사이에 치명적인 군사분쟁이 전혀 발생하지 않은 사실로 알 수 있듯이, 같은 기간 두 민주주의 국가 또는 두 자본주의 국가 사이에 치명적인 군사분쟁이 발생한 모든 경우에 적어도 한 국가는—그리고 대부분의 경우 두 국가 모두—분쟁 당시 근대화되지 않은 상태였다는 것이다.
주의할 점은 국가 간 군사분쟁, 민주주의, 자본주의(그리고 근대화)의 자료로 널리 쓰이고 위 수치들의 전거이기도 한 데이터베이스를 검토해보면 몇 가지 착오, 빠진 사례, 때로 무작위적으로 보이는 범주가 드러난다는 것이다. 일관성과 객관성을 위해 나는 그 데이터를 바로잡거나 보충하거나 다른 식으로 조정하는 작업을 삼갔다. 여하튼 전반적인 추세는 충분히 확실한 것으로 보인다.[72]

정치적 수단을 사용해 경쟁자들을 시장에서 배척하는 것—와 이것이 영토팽창주의적이고 군사화된 형태로 나타난 이른바 중상주의는 결국 모든 관련국에 나쁜 것이었다. 보호주의-중상주의가 경제적 효율성의 주된 동력을 저해했기 때문이다. 보호주의-중상주의는 경쟁을 제한했고, 체제의 각 부분이 가능한 한 생산을 전문화해 비교 우위를 최대화하지 못하게 방해했다. 그럼에도 스미스 이후 4분의 3세기가 지난 19세기 중엽에 이르러서야 경제 패권국이자 최초의 산업국인 영국이 보호주의를 포기하고 자유무역을 채택해 적어도 한동안 체제 전체를 같은 방향으로 몰아갔다. 왜 이렇게 지연되었을까? 그저 좋은 생각이 좋다고 인정받기까지 시간이 걸렸기 때문일까?

스미스와 리카도가 제시한 자유무역의 논리는 탄탄했다. 하지만 제약이나 조건이 없었던 것은 아니다. 다른 무엇보다 이 논리의 현실화는 시장경쟁의 논리를 무력에 의한 독점보다 더 유망하게 여기는 주요 행위자들

각각에 달려 있었다. 그렇지만 산업화를 거치면서 시장의 중요성과 군사력 사이 균형 및 관계가 크게 바뀌는 추세와 맞물려 자유무역은 엄청난 속도로 현실이 되어갔다. 시장의 중요성과 군사력 모두 극적으로 바뀌었다. 앞서 봤듯이, 경제적으로 약한 국가들은 군사적으로 무력해졌고 따라서 체제를 강요할 수 없었다. 오히려 경제에서 무역이 완전히 새로운 차원으로 중요해졌는데, 산업생산과 대규모 분업의 자연스러운 결과가 무역이었기 때문이다. 상품 흐름을 가로막는 장벽이 낮아짐에 따라, 폭발적으로 성장하는 산업 시장경제의 효율성이 한층 높아졌다.[73] 산업 시대에 무역 자유의 증진은 훨씬 더 매력적인 것이 되었는데, 산업화 이전 경제에서는 가족 생산자들이 자기네 생산물을 직접 소비했지만 이제 빠르게 늘어나고 다양해지는 생산물 중 압도적인 비율을 시장에 내다팔았기 때문이다. 산업화 이전인 18세기 후반에 자본주의적인 영국—여전히 대부분 농업 중심에 자급자족하던 세계 경제를 연결한 새로운 지구적 상업 체제의 허브—에서 출현하여 스미스에 의해 확인된 자유무역의 논리는 산업화와 더불어 엄청나게 강화되었다.

산업화를 하는 동안 유럽 강국들의 대외무역은 각국의 빠르게 성장하는 GDP보다 2배 빠르게 증가했다. 그 결과 20세기 초입에 수출액과 수입액을 더한 총액이 영국과 프랑스에서는 GDP의 절반 정도까지, 독일에서는 3분의 1 이상까지, 이탈리아(와 일본)에서는 3분의 1 정도까지 증가했다.[74] 공산주의 블록이 붕괴한 이후 두번째 세계화 시대에도 무역은 GDP보다 두 배 빠르게 증가했다.[75] 다시 말하지만 자유무역의 이익은 산업 시대에 시장을 위한 생산이 대폭 늘어남에 따라 급격히 증가했다. 이미 지적했듯이, 전쟁 자체의 비용이 늘어나고 수익성이 떨어진 것이 아니라 평화로운 상호작용의 수익성이 기하급수적으로 높아진 것이다. 경쟁적 경제 협력을 통해 얻는 수익이 늘어날수록 분쟁은 비생산적이고 매력 없는 선택지가 되어갔다.

이제 국민경제들은 압도적으로 자급자족하며 서로 별반 영향을 끼치지 않는 관계가 아니었다. 갈수록 강화되고 확산되는 전문화와 교환의 네트워크 안에서, 빈번히 찬양받는 시장과 경제의 세계화 안에서, 국민경제들은 점점 더 연결되었다. 전쟁의 매력을 떨어뜨린 이런 전개 과정의 여러 효과는 세심하게 살펴볼 필요가 있다.

첫째 효과는 상호 의존성이다. 주요 무역 파트너들 간 전쟁은 생산과 무역의 연쇄를 깨뜨려 단기적인 결핍과 전반적인 비효율을 초래한다.

둘째 효과는 상호 번영이다. 세계 시장은 외국의 번영이 국내의 번영과 연관된다는 것, 외국의 황폐화가 잠재적으로 체제 전체를 침체시키고 각국의 안녕에 해롭다는 것을 의미한다. 국가들이 서로의 소비자인 관계에서는 각국의 구매력이 서로를 부유하게 만든다. 따라서 이전 시대와는 판이하게 적국의 경제적 파탄이 자국의 번영에 악영향을 준다. 일찍이 19세기 사상가들은 이런 상황이 근본적으로 새로운 상황임을 분명하게 인식했다. 예컨대 존 스튜어트 밀John Stuart Mill은 이렇게 말했다.

> 상업은 우선 국가들에 서로의 부와 번영을 호의적으로 바라보라고 가르쳤다. 예전에 애국자는, 세계를 자국으로 여길 만큼 문화적으로 진보한 사람이 아닌 이상, 자국 외 모든 나라가 약하고 궁핍하고 형편없이 통치되기를 바랐다. 이제 그는 타국의 부와 진보를 자국의 부와 진보의 직접적인 원천으로 여긴다. 전쟁을 빠르게 무용지물로 만들고 있는 것은 상업이다.[76]

밀이 원론적으로 정식화한 전망은 제1차세계대전 이후 엄연한 현실이 되었다. 존 메이너드 케인스John Maynard Keynes가 『평화의 경제적 귀결The Economic Consequences of the Peace』(1920)에서 경고한 대로, 제1차세계대전 이후 독일에 부과된 막대한 전쟁배상금 탓에 독일 경제가 회복되지 못하자 국제 경제도 회복되지 못했고, 승리한 열강도 번영을 다시 구가할 수 없었다. 실제로 1920년대 초의 경제적 곤경이 케인스의 주장을 입증하는 것으로 보이자 승전국들은 방침을 바꾸어 독일의 경제와 정치적 지위를 되살리기 위해 애썼다(다만 이 노력은 1929년부터 대공황이 시작되는 바람에 실패로 돌아갔다). 동일한 논리가 제2차세계대전 이후 미국의 돈으로 독일과 일본을 재건하도록 이끌었다.

경제와 시장이 세계화됨에 따라 교전에 영향을 주는 셋째 변수는 높아진 경제적 취약성이다. 전쟁에 관여하는 국가에서는 구매자가 다른 시장을 찾아 떠날 수도 있고, 외국 자본이 달아날 수도 있고, 금융시장에서 신용거래가 동결되거나 비싸질 수도 있다. 이런 결과는 다른 국가들의 의도적인 조치로 생길 수도 있고, 시장의 힘이 자유롭게 작용하여 생길 수도 있다. 전쟁은 언제나 돈이 많이 드는 사업이었지만, 경제적 상호 의존도가 훨씬 높아진 상황에서 전쟁을 한다는 것은 곧 경제적 취약성이 대폭 높아진다는 것을 의미한다.

넷째 효과는 열린 접근이다. 전 세계적으로 열린 경제·상업 체제는 경제적 접근과 이를 제한하는 정치적 국경 및 주권을 분리함으로써 전쟁에 불리하게 작용해왔다. 어떤 영토로부터 이익을 얻기 위해 그 영토를 꼭 정치적으로 소유해야 하는 것은 아니다. 영토 분쟁의 존재와 현저성 그리고 전쟁의 발발과 심각성 사이에는 상관관계가 있는 것으로 입증되었다.[77] 그렇지만 열린 접근이 우세할 경우 영토 분쟁의 이유들 중 일부는 없어지거나 약해지는데, 국가들이 식량과 원료 같은 필수 수입품을 얻지 못하거나 수출 기회를 잡지 못할까봐 우려하지 않아도 되기 때문이다. 열린 접근 역시 전쟁과 정복의 논리와 비교해 무역의 논리를 강화한다. 시장을 위한 생산이, 따라서 무역이 우세해짐에 따라 열린 접근은 더욱 불가결한 것이 되어왔고, 중상주의로 구체화된 전쟁 위험은 훨씬 더 심각하고 덜 바람직한 것이 되어왔다. 상호 의존성, 상호 번영, 높아진 경제적 취약성, 열린 접근은 상업 평화의 개별적이되 서로 연결되어 있는 측면들이며, 상업 평화 자체는 산업 평화 또는 개발 평화의 자연스러운 보완물이다.

그렇지만 앞날이 완전히 장밋빛이거나 위험이 전혀 없는 것은 아니라는 데 유의해야 한다. 앞서 지적했듯이 자유무역의 평화화 효과들이 무조건 나타나는 것은 아닌데, 그것들이 무정부적 국제 체제에서 주요 행위자들이 시장 경쟁의 논리를 무력에 의한 독점보다 더 유망한 것으로 받아들일지 여부에 달려 있기 때문이다. 그들 중 일부가 그렇게 받아들이지 않으면 어떻게 될까? 애덤 스미스 본인이 세력균형을 고려해 자유무역을 정당하게 제한할 수 있다고 인정했는데, "방어가 (…) 풍요보다 훨씬 중요하기 때문이다".[78] 예를 들어 경제 선두국가가 자국의 부를 포함해 절대적 부를 늘리기 위해 야심 찬 국가에 자유로운 수출과 수입을 허용할 경우, 그 도전자가 더 부유해진 이후 새로 얻은 권력을 이용해 선두국가를 파멸시킬 수도 있을 것이다.

영국은 최초의 산업국가로서 이런 딜레마를 경험했다. 19세기 전반기 동안 영국은 중상주의를 철회하고, 시장을 외국인과 외국 상품에 개방하고, 보호주의 관세를 폐지하고, 대외 투자와 기술 판매를 제한하던 조치를 해제하고, 결국 자유무역을 하는 국가가 되었다. 이로써 영국은 자국의 성장을 크게 가속하는 동시에 나머지 세계의 성장도 촉진했다. 그렇지만 상대적으로 보면 이 개방 정책으로 인해 다른 국가들—무엇보다 미국과 독일—이 마침내 영국을 경제적으로 따라잡고 영국의 최강국 지위에 도전하기가 더 쉬워졌다. 반대로, 만약 영국이 다른 국가들에 자유무역과 자유로운 접근을 허용하지 않은 채 전 세계의 경제성장을 가로막았다면, 실제 영국과 달리 무역을 통해 엄청난 이익을 얻지 못했을 것이다. 게다가 영국은 비록 더 느린 속도로 이루어졌을지라도 다른 국가들의 산업화를 막지 못했을 것이고, 시장과 자원을 무력으로 차지할 동기를 강화했을 것이다. 이 문제는 과거에도 오늘날에도 딜레마이자 도박이다. 영국의 자유무역 정책이 제정 독일보다는 자유민주주의 국가 미국과 관련하여 정치적·군사적으로 덜 위험했다고 주장할 수는 있다. 그렇지만 영국이 과연 독일의 산업화를 효과적으로 지연시킬 수 있었을까? 그리고 그렇게 하기 위해 영국 자체와 평화의 가능성은 어떤 대가를 치러야 했을까?

1979년부터 중국이 시장경제와 국제 무역을 받아들이면서 이와 비슷한 문제와 딜레마가 제기되었다. 미국과 그 자유민주주의 맹방들은 자국 시장을 개방하여 중국의 급성장을 자극하는 등 호의적으로 반응했다. 이런 과거와 현재의 딜레마는 제7장에서 더 살펴볼 것이다.

풍요와 안락함

상업적 상호 의존과 평화의 연관성은 오래전부터 인식되었고 학술 문헌에서 폭넓게 다루어진 반면, 근대 경제평화의 다른 측면들은 대체로 간과되었다. 산업 발전 또는 개발의 효과와 맬서스의 덫에서 벗어난 과정은 앞에서 논했다. 그런데 상업화된 산업 경제는 교전을 줄이는 데 기여하는 동시에 전례가 없는 또다른 새로운 요인, 바로 풍요도 낳았다. 풍요 개념이 현대 사회를 분석할 때 핵심 개념이 되었음에도, 풍요가 전쟁에 끼치는 중

대한 영향은 별반 주목을 받지 못했다. 고금을 통틀어 사회가 풍요로워질수록 전쟁의 고난을 견디려는 사람은 줄어들었다. 전근대의 번영하는 사회에서 부유층의 호화로운 생활조건과 육체노동을 하지 않을 자유는 군사작전과 야전생활의 육체적 피로와 상충했다. 결국 부자들에게 그런 고난은 더욱 낯설고 매력 없는 경험이 되었다. 호사스러운 생활이 유약함을 낳는다는 것은 모든 고전 문명에서 오래된 철학적-도덕론적 격언이었다. 산업-상업 시대가 펼쳐지고 1인당 부가 기하급수적으로 증가함에 따라 종전에는 엘리트 특권층만 누렸던 부와 안락함, 여타 편의시설이 사회 전체로 확산되었다. 이처럼 증가하는 부는 제조업 확대와 무역의 상호 의존성이라는 근대의 논리뿐 아니라 풍요와 안락함이 사회의 고난 극복 의지에 끼치는 영향이라는 전통적 논리—이제 사회 전체로 크게 확장된 논리—를 통해서도 전쟁을 줄이는 기능을 해왔다. 풍요 개념이 만들어진 제2차세계대전 이후 시기에 선진 세계의 사회들은 풍요—생활에 반드시 필요한 기본적인 자원이 부족하지 않고 갖가지 소비재를 구할 수 있는 상태—를 이루어냈다. 그리고 그때 이후로 풍요의 수준이 계속 높아졌다. 요컨대 풍요는 나중에 근대화 평화에 추가되어 1945년 이후 이 평화를 촉진하고 크게 강화해왔다.

오늘날 풍요롭고 안전한 사회의 사람들은 겨우 몇 세대 전만 해도 조상들이 어떻게 살았는지, 지금도 가난한 나라의 사람들이 어떻게 사는지 좀처럼 상상하지 못한다. 전근대 사회의 사람들은 가장 기본적인 의미의 생존을 위해 투쟁했다. 그들 절대다수는 평생 굶주림을 면하기 위해 등골이 빠지도록 육체노동을 하고 끊임없이 투쟁했다. 고아 됨, 유아 사망, 배우자의 때 이른 죽음, 전반적인 조기 사망 같은 비극은 그들의 삶에서 떼려야 뗄 수 없는 일이었다. 연령을 막론하고 질병과 장애, 육체적 고통에 시달

렸으며 효과적인 치료법은 없었다. 국가의 통치가 우세한 곳에서마저 이웃 간 폭력 분쟁이 때때로 일어났고 언제든 일어날 수 있었으며, 그런 까닭에 체력, 강인함, 명예와 이런 것들에 대한 평판이 중시되었다. 고난과 비극은 그들을 무정한 숙명론자로 만들곤 했다. 이런 환경에서 그들은 맬서스가 죽음의 신으로 꼽은 기근과 질병은 물론이고 전쟁이 수반하는 괴로움과 죽음까지도 마치 자연이 가하는 또다른 고통인 양 참아냈다.

풍족한 사회가 성장하면서 사람들의 삶은 극적으로 변했다. 육체노동이 감소했을 뿐 아니라 굶주림과 결핍이 풍족함으로 대체되었고, 음식을 사실상 무한정 얻을 수 있게 되었다. 사실 음식을 너무 많이 구할 수 있게 된 나머지 기아가 아닌 비만이 심지어 빈곤층에서도, 때로는 특히 빈곤층에서 심각한 문제가 되고 있는데, 이런 말은 과거 어느 시대에나 도통 이해할 수 없는 모순처럼 들렸을 것이다. 유아 사망률은 산업화 이전과 비교해 거의 20분의 1 수준으로 뚝 떨어졌다. 1000명당 연간 일반 사망률은 약 30명에서 7~10명으로 낮아졌다.[79] 과거에 사망 원인 1위였던 전염병은 개선된 위생과 예방접종, 항생제 덕분에 사실상 치명적이지 않게 되었다. 한때 삶의 일부였던 수많은 염증과 장애—시력 저하, 충치, 피부병, 탈장—는 약물과 의료기구, 외과술 덕분에 완화되었다. 마취제, 그리고 진통제부터 경기력 강화제에 이르기까지 다양한 약물은 삶의 질을 극적으로 높여주었다. 오늘날 선진 세계의 사람들은 냉난방이 잘되는 집에서 기계/전자기기를 갖춘 채 살아간다. 그들은 실내 욕실과 화장실을 갖고 있다. 또 날마다 몸을 씻고 옷을 자주 갈아입는다. 걷기보다 차를 운전하고, 넘쳐나는 대중 오락물에 여가시간을 할애하며, 멀리 떨어진 이국적인 장소에서 휴가를 보낸다. 삶을 그저 견디기보다 통제하고 즐기며, 자신의 인생 계획에 전쟁이 들어설 여지를 거의 남겨두지 않는다.

교전을 감소시킨 이 모든 효과를 설명하는 데 사회과학의 몇몇 익숙한 개념을 적용할 수 있다. 사람들은 개인의 자기충족을 강조하는 '탈근대적'·'탈물질주의적'·쾌락주의적 가치를 받아들이고 있다. 로널드 잉글하트 Ronald Inglehart가 폭넓게 조사한 대로, 사람들은 과거의 '생존 가치'에서 풍요로운 사회 특유의 '자기표현 가치'로 이행해왔다.[80] 다른 관련 개념으로는 제3장에서 언급했고 스티븐 핑커가 널리 대중화한 노르베르트 엘리아스의 '문명화 과정'이 있다. 질서 잡힌 안락한 사회에서는 사교 관계에서 거친 행위가 줄어들고 공손한 행위와 평화로운 토론, 유머가 규범이 된다. 심리적 민감성은 극적으로 높아져왔다. 남성들은 예전보다 좀더 '자신의 여성적인 면을 접할' 수 있다. 과거에 어린이와 청소년은 부모에게 체벌을 받고 학교와 놀이터, 거리에서 자기들끼리 싸우곤 했지만, 지금은 전반적인 폭력 혐오 풍조에 둘러싸여 있다. 익숙하고 관련성 높은 또다른 개념은 '위험 기피'다. 사람들은 생필품을 모두 확보하고 나면 더 보수적이고 덜 필사적이고 덜 위험한 행동 전략을 채택하는 경향이 있다. 목숨과 신체를 걸 만한 이유가 대폭 줄어드는 것이다. 한편 〈뉴욕 타임스〉 기고자 토머스 프리드먼Thomas Friedman은 1990년대에 좀더 가벼운 어조로 국제관계학 이론가들에게 생각할 거리를 주었다. 프리드먼의 규칙에 따르면, 맥도널드 매장이 입점할 만큼 부유한 두 나라의 관계에서는 '맥도널드 평화'가 우세하다.[81] 이 규칙에서 벗어나는 사례들이 있기는 했지만, 프리드먼의 기본적인 생각은 여전히 유효하다.

세계의 저개발 지역들은 근대화 평화의 개발 요소와 상업 요소 이상으로 풍요를 결여하고 있으며, 이런 현실은 근대화 평화가 상대적으로 약하게 나타나는 원인이 된다. 오늘날 과도기에 있는 가장 두드러지고 흥미로운 사례는 중국이다.

도시생활양식과 도시성

'문명화 과정'은 근대에 이루어진 주요한 발전 중 하나인 도시화 과정 및 대도시 서비스 사회의 성장과 밀접한 관련이 있다. 고전 시대 군사 권위자들의 견해, 예컨대 마키아벨리가 되풀이한 베게티우스Vegetius의 견해에 따르면 상업적인 대도시는 특히 고된 육체노동에 익숙한 강건한 농민들이 있는 시골과 비교할 때 신병을 모집하기에 제일 부적합한 장소였다. 으레 출신 지역이 제각각인 대도시 주민들은 공동체를 결속하는 전통적인 유대를 결여하고 있었고, 촌락과 소도시 공동체의 사회적 통제로부터 자유로웠다. 도시에서 신속한 거래와 갖가지 유혹에 노출된 그들은 너무나 변덕스럽고 근본 없고 제멋대로 행동하고 냉소적으로 구는, 신뢰하지 못할 부류로 간주되었다. 근대 들어 도시생활양식은 꾸준히 확대되어 인구 다수를 아우르게 되었다. 그에 따라 시골에 사는 사람들의 수는 줄었다. 그럼에도 군부는 계속 촌사람들을 최고의 '신병 자원'으로 쳤다.

이런 사례는 넘쳐난다. 20세기 초입에 독일군은 시골 주민을 유달리 많이 징집했고, 차선책으로 시골의 소도시 주민을 징집했다. 대도시에서는 신병 모집을 제한했는데, 대도시의 대중이 군사적으로 덜 적합하거니와 사회주의에 물들어 정치적으로도 미심쩍다고 여겼기 때문이다.[82] 당시 세계에서 가장 도시적인 사회였던 자유민주주의 국가 영국은 양차 대전 기간에 징병제를 채택했다. 영국에서도 시골 주민이 병역에 제일 적합하다고 보았다. 산업노동자는 덜 적합한 부류로, 사무직 노동자는 혹독한 군생활에 가장 부적합한 부류로 여겼다. 양차 대전기에 영 제국의 최우수 병력은 여전히 시골의 비중이 큰 자치령인 뉴질랜드, 오스트레일리아, 캐나다에서 온 농장노동자들이었다. 이와 비슷하게 제1차세계대전 기간에 미군의 중추였던 미국 중부 출신 농민 신병들은 1급 군사 자원으로 평가받았다. 도시 주민이 다수 포함된 제2차세계대전기 미군은 여전히 잘 싸우기는 했지만 제1차세계대전을 치른 선배들처럼 최고의 평판을 얻지는 못했다. 그리고 베트남 전쟁 징집병들, 특히 도시 주에서 온 병사들은 타고난 군인 자질이 없다는 더욱 낮은 평가를 받았다. 이라크 전쟁 전사자들의 고향을 분석한 자료는 시골과 소도시의 공동체가 인구 대비 자원병을 대도시보다 거의 두 배나 많이 보낸다는 사실을 알려준다.[83] 건국 이후 첫 수십 년간 이스라엘의 정예부대원 중 절대다수는 비교적 적은 수의 자발적 집단공동체(키부츠)와 농업공동체(모샤브) 출신 청년이었다.

여기에 더해 근대화 후반 단계에 특히 도시에서 일어난 사회 직업 분포의 광범한 변화도 고려해야 한다. 산업 시대의 전성기 동안 도시 서민들은 주로 공장노동자였다. 그들은 육체노동, 기계, 그리고 '포디즘Fordism'과 '테일러리즘Taylorism' 딱지가 붙은 대규모 공동작업에 익숙했다. 그들은 조밀한 도시 공동체에서 살았고, 대부분 글을 읽고 쓸 줄 알았다. 특히 군대 역시 기계화되고 있었던 만큼 이런 자질은 군대에서 중요한 장점이었다. 그렇지만 산업-기술 시대가 전개될수록 경제 선진국들에서는 노동인구 중 제조업 부문의 비율이 낮아지고 서비스업 부문의 비율이 높아졌다. 이 추세를 선도한 미국에서는 오늘날 노동인구의 70퍼센트가 서비스업에 종사하고 제조업에는 18퍼센트만 종사한다.[84] 군대 역시 기계화 병력에서 정보 기반 병력으로 변해왔고, 점점 더 전산화된 데이터 처리와 정확한 원거리 사격에 의존해 대부분의 전투를 수행해왔다고 말할 수 있다. 그렇다 해도 농민이나 공장노동자였던 선배들과 달리 풍족한 사회에서 사무실 책상에 앉아 일하고 교외 주택지에 틀어박혀 지내는 데 익숙한 현대인으로서는 군생활에 적응하기가 여간 어려운 게 아니다. 정리하자면 근대화 맨 처음부터 사회가 도시화를 겪으며 변하기는 했지만, 1945년 이후 경제 선진국들에서 육체노동을 하는 산업 부문의 고용이 감소하고 서비스업 부문의 고용이 증가하는 추세가 뚜렷해졌으며, 이 추세가 같은 기간 사람들의 전쟁 성향을 약화하는 데 일조했다. 세계의 저개발 국가들은 이런 전개의 영향을 덜 받은 반면 중국은 이번에도 과도기에 있는 대규모 연구 사례를 제공한다.

자유민주주의

지난 수십 년간 격렬하게 논쟁한 뒤 민주주의 (국가 간) 평화에 관해 알게 된 것들을 다시 정리해보자. 민주주의 평화는 아주 실질적인 현상이다. 이 현상은 자유민주주의 국가들과 비민주주의 국가들을 선명하게 구분하는데, 전자와 달리 후자는 민주주의 국가와의 전쟁뿐 아니라 자기들끼리의 전쟁에도 관여한다. (그렇지만 비민주주의 국가들 역시 이전 시대들과 비교해 덜 싸웠다. 최근에만 덜 싸운 것이 아니라, 점점 더 알려지고 있듯이 1815년 이래 줄곧 덜 싸웠다. COW 데이터의 한정된 기간은 이 사실을 감춘다.[85]) 민주주의 평화는 점점 더 강해졌고, 19세기보다 20세기에 더 단단히 자리를 잡았다(그리고 덜 알려진 점이지만 19세기 이전에는 민주주의 평화의 흔적이 없다). 그리고 개발도상국들보다 경제 선진국들 사이에서 민주주의 평화가 더 강하다.

이 모든 상이한 특징들은 어떻게 어우러지는가? 그리고 어떻게 일관되게 설명할 수 있는가? 민주주의 평화가 계속 심화된 원인으로 시간이 흐름에 따라 민주주의 자체와 자유주의적 가치가 심화된 과정이 지목되었다.[86] 자유주의-의회제 사회들은 지난 두 세기 동안 노예제 폐지, 모든 남성과 여성에게 선거권 단계적으로 확대, 여성과 소수자에게 평등한 법적·사회적 권리 확대, 사회적 관용 수준의 전반적인 상승, 정치적 투명성과 책임성 증대 등의 변화를 잇따라 경험했다. 이런 이유로 개발도상 세계에서 민주주의 국가들 사이에 평화가 약한 것은 선진 세계와 비교해 민주주의와 자유주의의 수준이 낮기 때문이라는 설명이 제시되었다. 민주주의와 자유주의의 수준이 낮다는 점에서 개발도상국들은 19세기 서구를 연상시킨다는 것이다.[87] 그렇다면 이렇게 민주화와 자유화가 심화되는 원인은 무엇인가? 스스로를 연료로 삼는 순전한 문화적-도덕적-사회적 태도의 변화인가? 만약 그렇다면, 경제적으로 덜 개발된 사회들이 이 과정에서 뒤처지는 이유는 무엇인가?

사회경제적 근대화와 자유주의·민주주의의 성장 사이에 연관성이 있다는 사실은 오래전부터 인식되었다.[88] 19세기 이전에는 (도시국가와 대비되는) 전국 규모의 민주주의 국가가 전혀 없었다는 사실을 우리는 너무 자주 잊곤 한다. 물론 개발과 민주주의의 연관성이 절대적인 것은 아니다. 1947년 이래 민주주의를 채택한 인도를 비롯해 경제 근대화의 초기 단계에 있는 일부 가난한 민주주의 국가들이 있다. 하지만 그런 나라들에서도 철도, 자동차, 신문, 전신, 라디오, 텔레비전 같은 근대 통신망이 없었다면 민주주의를 상상할 수 없었을 것이다. 다른 한편, 제7장에서 검토할 비민주주의 선진국들이라는 문제도 있다. 그렇지만 대체로 기록은 민주주의가 경제개발과 더불어 더욱 단단히 자리를 잡는다는 것, 이 두 요인과 민주주의 평화의 성장 사이에 연관성이 있다는 것을 보여준다.

더욱이 전근대와 비교해 산업 시대에 비민주주의 국가들 역시 전반적인 교전 감소에 동참하긴 했지만, 자유민주주의 사회들이 근대의 평화화 양상에 가장 잘 적응해온 것으로 입증되었다. 국내에서 자의적인 강압력에 의존하는 비자유주의 국가와 비민주주의 국가는 국외에서 무력을 더 자연스럽게 사용해왔다. 그에 반해 국내에서 평화적이고 법의 중재를 받는 관계에 맞추어 사회화된 자유민주주의 국가의 국민들은 같은 규범이 국제 관계에도 적용될 것으로 기대하게 되었다. 갈수록 관대해지는 사회에서 그들은 타인의 관점을 점점 더 받아들이게 되었다. 국내에서 자유, 법적 평등, 정치적 참여 등을 장려한 자유민주주의 열강은 (비록 초기에는 광대한 제국을 소유했지만) 외국 국민들을 그들의 동의 없이 통치하는 일을 정당화하는 데 갈수록 어려움을 겪었다. 그리고 생명, 자유, 인권을 신성시한 자유민주주의 열강은 토착민을 무력으로 억압하는 데 실패해왔다. 더욱이 자유민주주의 사회에서는 개인의 삶과 행복 추구가 집단의 가치보다 중시되어 전시에 목숨을 바치라는 요구마저 갈수록 정당성을 상실해왔다. 오늘날 전쟁은 이미 좁고 계속 좁아지고 있는 공식적이고 실질적인 조건에서만 정당화되며, 일반적으로 극히 혐오스럽고 바람직하지 않은 것으로 간주된다.

앞서 지적했듯이 이는 점진적인 과정이었다. 초기만 해도 민주주의 국가의 여론과 유권자들은 결코 평화적이지 않았다. 19세기 서구에서는 대중이 정치의 전면에 나서고 정치 체제가 민주화됨에 따라 주저하는 정부가 아니라 호전적인 대중의 압력이 국가를 전쟁으로 몰아간다는 것이 통념이 되었다. 실제로 19세기 서구 대중의 태도는 고대 민주정·공화정 도시국가들에서 나타났던 태도와 다르지 않았다. 상투적인 생각과 달리, 주로 지도자들이 평화를 사랑하는 국민들을 교묘히 조종했기 때문에 대중이 동요했던 것이 아니다. 그 못지않게 지도자들은 대중의 강한 요구에 부응했다. 쇼비니즘적이고 호전적인 대중의 광란을 뜻하는 단어 '징고이즘(jingoism)'은 민주주의가 성장하던 19세기 후반 영국에서 통용되기 시작했다. 징고이즘은 보어 전쟁(1899~1902) 기간에 널리 퍼졌다. 같은 시기 미국은 정부를 떠미는 대중의 열광이라는 물결을 타고 에스파냐와의 전쟁(1898)에 돌입했다. 이 두 사례에서 적국이 자유민주주의 국가로서 결격이었다고 생각하는 독자가 없도록 지적하자면, 파쇼다 위기(1898) 기간에도 영국과 프랑스에서 상대국에 가장 호전적이고 쇼비니즘적이고 매정한 태도를 보인 것은 공히 여론이었다. 전쟁에서 물러선 쪽은 정치인들이었다. 여론은 1881년부터 1920년까지 신제국주의를 추동한 주된 힘이었으며 대체로 영토 확장을 지지했다.

이와 동시에, 세계의 산업·무역·금융 체제가 팽창하고 상호 의존도가 심화됨에 따라 심각한 전쟁이란 순전히 재앙이자 미친 짓이라는 생각, 19세기에 자유주의 국가들에서 이미 주목을 받은 생각이 20세기 초에 신생 자유민주주의 국가들에서 점점 더 확고해졌다. 이 생각은 노먼 에인절 Norman Angell이 유명한 저서 『거대한 환상The Great Illusion』(1910)에서 표명한 견해이기도 하다. 이런 배경에서 발발한 까닭에 제1차세계대전은 개전 초기 대중의 광범한 열광에도 불구하고 종전 이후 자유주의적 의식의 위기를 불러오고 자유주의 사회에 트라우마를 남겼다. 뮬러는 제1차세계대전이 전쟁에 대한 사회적 태도에서 역사적 전환점이었고 민주주의 국가와 비민주주의 국가에 똑같이 영향을 주었다고 주장했다.[89] 그러나 이 주장은 사실과 거리가 멀다. 이 전쟁의 유명한 '트라우마'는 압도적으로 자유주의적인 현상이었으며, 각국의 실제 손실이 아니라 나라별 자유주의의 힘과 밀접한 연관이 있었다.

예를 들어 당시 유럽에서 가장 자유주의적인 강국이었던 영국은 유럽 열강 가운데 제1차세계대전에서 손실을 가장 적게 입었음에도 전쟁에 가장 부정적으로 반응했고 '잃어버린 세대'를 가장 깊이 애도했다. 영국의 사상자 수—사망자 75만 명—는 비록 끔찍하긴 해도 전시에 입대한 병사 중 12퍼센트를 넘지 않았다. 이는 절대수치로 거의 140만 명인 프랑스 사망자와 거의 200만 명인 독일 사망자보다 적은 것이었다(그리고 인구 대비 상대수치로 보면 두 나라의 절반 수준이었다). 그럼에도 영국과 비교해 독일에서는 전쟁에 대한 반발이 훨씬 제한적이었다.[90] 영국보다 독일에서 힘이 약했던 자유주의(그리고 사회주의) 여론만이 부정적으로 반응했다. 가장 유명한 반전 작가는 독일 자유주의자 겸 평화주의자인 에리히 마리아 레마르크Erich Maria Remarque였다. 분명 독일 국민들은 전쟁 피로에 허덕였고 전쟁에 열광하던 감정을 대부분 잃어버렸다. 게다가 독일보다 우세한 연합의 무게에 다시 한번 짓눌릴 것이 뻔한 또다른 전면전을 피해야 한다는 공감대도 있었다. 그렇지만 독일에는 이런 전략적 제약을 우회할 길을 찾으려 하고 반전 정서에 맹렬히 반대하는 강한 민족주의파, 반자유주의파, 우파도 있었다. 자신의 참호 경험을 미화하고 전쟁의 속성을 찬양한 에른스트 윙거 Ernst Jünger의 책들은 독일에서 레마르크의 책들과 인기 경쟁을 벌였다. 가장 중요한 점은, 참호 속 군인들의 동지애를 그리워하는 강력한 감정이 이탈리아의 검은셔츠단Blackshirts과 독일의 자유군단Freikorps 같은 자발적 준군사조직으로 구현되어, 파시스트와 나치가 권력을 잡는 데 도움이 된 전후 분위기에서 중요한 역할을 했다는 것이다.

전후 트라우마와 자유주의의 수준 사이 상관관계를 가장 명확하게 실증하는 두 나라는 미국과 세르비아일 것이다. 당시 최강국 미국은 전쟁에 짧게 관여하는 동안 심각한 손실을 입지도, 감당 못할 경제적 비용을 지출하지도 않았다. 미국은 교전국 중 인구 대비 사상자를 가장 적게 냈으며, 영국을 밀어내고 세계 제일의 은행가, 채권자, 보험업자가 되는 등 전쟁을 통해 막대한 물질적 이익을 얻었다. 그럼에도 바로 미국에서 전쟁에 대한 혐오감과 참전에 대한 유감이 가장 빠르고 넓게 퍼져나갔다. 그에 반해 자그마한 후진국 세르비아는 교전국 중 인구 대비 사상자를 가장 많이 냈으며, 전쟁과 점령으로 국토가 초토화되었다. 그럼에도 세르비아는 거의 전쟁의 트라우마를 겪지도, 전쟁에 환멸을 느끼지도 않았다. 20세기의 전쟁들(이란-이라크 전쟁과 훗날 이라크의 걸프 전쟁까지)에서 사상자를 수십만, 수백만 명씩 낸 다른 전통적 사회들도 산업화 이전 사회들의 평균적인 반응과 비교해 딱히 더 강한 트라우마적 반응을 보이지 않았다. 그에 반해 20세기 동안과 21세기 초에 풍족한 자유주의 사회들은 사상자가 조금만 발생해도 전쟁을 불신하게 되었다. 특히 전쟁의 위협이 실존적이거나 급박하지 않고 전쟁 외에 다른 방법으로 대응할 여지가 있다고 판단될 때, 또는 승리할 전망이 불확실할 때 그러했다. 이런 조건들을 정확히 충족한다는 것은 자유민주주의 국가들에 너무나 어려운 일이 되었다.*

요컨대 제1차세계대전 이후 자유주의 여론이 경험한 깊은 트라우마는 엄청난 인명과 부의 손실 자체의 결과가 아니었다. (뮬러가 인정하듯이) 상대적인 인구와 부를 감안하면 이 전쟁의 손실은 역사상 일어난 대규모 전쟁들의 손실보다 크지 않았다. 새로웠던 점은 당시 자유주의 여론이 그런 전쟁을 근대 세계와 전혀 어울리지 않는 일로 여겼다는 것이다. 전후에 대다수 영국인은 전쟁에 걸린 판돈이 많았다는 사실, 영국이 독일에 패전했다

---

* 미국의 사상자 민감도가 과대평가된다는 주장이 제기되었다. Eric Larson, *Casualties and Consensus: The Historical Role of Casualties in Domestic Support of US Military Operations*, Santa Monica, CA: Rand, 1996; C. Gelpi, P. Feaver, and J. Reifler, 'Success Matters: Casualty Sensitivity and the War in Iraq', *International Security*, 30:3 (2005/2006), 7-46; Gelpi, Feaver, and Reifler, 'How Many Casualties Will Americans Tolerate?', *Foreign Affairs*, 85:1 (2006). 이들은 사상자 민감도가 실은 승전할 전망에 대한 대중의 평가에 따라 달라졌음을 입증한다. 그렇지만 비민주주의 국가와 저개발 국가는 이런 제약에 영향을 덜 받으며, 일반적으로 사상자 관용 수준이 훨씬 더 높다. 더욱이 자유민주주의 국가들이 몇몇 유형의 전쟁에서, 그중에서도 대對반란전에서 승리를 거두는 능력은 민간인을 상대로 무차별 폭력을 행사하지 않겠다는, 그들 스스로 부과한 속박 때문에 심각하게 제한된다(이 장에서 나중에 살펴볼 것이다). 이 사실은 우리를 다시 원점으로 데려간다. 자유민주주의 국가들은 사상자에 훨씬 더 민감하다.

면 곤란했으리라는 사실을 부인하지 않았을 것이다. 그럼에도 그들은, 비록 언제나 명확하게 표현하지는 못했을지라도, 제1차세계대전이 근대 세계의 논리와 충돌했다고, 누구든 평화에서 얻을 것이 더 많았고 일부가 다른 일부보다 더 많이 잃기는 했어도 결국 모두가 전쟁으로 손해를 봤다고 생각했다.

민주주의 국가의 지도자들은 이런 가치관을 공유하거나 대중의 압력을 받아 준수해왔고, 그러지 않을 경우 해임되었다. 따라서 민주주의 평화에 대한 이른바 '구조적' 설명은 그 자체로는 말이 되지 않는다. 이 설명은 대중의 선호가 변화하고 아울러 전쟁과 그 유용성 및 정당성에 대한 태도에 '규범적' 변화가 일어난 이후에만 말이 된다.[91] 유권자들이 전쟁의 유용성과 정당성이 부정적인 방향으로 전반적으로 기울었다고 인식하지 않는 한, 우리는 그들이 패전한 지도자를 처벌하는 것 못지않게 승전한 지도자를 포상할 것이라고 추정해야 한다.

전쟁을 기피하는 태도가 강해져온 까닭에 오늘날 자유민주주의 사회들에서 전쟁은 최후의 수단—다른 모든 선택지가 모두 실패로 돌아간 이후의 수단—으로만 승인을 받는다. 그렇지만 대안 정책들이 정말로 모조리 실패했고 전쟁이 정말로 불가피해졌다는 것이 확실하게 드러나는 상황은 사실상 없다. 다른 길이 있을지도 모른다는 느낌, 다른 길이 틀림없이 있다는 느낌은 항상 남는다. 실수를 간과하거나 저지른 것이 원하지 않는 전쟁의 원인은 아닐까 하는 의구심은 언제나 생기기 마련이다. 더욱이 민주주의 국가가 과거의 잘못이나 직접적인 잘못 없이 (도덕적으로) 완전히 떳떳한 채로 분쟁에 다다른 것인지 여부는 결코 분명하지 않다. 이런 이유로 풍족한 자유민주주의 사회들은 분쟁 상황에서 고심하지 않을 수 없었다. 전략적으로 보아도 그들은 20세기 초 이래 대체로 유화에서 봉쇄로, 봉쇄에서 냉전으로, 냉전에서 제한전으로, 그리고 피치 못할 경우에만 마지못해 제한전에서 전면전으로 조심스럽게 한 단계씩 대응 수위를 올리는 특유의 행동 패턴을 따랐다.[92]

전쟁의 유용성과 정당성을 바라보는 시각의 변화, 특히 선진 자유민주주의 사회들에서 뚜렷하게 나타난 이 변화의 결과는 혁명적이었다. 자유화, 민주주의, 경제개발이 심화됨에 따라 민주주의 국가끼리 전쟁을 일으킬 확률은 계속 낮아져 거의 0이 되었다. 이제 그들은 서로 군사 분쟁을 벌일 가능성을 우려하거나 그 가능성에 대비할 필요가 없다. 세력균형과 억지가 아니라 서로 공유하는 이해관계, 전망, 이상에 토대를 두는 '적극적' 평화가 그들 사이에 우세하다. 국제 관계에 내재하는 요소로 보이는 '안보 딜레마'가 그들 사이 관계에서는 완전히 사라졌는데, 이는 역사적으로 전례가 없는 상황이다.

더욱이 민주주의 국가들 간 평화는 훨씬 더 넓은 민주주의 평화의 가장 두드러지는 측면일 뿐이다. 선진 자유민주주의 국가들은 국내에서도 더 견고한 합의제, 다원성, 관용, 그리고 평화로운 정권 이양을 통해 획득하는 더 높은 정당성 덕분에 가장 치명적이고 파괴적인 전쟁 유형인 내전을 사실상 겪지 않게 되었다. 내전은 후진 민주주의 국가들뿐 아니라 구식 전제정과 과두정 국가들까지 여전히 괴롭히고 있다. 과거 미국과 러시아의 내전, 19세기 유럽 전반의 내전, 오늘날 개발도상 세계의 내전을 생각해보라. 전체주의 체제들도 내전을 피하기는 했지만 그러기 위해 무자비한 억압에 의존해야 했으며, 그들 다수는 자국민을 소름 끼치도록 많이 살해했다.[93] 자유민주주의 국가들은 다른 체제들보다 자국민을 훨씬 적게 살해했다.[94]

더욱이, 초기에는 자유민주주의 국가들이 서로에게만 평화적이라는 것이 통설이었는데, 그들이 비자유주의 국가들과 싸웠거니와 이 국가들 못지않게 전쟁을 먼저 시작하기 일쑤인 것으로 보였기 때문이다. 그렇지만 증거를 더 세심하게 해석하면 자유민주주의 국가들이 실은 비민주주의 국가들보다 국가 간 전쟁을 적게 치러왔다는 사실이 드러난다. 게다가 그들이 치른 전쟁은 대체로 먼저 시작한 전쟁이기보다는 타국이 시작한 전쟁이나 임박한 전쟁의 위협에 대응하는 차원이었다. 다시 말해 자유민주주의 국가들은 무력으로 변화를 꾀하는 국가들에 맞서 보통 현상 유지를 옹호한다. 그들이 주로 비국가 경쟁자와의 식민 전쟁인 '국가 대 비국가 전쟁'을 더 많이 치른 것은 사실이다.[95] 특히 광대한 식민 제국을 소유하고 있던 프랑스와 영국은 그런 전쟁을 비민주주의 열강보다 훨씬 많이 치렀다. 그렇지만 이 통계적 인공물에는 오해의 소지가 있다. 아직 적은 부담으로 식민 전쟁에서 승리할 수 있을 때 제국을 획득했던 두 강국은 훗날 자유민주주의 국가로서 전면적인 억압에 관여하기가 갈수록 어려워지자 부담스러운 제국을 짊어지고 있는 형편이 되었다.

근래에 상당한 주목을 받은 대對반란전은 하나의 수수께끼다. 강력한 강대국마저 꺾을 수 있는 것으로 입증된 막강한 국가들이 세계에서 가장 가난하고 약한 몇몇 지역에서 가장 변변찮은 군사적 상대를 물리치는 데 실패해왔다. 이 역설을 설명하기 위해 어느 정도 연관성 있는 여러 이론이 제시되었다. 그렇지만 이 곤경을 모든 강국이 겪은 것이 아니라 압도적으로 자유민주주의 열강이 겪었다는 사실, 그리고 바로 그들이 자유주의적이고 민주주의적이기 때문에 겪었다는 사실은 거의 인식되지 않았다.[96]

역사상 반란을 진압하려면 무자비한 조치가 필요했으며, 통상 그런 조치는 반란자들이 지원을 구하는 민간인 인구에게로 확대되었다. 고대의 민주정 아테네와 공화정 로마가 오싹하게 입증하듯이, 탄압은 제국 통치의 필수 요소였다. 영 제국과 프랑스 제국은 제국 열강이 무자비한 조치를 취하는 것에 양심의 가책을 느끼지 않는 한, 비교적 적은 비용으로 제국을 유지할 수 있었다. 그렇지만 19세기 말부터 자유화가 심화됨에 따라 공식적인 민주주의 제국들은, 비록 세력을 최대로 넓게 확장하고 있기는 했지만, 앞날이 얼마 남지 않은 신세가 되었다. 1945년 이후 거대한 탈식민화의 물결이 자유민주주의 제국들을 상대로만 일어났다는 사실은 거의 인식되지 않았다. 비민주주의 제국들은 독일과 일본처럼 양차 대전에서 분쇄되었거나, 소련처럼 전체주의 체제가 해체될 때 평화롭게 분해되었다.

아프가니스탄에서 소련이 겪은 실패가 반례로 자주 거론되기는 하지만, 게릴라에게 이상적인 지역인 아프가니스탄은 소비에트 제국 체제에서 매우 예외적인 사례—극단치—였다. 이 점에서 더 나은 사례는 체첸으로, 소련 시대와 그 이후의 차이를 명확히 보여준다. 스탈린 치하 소련의 방법—대규모 강제 이주 포함—은 저항을 가장 잔혹하고도 효과적으로 억제했던 반면 1990년대 자유주의적 러시아의 방법은 잔혹성이 가장 덜하고 효과도 가장 없었으며, 오늘날 푸틴의 반半권위주의적인 러시아는 양자의 중간 수준이다. 더 일반적으로 말하면, 셜록 홈스의 말마따나 실상을 가장 뚜렷하게 드러내는 것은 오히려 '짖지 않은 개'—소련 자체와 동유럽의 소비에트 제국령이 수십 년간 속절없이 전체주의 체제의 철권통치 아래 있었다는 사실—다. 피지배 민족들 사이에서 발흥한 근대 민족주의는 제국주의가 실패한 이유 중 하나로 꼽힌다. 그렇지만 소비에트 제국은 폴란드와 헝가리처럼 열렬한 민족주의로 유명한 나라들을 포함하고 있었다. 전체주의 체제의 탄압이 견고하게 지속되는 한, 민족주의는 폴란드에도 헝가리에도 도움이 되지 않았다. 이런 이유로 학자들은 성공한 반란이 일어나지 않은 사례를 고려하는 데, 그리고 일어나지 않은 장소와 이유를 지적하는 데 실패했다(전문용어를 쓰자면 표본 선정에 편향이 있었다). 같은 논리를 중국에도 적용할 수 있다. 중국은 이제껏 티베트와 위구르의 민족주의를 억압하는 데 성공했으며 비민주주의 체제를 유지하는 한 앞으로도 성공할 공산이 크다.

이 모든 설명은 통상적인 자유민주주의 담론과 대반란전 정책에서 성공의 핵심 요소로 꼽혀온 '마음 얻기'와 상충한다. 사실 마음 얻기는 언제나 성공적인 대반란전의 중요한 요소였고 지금도 마찬가지다. 그렇지만 마음 얻기는 외국 사회를 평화화하려는 자유민주주의 국가들에만 필수 지침이 되었다는 데 유의해야 한다. 외국 사회가 저항하는 길을 택할 경우 그것을 분쇄할 능력을 자유민주주의 국가들이 사실상 상실했기 때문이다. 더욱이 마음 얻기는 무자비한 탄압에 비해 효과는 훨씬 떨어지고 비용은 훨씬 많이 드는 방법이다. 이렇게 보면, 부인할 수 없는 만행과 정책 실수에도 불구하고 민주주의 국가들의 대반란전 기록은 그들의 가장 고결한 속성을 여실히 보여주는 증거다. 이 모든 서술은 대반란전에서 민주주의 국가는 언제나 패하고 비민주주의 국가는 언제나 이긴다는 뜻이 아니다. 그렇다 해도 전자의 승전 확률이 크게 떨어지는 것은 사실이다.

자유민주주의 열강의 대외 개입은 또다른 골치 아픈 문제다. 19세기와 20세기 초에 세계의 후진 지역들은 대개 자유주의 중심의 체제에 참여하도록 강요당했고, 더 근래에는 적어도 그 체제를 교란하지 않도록 강요당했다. 신마르크스주의자들이 지적한 '비공식 제국주의'에도 불구하고, '팍스 브리타니카'와 '팍스 아메리카나'는 근대 체제에서 경제개발, 상호 번영, 평화의 주요 촉매였다. 말할 것도 없이 그 과정은 아름다움과는 거리가 멀었으며, 순전히 이타주의적인 동기에 의해 이루어진 적은 거의 없었다. 그러나 마치 시장의 보이지 않는 손처럼, 자유주의를 지향하는 체제 내에서 행위자들의 이기적인 행위는 전반적인 번영의 증대로 귀결된다. 나치 독일과 제정 일본이 이 체제를 파탄 내려 했을 때 민주주의 국가들이 유화와 봉쇄로 대응하고 결국 두 나라를 파괴한 것—아울러 전후에 승전국들이 두 나라를 재건하여 경제적으로 번영을 누리는 자유민주주의적이고 평화적인 세계 질서에 편입시킨 것—은 그 이중 과정을 입증하는 가장 결정적인 역사적 사례다. 전쟁을 평화화한다는 것은 과장된 생각이라고 비판자들이 아무리 주장하더라도, 독일과 일본에 맞선 전쟁은 궁극적으로 평화를 확립했다.[97] 그런 전쟁은 기본적으로 집단 안보를 위한 모험이며, 이 개념의 근간에도 상호 번영을 위해 평화로운 질서를 보호하는 근대의 자유주의적 논리가 있다. 따라서 호전성을 가늠할 목적으로 단순히 자유민주주의 국가들이 관여한 전쟁의 수만 세고 그들이 꾸준히 보여온 추세를 고려하지 않는 것은 실상을 호도하는 일이다. 물론 민주주의와 자유주의적 질서를 수립하려고 개입했다가 실패한 사례들도 있으며(그중 일부는 참담한 실패였다), 특히 근대화에 필요한 사회적 전제조건이 아직 마련되어 있지 않은 경우에 실패했다.

예를 들어 제2차세계대전 이후 독일과 일본에 강요한 민주화가 20세기의 가장 성공적인 민주화 사례가 될 수 있었던 것은 그저 총력전에서 패한 정치적 상황과 공산주의의 위협 때문만이 아니었다. 두 나라 모두 민주주의와 자유주의에 상당한 문화적 저항감을 보여 이를 극복하는 과정을 거치기는 했지만, 양국은 제대로 기능하는 자유민주주의 국가를 건설할 수 있는 근대적인 사회경제적 하부구조를 갖추고 있었다.[98] 1945년 이후 독일·일본과 극명하게 대비되는 아랍권 중동은 근대화, 민주주의, 평화 사이 긴밀한 연관성에 관한 중요한 단서를 제공한다. 2005년 미국이 아랍 세계에 민주주의를 도입하기 위한 운동을 벌이던 시기에, 그러니까 현지에서

유도한 '아랍의 봄'이 유혈 사태로 파국을 맞기 한참 전에 나는 다음 글을 썼다.

> 자유주의 전통도 없고 근대적인 사회경제적 하부구조도 없는 나라들—예컨대 아랍 세계의 나라들—에, 대체로 부족적이고 종족과 종교의 분열로 가득한 나라들에 민주화를 도입하려는 시도를 계속하더라도, 그 한계를 인식해야만 한다. 그것은 점진적인 과정일 것이며(심지어 미국, 영국, 프랑스에서도 점진적인 과정이었다), 지나치게 압력을 가할 경우 적당히 다원적인 기존의 국가사회들, 즉 주요 야당이 자유주의적이고 민주주의적인 정파가 아니라 이슬람주의적이고 대개 비민주주의적·급진적인 정파인 사회들의 안정성이 흔들려 역효과를 낳을 수 있다.[99]

마지막으로, 발생한 사상자의 수—단순히 전쟁의 횟수와 햇수가 아니라—를 고려할 때 20세기 동안 자유민주주의 국가들은 비민주주의 국가들보다 사상자를 훨씬 더 적게 냈다. 달리 말하면, 훨씬 덜 심각한 전쟁들에 관여했다. 전쟁 기피를 가늠할 때는 전쟁의 빈도뿐 아니라 심각성도 고려해야 한다.[100] 자유민주주의 국가들이 사상자를 더 적게 낸 것은 어느 정도는 우연적인 이유 때문이다. 다시 말해 그들은 매우 치명적이었던 제2차세계대전 동안 1940년 서유럽에서 일찌감치 참패를 당한 뒤 1944년 6월까지 서유럽에 발을 붙이지 못한 탓에 주요 지상전에 단기간만 관여했다. 이 외에 그들이 사상자를 더 적게 낸 것은 저개발 지역의 경쟁국들에 비해 기술적 우위를 누렸기 때문이다. 국제관계학 학자들은 민주주의 국가들이 상대적으로 약한 적들과 싸우는 경향이 있음을 보여주는 데이터를 매우 중시한다. 그들은 이 점에서 민주주의 국가들이 뛰어난 분별력과 판단력을 보여주었다고 주장한다.[101] 그렇지만 1945년 이래 사실상 모든 선진국이 민주주의 국가이고 풍족한 선진 민주주의 국가들은 서로 싸우지 않으므로, 그들은 거의 정의상 자기네보다 약한 상대하고만 싸우는 셈이다. 더욱이 약한 (주로 비국가) 경쟁자와 겨룬 그들의 싸움 기록은 앞서 봤듯이 그들 스스로 부과한 폭력 제한 때문에 썩 좋지가 않다.

세계적 차원과 지역적 차원에서 정치경제적 협력을 하기 위한 국제기관들의 광범한 망은 자유주의 평화의 또다른 주요 요소로 여겨진다.[102] 그 망은 정치경제적 자유주의의 기획물이자 수단으로, 근대화 과정을 거치며 자유주의에 맞추어 조율된 국제 체제에서 자유주의에 힘입어 원활하게 작동한다.* 요컨대 자유민주주의는 지난 두 세기 동안 전쟁 감소에 아주 뚜렷한 영향을 주었다. 그렇지만 자유민주주의는 산업 시대가 도래한 이래 세계를 변혁한 경제개발과 언제나 함께 작용했다는 데 유의해야 한다. 경제개발이 이루어지면서 국가들의 선호가 대개 부에 이르는 평화로운 길로 기울어지긴 했지만, 그렇게 기울어지는 과정은 (전근대와 비교해) 자유주의적 가치 및 규범과 특히 강력하게 상호작용했고, 근대 민주주의 유권자들의 선택으로 가장 뚜렷하게 표현되었다. 그렇다면 역사상 공화정의 외교정

* Gary Goertz, Paul Diehl, and Alexandru Balas, in *The Puzzle of Peace: The Evolution of Peace in the International System*, Oxford: Oxford UP, 2016은 영토 정복을 불법으로, 영토 보전을 불가침으로 만들어온 진화하는 국제 규범을 1945년 이래 감소한 무력 분쟁을 설명하는 이유로 여겨야 한다고 주장한다. 그들은 영토 분쟁이 전쟁의 가장 유력한 원인으로 밝혀졌으므로(하지만 제7장 주 2와 관련 텍스트를 보라) 분쟁 감소의 원인으로 제시된 다른 모든 요인은 설명에 불필요한 과잉 요인이라고 주장한다. 그렇지만 국제 규범이 특정한 역사적 순간에 영토 정복에 불리하게 변화한 이유가 무엇이냐는 문제는 그들의 머릿속에 떠오르지 않는 것으로 보인다. 또 그들은 규범의 변화와 얼마간 연관이 있을지도 모르는 민주주의/자유주의 평화와 자본주의 평화도 다루지 않는다. 다시 말해 그들은 인과적 연관성의 실제 방향 문제를 전혀 염두에 두지 않는다. 유감스럽게도 이런 좁은 해석이 대부분의 국제관계학 문헌에서 점점 더 표준으로 여겨지고 있다.

책과 연관되었던 쇼비니즘적 호전성 또는 강직한 호전성이 20세기 초부터 갈수록 늘어난 풍족하고 소비자-쾌락주의적인 자유민주주의 사회들에서 대폭 감소한 것은 놀랄 일이 아니다.

성적 자유화—전쟁 말고 사랑을 하자

물질적 안녕과 더불어 번식은, 따라서 성은 진화상 형성된 욕구 체계의 중심에 있다. 따라서 성 풍습의 혁명과 문란한 성생활의 도래가 근대 선진 사회들에서, 특히 미혼 남성들 사이에서 전쟁 열의에 찬물을 끼얹은 또 다른 요인이라는 것은 놀라운 사실이 아니다. 젊은 미혼 남성들은 예로부터 사회에서 가장 공격적인 부류였지만, 이제 전쟁 말고도 불안한 심정을 배출할 통로가 그들 주변에 다양하게 존재한다. 한때 시골과 소도시의 보수적이고 따분한 공동체를 벗어나고픈 젊은이들을 유혹했던 외국으로의 군사적 모험은 그 매력을 대부분 잃어버렸는데, 이제 고국 근처에 훨씬 더 흥분되는 일과 모험이 있기 때문이다. 그와 동시에 질서정연한 근대 사회들의 당국은 군복무의 성적 측면을 축소해왔다.

고금을 통틀어 강간은 약탈과 마찬가지로 전시의 주요 특혜 중 하나였고, 항복하지 않은 도시를 함락한 이후 병사들이 획득한 권리로 간주되었다. 근대 일본 제국의 병사들은 외국에서 복무하는 동안 국가가 용인하는 집단 강간에 빠져들었으며, 그런 강간 중 일부는 국가가 조직한 강제 매춘 형태였다. 1945년 정복된 동독에서는 최소 200만 명의 여성이 소비에트 병사들에게 강간당한 것으로 추산된다. 집단 강간은 근래에 보스니아, 르완다, 다르푸르, 서아프리카에서 벌어진 종족 전쟁의 주된 특징이었다. 서구 민주주의 국가들의 군대에서 강간이 엄하게 처벌받긴 하지만, 미국과 그 밖의 연합국 병사들은 제2차세계대전 이후 폐허가 된 서유럽에서, 그

리고 훗날 지독하게 가난한 베트남에서 매춘을 싼값에 충분히 즐길 수 있었다.[103]

그렇지만 전반적으로 보아 사회 내에서 성적 기회가 크게 늘어나면서 전시에 입대할 유인이 급격히 줄어들었다. 성 혁명의 배경에도 근대의 전환이 있었다. 가사家事가 대폭 줄어들고 출생률이 떨어지면서 여성이 가정 밖 일터에 진출하기가 수월해졌고, 효과적인 피임법이 도입되었으며, 여성의 해방을 전망하는 자유주의적 시각이 확산되었다. 남성도 다방면으로 영향을 받았다. 우리의 주제와 관련해 말하자면, 오늘날 젊은 남자들은 인생의 쾌락 대신 전장의 고초와 순결을 택하기를 꺼린다. "전쟁 말고 사랑을 하자"는 구호를 내세운 1960년대 청년층의 강력한 반전운동이 성 규범의 광범한 자유화 추세와 맞물렸던 것은 우연이 아니다(삽화 6.4). 이에 반해 현대 아랍권 중동의 전통주의적이고 성적으로 초보수적인 사회들, 성 혁명을 받아들이지 않은 사회들에서 언제 폭발할지 모르는 젊은 남자들의 호전성을 생각해보라. 성 혁명은 국가의 목표나 외교정책의 목표로 설정된 적이 거의 없으면서도 수많은 개인의 선택을 통해 국가의 정책에 심대한 영향을 준다. 이 요인의 중요성을 제대로 이해하기 위해 지크문트 프로이트, 빌헬름 라이히Wilhelm Reich, 미셸 푸코Michel Foucault의 추론을 전부 받아들여야 하는 것은 아니다.

남녀 모두의 성 역할은 이 외에 다른 방식으로도 근대화 평화에 이바지했다.

인구 고령화

젊은 남성들의 환경과 태도가 변한 것 외에 그들의 상대적 숫자가 상당히 감소한 것 또한 현대 선진 사회에서 전쟁 열의를 낮춘 요인일 것이

삽화 6.4 전쟁 말고 사랑을 하자.

다.[104] 산업화가 시작되자 소아 사망률은 급속히 감소한 반면 출생률은 서서히 감소했으므로, 인구가 급증하는 상황에서 젊은 성인의 수는 절대적으로 증가했을 뿐 아니라 전체 성인 인구의 증가세와 비교해 상대적으로도 증가했다. 이 추세는 19세기 서구와 20세기 개발도상 세계에서 나타났다. 젊은 남자들은 전쟁과 혁명이 일어날 때마다 그랬듯이 1914년 7월과 8월에도 대중 가운데 가장 눈에 띄게 전쟁에 열광했다. 그렇지만 출생률이 인구 대체 수준 아래로 떨어지고 수명이 길어지는 오늘날 선진 사회에서는 고령화되는 인구 중에서 젊은 성인—남성 포함—의 비율이 낮아지고 있다. 제1차세계대전 이전에 성인 남성 인구 중 15~29세 남성의 비율은 영국에서 35퍼센트, 독일에서 40퍼센트였지만, 2000년까지 각각 24퍼센트, 29퍼센트로 낮아졌다. 그에 반해 2000년 이란에서는 그 비율이 48퍼센트였다.[105] 그렇지만 이란의 출산율이 뚝 떨어지고 있으므로 2050년경 이란 인구의 중위中位 연령은 영국의 수준보다 더 높고 거의 독일의 수준에 근접할 것으로 전망된다. 이 극적인 변화는 이란 사회의 다른 변화처럼 호전성의 감소를 포함해 여러 결과를 가져올 수 있다.[106]

젊은 남자들은 언제나 사회에서 가장 공격적인 부류였던 반면 나이 든 남자들은 예로부터 온건책 및 타협과 연관되었다. 따라서 근대화 초기 단계에 젊은층의 높은 비중은 전쟁 열의를 강화했을 것이고, 나중 단계에 인구의 고령화는 전쟁 열의를 약화했을 것이다. 1970년대 말부터 2015년까지 한 자녀 정책을 시행한 중국의 인구통계는 선진 사회의 인구통계에 더 가까워졌는데, 이는 적어도 전쟁 성향의 측면에서는 긍정적인 조짐이다. 이슬람 사회들은 더 최근에 급속한 인구성장을 경험했고 젊은 남성의 상대적 비율이 여전히 최고 수준이다.[107] 지나치게 단순한 상관관계를 피하면서 이슬람 세계의 들썽거리는 젊은 남성들을 이해하려면, 정체되어 있고 문화를 굳게 방어하는 전통적인 사회에서 그들에게 경제적(그리고 성적) 기회가 없다는 사실을 고려해야 한다. 영국에서 산업이 급성장하고 인구가 가장 빠르게 증가한 19세기 중엽에 성인 남성 인구 중 젊은층의 비율은 오늘날 이란과 다를 바 없이 40퍼센트 이상이었지만, 그때는 팍스 브리타니카의 시대였다.

에드워드 루트왁Edward Luttwak은 선진 사회들에서 출생률이 급락하는 현상을 고려해, 가족당 자녀 수가 크게 줄어든 것이 이들 사회에서 교전이 감소한 원인일지 모른다고 주장했다. 이 주장에 따르면 오늘날의 전형적인 가족처럼 자녀가 한두 명밖에 없을 때 부모가 자녀를 잃지 않으려고 훨씬 더 전전긍긍하게 된다.[108] 그렇지만 이 추론이 면밀한 검토를 견뎌낼지는 의문이다. 역사를 통틀어 생존한 자녀를 여럿 둔 가족은 인구 폭발을 경험한 산업화 초기에 국한되어 나타난 일시적 현상이었다. 전근대 사회들에서 출생률이 훨씬 높았던 것은 맞지만 유아 사망률도 훨씬 높았으므로 결국 전반적인 인구 평형이 유지되었다. 여성들이 자녀를 여럿 낳았으나 그중 소수만이 성년기까지 살아남았으므로 평균 자녀 수는 인구 대체율 수준에 머물렀다. 따라서 생존한 소수의 자녀를 성년기까지 길러낸 과거의 부모가 오늘날의 부모보다 자녀를 잃을 '여유'가 더 있었던 것은 아니다. 사실 경제적으로 보면 그들은 노년에 자신을 부양해줄 유일한 버팀목을 잃을 여유가 더 적었다. 분명 사망을 비롯한 역경은 지금보다 과거에 더 삶의 평범한 일부였으며, 사람들은 그런 현실에 체념할 수밖에 없었다. 더욱이 전통 사회의 민중은 그들의 바람에, 실은 그들의 생사에도 신경쓰지 않는 멀리 있는 이질적인 권위자들의 명령에 그저 속수무책이었다. 공화정 도시국가처럼 국민들이 직접 통치한 곳에서는 전쟁의 보상이 기대되었으므로 목숨이 걸린 싸움도 더 받아들일 만한 일이었다. 근대의 풍족한 사회에서는, 특히 자유민주주의 사회에서는 두 조건 모두 타당성을 거의 상실했다.

여성의 태도와 선거권

젊은 남성이 언제나 사회에서 가장 공격적인 부류이긴 했지만, 남성 일반이 언제나 여성 일반보다 더 공격적이고 호전적이었던 것도 사실이다. 20세기 자유민주주의 국가들에서 선거권을 획득한 여성들은 정부 선출에 참여함으로써 정부의 정책에 영향을 줄 수 있었다. 지난 수십 년간 이루어진 연구들은 군사력 사용에 대한 성별 입장 차가 줄곧 존재했음을 보여준다.[109] 그런 성별 차이는 근대의 풍족한 자유민주주의 국가들에서 군사적 모험에 불리한 방향으로 선거의 균형을 기울이는 중요할 역할을 했을지도 모른다. 여성의 투표 기록은 자유민주주의 국가들이 19세기보다 20세기에 전쟁을 더 기피하게 된 요인 중 하나로 제시되었다.[110]

그렇지만 여성들이 무조건 평화주의를 지지하는 것은 아니다. 일부 사회에서는 분쟁시 남녀의 태도가 유의미하게 차이 나지 않는다. 일례로 아랍-이스라엘 분쟁에 관한 연구들에 따르면 양측 모두 성별 차이를 나타내지 않았다. 연구자들은 남녀 모두로부터 높은 동원 수준을 이끌어낸 이 분쟁의 높은 '현저성'으로 연구 결과를 십중팔구 설명할 수 있을 것이라고 보았다.[111] 이와 비슷하게, 2004년 미국 대통령 선거에서 이른바 '시큐리티 맘security mom'들은 국내에서 다시 대규모 테러가 발생할 것을 우려하여 민주당 후보보다 강경해 보이는 공화당 후보 조지 W. 부시에게 더 많이 투표했다. 그렇지만 안보 우려 효과는 오래가지 않았으며, 아프가니스탄과 이라크에서의 군사적 난맥상이 알려진 이후 2008년 선거에서 공화당은 역풍을 맞았다. 러시아의 어머니들은 전체주의 체제 소련의 아프가니스탄 침공(1979~1988)이 실패한 기간에는 침묵을 지켰으나 러시아가 자유화된 이후 발발한 제1차 체첸 전쟁(1994~1996) 기간에는 유력한 목소리가 되었다. 그들은 가두시위를 벌여 러시아의 철수 결정에 적잖은 영향을 끼쳤다. 그렇지만 러시아군이 철수한 뒤 체첸인들이 러시아 영토에 대한 테러 공격을 계속하자 러시아 여론은 남녀를 막론하고 러시아군의 재개입을 정당한 조치로 여겼다.

맺음말: 근대화 평화—칸트의 평화를 위한 삼각대는 무언가 위에 서 있어야만 한다

1815년 이래 근대화 과정과 더불어 점차 심화된 교전 감소 추세는 인간의 욕구를 충족하기 위한 폭력적 행동 전략과 비폭력적 행동 전략 사이 균형에 중대한 변화가 일어난다는 것을 알리는 신호였다. 통념과 달리 인명과 부의 측면에서 전쟁의 비용이 증가한 것도, 다른 이유로 전쟁의 수익성이 감소하거나 없어진 것도 아니다. 외려 폭력적 선택지와 비교해 평화의 수익성이 대폭 증가하고 매력이 더 커진 것이다.

민주주의와 무역/자본주의 중에 무엇이 전쟁 감소의 원인인지를 둘러싼 학계의 논쟁은 핵심에서 다소 벗어난 것인데, 두 요인 모두 더 넓고 더 근본적인 요인, 즉 1815년 이래 산업화 과정에 의해 촉발된 근대화를 전제하기 때문이다. 산업화는 무역의 역할과 범위를 기하급수적으로 확대했고, 국내 성장에 기반하는 부의 급증과 함께 작용하여 국민들과 국가들의 선호를 전쟁에서 평화 쪽으로 기울였다. 이 변화는 민주정 유권자들의 선택으로 가장 극명하게 나타났다(그들의 선택으로만 나타난 것은 아니지만). 근대화 과정의 다른 파생물들도 이 추세를 심화했다. 개발, 상업, 풍요, 도시생활양식, 도시성, 자유민주주의, 성적 해방, 인구통계, 젠더 같은 요인들은 근대의 전환과 근대화 평화의 성장 과정에서 모두 서로 연결되어 있고 서로 영향을 주고받는다. 그와 동시에 이 요인들은 각기 다른 시점에 작용하는 뚜렷한 효과로 사회의 전쟁 기피를 강화한다. 물론 대중문화의 세계화, 미디어와 여타 통신 형태들을 통한 문화적 수렴 같은 근대화 평화의 다른 요인들도 추가할 수 있다. 사실 문화 수렴은 너무 익숙한 현상이라 여기서 더 논할 필요가 없을 정도다. 종합하면, 이 요인들은 면밀한 역사적 검토를 통해 드러나는 핵 평화, 민주주의 평화, 자본주의 평화 같은 이론들 사이의 간극을 설명하고 차이를 조정하는 데 일조한다. 오늘날 이 이론들은 더 포괄적이고 통합적인 전체의 일부로 이해된다. 근대화 평화의 원인들을 어느 하나의 구성요소로 환원할 수 있는 오컴의 면도날은 없다. 이 원인들 각각은 기껏해야 훨씬 더 넓은 전개의 얼마간 적절하되 불완전한 대용물에 지나지 않는다.

위 요소들 각각의 효과는 때로 분리하거나 어림하기가 어려운 것이 사실인데, 관련 사례들 사이의 편차가 언제나 충분히 존재하는 것은 아니기 때문이다. 풍요로운 사회들은 제2차세계대전 이후에야 등장했고 이제껏 사실상 전부 자유민주주의 체제였다. 비민주주의-자본주의 체제였던 독일과 일본이 제2차세계대전에서 살아남아 풍요로운 사회가 되었다면, 번영의 효과를 더 실질적으로 검증할 수 있었을 것이다. 대도시 서비스 사회도 마찬가지이고, 나중에 소련이 아주 제한된 검증 사례를 제공한 성 혁명도 대체로 마찬가지다. 오늘날 이슬람 세계의 수치와 비슷한 팍스 브리타니카 시대의 젊은 남성 수는 인과망의 복잡성을 예증한다. 그럼에도 근대화 평화의 여러 요소를 결합하면 전쟁이 대부분의 선진 지역들에서 거의 자취를 감춘—실은 생각할 수도 없는 일이 된—이유, 개발도상 지역들에서 급감한 이유, 후진 지역들이나 그 주변에서 주로 살아남는 이유를 설명할 수 있다. 세계에서 일어난 모든 전쟁을 집계하는 작업은 비록 쓸모가 있기는 해도 각양각색인 전쟁들을 평균화하는 것이다. 근대화 지도 위에 전쟁들이 어떻게 분포해 있는지에 주목하지 않은 채 집계할 경우, 전쟁의 존재 또는 부재를 설명하는 결정적인 요인을 놓칠 우려가 있다. 세계의 여러 부분은 서로 깊이 상호작용하면서도 서로 다른 세계를 구성한다.

21세기는 근대화 평화를 추가로 검증할 시험장을 제공할 것이다. 근대화 평화에 이바지하는 다수 요인들의 변동성이 21세기에 더욱 커질 가능성도 있다. 특히 계속 근대화중인 중국에서 근대화 평화의 모든 요인이 검증될 가능성이 높다. 대부분 아시아와 아프리카에 있는, 현재 개발이 저조한 지역들도 시험장이 될 것이다. 그렇지만 근대화 평화와 관련하여 불확실한 잠재적 미래를 검토하기 전에 먼저 과거의 중대한 도전을 설명해야 한다. 이 장의 첫머리에서 지적했듯이, 우리의 주제를 포괄적이고도 일관되게 이해하려면 1815년 이래 전반적인 교전 감소 추세와 이 추세에서 크게 벗어난 예외인 양차 대전을 둘 다 설명할 필요가 있다. 근대화 평화에 대한 과거의 도전과 미래의 도전 모두 이어지는 장의 주제다.

제7장

근대화 평화에 대한 도전: 과거와 미래

전쟁 감소에 관한 문헌들은 일부 매우 부정적인 반응을 포함해 많은 이목을 끌었다. 비판자들은 (기간을 어떻게 잡든) 전쟁 감소를 믿으려 하지 않았고, 주로 이런 생각이 미래에 끼칠 영향을 우려했다. 그들 다수는 전쟁을 모종의 기본적인 힘으로, 역사 내내 그랬듯이 미래 현실에서도 중대한 역할을 할 힘으로 여긴다. 다른 많은 이들은 지난날 자유민주주의 사회들에서 가장 눈에 띄게 나타났던 이상주의적 환상에 대한 중독이 다시 시작될까 우려한다. 그들은 여전히 매우 도전적이고 대체로 대립적이며 흔히 위험한(분명히 그렇다) 국제 환경에서, 무력 사용을 배제할 수 없고 때로 필요로 하는 환경에서 현실에 안주하고 경각심을 낮추는 행태를 경계한다.

나는 그들의 우려에 공감하고 어느 정도 그런 근심을 공유한다. 그러나 바로 그렇기 때문에 근대화 과정들—이 과정들의 범위 그리고 한계뿐 아니라 실제적·잠재적 역逆과정들까지—을 세심하게 상술하고 이데올로기 싸움으로 축소하지 않을 필요가 있다. 평화 확산의 근간을 이룬 근대화 과정들은 현실적이고도 심대한 변화였다. 그것들은 인류 역사를 통틀어 가장 전면적인 변화였고 혁명적이라 불리기에 부족함이 없는 결과를 가져왔다. 그와 동시에 현실은 다채롭고 복잡하고 어지러우며, 미래는 대체로, 그리고 본질적으로 열려 있다. 세계가, 따라서 미래가 원리적으로 미리 정해져 있느냐는 물음—엄격한 '기계론적' 인과의 연쇄를 따르느냐는 물음—은 물리학과 철학의 난제다. 하지만 실제로 우리는 지금 존재하고 또 예측되는 추세들과 역추세들을 바탕으로 앞날을 상상하고 추정할 수 있을 뿐이다. 19세기 철학자 쇠렌 키르케고르Søren Kierkegaard의 말마따나 세계 속에서 우리의 움직임은 미래를 향해 전진하면서도 과거를 응시한다는 점에서 게의 뒷걸음질을 닮았다. 미래를 지향하는 인간의 모델링 능력은 자연계에서 단연코 최고의 성공을 거둔 아주 강력한 도구이지만, 어디까지나 확률의 흐릿한 범위를 넓힐 수 있을 뿐이다. 힘, 성향, 사건의 정확한 작용은 예견할 수 없으며, 새로운 전개와 예상치 못한 우발 사태가 언제고 생기기 마련이다. 사소한 변화만으로도 상황이 현저히 달라지고 방향이 갈라질 수 있다. 따라서 깊은 추세와 높은 구조에 더해 미래의 무한한 미지수들까지 인정할 필요가 있다. 역사적 반사실counterfactual을 다루는 학술 문헌이 성장 산업이 된 데에는 그럴 만한 이유가 있다. 게다가 반사실적 주장은 미래와 관련해 더욱 강한 호소력을 발휘한다. 예측은 미래에 적용하지 않는 한 괜찮다는 재담은 심오한 무언가를 표현하기는 해도 부분적으로만 참인데, 미래의 사건들이 모두 똑같은 확률로 전개되는 것은 아니기 때문이다. 이는 평균적으로 세상을 합리적으로 잘 헤쳐나가는 우리 능력의 원천이다. 그렇지만 상대적으로 높고 낮은 추정 확률의 범위에 속하는 미래의 선택지들 가운데 무엇이 결국 실현될 것이고 그것들이 정확히 어떻게 상호작용할 것이라고 장담하는 일은 가망 없는 허세일 뿐이다. 설령 사건이 일어난 이후에 분석을 하더라도 과거의 예측이 '옳은' 예측으로 밝혀졌느냐는 문제를 완전히 해소할 수가 없는데, 지도자 개개인의 기행과 변덕을 포함해 사소한 변화만으로도 사건이 실제와 다르게 흘러갔을 가능성이 있기 때문이다.

따라서 이 장의 목표는 우리의 주제에 관한 기록을 포함해 미심쩍은 기록으로 악명 높은 예측이 아니다.* 지금 하는 이야기가 결국 어떻게 '끝날지' 아는 미래의 모든 독자는 오늘날의 관찰자보다 현명할 것이다. 우리가 1914년이나 1939년 이전 10년이 결국 어떤 결말을 맞을지 아는 것과 같은 이치다. 그렇지만 1914년 또는 1939년의 사태와 마찬가지로, 실제와 다소 다른 역사의 궤도가 구현되고 다른 현실적 선택지들이 뒤따랐다면 사태가 어떻게 펼쳐질 수 있었을까 하는 문제는 본질적으로 열린 물음으로 남을 것이다. 더욱이 엄밀한 예측과 비슷한 무언가를 내놓는 것은 가능

---

* 21세기 전반기 동안 국가 간 분쟁이 어떻게 감소할지 예상하고 나의 결론과 상당히 비슷한 결론을 내린 2013년의 한 통계 연구는 미래 예측의 문제를 실증한다. 연구에 포함된 가장 자신만만한 예측 중 일부가 이미 곤경에 직면했기 때문이다. "우리가 가장 낙관적으로 예측하는 곳은 '서아시아와 북아프리카' 지역으로, 분쟁 발생률이 2009년 27퍼센트 이상에서 2050년 6.2퍼센트로 거의 3분의 2만큼 줄어들 것으로 예측된다. 주요 분쟁의 발생률은 4.5퍼센트에서 1.5퍼센트로 떨어진다. (…) 우리가 강한 분쟁의 덫 경향을 모델화하고는 있지만, 분쟁의 덫은 현재 분쟁이 잦은 이 지역의 분쟁 발생률이 비슷한 지역들에서 나타나는 발생률에 더 가까운 수준으로 낮아지는 것을 막을 만큼 강하지 않다." 이 글은 시리아와 리비아, 예멘이 모두 내파內破되기 전에—이라크에서처럼 무시무시한 내전이 발발하기 전에—그리고 이집트에서 선출된 비자유주의적이고 이슬람주의적인 정권을 권위주의적인 군부가 전복하기 전에 쓰였다. 물론 이 모든 사례는 그저 '강한 분쟁의 덫'을 입증하는 것일 수도 있고, 이 지역은 1910~1950년의 유럽처럼 2050년까지 변화할지도 모른다. 또는 그러지 않을지도 모른다. Håvard Hegre, Joakim Karlsen, Håvard Mokleiv Nygård, Håvard Strand, and Henrik Urdal, 'Predicting Armed Conflict, 2010-2050', *International Studies Quarterly*, 57 (2013), 250-70, 인용은 261.

하지 않을지라도, 근대의 전환 과정에 포함되어 근대화 평화에 영향을 주는 근본적인 요인들 중 일부를 확인하려는 시도는 이론적 수준에서나 실천적 수준에서나, 과거를 돌아보는 데에나 미래를 전망하는 데에나 극히 중요하다. 먼저 지난날 근대화 평화로부터 벗어난 중대한 사례들을 살펴보자. 우리의 목표는 여전히 남아 있는 수수께끼들을 설명하는 한편, 특히 근대화 평화에 역행한 힘들이 과연 미래의 전조인지 확인하기 위해 그 힘들에 대한 전반적인 이해를 높이는 것이다.

19세기와 20세기의 대전쟁들은 왜 일어났는가?

우리는 인간의 목표를 달성하기 위한 평화적 선택지의 매력을 엄청나게 키우는 동시에 군사적 선택지의 매력을 줄인 논리의 변화—산업혁명에 의해 촉진된 변화—를 살펴보았다. 1815년 이래 세 번의 연이은 평화기로 이루어진 긴 평화 현상은 산업사회의 도래, 확산, 심화 및 이와 연관된 전면적인 근대화 과정과 눈에 띄게 나란히 진행되었다. 따라서 근대화의 영향을 덜 받은 국가들이 이 기간에 전쟁에 계속 관여했고 지금도 관여하는 이유는 수수께끼가 아닐 것이다. 그렇지만 19세기와 20세기 전반기 동안 근대화 경로를 가장 앞에서 주도한 나라들 간에도 전쟁이 일어났다. 물론 그때 이후 선진 세계는 근대화 경로를 따라 더욱 전진함으로써 근대화 평화를 한층 견고하게 만들었다. 그렇기는 하지만 19세기 중엽 직후, 첫번째 긴 평화와 두번째 긴 평화 사이에 일어난 강대국들 간 전쟁은 어떻게 이해해야 할까? 그리고 훨씬 더 어려운 문제, 즉 두번째 긴 평화와 세번째 긴 평화 사이에 발발하여 평화화 추세를 무참히 깨뜨린 양차 대전이라는 대격동은 어떻게 설명할 수 있을까?

먼저 1854년과 1871년 사이에 일어나 19세기의 상대적 평화로움을 고란한 강대국 전쟁들부터 살펴보자. 크림 전쟁(1854~1856), 이탈리아의 통일로 귀결된 프랑스-오스트리아 전쟁(1859), 미국 남북 전쟁(1861~1865), 독일 통일 전쟁(1864, 1866, 1870~1871)이 있다. 이 전쟁들의 원인은 무엇이었는가? 강대국들의 전통적인 전략적 고려 때문에 일어난 크림 전쟁을 빼면, 이들 주요 전쟁의 가장 깊고도 가장 격앙된 동기는 무엇보다도 민족 통일, 민족 독립, 민족 자결 같은 쟁점이었다. 유럽 전역의 일반적인 폭력적 분쟁도 마찬가지였다. 분쟁이 빈발한 지역들을 불타오르게 한 것은 민족의 통일과 독립을 향한 열망이었다. 그런 지역으로는 정복당해 분할된 폴란드, 조각난 채로 외세의 지배를 받은 이탈리아, 분열된 독일, 잠시 네덜란드에 속했던 미래 벨기에의 영토, 억눌린 아일랜드, 합스부르크 제국에 편입된 헝가리와 남부 슬라브족 지역, 오스만령 발칸 반도, 독일에 병합되었으나 여전히 프랑스에 친화적인 알자스-로렌 등이 있었다. 근대 초 유럽에서 전쟁의 주된 동기가 영토였고 두번째로 흔한 동기가 무역이었던 것으로 입증되기는 하지만, 19세기 유럽에서 주요 전쟁의 주원인은 단연코 종족-민족 분쟁이었다.[1] 요컨대 새로운 경제 현실의 논리가 전쟁의 종래 물질적 원인들을 억제하여 전쟁의 빈도가 급감하기는 했지만, 19세기 동안 유럽을 집어삼킨 근대 민족주의의 밀물이 때때로 그 논리를 압도했다. 앞서 봤듯이 친족-문화 공동체들의 생존과 존속, 성장은 우리 욕구 체계의 밑바탕에 놓인 전반적인 진화론적 논리 안에서 경제적 고려와 맞물리는 주요 요인이다.

지난 수십 년간 세계의 가장 발전한 지역들에서는 종족-민족 전쟁이 거의 사라졌다. 이는 어느 정도는 소수종족 집단을 수용하는 데 기여하는 민주주의와 자유주의, 소수자의 권리를 존중하는 태도가 강해졌기 때문이다. 그렇지만 이 못지않게 민족 자결권을 명시적으로 또는 암묵적으로 받아들이는 태도가 강해졌기 때문이기도 하다. 오늘날 민족 자결권을 열망하는 민족 집단들은 분리 독립을 적법하고 정당한 목표로서 요구하고 찬성투표를 하며, 과거처럼 분리 독립을 무력으로 저지해서는 안 된다고 주장한다. 근래의 주요 사례로는 퀘벡, 스코틀랜드, 벨기에, 카탈루냐가 있다.[2] 이런 전개는 그 자체로 근대화 평화의 일부이며, 선진 자유민주주의 국가들 사이에서 특히 급감한 영토 분쟁과도 관련이 있다.[3] 세계의 저개발 지역들에서는 정치적 경계와 종족-민족 경계가 대개 일치하지 않고 평화로운 분리 독립이 거의 허용되지 않아서 종족-민족(겸 영토) 분쟁이 훨씬 적게 감소했다. 이런 이유로 19세기 유럽에서처럼 오늘날 개발도상 지역들에서는 종족-민족 분쟁이 전쟁의 주요 원인이 되고 있다.[4]

민족주의는 세계 산업경제의 성격이 현저히 변화한 20세기 전반기 동안 강대국 전쟁이 귀환하는 데 기여한 주요 요인이기도 하다. 19세기 중엽 이래 영국의 패권과 자유무역 신조는 서로 동행하는 한 쌍이었다. 그렇지만 1900년경 (영국을 뺀) 강대국들은 보호주의 정책을 재개했고, 신제국주의를 추구하며 세계의 후진 지역들로 보호주의 정책을 확대해나갔다. 알렉산더 해밀턴과 프리드리히 리스트Friedrich List가 개척한 국민경제학파의 주장에 따르면, 새로 산업화중인 국가들의 초창기 산업은 적어도 충분한 경쟁력을 갖추기 전까지는 더 단단히 자리잡은 외국 산업경제의 생산품을 국내 시장에서 막아줄 관세장벽을 필요로 한다. 이런 이유로 미국, 독일, 프랑스, 러시아, 일본 모두 19세기 후반에 산업적 도약을 하는 동안 영국 제조업에 맞서 강력한 보호주의 정책을 채택했다. 터무니없이 높은 관세마저 1900년 무렵 최초의 세계화 시대에 산업 선진국들 사이에서 무역량이 역대 최고 수준으로 급증하고 경제적 상호 의존도가 높아지는 것을 막지 못했다. 그렇기는 해도 관세장벽은 미래에 대한 근심을 키운 원인이었다.

영국은 19세기 말까지 나머지 산업 세계를 상대로 관세장벽을 세웠고, 독일은 20세기 초부터 주로 유럽 대륙을 상대로 관세장벽을 쌓았으며, 미국과 일본은 영국마저 자유무역을 포기한 이후 1930년대까지 관세장벽을 강화했다.

1880년대부터 재개된 예상치 못한 제국 건설은 국민경제 보호주의의 필연적인 귀결이었으며, 아마도 양차 대전으로 이어진 강대국 간 긴장 고조의 단연 중요한 원인이었을 것이다. 강대국들이 다시 제국을 추구한 것은 과거에도 수수께끼였고 지금도 그러한데, 당시 널리 받아들인 격언대로 "제국주의는 채산이 맞지 않는다"고 알려져 있었기 때문이다. 이런 이유로 19세기 중엽 영국은 라틴아메리카, 중국, 오스만 제국에서 이른바 '비공식 제국주의' 또는 '자유무역 제국주의' 정책을 선택했다. 다시 말해 직접 통치하는 영역을 외국 영토로 확대해 그에 따르는 비용과 책임, 노력을 짊어지는 일을 피했으며, 다만 다른 나라들이 무역과 투자, 여타 경제 활동에 자국을 개방하고 또 개방 상태를 유지하도록 만들기 위해 때때로 무력을 사용해 개입했다.[5] 자유무역 제국주의는 징수가 아니라 상호 이익이 되는 무역에 기반한다는 점에서 기존의 공물 제국주의(이 제국주의의 요소들은 분명 오랫동안 살아남았다)와 달랐다. 자유무역 제국주의는 부를 늘려주고 온갖 부수적 혜택—원론적으로 모두에게 이로운 혜택—을 가져다줄 것으로 추정되었다. 자유주의적인 비공식 제국주의는 산업의 도약 자체가 근본적인 이탈이었음에 못지않게 과거로부터의 근본적인 이탈이었다. 분명 그 과정은 결코 이상적이지 않았다. 숱한 폐해 가운데 명백한 실례를 하나 꼽자면, 영국의 마약을 수입하도록 중국을 강제로 개방한 아편 전쟁(1839~1842)이 있다. 그렇다 해도 산업화 이전 국가들이 꾸준히 성장해 물질적 궁핍, 정체, 제로섬 경쟁, 전근대의 높은 사망률에서 벗어날 유일한 방도는 결국 세계 경제에 연결되는 것—자의로, 또는 압력이나 무력에 의해 타의로—뿐이었다.

19세기 말과 20세기 초에 예기치 않게 재개된 식민지 획득 경쟁이 수수께끼인 또다른 이유는, 한 세기 이후처럼 당시에도 세계 무역량의 1~2퍼센트만 차지한, 가장 덜 개발된 대륙 아프리카에 그것이 집중되었기 때문이다. 영국 경제학자 겸 정치평론가 J. M. 홉슨Hobson이 주창하고 블라디미르 레닌Vladimir Lenin이 받아들인 유명한 테제와 반대로, 아프리카에 투자한 금액은 단순히 무시해도 괜찮은 정도였던 게 아니라 보상도 가장 적게 가져다주었다.[6] 오늘날과 마찬가지로 세계의 부 중에서 단연 큰 부분은 선진국들의 국내 기반 생산과 그들 서로 간의 무역에서 생겨났다. 이 모든 서술을 뒷받침하는 설득력 있는 증거를 들자면, 다름 아닌 영국 재무부가 식민지 확장에 반대했다는 사실이 있다. 또다른 실례로는 영국과 프랑스(두 나라는 새로운 식민지 경쟁을 선도했고 단연 큰 제국을 가지고 있었다)가 1870년부터 1914년까지 세계의 부와 권력 점유율 면에서 상대적으로 추락한 두 강국이라는 사실이 있다. 이에 반해 같은 기간에 대규모 산업화를 추진하며 식민지 쟁탈전에 훨씬 적게 참여한 두 강국 미국과 독일은 상대적 점유율 면에서 각각 1위와 2/3위로 뛰어올랐다.

제국주의가 채산이 맞지 않는 일이었다면 그토록 치열하게 재개되었던 이유는 무엇일까? 이 물음은 당시에도 그 이후에도 사상가들을 사로잡았다. 나는 『문명과 전쟁』에서 이 문제를 상세히 다루었으므로 여기서는 주요 논점들만 다시 말하겠다.[7] 분명 여러 요인이 신제국주의에 기여했다. 그런 요인으로는 안보에 대한 전략적 고려, 아프리카 내륙 진출을 한결 수월하게 해준 무기, 의학, 교통수단의 엄청난 발전,[8] 식민 관료와 사업가의 현지 계획, 토착민에게 기독교와 문명을 전하려는 욕구, 그리고 마지막이지만 중요한 요인으로 식민지를 획득함으로써 얻을 수 있는 엄청난 대중적 호소력과 명망이 있다. 그렇지만 제국주의를 추동한 주된 요인은 따로 있다.

아프리카 쟁탈전 이면의 동기들은 식민 경쟁이 전개되고 고조됨에 따라 바뀌었다. 아프리카 쟁탈전의 발단은 1882년 이집트에서 현지 정부에 맞서 대중 혁명이 일어나자 영국군이 수에즈 운하를 지키기 위해 이집트에 상륙한 사건이었다. 그러자 프랑스가 동쪽으로 사하라 사막을 가로질러 나일강 상류까지 세력권을 넓히는 방법으로 이집트에서 영국군을 몰아내려 시도했다. 영국이 나일강 유역 전체를 점령하는 선제 조치로 대응하자 제국들의 경쟁은 결정적인 전환점을 맞았고 새로운 의미를 띠게 되었다.[9] 산업국들 사이 관세장벽이 이미 높아지고 있었던 까닭에, 세계가 서로에게 빗장을 지르는 커다란 제국 블록들로 분할되고 그에 따라 세계 경제가 열린 경제가 아닌 닫힌 경제가 되리라는 우려가 커졌다. 실제로 1900년경 영국의 산업 경쟁력이 약화되자 식민장관 조지프 체임벌린Joseph Chamberlain을 비롯한 사람들은 전통적인 자유무역 정책을 포기하고 영 제국을 보호주의 무역 지대로 통합해야 한다고 보았다. 강국들은 저마다 이것이 미래의 방향이라면 임자 없는 영토를 차지할 수 있을 때 최대한 많이 차지해야 한다고 생각했다.[10] 바로 이런 '죄수의 딜레마' 상황이 아프리카에서 권리를 주장하도록 강국들을 몰아갔다.

눈덩이가 커지듯 걷잡을 수 없는 과정이 뒤따랐다. 아프리카 식민지는 비록 당시에는 가치가 없었으나 먼 미래에 큰 제국이나 연방의 일부로서 개발하고 나면 수익을 낼 가능성이 있었다. 이와 동일한 논리에 따라 19세기의 마지막 몇 년간 중국의 분할이 임박해 보였다. 러시아가 시베리아 횡단 철도를 부설하면서 동아시아에 군사력을 투사할 수 있는 위치에 다가감에 따라 중국을 '개방'해 자유무역을 하려던 접근법이 위태로워졌다. 이처럼 아프리카 분할이 진행중이고 중국 분할의 조짐이 보이는 가운데, 영국이 지배하는 자유무역 체제는 보호주의라는 현실과 전망에 의해 약화되었다. 보호주의는 자기강화적인 과정이자 자기실현적인 예언이었다.

20세기로 접어들 무렵, 빌헬름 황제 시대(빌헬름 2세의 재위기, 1890~1918년—옮긴이)의 대다수 독일인은 유럽 내 무역장벽이 자국 수출과 산업의 성장세를 제약하는 주된 장애물이라고 생각했다. 그들은 '유럽합중국'의 자유무역 지대나 유럽 공동 시장, 또는 적어도 경제적으로 통합된 중부유럽Mitteleuropa만이 미국과 영 제국, 러시아의 광대한 공간에 비견할 만한 발전 기회를 독일 산업에 제공한다고 보았다. 더욱이 세계 경제가 모두에게 열려 있지 않고 열강에 의해 지리적으로 조각날 예정이라면, 독일 역시 무엇보다 중앙아프리카Mittelafrika에서 커다란 식민 제국을 요구할 작정이었다. 중앙아프리카 영토는 이미 벨기에와 포르투갈이 점령하고 있었으므로, 독일로서는 두 나라의 아프리카 식민지를 바라건대 다른 열강의 동의를 받아 넘겨받아야 했다. 만일 이런 필수적인 정책 목표를 평화롭게 달성하기가 불가능하다고 판명 난다면, 독일은 무력을 사용할 수밖에 없을 터였다. 바로 이런 논리가 제1차세계대전 이전 10년간 강국들 사이에서 긴장이 고조되고 위기가 되풀이되고 결국 전쟁으로 폭발한 과정을 견인한 주된 힘이었다.

국민경제 보호주의로 향하던 흐름은 대공황을 계기로 더욱 빨라졌다. 1932년 영국은 자유무역을 포기하고 '영 제국 특혜 관세'를 채택했다. 1929년 증시 대폭락 이후 관세를 올렸던 미국은 보호주의의 성장이 대공황의 재발을 막는다는 견해로 기울어갔다. 그렇지만 단연 불길한 전조는 독일과 일본에서 나타났다. 아돌프 히틀러Adolf Hitler에게 경제적으로 자급자족하는 독일 제국, 유럽 대륙을 아우르는 생활권Lebensraum을 가진 제국의 창설은 그의 인종주의적 계획 및 영원한 세계적 투쟁이라는 비전과 분리할 수 없는 것이었다. 일본의 사정도 독일과 얼추 비슷했다. 원료가 부족하고 무역에 크게 의존하던 일본은 1930년대 초 다른 강대국들이 보호주의 장벽을 세우자 큰 타격을 받았다. 그러므로 일본이 경제적으로 자급자족하는 제국 또는 '대동아공영권'의 창설을 자국의 생존에 필수적인 조치로 여긴 것은 놀랄 일이 아니다. 그 결과 1920년대 일본에서는 자유주의-의회제 체제가 군국주의와 권위주의로 대체되었다.

요컨대 자유주의 프로그램의 상호 연관된 측면들 모두가 상반되는 측면들로 대체되었다. 분할된 세계 경제에서는 경제력이 국력을 키워주었고, 역으로 국력이 경제력을 방어하고 키워주었다. 국가의 크기는 열린 국제경제에서는 별로 상관이 없었지만, 권력정치에 좌우되는 신중상주의적인 닫힌 국제 경제에서는 경제적 성공의 관건이 되었다. 어떤 영토에서 이익을 얻기 위해 그 영토를 정치적으로 소유할 필요성이 다시 생겨나고 있었다. 더욱이 경제적 자유주의로부터 후퇴하는 추세는 폭력 신조를 내포하는 반자유주의적이고 반민주주의적인 정치 이데올로기들 겸 체제들, 즉 공산주의와 파시즘의 득세를 촉진하고 또 이 과정에 의해 촉진되었다.

대안적 근대성은 실현 가능한가?: 과거

과거의 경험이 불러일으키는 이 물음은 곧 근대화의 대안 형태들—자유민주주의적·자본주의적 근대화와는 다른 근대화—을 실현할 수 있느냐는 것, 그리고 그 형태들과 근대화 평화 사이에 친연성이 있느냐는 것이다. 19세기에 최초의 산업국이자 당시 세계 패권국인 영국이 수립한 자유주의적 정치경제 질서는 개발과 근대화의 패러다임이 되었다. 그러나 이 표준은 훗날 산업국들과 근대화 과정에 새로 들어선 국가들이 여러 방식으로 제기한 도전에 직면했다. 그런 도전 중 일부는 비교적 약했고 근대화 평화에 끼친 영향도 크지 않았다. 대개 영국의 전통과는 다른 정치적·이데올로기적 전통에서 자라난 다른 일부 도전은 한층 전면적이었고 몇몇 경우 근대화 평화에 엄청난 충격을 주었다.

다양한 도전들과 그것들이 평화에 끼친 영향을 오름차순으로 살펴보자. 가장 낮은 등급의 도전, 즉 1870년부터 1945년까지 자유민주주의 국가들이 점점 더 많이 채택한 경제적 보호주의는 그들 간의 교전에 뚜렷한 영향을 주지 않았다. 앞서 봤듯이 평화를 가져오는 산업화의 경제적 요소들은 자유무역 말고도 많이 있으며, 이 요소들은 1870~1945년 민주주의 국가들에서 근대화 평화의 다른—정치적·사회적·규범적—요소들과 함께 일정한 영향을, 실은 갈수록 강한 영향을 주었다. 다른 한편, 보호주의는 자유민주주의 국가들이 산업화중인 비민주주의·비자유주의 국가들과의 전쟁(대체로 대응 차원의 전쟁)에 관여하는 성향을 강화했다. 후자의 국가들 역시 전근대와 비교해 아주 뚜렷한 교전 감소를 보여주기는 했지만, 강한 보호주의적 압력이 체제에 팽배하고 민족주의적 긴장이 고조될 때면 자기들끼리 그리고 자유민주주의 국가들과 싸우려는 그들의 성향이 더 강하게 나타났다. 한 등급 높은 도전인 파시즘—가장 극단적인 형태인 나치즘뿐 아니라 1930~40년대의 일본까지 포함하는 넓은 의미의 파시즘—은 자유주의적 정치경제 모델의 모든 측면을 가장 전면적으로 거부했다. 파시즘은 스스로를 근대성에 이르는 완전한 대안 경로로 내세웠으며, 그런 이유로 나중에 '반동적 근대주의'라는 딱지가 붙었다. 파시즘의 강한 호전적 면모는 근대화 평화를 뒤흔들었다. 마지막으로 근대성에 이르는 또다른 대안 경로로 기획된 공산주의는 어느 쪽이 미래를 상속받을지를 놓고 자본주의적 민주주의 그리고 파시즘과 3자간 경쟁을 벌였다. 공산주의 진영의 수장 소련은 스스로 자본주의 세계보다 약하다고 느꼈고, 시간이 자기들 편이라고 믿었으며, 원료를 자급한 덕에 직접적인 군사 조치를 취해 틀을 깨야 한다는 압박을 독일이나 일본보다 훨씬 덜 받았다. 소비에트 블록은 국내 산업성장을 중시하는 등 근대화 평화의 일부 측면을 공유하기도 했다. 그럼에도 소련은 확연히 다른 이데올로기와 무력 혁명을 추구한 까닭에 이미 제2차세계대전 이전부터, 그리고 확실히 그 이후에 비공산주의 세계를 상대로 치열한 냉전에 돌입하게 되었다.

산업 선진국들에서 전제적 통치의 마지막 잔재는 제1차세계대전 시기에 청산되었다. 파시즘 진영의 도전자들은 제2차세계대전을 치르다가 거의 문자 그대로 가루가 되었으며, 공산주의 진영의 도전자들은 중국에서나 소련에서나 1980년대까지 스스로를 해체했다. 이런 이유로 20세기가 저물어가면서 근대성에 이르는 성공적인 경로는 궁극적으로 하나—민주주의·자본주의 경로—뿐이라는 생각이 점차 역사의 판결로 승격되었다.[11] 자본주의적 자유민주주의는 본질적인 선택 이점을 가진 경로로 추정되었고, 과거뿐 아니라 미래에도 불가피한 경로라는 느낌을 주었다. 그렇지만 자본주의적 민주주의가 세계를 상속받는다 할지라도, 이는 미리 정해진 결론, 과거의 경험이나 역사의 교훈으로 '입증된' 결론과는 거리가 멀다. 널리 알려진 표현대로 역사는 승자의 기록이다. 역사를 현재의 관점에서 거꾸로 읽는 경향, 최종 결과—우발적 요인들의 영향을 강하게 받았을지도 모르는 결과—를 예정된 결과로, 승자들의 경로가 옳음을 입증하는 결과로 여기는 강한 경향이 있다. 따라서 20세기 동안 자본주의적 민주주의가 다른 대안적인 근대화 기획들과 경쟁해 승리를 거둔 이유를 면밀히 검토할 필요가 있다. 그런 다음 이 과거의 경험이 21세기를 개척하는 우리에게 특히 근대화 평화와 관련해 무엇을 가르쳐줄 수 있을지 알아봐야 한다.

민주주의 국가들이 승리한 이유는 서로 연관된 두 가지 주요한 관점에서 생각해볼 수 있다. 하나는 강대국 정치의 관점이고, 다른 하나는 국내 개발의 관점이다. 먼저 전자, 즉 강대국 분쟁과 전쟁의 관점을 살펴보자. 나는 공산주의 도전자들이 패한 이유와 자본주의적 비민주주의 도전자들이 패한 이유가 아주 달랐다고 본다. 공산주의 강대국인 소련과 중국은, 비록 자본주의적 민주주의 국가들보다 더 크고 따라서 더 강력한 국가로 성장할 잠재력을 가지고 있기는 했지만, 경제적으로 비효율적인 것으로 판명난 까닭에 결국 패배했다. 실패한 것은 그들의 체제였다. 공산주의는 제대로 작동하지 않았다. 중국과 소련은 1980년 무렵 제각기 이 사실을 인식하고서 자본주의 진영과의 무장 분쟁과 무관하게 공산주의를 해체하기 시작했다.

이와 달리 자본주의적 비민주주의 강대국들은 비효율성 때문에 패배한 것이 아니다. 양차 대전 시기에 독일은 경제적으로나 기술적으로나 적어도 경쟁자들만큼 앞서 있었으며, 일본은 1913년부터 1939년까지 다른 어떤 나라보다도 빠른 성장세를 보였다. 그들의 문제는 우연찮게도 너무 작았다는 것이다. 독일과 일본 모두 제한된 자원과 인력 기반을 가진 중간 크기 국가였다. 대국들, 그중에서도 대륙 크기 국가인 미국과 겨룰 만한 형편이 아니었던 양국은 그들에 맞서 결집한 연합의 중압을 견디지 못하고 무너졌다. 그러므로 그들이 몰락한 것은 대체로 우연적인 이유 때문이었다. 20세기 내내 미국의 권력은 세계에서 둘째와 셋째로 강한 국가들의 권력을 합한 수준을 능가했으며(다다음 절의 데이터 참조), 이 사실은 전 세계의 세력균형을 민주주의 국가들에 유리한 쪽으로 결정적으로 기울였다. 자유민주주의 국가들에 경쟁 우위를 선사한 요인이 있다면, 그것은 자유민주주의의 어떤 내재적 강점보다도 미국의 현존과 대륙 규모 크기였다. 미국은 더러 타당한 갖가지 비판을 받아왔다. 그러나 20세기가 미국의 세기였고 오로지 그 때문에 민주주의가 승리를 거두었다는 점은 이제껏 충분히 인식되지 않았다.[12]

달리 말해 미국이 없었다면 자유민주주의 국가들은 20세기의 투쟁들에서 십중팔구 패했을 것이다. 무엇보다 영국과 프랑스가 양차 대전에서 독일에 졌을 것이다. 이 생각으로 정신을 차리고 나면, 20세기의 분쟁들에 의해 만들어진 세계를 단선적 발전 이론과 진보사관을 믿을 때보다 훨씬 더 우연적인(그리고 허술한) 산물로 바라보게 된다. 아주 현실적인 의미에서 우리는 사뭇 다른(비민주주의적인) 20세기, 사뭇 다른 세계를 맞이하고 발전에 관한 사뭇 다른 형태의 거대이론을 이야기했을지도 모른다. '미국 요인'이 없었다면 자유민주주의에 대한 후대의 판단은 기원전 4세기 펠로폰네소스 전쟁에서 아테네가 스파르타에 패한 이후 그리스인들이 민주주의의 성과에 내린 부정적인 평가—18세기에 이르기까지 정치철학자들이 되풀이한 평가—와 비슷했을 것이다. 우리는 현재의 관점에서 과거를 합리화하는 경향이 있지만, 역사의 교훈은 미묘한 것이다.*

---

* 나는 최근 노벨 경제학상 수상자 대니얼 카너먼Daniel Kahneman이 『생각에 관한 생각Thinking, Fast and Slow』(2011)에서 비슷한 견해를 표명한 것을 보았다. 실험심리학의 발견에 근거해 그는 이렇게 결론 내린다. "우리는 우리가 과거를 이해한다고 믿으며, 이는 미래도 알 수 있다는 것을 함축한다. 하지만 사실 우리는 우리가 이해한다고 믿는 만큼 과거를 이해하지 못한다."(p. 201) "커다란 역사적 사건들이 운에 의해 결정된다는 생각은 설령 참으로 입증된다 할지라도 몹시 충격적이다. 대규모 사회운동들을 포함하는 20세기의 역사를 히틀러와 스탈린, 마오쩌둥의 역할을 빼고서 생각하기는 어렵다. 하지만 난자가 수정되기 직전의 순간, 훗날 히틀러가 되는 배아가 50대 50 확률로 여성이 될 수도 있었던 순간이 있었다. 세 경우를 합하면, 20세기에 대악당 세 명 모두 존재하지 않을 8분의 1의 확률이 있었던 것이다. 그들이 없었더라도 역사가 거의 똑같이 전개되었으리라고 주장하는 것은 불가능하다. 세 난자의 수정이 불러온 엄청난 결과를 고려하면, 장기간의 발전을 예측할 수 있다는 생각은 농담에 지나지 않는다."(p. 218)

이제 국내 발전 논증을 살펴보자. 사회가 발전—1인당 부, 교육, 도시화 등—면에서 일정한 문턱을 넘고 나면 대체로 민주화된다는 통념이 있다. 20세기 후반에 동아시아와 동남아시아, 남유럽, 라틴아메리카에서 이런 경향이 나타났다.[13] 그러나 다시 주장하건대 이 통념은 1945년 이후 우세했던 아주 특수한 일군의 환경에서 도출된 것이고 따라서 왜곡된 표본에 근거하고 있는 것이다. 이렇게 된 이유는 자본주의적 비민주주의 강대국들—독일과 일본—이 패전한 1945년 이후 발전한 국가들이 모두 공산주의 진영과 자본주의-민주주의 진영 중 하나를 선택할 수밖에 없었기 때문이다. 후자를 택한 국가들은 어김없이 패권적 자유민주주의 중심의 육중한 압력에, 그들을 민주화 쪽으로 결정적으로 기울인 압력에 노출되었다. 현재 일류 경제국 중에 반半권위주의 체제의 요소들을 유지하는 사례는 싱가포르가 유일하며, 이 나라 역시 길게 보면 패권 중심의 압력을 견뎌내지 못할 공산이 크다. 싱가포르와 비슷한 강대국 중 과연 자유주의적 질서의 영향력에 계속 저항할 수 있는 국가가 있을까?

대안적 근대성은 실현 가능한가?: 미래

이 물음과 지대한 관련이 있는 현실은 1945년 이래 국제 체제에 없는 범주였던 자본주의적 비민주주의 강대국들이 국제무대로 복귀했다는 것이다. 중국과 러시아는 비록 몇몇 결정적인 측면에서 매우 다르기는 해도 둘 다 이 범주에 속한다. 이 대목을 쓰는 지금 푸틴의 러시아가 크림 반도를 침공해 병합하고, 우크라이나와 시리아에 군사적 개입을 하고, 서구에 대한 적대감을 키워간다는 소식이 신문 머리기사로 실리고 있다. 그렇지만 과두제·도둑정치 유형에 해당하는 러시아의 권위주의적 자본주의는 2000년대에 석유와 가스 가격이라는 노다지 위에 위태롭게 건설된 것이다. 공세적 정책을 펴고 있기는 해도 러시아는 여전히 가난하고 전반적으로 약한 국가이며, 교육받은 노동력을 바탕으로 제조업 부문을 되살리지 못하는 한 경제 선진국 반열에 오를 가능성이 낮다. 중국은 러시아보다 훨씬 더 중요한 국가이자 미래의 가장 강력한 도전자다. 중국은 러시아의 거의 10배에 달하는 인구를 갖고 있고, 제조업과 무역을 주축으로 놀라운 성장세를 보여왔다. 중국은 국제 체제의 대국으로, 한때 비효율적인 공산주의 경제에 발목이 잡혀 정체되었으나 자본주의로 전환한 이후 권위주의 체제를 유지하면서도 거대한 잠재력을 빠르게 실현하고 있다. 1인당 GDP 면에서 아직 선진 세계의 4분의 1에서 6분의 1 수준이기는 해도, 중국은 이 간극을 빠르게 좁히고 있다. 거대한 크기를 고려하면 중국은 이미 세계에서 두번째로 강력한 국가가 되었고, 뒤에서 살펴볼 것처럼 권력을 계속 키울 것으로 예측된다. 요컨대 중국은 역사상 전례가 없는 새로운 조합, 즉 거대하면서도 자본주의적인 비민주주의 강대국을 제시하고 있다. 과거의 경험에 근거하는 모든 추정은 그 가치가 제한된다.

중국의 굴기가 국제 체제, 미국의 우위, 자유주의적 패권, 근대화 평화에 끼치는 영향은 21세기의 가장 중요한 문제일 것이다. 중국이 결국 정치적 자유화와 민주화를 겪을지 여부는 상술한 모든 내용과 중대한 관련이 있는 가장 흥미로운 문제일 것이다. 더 나아가, 과연 중국이 포퓰리즘적-민족주의적 신조를 옹호하면서 기존과 다른 경로를 따라 민주화되어 이른바 '비자유주의적 민주주의' 국가가 될 수 있을까?[14] 마지막으로, 결국에는 평화로운 시나리오가 실현된다 해도, 그 과정에서 무장 대립을 포함하는 중대한 격변이 세계를 뒤흔들 수 있지 않을까? 이 모든 물음은 열려 있는 문제로, 현 시점에서는 사고실험일 뿐이다. 나는 〈포린 어페어스〉지에 발표한 논문과 뒤이은 논쟁, 그 이후 출간한 저서에서 과거에 민주주의가 승리한 이유, 그 과정에서 미국이 수행한 결정적 역할, 자본주의적 비민주주의 강대국들의 귀환, 중국의 미래와 관련된 요인들을 논했다. 일군의 주장에 관심 있는 독자들은 참조하라.[15] 다음은 자본주의적 비민주주의 형태의 대안적 근대성 및 중국의 미래 궤도, 둘 모두의 실현 가능성과 관련이 있는 문제 중 일부를 간략히 요약한 것이다.

경제와 관련해 널리 제기되는 주장 중 하나는, 정보화 시대에 더 앞서 나가려면 개방적이고 개인주의적인 문화가 필요하다는 것이다. 그렇지만 과거 나치 독일과 제정 일본의 반대 증거는 시대에 뒤진 것으로 간주할 수 있다 할지라도, 오늘날 반半권위주의적인 싱가포르와 중국의 통치를 받는 홍콩은 둘 다 매우 성공적인 정보화 경제를 갖추고 있다. 중국은 정치적 책임성과 투명성을 결여한 탓에 이미 개발도상국들의 경제에서 눈에 띄게 나타나고 있는 '정실주의'와 부패의 악영향에 갈수록 시달릴 것이라는 주장도 제기된다. 그렇지만 전직 미국 연방준비제도이사회 의장 앨런 그린스펀Alan Greenspan이 썼듯이 싱가포르는 세계에서 부패가 가장 적은 국가 중 하나이며,[16] 과거의 제정 독일과 그 이전 프로이센도 마찬가지였다. 프로이센-독일의 관료제는 막스 베버가 보기에 관료제의 모범이었고, 실제로 효율성과 청렴함으로 유명했다. 중국이 국내를 잘 단속해 비슷한 관료제를 운영할 수 있을지 여부는 열린 문제다.

2014년 시민들이 대규모 친민주주의 시위를 벌인 홍콩은 정치적 주장들을 검토할 사례를 제공한다. 폭넓은 지지를 받는 주장 중 하나는 경제·사회 발전이 민주화에 이로운 압력을 만들어내고 권위주의적 국가 구조로는 그 압력을 억누를 수 없다는 것이다. 예를 들어 자본주의는 개개인의 선택권 행사에 토대를 두고 따라서 자본주의적 비민주주의 체제는 내부 모순에 시달리다가 붕괴하기 쉽다는 주장이 제기되었다.[17] 이 주장은 아주 설득력 있게 들리지만, 자본주의적 민주주의 자체가 자본주의로 인해 생기는 경제적 불평등과 민주주의의 압도적인 평등주의적 견인력 사이에서 줄곧 갈피를 잡지 못한 결합물이라는 사실을 기억하기 전까지만 그렇다.[18] 이 긴장이 얼마나 극명했던지, 사회주의자들은 이 양립 불가능한 모순 때문에 필시 자본주의적 민주주의가 파멸을 맞고 사회주의—경제적 민주화—가 미래의 물결이 되리라 믿었다. 그때 이후로 복지국가 제도를 통해 다소 완화되기는 했지만, 이 긴장은 여전히 대부분 남아 있다. 그럼에도 실생활에서 사람들은 대체로 여러 긴장 및 모순과 더불어 살아간다. 문제는 그중 어떤 것들이 더 중요하고 또 양립 불가능하냐는 것이다.

이데올로기적 정당성과 국민을 지도하는 정신을 갖추지 않고는 어떤 정권도 오랫동안 존속할 수 없다. 러시아와 달리 중국을 통치하는 세력은 비록 실제로는 더이상 공산주의적이지 않다 해도 여전히 공산당이다. 1970년대 후반에 시장 개혁을 시작한 이래 공산당의 존재 이유와 정당성의 원천은 경제 근대화를 성공리에 추진하고 그 과정에서 사회 안정을 유지하는 데 있었다. 공산당은 불안정하고, 매우 실용적이며, 권력을 유지하고 근대화를 이어가기 위해 어떤 조치든 취할 준비가 되어 있다. 제도 면에서 중국 정권은 사업가 엘리트를 공산당으로 끌어들이고 당 자체를 민주화하는 등 기반을 넓히려 애쓰고 있다. 중국 정권은 촌락과 일부 도시의 선거를 포함하는 대중 참여의 여러 형태와 여론조사를 실험하고 있다.[19] 그리고 인터넷을 아주 효과적으로 심하게 검열하면서도, 이런 실험에서 인터넷을 널리 이용하고 있다.[20] 분석가들은 이런 실험에 '숙의 독재deliberative dictatorship'라는 이름을 붙였다. 중국이 채택할 수 있는 이데올로기는 자국의 전통을 강조할 것이고, 능력주의나 위계, 공공 서비스, 사회 질서, 조화 같은 유교적 가치들을 포함할 것이며, 외국의 자유주의적 분열상 및 개인의 자기중심주의와 대비되는 것으로서 제시될 것이다. 이는 황제 없는 관료 통치라고 불려온 것이다. 이에 더해 중국에서는 민족주의가 근대화의 강력한 원천이 될 공산이 크다.

비판자들은 자본주의적 권위주의에는 세계에 제시할 보편적인 메시지, 사람들이 납득하고 열망할 만한 매력적인 메시지가 없고 따라서 마음을 사로잡는 '연성 권력'이 없다고 주장한다. 그러나 보편주의라는 동전에는 뒷면이 있다. 세계 각지의 많은 사람들은 자유주의적 보편주의를 교조적이고 간섭적이고 억압적인 것으로 여긴다. '단극單極' 세계에 대한 저항은 미국의 권력만이 아니라 인권 자유주의의 패권과도 관련이 있다. 비서구 사회들에는 서구로부터 훈계를 받는 데 대한 깊고도 넓은 반감이 존재한다. 서구의 인식과 달리, 자유민주주의는 그저 가치들 사이에서 선택을 내리는 데 필요한 중립적인 메커니즘이 아니다. 자유민주주의 자체가 이데올로기적 선택이며, 그 선택에는 여러 사회와 문화의 사람들이 더 소중하게 여기는 다른 가치들과 충돌하는 일군의 가치들이 포함된다. 세계에서 가장 빠르게 개발되고 있고 또 인구가 가장 많은 지역인 동아시아와 동남아시아 어디에나 서구의 문화제국주의에 반대하고 집단 가치, 사회의 조화, 위계질서를 강조하는 전통적인 '아시아 가치관'을 지지하는 광범한 대중 정서가 있다.[21] 문화와 사회적 가치는 불변이 아니지만, 그렇다고 해서 중요하지 않은 '상부구조'인 것도 아니다.

더 넓은 호소력을 갖기 위해 메시지를 꼭 보편주의적인 표현으로 작성해야 하는 것은 아니다. 1920년대와 1930년대의 파시즘은 매우 특수주의적인 신조였다. 다시 말해 '우리 조국'에 기반을 둔 민족주의적인 신조였다. 그럼에도 이탈리아와 독일, 일본 외부에 파시즘을 헌신적으로 추종하고 모방하는 사람들이 많이 있었다. 그들 모두 파시즘을 자신의 특수한 조국 및 사회에 적용했다. 사실 동아시아와 동남아시아만이 서구 자유주의에 양가적 태도를 보이고 근대성의 대안 모델들에 끌릴 가능성이 있는 것은 아니다. 라틴아메리카, 중앙아시아, 중동, 아프리카 역시 특히 자본주의적 비민주주의 모델을 받아들일 가능성이 있다. 이들 지역의 여러 나라에서 중국은 무역과 투자, 개발을 통해 빠른 속도로 경제 개입을 해왔다. 이렇게 개입하면서 중국은 조건을 붙이지도 않고, 국내 체제를 개혁하라고 요구하지도 않으며, 인도주의적 기준을 충족하라고 다그치지도 않는다. 내정 비간섭 정책에 더해 중국은 특수주의, 국제무대의 이데올로기적 다원주의, 국가 주권, 국가의 강한 개입, 토착문화의 발전이라는 메시지를 제시한다.[22]

근래에 중국은 국내에서 이른바 서구 가치관의 침투를 한층 억압하고 그에 반대하는 수사를 강화했다. 이것이 결국 승산 없는 싸움으로 판명 날지 아니면 더 불길한 무언가의 전조일지는 미래만이 알 것이다. 대체로 보아 정책 실패, 관성, 정체, 대중의 피로 때문에 정당성을 상실하는 일이 향후 중국 정권에 가장 위험한 사태일 것이다. 이 점에서 민주주의 정권은 아주 중요한 내재적 강점을 가지고 있다고 말할 수 있는데, 국가의 체제를 유지하면서도 정부를 교체하는 선택지를 주기 때문이다. 그렇지만 비민주주의 국가들의 이런 일반적인 약점을 특수한 단일 사례에 적용할 수 있을지 예측하기란 불가능하다. 사실 중국은 (20세기와 오늘날의 미국처럼) 거대한 단일 사례다. 다시 말해 그 궤도가 나머지 세계의 형성에 결정적인 영향을 끼치는 너무나 예외적으로 중요한 사례다.

러시아는 러시아대로 더 멀리까지는 아니더라도 근대 초까지 거슬러 올라가는, 서구 가치관에 매우 양가적인 태도를 보이는 오랜 전통을 갖고 있다. 러시아에서는 서구 모델에 대한 선망과 열등감이, 러시아인과 슬라브족의 특별한 종교적·정신적·이데올로기적 정체성과 사명에 대한 강한 감정과 서로 공존하며 교대로 우위를 점해왔다. 서구를 문명화되고 성공한 선진 세계로 인식하는 견해가, 서구를 비도덕적이고, 불경하고, 타락하고, 개인 이기주의와 쾌락주의를 찬양하고, 그릇된 도덕률과 이중 잣대를 적용하는 세계로 보는 견해와 줄곧 경합을 벌여왔다. 노벨문학상 수상자 알렉산드르 솔제니친Aleksandr Solzhenitsyn은 망명생활중 서구에서, 그리고 소련 이후 러시아에서 이런 양가적 태도를 가장 전형적으로 표현했다. 오늘날 러시아인들이 실망스럽고도 굴욕적으로 서구를 받아들인 시절로 느끼는 1990년대 이후, 푸틴 치하에서 강력한 역풍이 불었다. 서구의 모든 것에 대한 러시아의 유서 깊은 양가적 태도가 미래에도 지속되리라고 생각할 타당한 이유들이 있다. 과연 중국과 러시아는 궁극적으로 자유민주주의 진영으로 수렴할 것인가 아니면 대국인 만큼 기존과 다른 경로를 꾀하고 패권 모델에 도전하여 비민주주의적이되 선진 경제와 강력한 군사력을 갖춘 새로운 제2세계를 만들어낼 것인가?

자본주의-민주주의 모델이 여전히 최고의 위신을 누리던 2007~2008년에 대침체가 발생하기 전까지는 승리주의가 머지않아 심대한 위기와 깊은 불안감으로 바뀌리라 의심한 사람이 사실상 아무도 없었다. 당시 내가 현재 서구의 보루들—유럽과 미국—에서 자유주의적 정치경제 합의가 좀체 풀리지 않는 경기침체의 효과에 취약할지도 모른다고 말한 것은 순전히 가설이었다. 자유주의 유럽이 종족 분쟁의 부활에 취약해질 수도 있고 통합되지 않는 이주민 공동체를 심히 우려하게 될 수도 있다고 말한 것은 조금 더 사실에 입각한 전망이었다. 여기에 더해 당시 나는 패권의 중심부가 흔들릴 경우, 자유주의와 민주주의에 대한 애착이 아예 없거나 근래에 애착이 생겨 불완전하고 불안정한 다른 지역들에서 그 효과가 더 크게 나타날 수 있다고 말했다.

그 이후 세계는 1930년대 대공황 이래 최악의 경제위기를 겪고 있다. 파시즘 전체주의와 공산주의 전체주의가 분명히 실패한 듯한 자본주의적 민주주의를 먹잇감 삼아 번창했던 1930년대와 비교하지 않을 수 없는 상황이다. 혹자는 현재의 경제위기가 정치적으로는 그만한 재앙을 불러오지 않기를 바랄 것이다. 그러나 패권 모델이 그 아우라를 대부분 잃어버린 현실—유럽연합의 이미지가 10년 만에 미래의 패러다임에서 문제투성이에 제 기능을 못하는 무력한 기구로 극적으로 반전된 현실—은 강한 인상을 남겼다. 최근 도널드 트럼프Donald Trump가 미국 대통령으로 선출된 사실은 많은 이들에게 충격을 주었으며, 그들의 근심이 얼마나 정당한지는 시간만이 말해줄 것이다. 윈스턴 처칠은 "민주정은 최악의 정부 형태다. 때때로 시도된 다른 모든 형태를 빼면"이라는 유명한 말을 했다. 그럼에도 자유민주주의 국가들이 제 기능을 못하고 위기에 허덕이는 것처럼 보일수록 국가가 주도하는 민족주의-자본주의적 권위주의의 자신감과 국제적 매력이 더 커질 것이다. 1945년 이후 유럽에서 주변부로 밀려났던 비자유주의 대중 정당들이 유럽 대륙과 세계 도처에서 정계 무대로 복귀하고 있다. 1970년대 이래 민주주의가 확산된 '제3의 물결'은 세계의 국가 중 약 60퍼센트가 얼마간 민주적인 선거를 실시하고 40퍼센트가 자유주의 국가로 분류되는 전례 없는 상황을 만들어냈다. 그렇지만 이 추세는 21세기 초부터 뒤집히지는 않았을지라도 멈추었고, 몇몇 측면에서 '권위주의 부활' 발언을 자극하는 퇴행이 일어났다.[23]

이미지와 분위기는 10년 만에 확 변할 수 있다(일본은 1980년대만 해도 선망의 모델이었으나 그 이후 침체와 구조적 위기에 빠졌다). 그러므로 우리는 과장된 주장을 무시하고 경제의 기본 여건을 평가하고자 애써야 한다.

2007~2008년 대침체 발생 이전에 자본주의적 자유민주주의의 도취감을 조심하라는 것이 현명한 경고였다 할지라도, 현재 여러 자유민주주의 국가들의 암울함은 아주 심각한 문제이기는 해도 아마도 과장되고 있을 것이다. 이와 마찬가지로, 중국은 2007년 못지않게 지금도 아직 실현되지 않은 거대한 잠재력뿐 아니라 엄청난 난제와 장애물, 그리고 구조적 약점에도 직면해 있다. 산업화가 진행되고 부유해지면서 시골의 값싼 노동력 저수지가 점차 말라감에 따라 중국의 급속한 성장세는 둔화되고 있다. 중국이 보다 정교한 기술이 필요한 고부가가치 산업 쪽으로 시장을 옮겨가고는 있지만, 과거 경제적 도약의 초기 단계보다는 낮은 성장률을 이어갈 공산이 크다. 한 자녀 정책을 철회한다 해도 낮은 출생률이 크게 변하지 않을 듯한 현상황에서 중국 인구는 빠르게 고령화되고 있다. 과거의 근대화 사례들과 달리, 중국 인구는 부유해지기 전에 늙어갈 것으로 예측된다. 중국 정권이 앞으로 부패와 싸우는 능력, 오랜 경제성장 이후 좌절과 위기를 겪을 수밖에 없을 때 국내에서 정당성을 유지하는 능력, 그리고 정치적 자유화와 민주화를 받아들이라는 압력을 견뎌내는 능력을 보여줄지 여부는 열린 문제로 남아 있다. 중국은 이웃 국가들을 상대로 더 공세적인 정책을 펼수록 그들의 반발에 직면하고 그들에 대한 영향력을 잃을 가능성이 더 높다. 한 세기 전 독일이 걸었던 비극적인 경로 그대로, 중국은 이웃들을 자극하다가 일본부터 인도에 이르는 국가들의 연합, 미국의 지원을 받는 연합에 의해 억제당할지도 모른다. 중국의 민족 전통은 프로이센-독일의 군국주의적 면모와 예전 공산주의 열강의 전투적이고 혁명적인 수정주의를 결여하고 있다. 그렇지만 스스로를 세계의 중심으로 보는 역사적 자의식과 거대한 크기는 중국이 엄청난 전환을 시작한 이래 보여주었던 자제력을 앞으로 유지하기 어려울 가능성을 시사한다. 게다가 스스로의 정당

성에 자신이 없는 정권과 부활하는 민족주의의 결합은, 제정 독일과 푸틴의 러시아가 보여주었듯이 좋은 전조가 아니다.

1929년 사태의 결과와 2008년 사태의 결과를 미국과 관련하여 비교하는 작업은 특히 중요하다. 1920년대 동안 세계에 하나뿐인 초강대국이자 두루 선망하는 성공의 모델이었던 미국은 대공황으로 치명타를 입었다. 미국은 국내에 틀어박힌 채 추축국(제2차세계대전에서 연합국과 싸운 국가들로 독일, 이탈리아, 일본을 가리킨다—옮긴이)이 진출할 무대를 열어두었다. 오늘날 미국은 비용이 많이 들고 복잡한 여러 대외 관계를 우려하는 고립주의자들의 압력을 받고 있다. 이와 동시에, 1990년대의 짧은 단극 시기만 해도 경쟁자가 없었던 미국의 힘은 상대적으로 약해질 것으로 널리 예측되고 있다.[24]

이 경우에도 미국의 중추적 역할과 지난 100년간 미국 안팎에서 미국의 권력과 관련해 일정한 주기로 급변한 분위기 및 이미지를 고려하여 기본 여건을 평가할 필요가 있다. 아래 표들의 데이터에서도 드러나듯이, 20세기 동안 미국의 경제-군사 잠재력은 세계 경제-군사력의 3분의 1 정도를 점유하는 수준으로 눈에 띄게 일정하게 유지되었다(제2차세계대전 이후 유럽과 일본이 폐허가 되어 점유율이 급증한 짧은 기간은 예외다). 더욱이 20세기 내내 미국은 제2강대국과 제3강대국을 합한 것보다도 더 강했다. 앞서 지적했듯이, 미국의 권력 우위는 20세기의 가장 결정적인 정치적 사실, 20세기의 세 차례 대규모 분쟁을 민주주의 국가들에 유리하게 결정지은 사실이었다. 그렇지만 과거 미국이 세계 권력의 일정 비율을 줄곧 점유했다고 해서 미래에도 같은 수준을 유지하리라는 보장은 없다. 산업화와 시장경제가 세계의 다른 지역들로 확산되는 현상황에서 미국의 세계 권력 점유율은 낮아질 수밖에 없다. 게다가 거대하고 여전히 개발중인 중국은 미국 인구의 네 배에 달하는 인구를 가진 자본주의 국가다—이는 전례가 없는 조합이다.

전 세계의 세력균형

산업-기술 시대가 시작된 이래 경제력과 군사력은 밀접히 연관되었는데, 전자가 군사 하드웨어를 생산하는 질적·양적 경쟁에서 전쟁을 지속하고 승리하는 능력으로 전환되었기 때문이다. 산업 시대의 모든 강대국 간 충돌에서는 경제적으로 더 강한 쪽이 거의 예외 없이 승리했다.[25] 표 7.1과 7.2는 19세기와 20세기 동안 주요 열강의 경제력과 그에 상응하는 군사 잠재력의 측정치를 제시한다(GDP와 1인당 GDP로 측정한 값이다). 그리고 원래 『문명과 전쟁』에 수록했던 수치를 현재에 맞게 업데이트하고 일부 미래 예측치를 포함했다(표 7.3, 7.4와 도표 7.1, 7.2).

통계를 검토하기에 앞서 관례적인 주의사항부터 짚어보자. 어떤 측정치가 경제력 겸 군사 잠재력을 가장 잘 반영하느냐는 것은 쉬운 문제가 아니다(길게 쓴 주 참조[26]). 데이터는 본래 조잡하고 부정확하며, 특히 오늘날이든 과거든 후진국들 관련 데이터가 그렇다. 여기서 고른 것과 다른 데이터 집합을 고르면 얼마간 다른 수치를 얻게 된다. 나는 어떤 데이터 집합이 더 신뢰할 만하거나 더 타당해 보이는지 선택해야 했다. 게다가 경제력 외에 많은 요인들이, 이를테면 정치 제도와 지도력, 사회적 결속력, 지리, 경제적 자급자족(특히 원료), 군대에 대한 투자, 군사적 효과, 여타 물질적·비물질적 요인들이 전쟁의 결과를 판가름하는 데 일정한 역할을 했다. 이런 주의사항을 유념한다면, 산업-기술 시대 국가들의 잠재적 군사력의 경제적 하부구조에 관한 데이터는 많은 것을 알려준다.

표 7.1 GDP(구매력평가 기준), 세계 점유율, 인구(백만 단위), 1인당 GDP(구매력평가 기준), 하부구조적 권력(선두 국가 대비 백분율, 1820-1913).

	1820년	1870년	1913년
영국	362억 3200만$(5.2%) 2100만 명/1707$ 1.4/2.3(25-20%)	1001억 7900만$(9.1%) 3100만 명/3191$ 5.6/7.5(100%)	2246억 1800만$(8.3%) 4500만 명/4921$ 15.7/18.7(40%)
독일	263억 4900만$(5.5%) 2400만 명/1058$ 0.8/1.5(15-12%)	714억 2900만$(6.5%) 3900만 명/1821$ 3.0/4.6(53-61%)	2373억 3200만$(8.8%) 6500만 명/3648$ 14.3/18.4(37-40%)
프랑스	384억 3400만$(5.5%) 3100만 명/1230$ 1.3/2.2(23-19%)	721억$(6.5%) 3800만 명/1876$ 3.1/4.7(55-62%)	1444억 8900만$(5.3%) 4100만 명/3485$ 8.5/11.0(19-25%)
이탈리아	225억 3500만$(3.2%) 2000만 명/1117$ 0.7/1.2(13-10%)	418억 1400만$(3.8%) 2700만 명/1499$ 1.5/2.5(26-33%)	954억 8700만$(3.5%) 3700만 명/2564$ 4.8/6.7(12-15%)
러시아	377억 1000만$(5.4%) 5400만 명/689$ 0.9/1.9(16-15%)	836억 4600만$(7.6%) 8800만 명/943$ 2.5/4.5(44-60%)	2323억 5100만$(8.6%) 1억 5600만 명/1488$ 8.9/14.4(23-31%)
미국	125억 4800만$(1.8%) 1000만 명/1257$ 0.4/0.7(7-6%)	983억 7400만$(8.9%) 4000만 명/2445$ 4.9/6.8(85-90%)	5173억 8300만$(19.1%) 9700만 명/5301$ 37.6/44.1(100%)
중국	2292억 3700만$(32.9%) 3억 8200만 명/600$ 5.6/11.3(100%)	1893억 4900만$(17.2%) 3억 5700만 명/530$ 4.3/9.0(76-120%)	2410억 8400만$(8.9%) 4억 3600만 명/552$ 5.6/11.7(14-26%)
인도	1114억 8300만$(16%) 2억 900만 명/533$ 2.5/5.3(44%)		
일본	209억 300만$(3%) 3100만 명/669$ 0.5/1.0(9-8%)	253억 1900만$(2.3%) 3400만 명/737$ 0.6/1.3(10-17%)	633억 200만$(2.3%) 4500만 명/1387$ 2.3/3.8(6-8%)

1990년 국제 달러화(구매력 반영).27

표 7.2 GDP(구매력평가 기준), 세계 점유율, 인구(백만 단위), 1인당 GDP(구매력평가 기준), 하부구조적 권력(선두 국가 대비 백분율, 1938-1998).

	1938년	1973년	1998년
미국	8003억$ 1억 3000만 명/6134$ 62/71(100%)	3조 5366억 2200만$(22%) 2억 1200만 명/16689$ 457/402(100%)	7조 3945억 9800만$(21.9%) 2억 7000만 명/27331$ 1222/950(100%)
러시아	3590억$ 1억 6700만 명/2150$ 16/24(26-34%)	1조 5130억 7000만$(9.4%) 2억 5000만 명/6058$ 117/133(25-33%)	6644억 9500만$(3.4%) 1억 4700만 명/4523$ 44/54(3-5%)
독일	3514억$ 6800만 명/5126$ 25/30(40-42%)	9447억 5500만$(5.9%) 7900만 명/11966$ 동·서독 103/98(22-24%)	1조 4600억 6900만$(4.3%) 8200만 명/17799$ 194/168(15-17%)
영국	2842억$ 4700만 명/5983$ 22/25(35%)	6759억 4100만$ 5600만 명/12022$ 74/70(16-17%)	1조 1085억 6800만$(3.3%) 5900만 명/18714$ 151/129(12-13%)
프랑스	1856억$ 4200만 명/4424$ 12/15(19-21%)	6839억 6500만$(4.3%) 5200만 명/13123$ 78/73(17-18%)	1조 1500억 8000만$(3.4%) 5800만 명/19558$ 160/135(13-14%)
이탈리아	1408억$(3.2%) 4300만 명/3244$ 8/11(13-15%)	5827억 1300만$(3.6%) 5400만 명/10643$ 60/59(13-14%)	1조 227억 7600만$(3%) 5700만 명/17759$ 136/117(11-12%)
서유럽		4조 1337억 8000$(25.7%) 3억 5800만 명/11534$ 444/428(97-106%)	6조 9606억 1600만$(20.6%) 3억 8800만 명/17921$ 931/805(76-84%)
중국	3205억$ 4억 1100만 명/778$ 9/17(14-24%)	7365억 8800만$(4.6%) 8억 7700만 명/839$ 21/39(4-10%)	3조 8830억 800만$(11.5%) 12억 4500만 명/3117$ 266/290(21-30%)
인도		5017억 8000만$(3.1%) 5억 8800만 명/853$ 14/27(3-6%)	1조 6882억 6400만$(5%) 9억 6600만 명/1746$ 70/109(5-11%)
일본	1694억$ 7200만 명/2356$ 8/12(13-17%)	1조 2329억 8500만$(7.7%) 1억 700만 명/11439$ 131/127(28-31%)	2조 5820억$(7.7%) 1억 2600만 명/20413$ 360/308(30-32%)

1990년 국제 달러화(구매력 반영).

표 7.3 세계 권력의 분배, 2014년.[28]

국가	GDP(구매력평가 기준, 미국 달러화)와 세계 점유율	인구	1인당 GDP(구매력평가 기준, 미국 달러화)	하부구조적 권력(선두 국가 대비 백분율)
미국	17,460(16.2%)	3억 2000만 명	52,800	100%
유럽연합	17,610(16.4%)	5억 600만 명	34,500	79-91%
중국	17,630(16.4%)	13억 6900만 명	9,800	42-66%
일본	4,807(4.5%)	1억 2600만 명	37,100	22-25%
인도	7,277(6.8%)	12억 7900만 명	4,000	11-22%
러시아	3,568(3.3%)	1억 4600만 명	18,000	12-15%

21세기 동안 여러 국가의 GDP가 어떠할지 전망하는 추정치들이 있기는 하지만, 많은 가정을 포함하고 따라서 지나치게 추측성이라는 문제가 있다. 여기서 나는 아주 넓은 추세를 가리키는 단기 예측치를 제시한다(표 7.4).

과거 데이터와 미래 예측치는 넓게 보아 익숙한 추세를 보여준다. 선진국들의 세계 경제 점유율은 줄어들고 있지만, 똑같이 줄어들고 있는 것은 아니다. 예컨대 미국의 세계 권력 점유율은 다른 선진국들의 점유율보다 완만하게 낮아지고 있다. 20세기 동안 세계 경제-군사 잠재력의 약 3분의 1을 차지했던 미국의 점유율은 2030년까지 아마도 4분의 1이나 5분의 1 수준으로 떨어질 것으로 예상된다. 그렇지만 두 가지 주된 요인이 미국의 상대적 하락세를 완화한다. 첫째, 이민자 국가인 미국은 인구를 꾸준히 늘리는 인구학적 펌프인 반면, 세계 권력의 다른 모든 중심들은 인구의 고령화와 궁극적인 감소를 경험하고 있다.[29] 제1차세계대전 직후 1억을 넘었고 1960년대에 2억을 기록한 미국의 인구는 2000년대에 3억에 이르렀고 21세기 중엽 4억 명에 도달할 것으로 예측된다. 게다가 미국의 인구 밀도

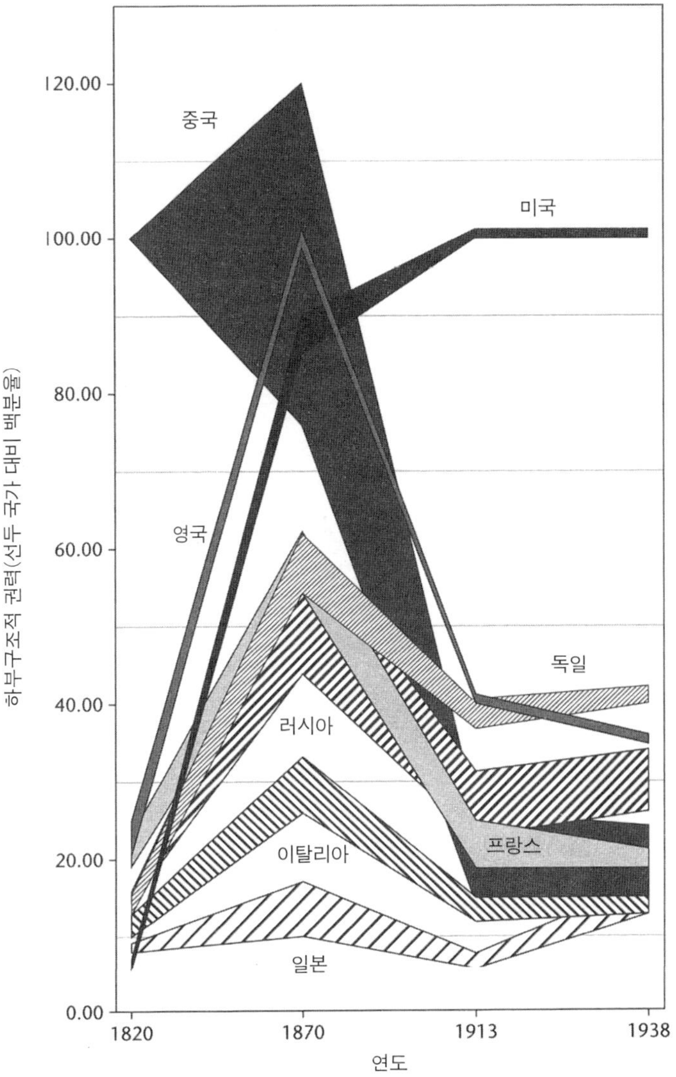

도표 7.1 강대국들: 하부구조적 권력(선두 국가 대비 백분율, 19세기부터 20세기 초까지).

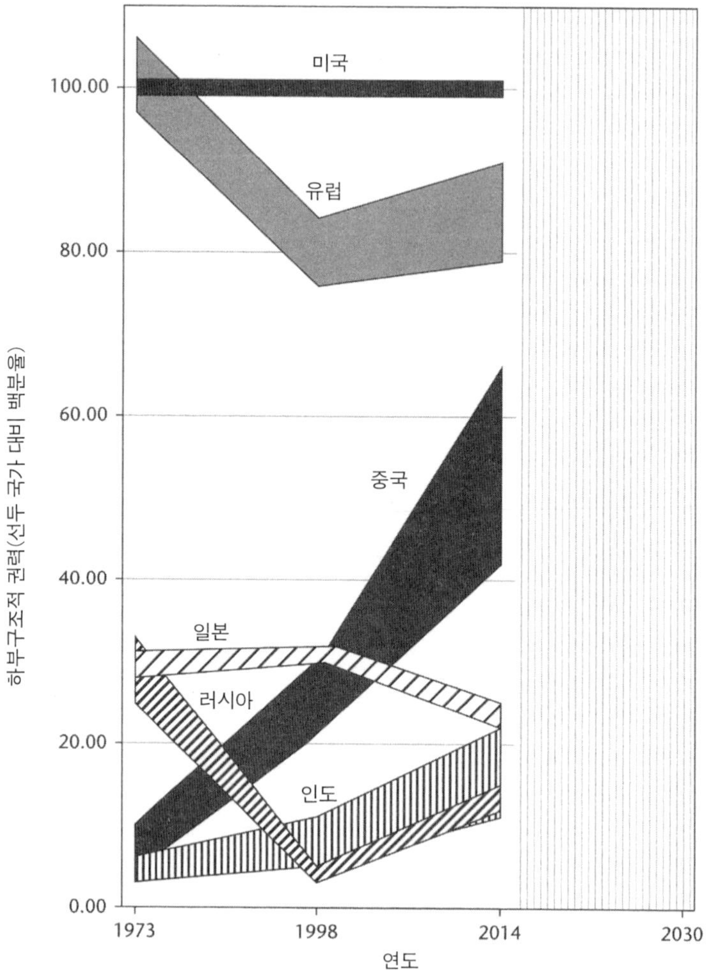

도표 7.2 강대국들: 하부구조적 권력(선두 국가 대비 백분율, 20세기부터 미래까지).

는 유럽과 중국의 4분의 1, 일본과 인도의 10분의 1에 불과하다. 둘째, 강한 기업가 정신과 '미국의 본업은 사업이다'라는 영속적인 사실을 바탕으로 미국은 우월한 경제적 적응력과 순발력을 유지하고 있다.[30]

	2000년	2013년	2030년
미국	12,713(26%) 45,013	15,902(22.8%) 50,249	24,821(20.2%) 69,878
유럽연합 (28개국)	14,235(29.2%) 29,069	16,560(23.8%) 32,450	22,601(20.2%) 43,516
중국	2,188(4.5%) 1,732	7,513(10.8%) 5,567	22,165(18%) 15,930
일본	5,090(10.4%) 40,150	5,631(8.1%) 44,257	6,417(5.2%) 53,144
인도	821(1.7%) 817	1,988(2.9%) 1,629	6,593(5.4%) 4,514
러시아	951(1.9%) 6,471	1,666(2.4%) 11,693	2,433(2.0%) 17,610

표 7.4 세력균형: GDP(명목), 세계 점유율, 1인당 GDP(명목)—예측.[31]

	1830년	1860-80년	1913년	1938년	1973년
영국	17.5 (9.5%)	45-73 (19.9-22.9%)	127 (13.6%)	181 (10.7%)	462 (4.9%)
프랑스	9.5 (5.2%)	18-25 (7.9-7.8%)	57 (6.1%)	74 (4.4%)	328 (3.3%)
독일	6.5 (3.5%)	11-27 (4.9-8.5%)	137 (14.8%)	217 (12.7%)	550 (5.9%)
오스트리아	5.8 (3.2%)	9.5-14 (4.2-4.4%)	40 (4.4%)		
이탈리아	4.6 (2.4%)	5.7-8.0 (2.5-2.5%)	22 (2.4%)	46 (2.8%)	258 (2.9%)
러시아	10.3 (5.6%)	16-24 (7.0-7.6%)	76 (8.2%)	152 (9%)	1,345 (14.4%)
미국	4.6 (2.4%)	16-47 (7.2-14.7%)	298 (32%)	528 (31.4%)	3,089 (33%)
중국	54.9 (29.8%)	44-40 (19.7-12.5%)	33 (3.6%)	52 (3.1%)	369 (3.9%)
인도	32.5 (17.6%)				194 (2.1%)
일본	5.2 (2.8%)	5.8-7.6 (2.6-2.4%)	25 (2.7%)	88 (5.2%)	819 (8.8%)

1900년 영국의 생산량을 100으로 상정.

표 7.5 강대국들: 제조업 생산량(그리고 세계 점유율)—과거.[32]

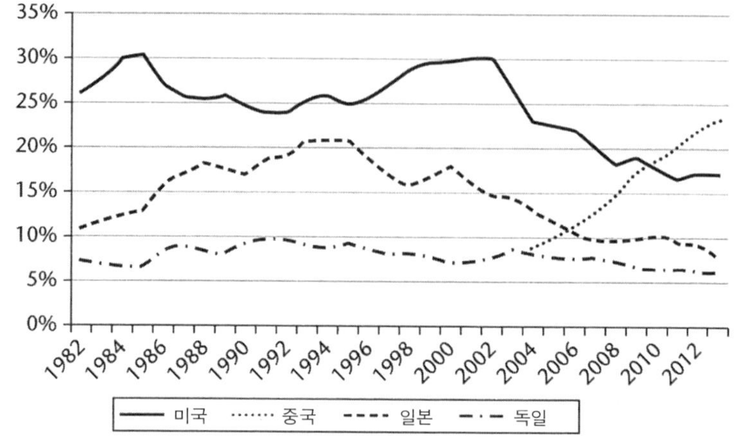

도표 7.3 네 국가의 제조업 부가가치 점유율.

일본은 (특히 엄격한 이민 정책과 결부된) 인구 감소와 고령화 그리고 경기 침체 때문에 경제력과 군사 잠재력의 가장 급격한 쇠퇴를 겪을 것으로 예측된다. 유럽연합은 인구학적·경제적 문제 때문에 일본보다는 덜 급격하되 그와 비슷한 궤도로 접어들고 있을 것이다. 다만 유럽은 2030년대까지는(이 시점 이후에는 아니더라도) 미국에 이어 경제력이 두번째로 많이 집중된 지역의 위치를 지킬 것으로 예측된다. 냉전 시대부터 미국의 무력에 무임승차한다는 지적을 받은 유럽에서는 다른 열강과 비교해 (GDP 대비) 군사에 적게 투자하는 것이 문화적 규범으로 자리잡았다. 이 규범과 유럽연합의 느슨한 정치적 조직 탓에 유럽은 자력으로 미국에 버금가는 군사 대국이 되는 데 실패했다. 러시아는 군사력의 경제적 기반에 관한 한 소련 시절보다도 취약한 상태다. 푸틴 치하 러시아는 공세적인 정책, 높은 군대 투자율, 핵 카드 만지작거리기, 2000년대에 급등한 석유와 가스 가격 등으로 자국의 허술한 입지를 어느 정도 감추고 또 상쇄하고 있다.

가장 약진한 나라는 중국이고, 인도가 그 뒤를 쫓고 있다. 세계에서 인구가 단연 많은 두 나라는 시장을 받아들인 이래 경제성장 속도를 엄청나게 끌어올렸다. 1970년대만 해도 하부구조적 권력 면에서 아주 약했던 중국은 2013년까지 미국의 절반 정도로 권력을 키웠다. 더욱이 중국의 권력 잠재력은 예측 가능한 미래에, 아마도 이르면 2030년대에 미국의 권력에 필적할 것으로 보인다. 그렇게 되면 꼭대기 두 나라의 권력이 대등한 상황, 20세기가 시작된 이래 전례가 없는 상황이 생길 것이다. 그리고 소련이 엄청난 재래식 병력과 핵전력을 유지했으나 경제 규모 면에서 미국에 한참 뒤졌던 냉전 시대보다 훨씬 더 뚜렷한 양극성이 나타날 것이다. 더욱이 미국과 대등한 위치에 도달할 무렵 중국의 1인당 부는 여전히 선진 세계의 3분의 1에 불과할 것이다. 따라서 구체적인 미래 성장률(분명히 둔화되고 있다)과 관련해 '현재 추세가 계속된다'고 가정하지 않는다면, 동시에 과거 아시아의 '네 마리 용'이 보여주었던 급격한 경제성장 궤도와 높은 수준의 근대화를 기억한다면, 중국의 잠재력은 미국과 대등해질 무렵까지 결코 소진되지 않을 것으로 전망된다. 중국의 잠재력과 거대한 크기를 함께 고려하면, 21세기 중엽 중국의 권력이 미국의 권력을 능가할 수도 있다(다만 그때도 1인당 GDP에서는 한참 뒤질 것이다). 비록 오랫동안 중국보다 느리긴 했으나 인도의 성장세도 인상적이다. 인도는 2030년대까지 미국이나 중국에 한참 못 미칠 것으로 전망되기는 하지만, 그럼에도 주요 강국이 될 가능성이 높다.

그렇지만 미국의 권력 우위가 쇠퇴하고 중국이 급부상하고 있을지라도, 전 세계 세력균형의 변화는 훨씬 덜 극적일 수 있다는 데 유의해야 한다. 미국이 아주 많은 일을 해서 만들어낸 오늘날 세계의 중심축은 민주주의-자본주의 국가들의 동맹이다. 이 동맹은 미국과 유럽연합, 일본, 동아시아와 태평양의 다른 주요 맹방들, 그리고 점차 합류할 것으로 보이는 인도 등 세계의 강국들로 이루어져 있다. 종합해보면, 이 블록의 세계 경제-군사 잠재력 점유율은 20세기에 미국이 중심에 있었던 그 어떤 연합체 못지않게 우세하고, 앞으로도 계속 우세할 것이다. 민주주의-자본주의 동맹은 미국을 중심으로 똘똘 뭉쳐 있는 상태와는 거리가 멀고 또 극단적인 상황이 되어야만 군사적으로 협력할 테지만, 어쨌거나 세계 군사 잠재력의 절반 이상을 차지하고 있다. 이는 제2차세계대전에서 추축국을 무너뜨린 연합국의 경제-군사력과 엇비슷한 수준이다. 현재 권력 분포는 주요 국가들의 세계 군사비 점유율로 얼추 가늠할 수 있다. 2013년의 경우 미국의 군사비 점유율은 압도적인 37퍼센트였고 2위인 중국은 11퍼센트였다. 중국은 국방 예산을 빠르게 증액하고 있고, 국부를 늘림에 따라 군사비 격차를 좁힐 가능성이 높으며, 2030년대까지 미국을 따라잡을지도 모른다. 그렇지만 러시아(5퍼센트)와 사우디아라비아(3.8퍼센트) 다음으로 세계 군사비를 많이 점유하는 국가들은 프랑스(3.5퍼센트), 영국(3.3퍼센트), 독일(2.8퍼센트), 일본(2.8퍼센트), 인도(2.7퍼센트), 남한(1.9퍼센트), 이탈리아(1.9퍼센트), 오스트레일리아(1.4퍼센트)다.[33] 이들은 모두 자유민주주의 국가이자 미국의 맹방이다(인도는 비공식 맹방). 혹자는 국가들의 권력 수치에 집착한다는 소문이 있는 중국 지도부가 전 세계 세력균형의 이 측면을 간과하지 않기를 바랄 것이다.

미국이라 해도 세계 구석구석까지 무제한 군사 개입을 하며 국력을 소진하는 '세계의 경찰' 역할을 맡을 수 없다는 주장에는 상당한 진실이 담겨 있다. 미국의 핵심 역할은 세계의 경찰이 아니라 체제의 경찰이다. 미국은 20세기에 그랬듯이 21세기에도 정치적으로나 경제적으로나 자유주의적인 세계 질서—근대화 평화의 가장 평화적인 갈래—라는 대의에 '없어서는 안 되는 국가'다. 과거 양차 대전 시기의 대재앙과 퇴보 이후에도 자유민주주의의 승리를 보장했던 미국이 21세기에 최후의 수단 역할을 예전만큼 효과적으로 수행하지 못할 가능성은 있다. 그러나 설령 자유주의 질서의 승리를 보장하지는 못할지라도, 미국은 여전히 그 질서의 쇠퇴를, 더 나아가 파괴를 막는 주된 버팀목이다. 무엇보다 이런 중요한 의미에서 미국의 '예외주의'는 다른 나라들의 예외주의보다 더욱 예외적이다.

나는 자본주의-비민주주의적 '대안 근대성'이 현재 존재하는지 여부를 안다고 단언하지 않는다. 나의 주장은 그것의 존재 여부를 안다는 사람들의 주장이 20세기 역사에 대한 해석에 근거하지 않는 탓에 여러 중요한 방식으로 왜곡될 수 있다는 것뿐이다. 미래는 설령 넓게 열려 있지 않더라도 열려 있으며, 따라서 현재 발생 가능성이 낮다고 판단하는 사건과 사태가 훗날 현실화될 수도 있다. 20세기의 균형이 자유민주주의 쪽으로 기울어진 것은, 1945년 미국을 중심으로 하는 연맹체가 (소련의 결정적인 도움을 받아) 인기 있는 나치 독재정과 장구한 전통을 가진 제정 일본을 모두 격파하는 등 민주주의 국가들에 가장 치명적인 적들을 물리치고 단호히 민주화했기 때문일 것이다. 무엇보다 1945년의 승리는 자유민주주의에 어떤 장점이 있는지 입증하고 인기와 정당성을 차지하려는 경쟁에서 승리할 기회를 주었다. 그 이후 공산주의와 소련, 소비에트 블록이 붕괴함에 따라 자유민주주의는 패권을 더욱 확대할 수 있었다. 이는 중국이나 러시아 같은 대국이라도 현단계에서 전 세계적인 물결을 막거나 뒤집을 수 없다는 뜻일 수 있다. 만약 그렇다면, 20세기 동안 아주 순조롭게 진행된 인과적 연쇄 과정이나 발전 경로가 21세기를 형성하는 데 결정적인 영향을 끼칠 수도 있다. 혹은 그만큼 결정적인 영향을 끼치지 못할 수도 있다. 결과는 시간만이 말해줄 것이다.

만약 중국에서 정치적 자유화와 민주화가 (나란히) 실현된다면, 그것은 전 세계에서 근대화 평화가 우위를 점하는 마지막 주요 단계가 될 것이다. 하지만 앞서 봤듯이 자유민주주의가 근대화 평화에 크게 기여하는 요인이기는 해도, 근대화 평화는 민주주의 외에 다른 요소들을 공유하는 비민주주의(그리고 비자본주의) 국가들까지 포함하는 폭넓은 현상이다. 따라서 설령 중국이 민주화되지 않거나 민주화되는 데 아주 오랜 시간이 걸리더라도 평화가 우세할 수 있다. 그 평화가 얼마나 따뜻할지는 아무도 장담할 수 없는 문제다. 얼마간 우호적인 정치경제적 협력부터 안보 딜레마에서 기인하는 이데올로기 경합과 군비 경쟁, 그리고 냉전과 제한전에 이르기까지 스펙트럼 전체에서 어떤 결과든 생길 수 있다. 그리고 결과가 고정되지 않고 변동할 수 있다. 궁극적으로는 핵 억지력만이 비스마르크가 말한 "발칸에서 발생할 터무니없이 어리석은 어떤 일" 같은 사건이 남중국해나 동중국해, 또는 타이완 주변에서 일어나 대전쟁이 시작되는 불상사를 막을 수 있을지도 모른다. 중국이 시장 개혁을 시작한 초기에는 이 나라 지도부가 10년이 지날 때마다 자국이 훨씬 더 강해질 것이므로 한동안 국제무대에서 조용히 지내는 편이 최선이라는 사실을 무척 의식한다는 것이 분명해 보였다. 아울러 중국이 권력을 키울수록 더 공세적으로 변하리라는 것도 쉽게 예측할 수 있었다—실제로 그렇게 변했다. 오늘날 중국의 정권 불안정과 민족주의는 불타오를 가능성이 있는 혼합물이다. 이제부터는 미래를 예측하려 애쓰기보다 근대화 평화에서 민주화를 뺀 다양한 요소들이 특히 자본주의적 비민주주의 강대국들과 관련하여 각각 어떤 작용을 할 수 있

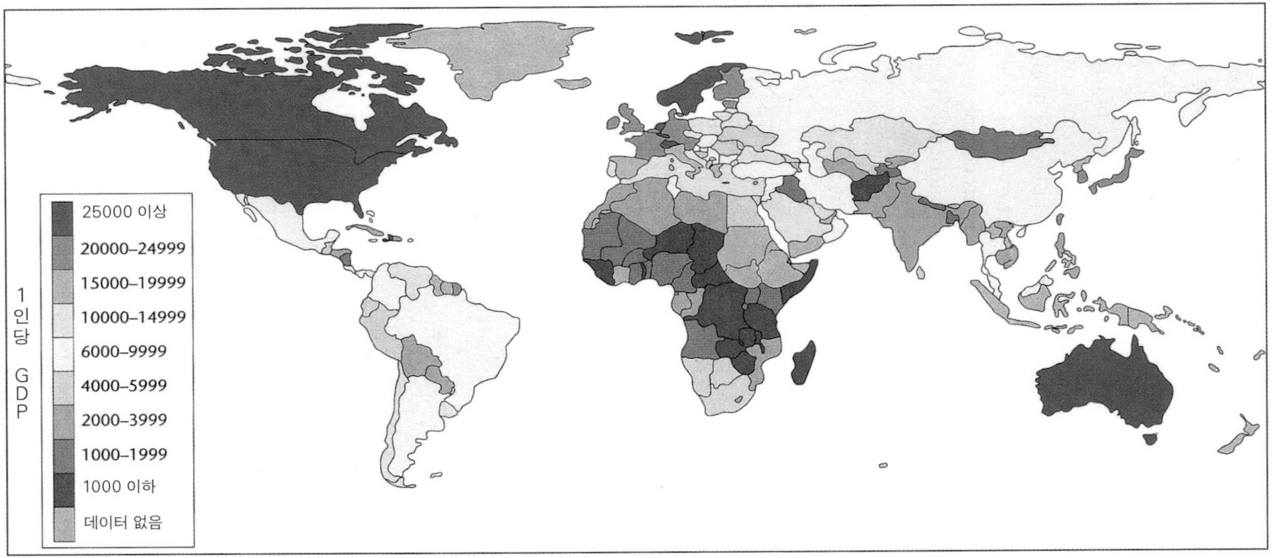

지도 7.1 1인당 GDP 세계지도, 2008년. 1990년 국제 달러화 기준.
파란색 계열로 표시한 부유한 선진 지역들은 가장 평화로운(산유국들은 부분적 예외다) 반면, 갈색 계열로 표시한 가장 가난한 후진 지역들은 전쟁 가능성이 가장 높다.

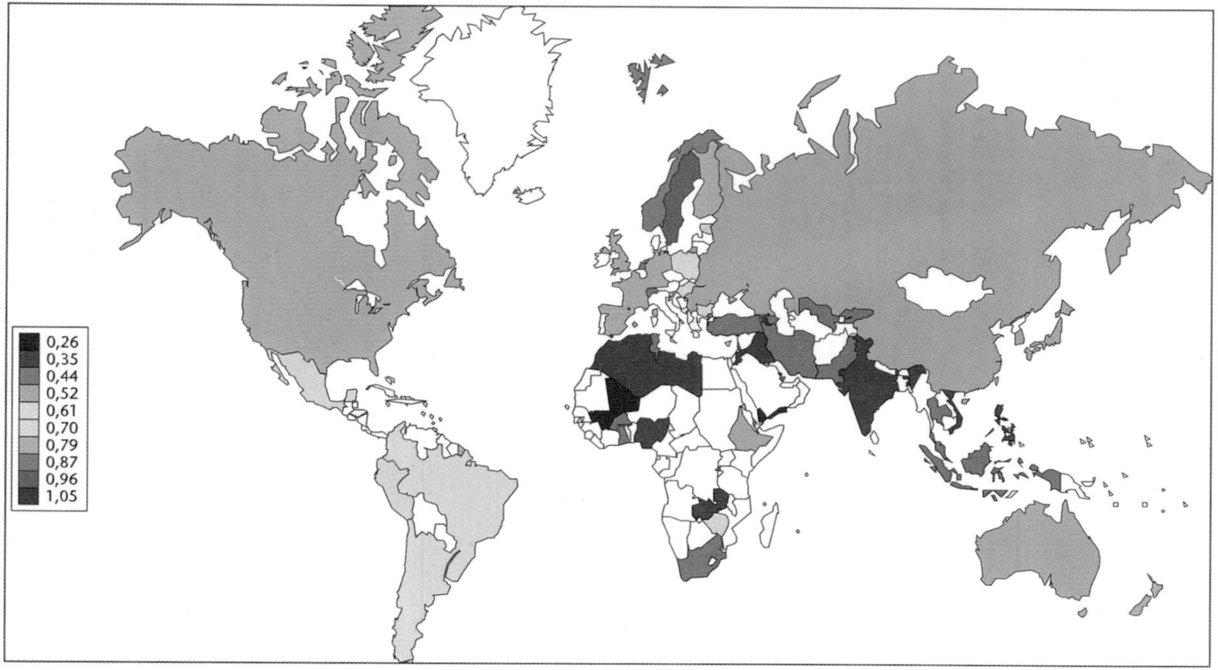

지도 7.3 자유주의적 시민문화의 세계지도.

이 지도는 관용적인 시민문화, 성평등, 세속화, 비폭력에 대한 사회적 태도를 반영한다(파란색에서 갈색으로 갈수록 낮아짐. 흰색은 데이터 없는 곳). 세계 풍요 지도와 눈에 띄게 유사하고(지도 7.1: 1인당 GDP) 세계의 평화지대 및 전쟁지대와 강한 상관관계가 있다는 데 주목하라.

는지 폭넓게 약술하려 한다.

누가 싸우는가?

표 7.6은 냉전 이후 시대에 자국 영토에서 국가 간 또는 국가 내 무력 분쟁(적어도 1000명이 사망한)을 겪은 나라들의 목록을 포함한다. 표를 만들면서 지역에 따라, 그리고 1인당 명목 GDP로 측정한 부(세계 순위/2013년 달러화 가치. 산유국에는 별표 표시)에 따라 정리했다.[34]

표 7.6 냉전 이후 시대 국가 간 또는 국가 내 전쟁의 무대.

지역별	부의 등급별
사하라 이남 아프리카	**10분위(여덟 나라)**
부룬디(세계 순위: 193; 1인당 GDP: $229)	부룬디(193/229)
콩고민주공화국(192/286)	콩고민주공화국(192/286)
에티오피아(191/354)	에티오피아(191/354)
라이베리아(189/356)	라이베리아(189/356)
에리트레아(185/507)	에리트레아(185/507)
모잠비크(181/579)	모잠비크(181/579)
소말리아(177/600)	소말리아(177/600)
르완다(176/620)	르완다(176/620)
시에라리온(169/725)	
차드(167/818)	**9분위(일곱 나라)**
남수단(161/1,045)	아프가니스탄(173/683)
수단(151/1,438)	시에라리온(169/725)
나이지리아(129/2,966*)	차드(167/818)
앙골라(98/5,668*)	타지키스탄(162/1,036)
	남수단(161/1,045)
	버마-미얀마(158/1,183)
	파키스탄(157/1,238)

중동(북아프리카 포함)
예멘(152/1,422)
시리아(147/1,606)
팔레스타인(131/2,908)(이스라엘(29/37,704)과 분쟁)
알제리(100/5,325*)
이라크(97/5,790*)(미국과 그 동맹국들의 개입)
레바논(73/9,793)(이스라엘과 미국의 개입)
터키(66/10,972)
리비아(63/12,029*)(나토의 개입)
쿠웨이트(14/52,198*)(이라크(97/5,790)의 침공)

남아시아와 동남아시아
아프가니스탄(173/683)(미국과 그 동맹국들의 개입)
버마-미얀마(158/1,183)
파키스탄(157/1,238)
인도(149/1,548)
스리랑카(125/3,159)
필리핀(134/2,765)
동티모르(107/4,362)(인도네시아(123/3475*)와 분쟁)

라틴아메리카
과테말라(122/3,478)
엘살바도르(115/3,826)
페루(90/6,593)
콜롬비아(79/7,826)
멕시코(69/10,293)

8분위(네 나라)
예멘(152/1,422)
수단(151/1,438)
인도(149/1,548)
시리아(147/1,606)

7분위(일곱 나라)
필리핀(134/2,765)
팔레스타인(131/2,908)
나이지리아(129/2,966*)
스리랑카(125/3,159)
과테말라(122/3,478)
아르메니아(121/3,504)
조지아(118/3,715)(러시아(55/14,680)와 분쟁)

6분위(네 나라)
엘살바도르(115/3,826)
우크라이나(113/4,024)(러시아(55/14,680) 포함)
동티모르(107/4,362)(인도네시아(123/3,475)와 분쟁)
알제리(100/5,325*)

5분위(다섯 나라)
앙골라(98/5,668*)
이라크(87/5,790*)
옛 유고슬라비아(세르비아(93/6,313); 코소보(128/2,972))
페루(90/6,593)
아제르바이잔(80/7,814*)

옛 소련과 소비에트 블록 타지키스탄(162/1,036) 아르메니아(121/3,504)—아제르바이잔(80/7,814*) 조지아(118/3,715)(러시아(55/14,680)와 분쟁) 우크라이나(113/4,024)(러시아(55/14,680) 포함) 옛 유고슬라비아(세르비아(93/6,313); 코소보(128/2,972))	**4분위(다섯 나라)** 콜롬비아(79/7,826) 레바논(73/9,793) 멕시코(69/10,293) 터키(66/10,972) 리비아(63/12,029*) **3분위** 이스라엘(20/37,704)(팔레스타인(131/2,908) 및 레바논(73/9,793)과 분쟁) **1분위** 쿠웨이트(14/52,198*)(이라크(97/5,790*)의 침공) 미국(12/52,392)(9·11 공격)

이 무력 분쟁들에는 몇 가지 눈에 띄는 특징이 있다. 세계의 '전쟁 지대'는 가난한 지역들에, 주로 1인당 GDP가 하위 50퍼센트 안에 드는(2013년 달러화 기준 4000달러 이하인) 국가들에 있다(지도 7.1 참조). 자국 영토에서 전쟁을 겪은 부유한 나라들은 대부분 주요 산유국(별표 표시), 즉 대체로 또는 주로 석유 자원에서 부를 얻는 나라다. 이렇게 되는 이유는 석유가 꼭 전쟁을 자극해서가 아니라 석유 수입이 주는 인상과 달리 이들 나라의 근대화 수준이 비교적 낮기 때문이다.[35] 일반적으로 가난한 나라들은 특히 국내 분쟁에 노출된다. 오늘날 세계에서 무력 분쟁의 가장 흔한 유형인 국내 분쟁에는 두 가지 주된 형태가 있다. 하나는 종족 분쟁이고, 다른 하나는 게릴라 테러 조직, 사설 병력 또는 지역 민병대, 주로 마약 사업을 하는 마피아 범죄 조직 같은 비국가 무장단체들이 일으키는 폭력 사태다.[36] 이런 비국가 무장단체는 국가 구조가 약하고 생산적인 경제적 기

회가 없는 곳에서 번창한다(두 요인 역시 비교적 낮은 근대화 수준에 상응한다). 이른바 '새로운 전쟁'은 과거 전근대의 전쟁 형태가 되살아난 것이나 마찬가지다.[37]

더욱이 국제 무력 분쟁의 패턴은 미국과 그 맹방들을 위시한 부유한 국가들이 자국 영토에서 전쟁을 피하고 가난한 지역들에서 전쟁이 일어나도록 조치할 수 있을 만큼 강하다는 주장이 거짓임을 보여준다. 이 주장은 비록 제한적인 의미에서 타당하기는 해도 전반적으로 보면 실상을 터무니없이 호도하는 것이다. 대부분의 무력 분쟁이 후진국들 내부 또는 사이에서 일어나고 상위 30퍼센트에 드는(대략 2013년 미국 달러화 기준 1인당 GDP 1만 3500달러 이상인) 부유한 국가들 내부 또는 사이에서는 일어나지 않기 때문이다. 이 현실은 근대화와 평화 사이에 강한 상관관계가 있음을 가리키고, 선진국들이 덜 개발된 국가들과 벌이는 무력 분쟁이 후자의 저조한 개발 기록과 관련이 있음을 보여준다. 전쟁과 분쟁 사망자에 대한 조사를 1945년까지 확대해보면 부의 수준과 관련이 있는 놀랍도록 비슷한 지리적 분포가 드러난다.[38] 제6장에서 언급했듯이, 민주주의 국가들이 더 약한 적들과 전쟁을 벌이는 경향이 있다는 사실은 주로 이같은 현실을 반영하는 것이지 그들의 뛰어난 분별력을 반영하는 것이 아니다. 오늘날 선진국들은 모두 민주주의 국가이며, 풍족한 민주주의 선진국들은 자기들끼리 싸우지 않고 거의 정의상 자기네보다 약한 상대하고만 싸운다.

근대화 평화의 요소들: 추세, 역추세, 잠재적 궤도

무력 분쟁의 분포에 관한 자료에는 근대화 평화의 몇 가지 상호 연관된 요소들이 반영되어 있다. 그중 하나가 **국내 개발 또는 생산성 향상 요소**다. 앞서 봤듯이, 산업-기술 시대 들어 성장률이 비약적으로 높아지면서 국내에 기반해 경제적 성과를 내는 것이 부를 얻는 주된 길이 되었다. 그 결과, 경제성장에 쓸 자원을 군대에 투자하는 대안적인 군사적 경로의 매력이 떨어졌다. 이 논리는 대체로 비민주주의 또는 비자본주의 국가들에도 적용되어, 전근대와 비교해 그들의 전쟁 활동을 감소시켰다. 일찍이 1841년에 몰트케가 프로이센과 관련해 지적한 대로, 이 논리는 산업화나 경제 근대화의 도정에 들어선 모든 국가에 강력한 영향을 주었다.

현재 이 논리는 무엇보다 중국과 동아시아, 동남아시아, 남아시아의 국가들로, 아울러 아직까지 산업화를 진지하게 받아들이지 못한 다른 후진 지역의 야심 찬 국가들로 확장되고 있다. 세계에서 가장 후진적인 지역 중 하나인 사하라 이남 아프리카는 근래에 가파른 성장률을 기록했다. 좀더 어두운 면을 보자면, 아프리카 대륙의 국가들 대다수는 복잡한 종족 모자이크를 갖고 있으며, 다수는 종족 분쟁에 시달리고 있거니와 앞으로 더 많이 시달릴 가능성이 있다. 아직까지 경제 근대화(그리고 근대화의 다른 측면들)에 시동을 걸지 못한 아랍권 중동은 세계에서 국가 간 분쟁과 국가 내 분쟁으로 가장 고통받은 지역 중 하나다. 그리고 산업 개발에 실패해 경제적으로 석유와 가스 추출에 크게 의존하는 러시아는 문제적인 사례다. 전 세계에서 점점 더 많은 나라와 지역이 산업 개발 과정에 끌려 들어가고 있으므로 앞으로 근대화 평화는 계속 확산되고 심화될 전망이 높다.

상업주의는 산업-기술 개발의 쌍둥이인데, 대량 생산과 세계 시장이 동전의 양면이기 때문이다. 자유무역은 경제적 상호 의존과 상호 번영을 최대화함으로써, 정치적 조치 또는 상업·금융 시장의 자유로운 작동을 통해 가하는 경제적 처벌에 더 취약하게 만듦으로써, 그리고 영토에 대한 정치적 통제와 영토에서 얻을 수 있는 경제적 이익을 분리함으로써, 전쟁에 관여할 유인을 줄인다.

1930년대의 쓰라린 교훈을 잊지 않은 전후 서구의 설계자들은 전 세계에서 무역장벽을 낮추려 했다. 그들은 1947년 창설된 '관세와 무역에 관한 일반협정GATT'을 점차 확대해 전 세계 국가들을 대부분 끌어들임으로써 제조품의 평균 관세를 40퍼센트에서 겨우 몇 퍼센트로 낮추었다.[39] 19세기와 비슷하게 제2차세계대전 이후 국제 무역량은 폭발적으로 증가하는 GDP보다도 2배 빠르게 증가하며 후자를 끌어올렸다. 공산주의가 붕괴하고 통신 기술이 발달함에 따라 세계화는 더욱 힘을 받았다. 1985년부터 2000년까지 상품 교역량은 3배, 자본 거래량은 6배 증가했다.[40] 2012년 "35퍼센트의 상품이 국경을 넘고 있는데, 이는 1990년보다 20퍼센트 높은 수치다. 세계에서 이루어지는 모든 금융 투자 중 3분의 1이상은 국제 거래이며, 인터넷 트래픽 중 5분의 1은 국경을 넘고 있다." 선진국들이 국경을 넘는 무역, 금융, 통신의 흐름 면에서 서로 가장 잘 연결되어 있기는 하지만, 개발도상국들은 세계의 대외 직접 투자 점유율을 예컨대 1990년 17퍼센트에서 2012년 58퍼센트로 끌어올리며 격차를 빠르게 좁히고 있다.[41] 이는 근대화된 국가들과 근대화중인 국가들 모두 체제에서 얻는 이익이 증가한다는 것을 입증하는 뚜렷한 증거다. 이런 이익은 근대화 평화의 성장에 긍정적인 영향을 끼칠 가능성이 있다.

중국은 향후 검증해야 할 가장 중요한 사례다. 중국은 1979년부터 30년 넘도록 거의 10퍼센트에 달하는 연평균 GDP 성장률을 기록하며 눈부신 산업 도약을 했고, 같은 기간 대외 무역량을 GDP보다 2배 빠르게 끌어올렸다. 그리하여 1980년대 초만 해도 국제 무역을 통해 GDP의 20퍼센트 이하를 얻었던 중국이 이제 50퍼센트 이상을 얻게 되었다. 절대 수치로 보면, 오늘날 중국의 대외 무역량은 GDP의 약 30퍼센트를 무역에서 얻는 미국의 대외 무역량과 같은 수준이다. 중국의 대규모 전환이 가능했던 것은 미국과 그 자유민주주의 맹방들이 베이징의 개방과 시장 수용 정책에 호의적으로 반응했기 때문이다. 그들은 중국산 수출품에 자국 시장을 개방하고 떼를 지어 중국에 투자함으로써 중국의 급성장을 부채질했다. 이 정책을 펴면서 그들은 중국 내 정치적 자유화를 조건으로 걸지 않았는데, 결국 모든 사람이 값싼 상품, 전 세계의 성장, 구매력 확대로부터 혜택을 얻을 것이고, 여하튼 중국에서 경제적 자유화와 개발에 뒤이어 정치적 자유화가 도래할 것이며, 중국을 세계 경제에 통합하는 것이 어쨌거나 세계 평화를 보장하는 최선의 길이라고 생각했기 때문이다. 이런 가정들이 현실화될지 아니면 비자유주의 국가 중국이 부와 권력을 키워 막강한 정치군사적 맞수가 될지 여부는 제6장에서 언급한 19세기 영국의 딜레마와 흡사한 열린 문제로 남아 있다.[42]

2013년 중국의 주요 무역 상대국들은 내림차순으로 유럽연합, 미국, 일본, 남한, 그리고 중국에 눈엣가시인 타이완이었다. 이들 국가는 모두 자유민주주의 국가이며 정치적·군사적으로 같은 부류다. 이와 비슷하게 중국은 미국에 캐나다에 이어 두번째 무역 상대국이고, 유럽연합에도 미국에 이어 두번째 무역 상대국이다. 금융 면에서 중국(홍콩 포함)은 대외 직접투자를 가장 많이 받는 국가로서 미국과 동급일 뿐 아니라, 미국 국채 최대 보유국이다. 이처럼 중국 경제는 자유세계의 국가들이 지배하는 세계경제와 공생관계로 얽혀 있다. 중국과의 무역은 미국의 무역에서 15퍼센트, 유럽연합의 무역에서 13퍼센트를 차지하는 반면, 주요 자유민주주의 국가들과의 무역은 중국의 무역에서 절반가량을 차지한다.[43] 이 중요한 사실은 중국이 국제 체제에 반드시 의존해야 한다는 것, 국제 체제가 혼란에 빠질 경우 중국이 매우 취약해진다는 것을 잘 보여준다. 앞서 확인했듯이 국제 체제를 오늘날의 형태로 만든 20세기의 특수한 역사적 연쇄 또는 발전 경로는 중국의 행위에 큰 영향을 끼칠 수밖에 없다. 그래도 아직까지는 1914년과 1939~1941년의 그림자가 어른거리고 있다.

오늘날과 비슷하게 1914년 이전 첫번째 세계화 시대에도 주요 강국들은 상호 무역량이 아주 많고 상호 의존도가 아주 높았다. 그렇지만 오늘날과 달리 영국을 뺀 모든 강국이 높은 무역장벽을 유지했고, 신제국주의와 더불어 전 세계적인 보호주의가 전망되었다. 더욱이 드라마의 주역 독일이 경제 옥죄기에서 벗어나고자 짧고 결정적인 전쟁을 계획했다. 1929년 월스트리트 주가 폭락의 여파 속에서 보호주의가 강해지고 '제국 내 특혜 관세'가 현실이 되었다. 국제 무역이 붕괴되는 가운데 독일과 일본 모두 자급자족하는 대규모 제국 영역을 확보하기 위해 재빨리 움직였다. 그 결과는 경기 침체인 동시에 정치적 재앙이었다. 이런 파국에 대한 기억이 아직 남아 있다. 2008년 월스트리트 주가 폭락 이후 세계의 경제 강국들은 보호주의로 돌아가지 않는 것이 중요하다고 강조했다. 그들은 주로 그런 추세의 경제적 결과를 우려했지만, 잠재적인 정치적 영향도 경제적 결과 못지않게 심각한 문제였다. 보호주의가 시장과 원료 쟁탈전을 부추길 공산이 크기 때문이다. 그런 우려에도 불구하고 세계 GDP에서 상품과 서비스, 금융의 국제 거래가 차지하는 비중은 2007년 약 50퍼센트에서 2012년 35퍼센트를 겨우 넘는 수준으로 낮아졌고 그때 이후로 회복되지 못하고 있다. 2008년 이전에는 국제 무역량이 세계 생산량의 2배 속도로 증가했지만 이제는 겨우 보조를 맞추는 정도다.[44]

국제 무역의 침체와 상대적 쇠퇴는 어느 정도는 소비 감소와 신용 문제 때문이지만, 주요 국가들이 저마다 수출을 늘리기 위해 보호주의 압력을 높이고 자국 통화를 평가 절하하며 '통화 전쟁'을 벌이기 때문이기도 하다. 앞으로 지켜봐야 할 더 눈에 띄는 쟁점은, 영국의 유럽연합 탈퇴 투표가 유럽의 무역 자유에 영향을 줄 것인지, 준다면 어떻게 영향을 줄 것인지 하는 문제와, 트럼프 대통령의 보호주의 운동 표어가 얼마만큼 정책으로 전환될까 하는 문제다. 이렇게 보면 우리는 역사적 분기점을 넘을지도 모른다. 다른 한편 이런 정치적 전개와 무관하게, 일부 관찰자들은 두번째 세계화 시대의 정점이 이미 지나간 것은 아닌지 우려한다. 분명 세계 GDP에서 국제 무역의 비중이 높아지는 추세는 언젠가 정체기에 이를 것이다. 게다가 선진국들과 개발도상국들의 격차가 좁아지고 후자의 임금이 상승함에 따라 국외 생산의 유인이 줄어들고 있는지도 모른다. 첫번째 세계화 시대의 중압이 점점 커지던 1920년대에 케인스는 국가들 간 경제적 조건의 평준화가 국제 무역의 이점을 줄이는 건 아닌지 의심하기 시작했다. 21세기에는 로봇과 3차원 프린팅 기술이 생산 자동화를 새로운 수준으로 끌어올려 국외 생산의 유인을 더욱 줄일 것으로 예상된다.

국제 무역의 수준이 경제적 평형점에 도달하는 것과 체제의 개방성에 영향을 주는 보호주의적인 정치적 조치를 취하는 것은 완전히 별개다. 오늘날에는 1914년 이전과 1930년대보다 자유무역의 경제적·정치적 이익이 더 뚜렷하고 또 양차 대전의 가혹한 교훈도 분명하기 때문에 무역 체제의 개방성과 그 평화적 효과를 유지하려는 강한 유인이 존재한다. 예를 들어 (석유부터 금속과 식량에 이르기까지) 원료 수입에 몹시 의존하는 중국은 그 수입 대금을 지불하기 위해 수출을 필요로 한다. 따라서 만일 세계 시장에 쉽게 접근할 수 없게 된다면, 예컨대 남중국해와 동중국해의 석유 자원에 대한 중국의 이미 걱정스러운 정책이 노골적인 공격성을 띨지도 모른다. 게다가 러시아산 원료 수입에 대한 중국의 의존과 비민주주의 열강인 양국의 정치적 제휴가 심화될 수도 있다.

그렇다고 해서 세계 경제의 개방성이 민주주의 국가들과 현재 그들 내부에서 나타나는 자유무역 반대 흐름에만 달려 있는 것은 아니다. 중국은 현행 체제로부터 막대한 이익을 얻었다. 그러나 21세기에 중국이 갈수록 부유해지고 국내 인건비가 상승하고 현재 누리는 경쟁 우위가 사라짐에 따라, 중국 자체가 지금보다 보호주의적인 정책의 유혹에 직면할지도 모른다. 거대한 시장으로서 중국은 독자 행보나 지역 인접국들과의 협력을 택할지도 모른다. 그런 반전은 과거에도 일어났고, 특히 1932년에는 자유무역의 귀감이자 오랫동안 체제의 패권국이었던 영국까지 집어삼켰다. 미래를 고찰할 때 그런 반전을 완전히 배제할 수는 없다. 정치학자 존 아이켄베리John Ikenberry는 미국이 만들어낸, 규칙에 기초하는 개방 무역 체제가 미국과 상관없이 세계와 중국에 가장 좋은 체제이고, 중국에는 그 체제에 통합되는 것보다 나은 선택지가 없다고 역설했다. (그는 조지 W. 부시 임기에 미국의 일방적이고 이른바 무책임한 군사행동에 대한 우려를 일체 유보했다.[45]) 중국에 대한 그의 견해는 이론상 충분히 옳을지도 모른다. 적어도 실현 가능성 없는 미래 시나리오는 아니다. 그러나 유일한 시나리오는 아닌데, 국가들이 언제나 최적 경로를 따르거나, 국가 또는 정부의 다른 목표와 우선사항보다 경제적 이익 계산을 선호하는 것은 아니기 때문이다. 더구나 중국과 같은 대국들은 세계 체제에 수동적으로 통합되는 것 못지않게 자신의 이미지대로 세계 체제를 바꾸려 할 가능성이 있다.

근래 중국에서 반서구 수사修辭가 늘어났다. 일각의 평가에 따르면,

> 중화인민공화국은 (…) 주요 강국으로서 힘을 과시하기 시작했다. 덩샤오핑의 주문인 '도광양회韜光養晦'(때를 기다리며 조용히 힘을 기른다—옮긴이)와 장쩌민의 정책인 '신뢰를 높이고, 번거로운 일을 줄이고, 협력을 증진하고, 대립을 피한다'를 도외시한 채, 오늘날 베이징은 이웃 국가들

> 에 적극적으로 도전하고 있다. 또 중국은 남중국해와 동중국해에서 미국의 이해관계에 맞서고, 타이완을 놓고 무력 충돌이 발생할 경우 미국의 개입에 대항할 해군과 미사일 부대를 증강하고 있다. (…) 서구 분석가들 사이에서는 권력을 키워가는 중국이 자신의 권위주의적 이미지대로 세계를 얼마만큼 개조할지에 대한 우려가 커지고 있다.[46]

중국은 국제통화기금IMF과 세계은행(중국을 비롯해 큰 개발도상국들은 이들 기구에 대한 미국의 지배력이 너무 강하다고 생각한다)을 대체할 기구들을 창설하기 위해 노력해왔다. 2014년 브라질, 러시아, 인도, 중국, 남아프리카공화국(브릭스BRICS 국가들)은 개발은행과 위기대응기금을 창설하자는 협약을 체결했다. 2015년 초 미국의 노골적인 반대에도 불구하고 영국, 독일, 프랑스, 이탈리아, 덴마크, 오스트레일리아, 남한을 비롯해 미국의 가장 가까운 우방들이 중국이 주도한 아시아인프라투자은행에 가입하는 등 결국 57개국이 창설국에 포함되었다. 주요 경제국 중 가입하지 않은 국가는 미국과 일본뿐이었다. 미국 관료들은 이 새로운 기구가 현재 다른 기구들이 지키는 운영과 투명성의 기준을 충실히 지키지 않을 거라고 주장한다. 그러나 분명 그들은 미국의 패권이 조금씩 약화되고 중국이 권력의 중심으로 부상하는 추세를 더욱 우려하고 있다.

중국은 무엇보다 미국과 비교해 증대하는 자국의 권력을 반영하는 방식으로 국제기구들을 조정하는 선에서 만족할 수도 있다—또는 그렇지 않을 수도 있다. 가능한 여러 경로 가운데 무엇이 미래의 경로가 될지는 아무도 모른다.[47] 그것은 일종의 확률 게임이다. 그중에서도 남중국해나 동중국해(지도 7.2 참조), 타이완 주변, 또는 다른 곳에서 '터무니없이 어리석은 어떤 일'이 발생해 상업 이익을 압도하는 민족주의적 격정을 불러일으킬지

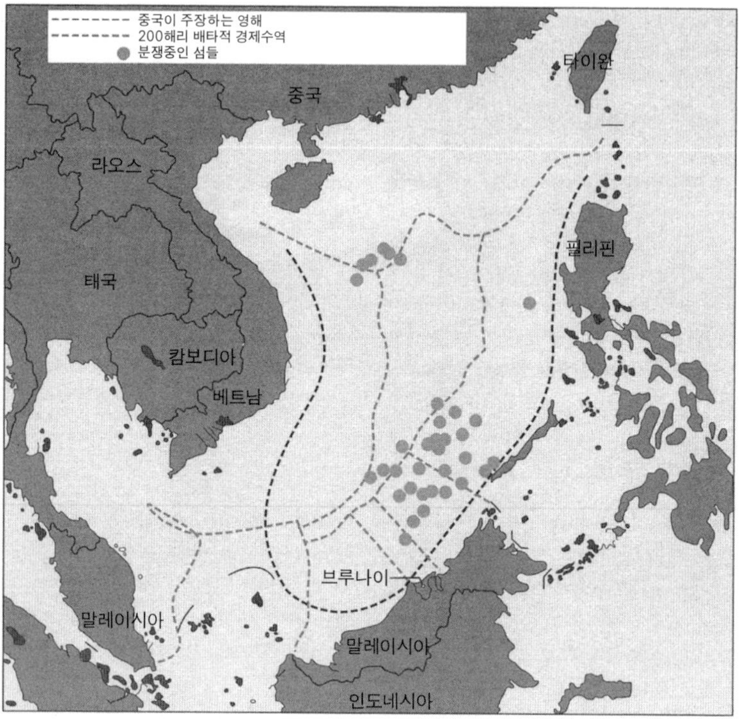

지도 7.2 세계에서 가장 위험한 분쟁지대? 동중국해와 남중국해를 둘러싼 긴장.

도 모른다. 우크라이나(그리고 시리아)에 대한 러시아의 군사적 개입을 놓고 러시아와 서구 사이에 높아지는 긴장감은 이런 불길한 가능성에 더해 무역 관계와 무력 분쟁의 복잡성까지 상기시킨다.

중국과 달리 21세기 초 러시아는 대안적 근대성을 제시하기는커녕 근대화 자체에 실패하고 있다. 소비에트 시기 공산주의가 실패한 뒤 러시아는 문제 많고 고통스러운 민영화와 산업 기반의 침식을 겪었으며, 푸틴의 지대국가rentier state는 점점 더 천연자원 수출에 의존하고 있다. 2014년까지 러시아에서 석유와 천연가스, 광물의 비중은 수출액의 3분의 2 이상으로 증가했고, GDP의 3분의 1에 근접했으며, 국가 수입의 절반 이상을 차지했다. 러시아의 무역 상대 중 압도적인 비중을 차지하는 곳은 유럽연합으로, 2013년 러시아 수출량의 절반가량이 이곳으로 향했다. 이에 비해 러시아의 두번째로 큰 무역 상대인 중국은 러시아의 수출량 중 겨우 7퍼센트를 소비했으며, 러시아는 중국의 무역 상대 가운데 9~10위에 지나지 않았다. 러시아와 미국 간 무역은 무시해도 좋을 수준이다. 무역량 면에서 유럽이 러시아와의 무역에 의존하는 정도는 러시아가 유럽과의 무역에 의존하는 정도보다 낮다. 2013년 러시아는 유럽연합의 세번째로 큰 무역 상대였으며, 유럽연합의 무역액에서 대러시아 무역의 비중은 10퍼센트 이하였다. 그렇지만 소비하는 가스의 약 40퍼센트와 석유의 거의 3분의 1을 러시아에서 수입하는 유럽의 러시아 의존도는 러시아의 대유럽 무역 의존도만큼이나 결정적이다. 유럽은 러시아 석유의 대체재를 찾을 수야 있지만 러시아 천연가스에 대한 수요를 바꾸기는 어려우며, 단기간에 수입처를 바꿀 수도 없거니와 그러자면 결국 비용을 더 많이 들여야 한다. 러시아도 가스를 수출할 다른 상대가 없기는 마찬가지인데, 중국의 수요는 경제적·정치적 이유로 훨씬 더 제한되기 때문이다.[48] 이런 사정으로 러시아와 유럽연합 모두 상호 무역에 결정적으로 의존하고 있다.

2014년 러시아의 크림 반도 점령 및 병합과 우크라이나에 대한 군사적 개입은 냉전 종식 이래 가장 심각한 열강 간 국제 위기를 촉발했다. 그로써 과거의 일로 치부했던 유럽 내 대규모 무력 충돌이라는 망령이 다시 출현했다. 미국과 유럽연합은 위기를 고조하지 않고 러시아를 달랠 수 있기를 기대하며 제한적인 경제 제재 정책을 채택했다. 유럽이 러시아로부터 에너지를 수입하는 까닭에 여하튼 더 가혹하게 제재할 가능성은 배제되었다. 상호 무역 의존은 전쟁만이 아니라 경제적 강압 정책의 대안까지 억제하는 양날의 검인 것으로 드러났다. 다른 한편, 이 위기와 무관한 어떤 이유 때문에 석유 가격이 떨어질 경우 이미 약한 러시아의 경제는 크게 악화될 것으로 예상된다. 앞으로 어떻게 될지는 아무도 알 수 없으며, 여하튼 시사 문제가 이 책의 주제는 아니다. 여기서 우크라이나 위기를 예로 든 것은 그저 한편의 민족주의 정서와 다른 한편의 경제성장 및 무역 의존의 논리가 서로 충돌하여 과거에 그랬듯이 안보 우려를 고조하고, 안보 딜레마를 부각하고, 근대화 평화를 위협할 수 있음을 보여주기 위해서다.

러시아의 주장에 일리가 없는 것은 아니다. 소련이 쪼개진 이래 수천만 명에 달하는 종족적 러시아인이 러시아 외부와 러시아 국경에 인접한 지역에서, 주로 우크라이나와 발트해 국가들, 그리고 중앙아시아의 옛 소비에트 공화국들에서 살아야 하는 처지가 되었다. 그중 일부 지역(발트해 국가들)에서 그들은 국가로부터 차별받는다고 항의할 근거가 있다. 이런 일은 어느 국가에나 주요 관심사일 것이다. 더욱이 크림 반도처럼 종족적 러시아인이 거주하는 지역들과 러시아 사이에 지대한 역사적 연계가 있다는 데에는 의문의 여지가 없다. 소련이 해체될 때 러시아는 이전 공화국들 간 국경을 바꾸지 않는다는 국제 규범을 받아들여야 했다. 이런 이유로 러시아는 유고슬라비아 해체 과정에서 서구가 국경 원칙을 위반하고 이중 잣대를 적용한 데 대해, 무엇보다도 군사적으로 개입해 코소보의 분리 독립을 인정한 데 대해 분통을 터뜨렸다. 이런 사태는 본래 문제가 많고 모호하며 깔끔하게 해결할 수 없는 법이다. 누군가는 체코슬로바키아 내 독일인 거주 지역이었던 주데텐란트에 대한 히틀러의 1938년 주장도 일리가 없는 것은 아니었다고 지적할 것이다. 푸틴은 히틀러가 아니지만, 정권을 위해 무력으로 차지하는 정치적 이득은 미래에 매우 부정적인 결과를 불러올 수 있다.

더 넓게 보면, 종족-민족 문제는 중국에서나 러시아에서나 자유주의 신조에 부정적인 태도를 강화한다. 양국에는 자유주의적 규범이 더 득세할 경우 민족자결 원칙에 따라 국토의 중요한 부분을 잃을지도 모른다는 강한 의구심이 존재한다. 이런 의구심은 러시아 연방의 일부 비러시아인 자치 공화국들은 물론 티베트, 신장新疆, 타이완에도 적용되고 어쩌면 중국 내 홍콩에까지 적용될 것이다. 19세기 유럽을 지배했던 긴장, 즉 변화하는 경제적 논리와 종족-민족적 열망 사이 긴장이 여전히 지속되고 있는 것이다. 남아시아와 동남아시아뿐 아니라 아프리카도 이 긴장에 특히 취약할지 모른다.

무역의 정치적 함의로 다시 돌아가자면, 러시아가 우크라이나에서 다양한 이유로 군사행동에 나서기는 해도 거기에 경제적 고려가 들어 있지 않은 것은 아니다. 러시아는 에너지와 광물 수출에 의존하므로 어느 모로 보나 개발 평화보다는 상업 평화에 더 많이 참여하는 셈이다. 그렇지만 실제로는 근대화에 실패하고 있는 러시아의 조건이 생산을 넘어 무역에도 영향을 준다. 다시 말해 자국의 산업 부문이 세계 시장에서 경쟁하지 못하는 까닭에 러시아는 가까운 이웃 국가들 및 과거 소비에트 제국 체제를 이루었던 국가들과의 무역 관계에서 정치적 압력에 의존하는 경향이 있다—하지만 그들은 훨씬 매력적인 유럽연합과의 경제적 연계에 시선을 고정하고 있다.[49] 이런 이유로 현재 러시아는, 자국의 제조업 부문에 관한 한, 개방 무역 체제를 이로운 것으로 보지 않는다. 오히려 위협으로 본다. 작은 이웃 국가들 및 역사적 위성국들과의 관계에서 러시아는 여하튼 제국 전통을 강하게 고수하고 있다. 미국 국무장관 존 케리John Kerry는 러시아의 크림 반도 침공과 우크라이나에 대한 군사적 개입을 비난하면서 "21세기에 19세기 방식으로 행동해서는 안 된다"며 분통을 터뜨렸다. 그렇지만

21세기가 어떻게 펼쳐질지는 두고 볼 일이다.

우리는 근대화 평화의 민주화 요소, 경제개발 요소, 상업 요소—그리고 이것들에 대한 도전—을 꽤 길게 다루었는데, 이 요소들이 근대화 평화의 큰 기둥이기 때문이다. 이제 근대화 평화의 몇몇 다른 요소를 더 간략하게 검토해보자. 우리는 선진 사회의 **풍요와 안락함**이 경제성장률 및 상업 개방과 다르다고, 더 나아가 민주주의와도 다르다고 명시했다(지도 7.3 참조). 풍요로운 여건에서 사람들은 위험을 더 회피하게 된다. 앞서 봤듯이, 풍요 면에서 상위 30퍼센트에 드는(대략 2013년 미국 달러화 기준 1인당 GDP 1만 3500달러 이상인) 국가들은 자기들끼리 싸우지도 않고, 국내 무력 분쟁을 경험하지도 않는다(이 경우에도 산유국들은 전반적인 추세에서 다소 벗어난다). 국제 체제의 미래와 관련해 가장 중요한 사례로 다시 돌아가자면, 2015년 중국의 1인당 부는 (달러로 환산하면) 약 7000달러로, 선진국들의 5분의 1에서 6분의 1 수준이다(또는 구매력평가지수로는 4분의 1에서 5분의 1이다). 오늘날 중국의 풍요 수준은 양차 대전 시대(1914년에는 전쟁 열의가 상당했으나 25년 뒤에는 그 열의가 눈에 띄게 사라진 시대) 선진 사회들의 수준과 얼추 비슷하다. 2030년대까지 중국의 부가 두 배로 증가할 것으로 추정되는 가운데 안락함의 수준이 높아짐에 따라 오늘날 전쟁의 위험과 고난을 감수하려는 중국인들이(그리 많지 않다) 장차 훨씬 더 안전한 길을 찾을지도 모른다. 다른 한편, 부의 증가와 비례해 중국의 권력, 국제적 영향력, 공세적으로 변할 가능성이 있는 정치적 주장이 덩달아 강해질지도 모른다. 요컨대 상충하는 과정들과 효과들이 작용할 수 있으며, 그것들이 앞으로 어떻게 펼쳐지고 상호작용할지는 두고 볼 일이다.

도시생활양식과 도시성은 풍요 및 안락함과 어느 정도 상관관계가 있는데, 무엇보다 저개발된 시골보다 도시의 풍요 수준이 대체로 더 높기 때문이다. 전반적으로 보아 세계는 근래에 도시화율 50퍼센트를 넘었는데, 이는 선진국과 개발도상국을 아우르는 폭넓은 스펙트럼의 평균치다. 선진국의 경우 적어도 인구의 3분의 2가 도심지에 거주한다.[50] 독일은 1900년경, 영국은 1850년경에 넘은 도시화율 50퍼센트를 중국은 2000년대에 넘었다. 중국의 산업도시들은 1인당 부에서 전국 평균의 2~3배 수준이고, 눈에 띄게 풍족한 생활을 탐닉한다. 각국의 도시화율은 직업 구조와 관련해 살펴보는 편이 가장 유익하다. 2008~2010년 중국에서는 농업 부문, 공업 부문, 서비스 부문의 비중이 거의 똑같았다. 이에 반해 대다수 선진국들에서는 서비스 부문이 경제의 거의 5분의 4를 차지했고, 농업 부문은 겨우 몇 퍼센트만을 차지했다(미국은 1퍼센트 이하).[51] 중국의 도시-도회지풍 특징들은 시간이 지나면서 심화될 가능성이 높다.

이란은 도시화와 관련해 살펴볼 또다른 적절한 사례다. 2013년 대부분 석유에서 얻은 이란의 1인당 GDP는 미화 6000달러를 겨우 넘는 정도였다(193개국 중 91위). 이란의 도시화율은 약 70퍼센트다. 도시에 사는 풍족한 계층 사이에서는 멋진 삶을 탐닉하고, 규범 완화를 원하고, 이슬람주의 정권에 반대하고, 전쟁 가능성을 혐오하는 태도가 갈수록 두드러지고 있다. 반면 이란 인구의 절대다수를 점하는 농민과 도시 빈민 사이에서는 그런 태도가 훨씬 덜 드러난다. 이런 구도를 감안하면 2016년 이란 총선에서 강경파를 상대로 개혁파가 유독 테헤란에서 압승한 것, 즉 수도에 할당된 국회의원 의석 30석 중 29석을 차지한 것은 놀랄 일이 아니다.

성적 자유의 확대는 오늘날 세계의 많은 지역들에서 탐닉하는 '멋진 삶'의 일부이자 근대화 평화의 중요한 요소다. 이 현상은 중국과 러시아에서 폭넓게 나타난다. 사하라 이남 아프리카는 동전의 양면을 보여준다. 이곳 사회들은 전반적으로 꽤 관대한 성 풍속을 보여주지만, 그중 상당수 사회에는 주기적으로 집단강간을 자행하는 분파와 부족의 병력 또는 사병조직이 가담할 유인이 있다. 근대화의 모든 요소에서 뒤떨어지는 아랍 세계에서는 매우 엄격한 성 규범이 젊은 남성의 호전성을 부추기는 주된 요인이다. 일례로 안타깝게도 천국만이 아니라 현세에서도 처녀가 지하드 전사에게 전리품으로 제공된다.

젊은 남성의 성적 기회, 청년층의 높은 비중, **인구 고령화**, 평화 사이의 관계는 이란의 가장 흥미로운 측면이다. 1980년대에 여성 1인당 6~7명이었던 이란의 출생률이 2명 이하로 곤두박질친 것은 물라(mullah: 이슬람 시아파의 율법학자—옮긴이) 정권의 불안 요소다. 그 결과 2000년 이란에서 전체 남성 인구 중 48퍼센트였던 15~29세 젊은 남성(제6장에서 말했듯이 예로부터 사회에서 가장 호전적인 요소)의 비율이 급속히 낮아져 2050년까지 절반이 될 것으로 예측된다.[52] 일부 아랍 국가들의 출생률도 (이란만큼 급격하지는 않을지라도) 빠르게 감소해왔다. 그에 반해 다른 국가들, 아울러 아프가니스탄과 파키스탄을 포함하는 중앙아시아의 이슬람 국가들에서는 출생률이 훨씬 느리게 감소해왔다. 이 사실은 이들 국가에서 여전히 높은 비중을 차지하는 청년층이 어느 모로 보나 근대화 평화에 크게 기여하지 못하는 현실을 공고히 하고 있음을 의미한다.

그렇지만 적어도 이 기준에서는 장기적으로 상황이 나아질 것으로 보인다. 사하라 이남 아프리카에서는 비록 출생률이 낮아지고 있기는 해도 여전히 세계에서 단연 높고 따라서 젊은층의 비중도 높다. 그에 반해 일본, 남한, 타이완, 이탈리아, 에스파냐, 독일 같은 선진국들, 그리고 중국과 러시아처럼 덜 개발되었거나 개발중인 국가들에서는 출생률이 인구 대체율 한참 아래로 떨어져 인구가 빠르게 고령화되고 있다.[53] UN의 예상대로라면 2050년경 중국의 총인구 약 13억 5000만 명 가운데 5억 명이 60세 이상

일 것이다—실로 경악스러운 통계치다.[54] 이것은 중국의 미래에 그림자를 드리우는 가장 심각한 경제적 문제일 테지만, 동시에 중국의 개발 과정에서 평화에 가장 이바지하는 측면일 것이다. 전 세계적인 고령화가 다른 어떤 문제를 불러오든, 고령화되는 연령 구조와 청년층 부족이 평화화 효과를 발휘한다는 사실은 시간이 지날수록 분명해질 것이다.

여성은 일반적으로 남성보다 덜 호전적이며, 이 점은 여성의 투표 패턴으로 폭넓게 입증된다. 따라서 사회와 정치에서 **여성의 참여 증대**는 근대화 평화에 이바지하는 경향이 있다. 세계에서 인구가 가장 많은 두 국가사회는 이 점에서 근대화 평화에 경고 신호를 보낸다. 국가가 강요한 한 자녀 정책과 남아 선호 때문에 중국 사람들은 여자아이를 낙태하고 살해해왔다. 그 결과 중국은 14세 미만 여아 100명당 남아 116명이라는 가장 극단적인 성비를 기록하고 있다. 인도에서도 비슷한 선호와 관행 탓에 거의 중국 못지않게 극단적인 성비, 즉 14세 미만 여아 100명당 남아 113명의 성비가 나타나고 있다.[55] 여성 부족은 젊은 남자들을 더욱 뒤숭숭하게 만들기도 하는데, 그들 다수의 성적 전망이 암울하기 때문이다. 이 요인이 근대화 평화를 구성하는 다수 요소들에 얼마만큼 영향을 줄지 말하기는 어렵다.

대중문화의 세계화와 문화 수렴은 앞 장에서 구태여 부연 설명할 필요가 없을 정도로 폭넓게 논의되고 있다고 말한 근대화의 요소다. 미디어와 연예 산업을 통해 확산되고 근래 들어 인터넷과 소셜 미디어를 통해 급속히 전파되는 공유 문화는 세계 각지의 사회들 사이에서 세계관과 가치관의 차이를 줄임으로써 서로를 더 익숙하고 덜 낯설게 바라보도록 이끈다. 그렇지만 이 강력한 추세의 한계 역시 인식되었다. '렉서스와 올리브나무'는 보편적인 것과 특수한 것, 근대성과 전통 사이 긴장을 가리키는 한 가지 은유다. 지역 문화들은 여전히 단단히 자리잡고 있으며 때때로 '세계 문화'의 압력에 자기주장, 적대감, 심지어 폭력으로 대항하기도 한다. 대안적 근대화론자와 실패한 근대화론자는 인터넷과 소셜 미디어를 효과적으로 사용해 자신의 메시지를 퍼뜨리는 등 세계 문화에 가장 강하게 반발해왔다. 2008년 경제 대침체 이후 무역과 금융의 세계화가 지연되기는 했지만, 인터넷을 통해 국경을 넘는 정보의 흐름은 계속 증가세였다. 그와 동시에 인터넷은 토착 문화의 표현을 널리 퍼뜨리는 데 기여해왔다.[56]

마지막으로 근대화 평화의 **핵** 요소가 있다. 핵 억지는 전쟁과 분쟁 고조를 막는 최후의 수단으로 작동해왔다. 1945년 이전에는 없었던 이 요인은 그 이후 열강 간 평화에 크게 이바지했고, 앞으로도 계속 이바지할 가능성이 높다. 그렇지만 핵 요인은 이로울 수도 해로울 수도 있다. 핵의 비할 바 없는 잠재적 파괴력, 그리고 더 쉽게 접근할 수 있는 (어쩌면 핵보다 더 강력할지도 모르는) 대량살상무기의 잠재적 파괴력은 비국가 행위자에게 엄청난 힘을 줄 수 있다. 게다가 비국가 행위자를 상대할 경우 억지의 효과가 크게 떨어진다.

지금까지 '대안적 근대화론자'의 도전에 초점을 맞추었으니 이제 실패한 근대화론자와 반근대화론자가 근대화 평화에 제기하는 도전에 주목할 차례다.

반근대, 실패한 근대, 그리고 비재래식 테러

2001년 9월 11일 미국에서 발생한 메가톤급 테러 공격은 직간접적인 결과를 불러왔다는 점뿐 아니라 종전부터 한동안 현실화되었고 아직도 다 현실화되지 않은 불길한 잠재력에 이목을 집중시켰다는 점에서도 획기적인 사건이었다. 그 잠재력이란 핵무기, 생물무기, 화학무기 같은 대량살상무기WMD를 사용하는 비재래식 테러의 위협으로, 최근 여기에 사이버테러리즘이 추가되었다.

테러리즘도 대량살상무기도 새로운 것은 아니다. 이와 비슷하게 실패한 근대화론자와 반근대화론자(둘은 대개 서로 연결되어 있다)도 근대화 과정 자체만큼이나 오래된 것이다. 그렇지만 테러는 죽음과 파괴의 중요한 원인이라기보다는 무엇보다 신문 머리기사에 실리고 여론에 영향을 주기 위한 구경거리였다. 실패한 근대화론자들은 거의 정의상 약한 존재였으며, 비재래식 무기를 소유한 국가들은 일종의 보복 위협을 가해 효과적으로 억지할 수 있었다. 그렇지만 이 모든 요소가 결합할 가능성, 즉 작은 집단이나 심지어 개인—대개 광적인 반근대 이데올로기에 따라 움직이고 자기네 대의를 위해 죽고자 하는—이 대량살상무기에 의존할 가능성은 미래를 위협하는 새롭고 우려스러운 잠재력을 만들어내고 있다.

이른바 대량살상무기란 위력이 제각각인 상이한 기술들의 모음이다. 테러리스트의 손에 들어갈 가능성도 무기마다 다르다. 테러리스트의 잠재적 화학무기 사용은 무방비 상태이고 따라서 매우 취약한 다수의 밀집한 사람들을 기습한다는 생각에 근거한다. 이런 무기를 생산하는 작업은 비국가 조직도 숙달할 수 있는 비교적 쉬운 일이다. 그럼에도 화학무기는 대량살상무기 중에서 제일 덜 위험한 축에 드는데, 화학작용제가 대량으로 필요하거니와 테러리스트들이 그들 소유의 수단으로 화학작용제를 효과적으로 퍼뜨려야 하는 문제가 있기 때문이다. 화학무기 테러 공격은 크게 성공할 경우 수천 명의 목숨을 앗아갈 것으로 추정된다.

화학무기와 달리 핵무기는 대량살상무기 중에서 가장 치명적이고 입수하기가 가장 어렵다. 핵무기의 파괴력에 조금이라도 대응할 만한 방어수단이 없기는 하지만, 적어도 예측할 수 있는 미래에 테러리스트가 핵폭탄에 필요한 핵분열 물질을 생산할 가능성은 없다. 그렇지만 과학자들은 공개 시장에서 구할 수 있는 부품들로 초보적인 핵장치를 만들 수 있고, 핵분열 물질의 경우 구입하거나 훔칠 수 있다고 미국 당국에 경고해왔다. 핵무기 자체를 암시장에서 구입하거나 훔칠 수 있을지도 모른다. 파키스탄에서 원자폭탄 제조 프로그램을 주도한 핵과학자 압둘 카디르 칸Abdul Qadeer Khan은 10여 개국—북한과 이란, 리비아를 포함해 동남아시아부터 중동에 이르는 국가들—에 핵 기밀을 팔았고, 보도에 따르면 그 대가로 건당 고작 수백만에서 수천만 달러를 받았다고 한다. 파키스탄 정부가 이 거래에 얼마나 관여했는지, 또는 이 거래를 얼마나 알고 있었는지는 아직까지 분명하게 밝혀지지 않았다.

핵기술이 유출될 잠재적 가능성은 1990년대 소련이 해체되었을 때 최고조에 이르렀다. 소련을 구성했던 여러 공화국 곳곳에 방치된 선진 군사 기반시설의 잔해 안에 실업자 신세인 일군의 핵과학자, 생산시설, 감시가 허술한 용도 불명의 핵물질, 그리고 핵무기 자체가 있었다. 미국은 많은 노력을 기울여 핵물질을 제거하고, 생산시설을 지키고, 핵과학자들에게 계속 일을 시키려 했다. 옛 소련 영역에서 핵물질을 밀반출하려다 실패한 시도를 알리는 심란한 뉴스가 이따금 신문 머리기사를 장식하기는 하지만, 미국이 노력한 결과 핵기술 유출 위험이 크게 줄어들었다. 핵무기가 없는 테러리스트는 방사성물질을 훔치거나 구입해 '더러운 폭탄'(dirty bomb: 재래식 폭탄에 방사성물질을 채운 일종의 방사능무기—옮긴이)을 만들 수 있다. 이 폭탄은 파괴력 면에서 핵무기에 견줄 바는 못 되지만 제거하기가 극히 어려운 방사능으로 도시 전체를 오염시킬 수 있다.

일부 학자들은 핵무기 확산이 실은 좋은 일이라고 주장하는데, 냉전기에 두 진영을 구속했던 핵억지가 세계의 다른 지역들로 확대될 것으로 전망하기 때문이다. 이 견해의 옹호자들은 선진국과 후진국 또는 개발도상국 사이에 정치 행위의 차이가 있다는 주장을 일축하고, 상호확증파괴MAD의 논리가 워낙 강력한 까닭에 세계의 후진 지역에 있는 가장 호전적인 국가 당국일지라도 핵무기를 사용할 것 같지 않다고 주장한다. 또한 이런 국가들이 통제력을 위태롭게 하거나 테러리스트에게 핵무기를 넘겨줄 것 같지도 않다고 주장한다. 그렇지만 비판자들은 세계의 후진 지역들에서 핵이 점점 더 많은 국가들로 확산되는 상황에서 상호확증파괴의 논리가 절대 잘못될 리 없다는 주장을 의심한다.[57] 어느 쪽 주장이 옳든 간에, 핵확산에 따른 가장 우려스러운 조짐은 유출 위험이 높아진다는 것이다. 파키스탄의 사례처럼 허약한 분절국가가 어느 정도 인지하는 상황에서, 핵시설에 접근하는 사람과 조직이 핵물질과 핵 전문지식, 심지어 핵무기까지 테러리스트에게 팔거나 양도할 위험만 있는 것이 아니다. 선진 세계에서는 거의 사라진 위험이지만, 후진 지역과 불안정한 지역에서 국가가 해체되어 무정부 상태가 발생할 위험도 있다. 이 점에서도 핵보유국 파키스탄은 적절한 사례인데, 이곳에서는 탈레반이 정권을 탈취하거나 전반적인 무정부 상태가 발생할 위험이 큰 우려를 자아냈다. 국가의 권위가 무너져 무정부 상태가 만연할 경우 누가 국가의 핵무기를 지킬 것인가? 한때 핵을 보유했던 초강대국이 아니라 국가 붕괴를 겪은 소련이 장차 위험한 사태의 모델이 될지도 모른다.

가장 위험한 잠재적 위협은 아마도 생물무기일 텐데, 최근 수십 년간 게놈 해독, 생명공학, 유전공학 분야의 혁명적 약진에 힘입어 훨씬 더 치명적이고도 접근하기 쉬운 무기가 되었기 때문이다. 치사율, 약물 저항력, 환경 잔류성 면에서 특히 강력하다고 평가받는 박테리아와 바이러스 계통이 일으키는 질병으로는 탄저병, 페스트, 야생토끼병, 장티푸스, 콜레라, 발진티푸스, Q열, 천연두, 에볼라 등이 있다. 보툴리눔과 리신 같은 독소 역시 떼죽음을 불러올 수 있다. 게다가 대처할 면역법과 약물이 없는 '슈퍼바이러스'를 따로 조작할 가능성은 차치하더라도,[58] 실험실에서 배양한 악성 박테리아나 바이러스는 생물무기의 치사율을 핵 공격에 버금갈 만큼 높임으로써 수천 명에서 수백만 명의 목숨을 앗아갈 수 있다. 설상가상으로 생물무기는 테러리스트에게 핵무기보다 구하기 쉬운 무기이거니와, 오늘날 생명공학 혁명이 기술 발전의 선봉에 있으므로 앞으로 더욱 쉽게 손에 넣을 수 있을 것이다. 추정에 따르면 한 사람이나 몇 사람이 아주 강력한 바이러스를 합성할 수 있는 실험실이 전 세계에 수만 곳 있다.[59] 겉보기에 무해한 민간 용도를 위해 온라인으로 재료와 장비, 노하우를 얻는 일도 과거 어느 때보다 한결 쉬워졌다.

문제의 근원은 대량살상무기의 재료와 기술이 국가 수준 아래로 하향 침투한다는 데 있다. 역사상 오랫동안 부족장이나 무장 갱단의 두목 같은 비국가 행위자들은 국가에 성공적으로 도전할 수 있었다. 그러다가 근대 들어 국가의 지배력이 강해졌는데, 권력의 근간이 된 무거운 하부구조를 국가가 통제했기 때문이다. 여러 방향에서 권력을 잠식해 들어옴에도 국가는 여전히 지배력을 행사하고 있다. 하지만 대량살상무기, 특히 핵무기와 생물무기의 파괴력을 캡슐화하는 기술은 더이상 거구가 아니어도 강펀치를 날릴 수 있는 상황을 다시금 만들어내고 있다. 예전 같으면 제임스 본드식 픽션에나 나왔을 법한 세계를 위협하는 개인과 조직이 갑작스레 현실이 되고 있다(삽화 7.1).

비재래식 테러의 당혹스러운 문제는 테러리스트 집단을 상대할 경우 국가를 상대할 경우와 비교해 억지의 효과가 한없이 떨어진다는 데 있다. 그런 집단은 극단주의적인 열성자들, 즉 기꺼이 목숨을 바치려 하고 심지어 전 세계의 종말을 적극 바라기까지 하는 이들로 이루어질 공산이 크기

삽화 7.1 제임스 본드 장르의 메가테러리스트.

만 한 것이 아니다. 미꾸라지 같은 테러리스트들은 억지 개념 전체의 토대인 보복 대상을 여간해서는 뚜렷하게 드러내지 않기도 한다. 국가는 대량살상무기에 접근하는 능력에서 단연 월등하다. 그렇지만 테러리스트는 상호확증파괴에 기반하는 억지력에 구애받지 않으므로, 최종 무기를 사용할 가능성은 테러리스트 쪽이 더 높다. 핵시대를 줄곧 지배해온 사고방식과 반대로, 테러리스트가 획득한 비재래식 능력은 사용 가능하다. 다른 이유는 차치하고 기술적 문제 때문에라도 비재래식 테러는 비교적 드물게 발생할 것이다. 그러나 일단 비재래식 테러의 잠재력을 활용할 수 있게 되면, 누군가 어딘가에서 그 잠재력을 현실화하는 사태를 과연 무엇이 저지할 수 있을지 알기 어려운 실정이다. 클린턴, 부시, 오바마 행정부는 모두 이 전제를 공유했다. 이와 비슷하게 사이버테러리즘의 위협은 급속도로 커다란 근심거리가 되어, 전 세계에서 각국 정부와 민간 부문의 조치를 재촉하고 있다.

9·11 이후 일각에서는 테러는 전술일 뿐이고 적은 호전적 이슬람이므로 테러를 적으로 규정하는 것은 잘못이라고 주장했다. 오늘날 세계에서 대다수 테러 공격의 배후에 급진적 이슬람이 있고 이를 상대하는 것이 난해하고 복잡한 문제인 것은 사실이다. 그러나 이 새로운 도전에 때때로 파

시스트라는 딱지가 붙는다 해도, 그 도전을 제기하는 아랍과 무슬림 사회들은 대개 빈곤하고 침체되어 있다. 그들은 미래의 대안 모델을 대표하지 않는다. 과거 세계에서 가장 강하고 앞선 축에 들었던 파시스트 강대국들이나 새로운 자본주의적 비민주주의 강대국들과 달리, 그들은 선진 자유민주주의 세계에 군사적 위협을 가하지도 않는다. 호전적 이슬람의 위협이 중요한 유일한 이유는 대량살상무기를 사용할 가능성이 있기 때문이다.

게다가 호전적 이슬람이라는 문제를 극복한다 해도 다른 원인들과 '초강력 화난 사람들'(《뉴욕 타임스》 기고자 토머스 프리드먼의 표현)이 언제나 있을 것이다. 과거와 달리 이제 그들은 끔찍한 사태를 일으켜 존재감을 드러낼 수 있다. 일본의 옴진리교 신도들, 탄저병을 연구한 미국 과학자 브루스 아이빈스Bruce Ivins, 오클라호마시티(1995)와 애틀랜타 올림픽(1996)에서 대규모 재래식 폭탄 공격을 감행한 이들 같은 비재래식 테러의 선구자들은 무슬림이 아니었다. 일반적으로 사회는 근대화될수록 평화 쪽으로 기우는 경향이 있지만, 모종의 이유로 대규모 폭력을 받아들이는 개인이나 소집단은 항상 있을 것이다. 따라서 비재래식 테러는 엄연히 문제다.

물론 비재래식 노선을 걸으려는 테러리스트 집단은 여전히 엄청난 현실적 난관에 부딪힌다. 1990~1995년, 일본의 옴진리교는 비국가 집단 중 처음으로 생물무기와 화학무기 생산시설을 지었다. 옴진리교는 극심한 생산 및 안전 문제와 씨름해야 했고, 생체 시료를 생산했으나 결과물이 신통치 않았으며, 화학작용제 살포 장치를 가지고 있지 못했다. 1995년 도쿄 지하철에서 감행한 사린 공격은 12명을 죽이는 데 그쳤는데, 이 신경가스가 담긴 비닐봉지를 우산 꼬챙이로 찔러 살포하는 초보적인 방법을 사용했기 때문이다. 그렇지만 경찰이 신도와 시설을 포위했을 때, 이 집단은 더 효과적인 분사장치를 제작하고 사린 70톤을 합성하기 위해 애쓰는 한편

커다란 생물학 실험실을 짓고 있었다.[60]

이와 비슷하게 9·11 이후 미국에서 발생한 탄저균 공격—이 사건의 유력한 용의자로 미국 생물학전 연구소 소속 과학자 브루스 아이빈스가 지목되었으나 수사 도중 자살하는 바람에 오랫동안 미제 사건으로 남아 있다—에는 미국 우편제도를 통해 편지봉투에 담아 보낸 군용 품질의 탄저균이 쓰였다. 이 공격으로 5명이 죽고, 공황이 일어나고, 건물들 전체가 오염되고, 시설들이 폐쇄되었다. 브루스 아이빈스는 정신적으로 불안했던 것으로 보이고 어떤 동기를 품고 있었는지 여전히 불분명하기는 하지만, 아마도 다수의 죽음을 원하지는 않았을 것이다. 그렇지만 1993년 미국 의회의 평가에 따르면, 경비행기(지금은 드론) 한 대가 미국 주요 도시 상공에서 에어로졸 형태로 탄저균을 분사할 경우 수백만 명이 사망하고 대규모 도시 지역들이 오염되는 전혀 다른 차원의 재앙이 발생할 수 있다. 2001년 6월, 역시 9·11 이전에 존스홉킨스 민간 생물방어 전략 연구소는 미국에 대한 은밀한 천연두 테러 공격에 대처하기 위한 모의훈련 '어두운 겨울Dark Winter'을 다른 기관들과 제휴해 수행했다. 최악의 경우 두 달 내에 300만 명이 감염되고 100만 명이 사망할 것으로 예측되었다.[61] 이 모의훈련의 가정, 특히 전염성에 대한 가정은 일부 전문가로부터 엄청나게 과장되고 비현실적인 수준이라는 비판을 받았으며, 그 이후의 훈련들은 가정의 수준을 대폭 낮추었다. 게다가 군용 품질의 병원균을 생산하고 처리하고 효과적으로 살포하는 능력을 획득하는 것은 이제까지 어떤 테러 조직도 극복하지 못한 커다란 장애물이다.[62] 그렇기는 하지만, 생명공학의 눈부신 발전을 고려하면 생물무기 테러를 우려할 이유는 충분히 있다.

비판자들, 그중에서도 존 뮬러의 주장대로라면 테러 위협은 터무니없이 과대평가되어 있다. 그리고 미국은 비이성적이라고 할 정도로 과민하고 비용이 극히 많이 드는데다 문제 자체보다 훨씬 더 해로운 대응을 해온 것이다.[63] 또 뮬러를 비롯한 이들은 테러리스트가 비재래식 무기를 획득하고 제대로 사용하는 데 따르는 커다란 어려움을 강조하고, 다른 사망 원인들과 비교해 테러로 인한 사망자 수가 사슴 탓에 교통사고가 발생하거나 욕조에 빠지는 바람에 죽는 사람, 그리고 '테러와의 전쟁' 자체를 벌이다가 죽는 사람의 수만큼이나 아주 적다고 지적한다. 뮬러는 사람들이 테러 공격을 당해 사망할 (희박한) 확률을 완전히 비현실적으로 평가한다고 역설한다. 분명 우리는 언제나 위험을 침착하게 판단하고 또 위험에 신중하게 대응할 필요가 있다. 합리적 우선순위에 따라 자원을 배분해야 한다는 비판자들의 지적은 옳다. 테러리스트들이 투자하는 자원과 국가들이 테러와 싸우기 위해 들이는 자원을 비교해보면 터무니없이 차이가 난다. 아프가니스탄 전쟁과 이라크 전쟁에 들어간 비용은 수조 달러에 달한다. 2001년부터 2008년까지 미국은 국내에서 약물을 개발해 비축하고 병원을 대비시키고 35개 주요 도시를 감지시설로 에워싸는 등 생물 테러를 방어하는 데만 570억 달러를 썼다.[64] 뮬러는 모종의 국제적 치안 활동이 필요하다고 인정하면서도, 상술한 모든 사정을 고려할 때 미국은 비용이 많이 드는 공격적·방어적 대응 조치들(공항 보안 포함)을 대부분 중단하고 비재래식 테러를 포함해 이따금 발생하는(그러나 발생 가능성이 희박한) 테러 공격을 운에 맡겨야 한다고 주장한다.*

그렇지만 뮬러는 화학 테러 공격의 살상 잠재력에 한계가 있고 핵 테러의 난관이 막대하다는 것을 입증하면서도[65] 생물 테러의 위협에 대해서는 거의 아무 말도 하지 않는다. 그저 생물 테러가 "어디까지나 이론상으로 수십만 명, 어쩌면 수백만 명까지 죽일 수 있다"고 인정할 뿐이다.[66] 생물 공격이 성공할 경우 미국이 치른 최대 규모 전쟁들의 사상자에 필적하는 사상자가 발생하는 데 그치지 않을 것이다. 그런 공격은 미국의 주요 인구 중심지와 경제 허브를 노릴 공산이 크다. 최악의 시나리오가 자기실현적 예언이 될 위험이 있기는 하지만, 그렇다고 그런 시나리오를 무시해버릴 수도 없다. 비판자들은 설령 생물 테러 공격으로 맨해튼을 잃거나 전국에서 수십만 명이 사망하는 최악의 상황이 닥치더라도 미국이 '생존'할 거라고 주장한다. 그러나 그런 국가적 재앙의 결과는 말로 다 할 수 없을 것이다. 게다가 사람들은 '자연발생적' 또는 우발적 참사보다 적대적 의도를 가진 공격을 훨씬 더 경계하도록 진화상 프로그램되어 있는 것으로 보인다. 제1차세계대전의 사망자와 그 이듬해 스페인 독감 사망자, 또는 히로시마 원폭 사망자와 2004년 쓰나미 사망자에 사람들이 어떻게 다르게 반응하는지 생각해보라.

테러리스트 집단은 표적 국가 내에서 활동하며 당국에 발각되지 않은 채 비재래식 무기를 밀반입하거나 심지어 제작할지도 모른다. 일본의 옴진리교는 세계에서 가장 앞선 축에 드는 이 나라에서 당국에 들키지 않고 생물작용제와 화학작용제 제조 시설을 지었다. 9·11이라는 메가톤급 재래식 테러 공격을 실행한 자들은 미국을 비롯한 서방 국가들에서 훈련받은 적이 있었다. 본래 국가들이 비밀리에 개발하는 핵무기를 가리키던 '지하실의 폭탄'이라는 표현에 새롭고 오싹한 뜻이 더해졌으며, 무엇보다 생물무

---

* 뮬러가 여러 중요한 점에서 통념을 바로잡기는 하지만, 몇몇 주장 때문에 그가 권고하는 정책에 신뢰가 가지 않는다고 지적하지 않을 수 없다. 예를 들어 그는 미국이 제2차세계대전과 냉전에 개입한 것이 '테러와의 전쟁'을 벌이는 것만큼이나 불필요한 일이었다고 주장한다. 다시 말해 진주만 공습 이후 미국은 전쟁에 뛰어들지 말고 그저 경제를 제재하고 봉쇄하는 방법으로 일본을 쓰러뜨려야 했다는 것이다(일본이 동아시아와 동남아시아를 정복해 경제적으로 자급자족하던 마당에 어떻게 쓰러뜨릴 수 있었을지는 불분명하다). 이어서 그는 미국이 소련을 봉쇄한 것도 불필요한 일이었고, 실패한 소비에트 체제가 어차피 무너질 터였으므로 소련의 팽창을 막지 말았어야 했다고 주장한다.

기가 새로이 불안을 자아낼 것으로 보인다.

테러 문제는 개발도상 세계에서 한층 심각하다. 테러리스트에게 호전적이거나 실패한 국가는 안전한 피난처이기만 한 것이 아니다. 안보 기준이 낮고 부패 수준이 높고 조직범죄가 활개를 치는 까닭에 위험한 재료와 무기의 공급처이기도 하다. 사실 실패한 국가는 호전적인 국가 못지않게, 또는 그 이상으로 문제가 될지 모른다. 일부 호전적인 정권들, 그중에서도 탈레반 정권이 자기네 영토에서 비롯된 메가톤급 테러 이후 불어닥칠 대규모 보복에 별로 개의치 않기는 했지만, 나머지 국가들은 억지 조치에 민감하게 반응할 가능성이 더 높다. 그에 반해 약하거나 실패한 국가들은 그저 자국 영토를 효과적으로 통제하지 못하는 것이므로 책임을 지울 수가 없다. 근래에 시리아, 이라크, 예멘, 리비아, 소말리아, 나이지리아 북부를 비롯해 개발도상 세계의 여러 나라에서 국가 당국이 붕괴했다. 그리고 이 모든 국가에서 호전적인 이슬람주의 조직이 번창하고 있다. 제멋대로 구는 파편화된 사회가 있는 광대하고 대체로 접근하기 어려운 지역에서 테러리스트 집단의 활동을 감시하고 엄중히 단속하는 일은 건초 더미에서 바늘 찾기보다 더 어려울 수도 있다.

미국 에너지부 정보국장 롤프 모와트라슨Rolf Mowatt-Larssen은 알카에다가 9·11에 앞서 거의 10년간 대량살상무기에 관심을 보였다고 보고했다. 이 브리핑에 따르면, 오사마 빈 라덴Osama bin Laden은 핵장치에 필요한 우라늄을 구입하기 위해 150만 달러를 제시했다. 2001년 8월, 9·11 직전에 빈 라덴과 그의 부관 아이만 알자와히리Ayman al-Zawahiri는 파키스탄 과학자들을 만나 알카에다에서 어떻게 핵장치를 만들 수 있을지 논의했다. 또 알카에다는 공격적인 탄저병 프로그램도 계획했는데, 이 사실은 알카에다가 아프가니스탄에서 쫓겨난 이후인 2001년 12월 밝혀졌다. 2003년, 알카에

다의 사우디 첩보원들은 러시아제 핵폭탄 3개를 구입하려 시도했다. 거의 같은 시기에 자와히리는 뉴욕 지하철망을 시안화물로 공격하려던 계획을 취소하기로 결정하고 "더 나은 무언가를 구상중"이라며 음모자들에게 계획 철회를 지시했다.[67] 분명 비재래식 무기 분야에서 알카에다의 관심과 노력은 여전히 초보적인 수준이었다. 그렇지만 알카에다가 9·11 테러 공격에 성공했기에 훨씬 더 위험한 계획들의 싹이 잘려나간 것인지도 모른다.

알카에다가 9·11 이후 미국 본토에서 또다른 테러를 저지르는 데 실패한 것(위험이 과장되었다고 믿는 사람들의 지적)은 대체로 보아 아프간의 안전한 피난처를 잃었기 때문이다. 다른 공격적·방어적 대응책들과 마찬가지로 '짖지 않은 개'(셜록 홈스의 표현으로, 사전에 방지된 까닭에 간과되는 위험 요인을 가리킨다)는 우리의 시각을 왜곡할 수 있으며, 따라서 현실에 안주하지 않도록 주의해야 한다. 예를 들어 근래에 성전을 추구하는 이슬람주의 조직들이 넓은 지역을 장악함에 따라 경고의 목소리가 높아지고 있다. 나는 오래전부터 비재래식 테러가 심각한 잠재적 위협이며 이를 사전에 막으려면 많은 관심을 쏟고 경계를 늦추지 말아야 한다고 주장해왔다. 이 위협은 새로운 사건들이 일어나면서 언론에 대서특필되었다. 2014~2015년 이라크와 시리아, 그 밖의 지역들에서 이슬람국가IS의 빠른 확장세는 이 무장단체의 맹렬한 반근대주의 이데올로기 및 잔혹한 소행과 함께 엄청난 주목을 받았다. 이슬람국가와 그 지부들, 여타 비국가 민병대들은 허물어지는 시리아와 리비아에서 화학무기 저장고를 차지했고 어쩌면 생물무기 시설까지 장악했을 것이다. 전하는 바에 따르면 이슬람국가는 시리아에서 쿠르드족을 상대로 화학무기를 사용했다고 하고, 실제로 대량살상무기를 더 많이 사용하는 방안을 고려하고 있다.[68] 이 측면에서 이슬람국가의 능력은 아주 초보적인 수준일 것이다. 그러나 유엔 주재 미국 대사 서맨사

파워Samantha Power는 어느 질문에 답하면서 시리아의 화학무기가 이슬람국가의 수중에 들어갈 가능성을 미국이 우려하고 있다고 말했다.[69] 이와 비슷하게, 영국 내무장관(훗날 총리) 테리사 메이는 이슬람국가가 "화학무기나 생물무기, 또는 심지어 핵무기를 획득해 우리를 공격할" 가능성에 우려를 표했다.[70]

2015년 11월 이슬람국가가 파리에서 테러를 저지르자 프랑스 대통령 프랑수아 올랑드와 유럽연합은 화학무기와 생물무기 테러의 위협에 대해 거듭 경고했다. 2016년 3월 브뤼셀에서 이슬람국가의 자살폭탄 테러가 발생한 뒤, 2014년 8월에 벨기에 도엘 원전 4호기에서 누군가 고의로 태업했을 가능성이 제기되었다. 2015년 11월, 벨기에 경찰은 파리 테러범들이 다양한 핵물질과 방사성물질을 다루는 핵 연구시설의 고위 인사를 비디오카메라로 몰래 감시했다는 사실을 알아냈다. 2016년 초 미국의 한 특수부대는 이슬람국가의 화학무기 개발 책임자를 기습해 생포하려 했다고 한다.

아직 세부내용과 중요성이 분명하게 밝혀지지 않았음에도 미국 대통령 버락 오바마는 이런 정보들을 다분히 불길한 징조로 여겼다. 오바마는 테러리즘의 위협이 많이 부풀려지고 더 중요한 다른 안보 목표와 비안보 목표로 향해야 할 관심과 자원이 테러로 향한다는 견해를 공유한다. 이런 이유로 오바마가 재래식 테러리즘과 비재래식 테러리즘(잠재력과 증대하는 위험)의 결정적인 차이를 잘 알고 있다는 점이 더욱 중요해진다. 2016년 4월 1일 워싱턴에서 열린 핵안보정상회의에서 오바마는 자리에 참석한 50명 넘는 세계 지도자들에게 취약한 핵시설을 보호하는 데 더 힘써달라고 촉구했다. 그는 세계가 집요하고 계속 진화하는 핵 테러리즘의 위협에, 21세기 "세계 안보에 대한 최대 위협 중 하나"에 직면해 있다고 말했다. 그리고 어떤 집단도 핵폭탄 물질을 얻지 못했다고 지적하면서도, 알카에다가 오랫동안 그런 물질을 찾았으며 이슬람국가 투사들의 존재가 비슷한 우려를 불러일으킨다고 주장했다. “이 미친 사람들이 핵폭탄이나 핵물질을 손에 넣는다면 틀림없이 무고한 사람들을 최대한 많이 죽이는 데 사용할 것입니다.” 오바마는 그런 공격이 “우리의 세계를 바꿀 것”이라고 경고하고 “우리는 현실에 안주할 수 없습니다”라고 역설했다.

비재래식 테러는 손쉽게 또는 명쾌하게 해결하기 어려운 당혹스러운 문제다. 이 위협에 맞서 실행 가능한 가장 유력한 조치는 전 세계의 공조 단속으로, 여기에는 엄격한 안보 조치, 대량살상무기 생산에 필요한 물질과 시설에 대한 보다 철저한 통제, 끊임없는 테러리스트 추적 등이 포함된다.[71] 국익을 둘러싸고 언쟁과 충돌이 분명히 일어날 테지만 그럼에도 국가들의 공조는 유토피아적인 발상이 아닌데, 어떤 나라도 테러 위협에서 면제되지 않기 때문이다. 국제 규범과 법은 새로운 도전에 대응해, 무엇보다 주권 문제와 관련해 개정될 가능성이 높다.

9·11 이후 미국의 개입주의는 본질적으로 엉망이었다. 미국의 개입은 자유민주주의 국가들에서도 열띤 논쟁의 주제가 되었다. 나머지 세계의 반응은 말할 것도 없다. 민주주의 국가들이 채택하는 방어 조치 역시 규범적·법적 측면에서 개입 못지않게 문제가 많다. 국가가 이례적인 사법 절차를 통해 용의자를 구금하고, 비밀리에 보고를 받고, 국민과 통신을 감시하고, 그 밖에 사생활을 침해하는 등 일부 영역에서 권한을 확대하는 추세를 놓고 자유민주주의 국가들에서는 맹렬한 논쟁이 벌어지고 있다. 그리고 사이버테러리즘의 위협은 이 논쟁을 강화해왔다. 외교정책 선택지를 둘러싼 논쟁과 마찬가지로 이 법적·공적 논쟁도 이데올로기적·당위적 성격을 강하게 띠고 있다. 그리하여 선진 자유민주주의 사회들에서 상술한 조치들은 모두 심각한 문제가 되고 있다. 그렇다 해도 대량살상무기를 캡슐

화하는 기술이 퍼져나가고 비국가 조직과 개인도 그 기술을 구할 수 있게 되면서 잠재적 위협이 실제 위협으로 변하고 있는 것은 분명하다. 그 위협은 단기간에 사라지지 않을 것이고 간단히 해결할 수도 없을 것이다.

맺음말

근대화 평화는 아주 현실적인 현상으로, 19세기 초 산업 시대가 시작된 이래 근대화 과정 자체와 맞물려 확산되고 심화되어왔다. 이 역사적 전환 과정으로 1815년 이래 긴 평화 현상(점점 길어지는 세 번의 평화기로 이루어진)을 설명할 수 있다. 널리 인정받는 19세기의 평화 상태와 1945년 이래 전쟁 감소 추세는 둘 다 긴 평화의 포괄적인 설명틀에 포함된다.

근대화 평화는 그 특성상 세계의 모든 지역에 동일한 정도로 영향을 주지 않는다. 교전을 감소시키는 근대화의 영향은 후진국들에서 가장 약하게 나타난다. 이에 반해 개발도상국들에서는 근대화 덕에 교전이 현저히 감소했으며, 선진국들은 근대화를 거치며 평화지대로 변해왔다. 전 세계에서 일어나는 교전을 합한 총계 수치들은 대개 선진 세계에서 교전이 급감해온 추세의 전모를 드러내지 못한다. 그 추세를 더 잘 반영하는 것은 근대화 평화의 일면인 민주주의 평화와 자본주의 평화다. 더 중요한 점은, 총계 수치들은 전체 추세를 일으키는 근본 요인이 무엇인지 말해주지 않는다는 것이다.

국제관계 분야에서 우세한 몇몇 개념과 접근법도 비슷한 이유로 부족하다. 전쟁 발생의 순환 패턴을 찾으려는 시도들(모두 성공하지 못했다)과 '현실주의적' 이론화 작업은 불변하는 현실을 가정하고 근대에 얼마나 근본적인 전환이 이루어졌는지 파악하지 못한다. 그래서 이따금 '백 투 더 퓨처 Back to the Future' 장르의 우스꽝스러운 예측을 내놓곤 한다. 다시 말해 서유럽과 북아메리카처럼 오늘날 세계에서 가장 근대화되고 가장 평화화된 지역들에서마저 모든 것이 기본적으로 동일하게 유지된다고 주장하곤 한다. 그렇지만 이 지역들에서는 역사를 통틀어 국제관계의 가장 기본적인 현상이었던 안보 딜레마 자체가 눈에 띄게 사라졌다—실은 놀라운 반전이 일어나 전쟁 자체가 거의 생각할 수도 없는 일이 되었다. 이는 정녕 전례가 없는 일이다. '현실주의자들'은 어째서 네덜란드와 벨기에가 더이상 독일의 침공 가능성을 조금도 우려하지 않는지, 또는 정확히 무엇 때문에 미국이 캐나다를 정복하지 않고 캐나다가 미국에 정복당할 가능성에도 불구하고 현실에 완전히 안주하는지 결코 설명할 수 없었다.

그렇다고 해서 근대화 과정에서, 그리고 이 과정의 결과인 근대화 평화에서 퇴행과 역행이 일어날 수 없다는 말은 아니다. 일찍이 근대화 초기 단계—양차 대전 기간—에 그런 역행이 일어났고, 훨씬 나중 단계에도 그런 일이 생길 수 있다. 근대화 과정과 근대화 평화 모두 강력하고 단단히 뿌리내린 추세이기는 해도 앞으로 쭉 지속되리라는 '보장'은 없다. 요점은 다른 데 있다. 근대화 평화는 근대의 전환 자체만큼이나 이전 역사와는 근본적으로 다른 변화를 나타낸다. 그리고 근대화 평화가 실패하려면 근대화 자체가 실패하거나 오늘날 알려진 근대화의 주요 측면들에서 역행이 일어나야 한다.

자유주의 이론가들은 19세기 초부터 일어난 변화의 변혁적 성격을 근본적으로 옳게 분석하긴 했지만, 이데올로기적 선입견에 이끌려 그 전환 과정의 상당한 한계와 제약을 경시할 위험이 언제나 있다. '현실주의'는 근대화 평화에 온전히 순응하지 않는 경쟁자들, 그중에서도 오늘날 중국 및 러시아와 관련해 이상주의적인 환상을 경고하는 이론으로서 신빙성과 가치가 있다. 그렇다고 해서 '현실주의자들'의 예상처럼 강대국 관계가 기본적으로 동일하게 유지되는 것은 아니다. 오히려 근대화 평화의 효력은 근대화의 수준과 범위에 달려 있다. 북아메리카와 서유럽, 일본(아울러 제2세대 '용들'과 남한이나 타이완처럼 이제 고도로 발전한 동아시아 사회들) 등 근대화와 자유민주주의 면에서 가장 앞선 국가들에서는 아주 눈에 띄게 나타나는 효과가 중국과 러시아에서는 나타나지 않거나 덜 나타날지도 모른다. 두 국가는 근대화의 도정에서 아직 한참 뒤떨어져 있기만 한 것이 아니다. 그들이 공언한 근대화의 대안 모델이 얼마나 지속 가능할지, 그리고 근대화 평화의 아주 강력한 요소인 민주화와 자유화에 그들이 얼마나 저항할지는 지켜봐야 할 문제이기도 하다.

세계의 핵심 평화지대에 속하는 가장 발전한 국가들(우연찮게도 오늘날 가장 자유민주주의적인 국가들이기도 하다)에서 두루 나타나는 전쟁 기피는 압도적으로 중요한 문화적 현상이 되었다. 이들 국가에서 전쟁은 완전히 비합리적인 선택지로, 즉 궁여지책으로 사용하는 경우가 아니라면 정당성이 거의 없는 선택지로 느껴진다. 이런 기본적인 현실 탓에, 그렇지만 세계가 아직 완전히 평화로운 장소가 아닌 까닭에, 미국—세계 질서를 보장하는 패권국이자 자유민주주의 대의의 마지막 보루—은 전쟁 기피와 군사적 공세 사이에서 주기적으로 흔들린다. 윌슨 대통령 시절은 아니더라도 적어도 카터 대통령 시절부터 미국은 거의 예측할 수 있을 만큼 이렇게 주기적으로 흔들리는 모습을 보여왔다. 그리고 미국이 시계추처럼 흔들릴 때마다, 현실의 복잡성과 서로 반대되는 흐름들을 걸핏하면 무시하는 당파들이 이데올로기적 수사와 반쯤 종교적인 확신을 피력한다. 처참한 전쟁과 집단학살을 저지하기 위해 인도주의적인 군사 개입에 나서야 하느냐는 딜레마는 상황을 더 복잡하게 만든다. 미국은 아무것도 제대로 할 수 없어 보이는데, 개입을 해도 비난받고 안 해도 비난받기 때문이다. 미국의 패권적 역할에 안보를 의존하면서도 미국의 과도한 행위—실제 행위와 추정 행위—를 비판하는 데 오랫동안 익숙해진 유럽에서는 국민들 사이에 평화주의가 한층 단단하게 뿌리를 내렸다. 유럽 내 정부들은 유권자의 바람에 주의를 기울일 수밖에 없다. 그렇지만 일부 관찰자들, 예컨대 전직 프랑스 대통령 니콜라 사르코지는 유럽이 위험하게도 현실과 괴리되고 있는 것은 아닌지 의심한다. "유럽은 평화롭게 남겨지기를 원하는가 아니면 평화를 원하는가? 우리는 평화롭게 남겨지기만을 열망하는 대륙들과 나라들이 어떻게 되는지 알고 있다. 어느 날, 그들은 전쟁의 귀환을 보게 된다."[72]

버락 오바마 전 미국 대통령의 2009년 노벨평화상 수상 연설은 그 역사적·이론적 시야 면에서, 그리고 현대 자유주의 사회들에서 전쟁 현상과 관련해 나타나는 상충하는 압력들과 깊은 양가감정 사이에서 균형을 잡는다는 점에서 모범적이다.[73] 오바마가 정치-이데올로기 지도에서 한쪽과 매우 가까운 인물로 여겨지고 그와 그의 정책을 대하는 태도가 양극화된다는 점을 감안하면, 그의 균형감은 더욱 돋보인다. 물론 나는 순전히 오바마 연설의 내용만을 말하는 것이다. 임기를 막 시작하는 대통령에게 노벨상을 준 이데올로기적 제스처의 문제도, 수상 이후 임기 동안 오바마가 본인 연설의 계획을 얼마나 실천에 옮겼고 또 너무 많은 무력행사와 너무 적은 무력행사 사이를 오가는 경향에서 얼마만큼 벗어났느냐는 아주 심각하고 논쟁이 분분한 문제도 고려하지 않았다.

오바마는 연설을 시작하면서 "전쟁은 모종의 형태로 최초의 인류와 함께 출현했습니다"라고 올바로 말했다. 근대의 발전을 거론하는 대목에서는 "상업이 세계 대부분을 하나로 엮었습니다. 수십억 명이 빈곤에서 벗어났습니다. 자유, 민족자결, 평등, 법치의 이상이 절뚝거리면서도 전진했습니다"라고 말했다. 이어서 21세기로 시선을 돌려 "세계는 더이상 핵을 보유한

두 초강대국 간 전쟁이라는 전망에 떨지 않아도 괜찮을 것입니다. 하지만 핵이 확산되면서 재앙의 위험이 높아지고 있는지도 모릅니다. 테러리즘은 오랫동안 하나의 전술이었지만, 현대 기술 덕분에 이제 엄청나게 분노한 소수의 사람들이 무고한 이들을 끔찍한 규모로 살해할 수 있게 되었습니다"라고 경고했다. 더 나아가 오마바는 세계화의 두 얼굴을 강조했다.

> 세계가 작아질수록 여러분은 우리 인류가 서로 얼마나 비슷한지 인식하기가 더 쉬워지리라 생각할지도 모릅니다. (…) 그렇지만 어지러울 정도로 빠르게 진행되는 세계화와 현대의 문화 평준화를 고려하면, 사람들이 자신의 특정한 정체성에서 소중히 여기는 것들, 이를테면 자신의 인종, 자신의 부족, 그리고 어쩌면 가장 강력한 요소일지도 모르는 자신의 종교 등을 잃을까 두려워한다는 것은 놀랄 일이 아닙니다. 일부 장소에서 이 두려움은 분쟁으로 이어졌습니다.

평화로운 국제 체제의 규범을 받아들이지 않는 나라들을 상대하는 방식과 관련해 오바마는 한편으로 "우리는 폭력의 대안으로 행동 변화를 이끌어낼 만큼 강력한 방안을 개발해야 합니다"라고 말하면서도 다른 한편으로 다음과 같이 강조했다.

> 우리는 우선 우리 생애 동안 폭력적 분쟁을 뿌리 뽑지 못할 것이라는 냉엄한 진실을 인정해야 합니다. (…) 비폭력 운동으로는 히틀러의 군대를 멈추지 못했을 것입니다. 협상으로는 알카에다 지도자들을 설득해 무기를 내려놓게 할 수 없습니다. (…) 이 점을 지적하는 것은 오늘날 이유를 불문하고 군사행동에 깊은 양면감정을 보이는 나라들이 많기 때문입니

다. 때로는 여기에 더해 미국을, 세계에 하나뿐인 군사적 초강대국을 반사적으로 의심하기도 합니다. (…) 그러나 (…) 우리가 어떤 실수를 저질렀든, 미합중국이 60년 넘는 세월 동안 세계의 안보를 보장하는 데 기여했다는 것은 명백한 사실입니다.

이어서 이렇게 말했다. "저는 전쟁이 인기 없는 이유를 압니다. 그러나 평화가 바람직하다는 믿음만으로는 좀처럼 평화를 이룰 수 없다는 것도 압니다." 그러면서 그는 미국에 동맹국들의 지원이 필요하다는 것, 미국이 국제적으로 정당한 규범과 제도 안에서 활동할 의무를 진다는 것을 강조했다. 미국에서 갈등하는 '현실주의자들'과 '이상주의자들' 중 한쪽을 택하기를 거부한 그는 미국이 인권—인권 자체에, 그리고 미국의 계몽된 자기이익으로서의 인권에—에 헌신한다고 역설했다. 다른 한편, 그는 자유주의적 규범 및 기준에 따르지 않는 정권들과 공조할 필요성을 강조했다. "여기에 간단한 공식은 없습니다. 하지만 우리는 고립과 관여, 압력과 유인 사이에서 균형을 잡고자 최대한 노력해야 합니다."

상대편에게 타협과 양보, 보상을 조합해 제안함으로써 긴장을 완화하려 시도하는 것은 풍족한 자유주의 사회들의 가장 자연스러운 대응법이었다. 이것이 근대의 전환 과정에 들어선 모든 국가에 대한 가장 분별 있는 선택지이기 때문이다. 그러나 일찍이 1930년대에 입증되었듯이, 동일한 자유주의적 전제를 공유하지 않는 적이라면 이 정책을 상대가 약하다는 신호로 받아들여 더 대담한 요구를 들이밀 수도 있다. 이는 풍족한 자유주의 사회들이 끊임없이 붙들고 씨름해온 딜레마다. 미국의 트럼프 행정부도 이 진퇴양난을 헤쳐나가야 할 것이다. 정책 면에서 자유민주주의 국가들은 20세기 초부터 유화에서 봉쇄로, 봉쇄에서 냉전으로, 냉전에서 제한전으로, 그리고 피치 못할 경우에만 제한전에서 전면전으로 조심스럽게 대응 수준을 높이는 경향을 보여왔다.

전반적으로 보아 장기 미래를 조심스레 낙관할 여지는 있다. 근대화는 극히 강력한 추세이며 이를 탈선시키려면 예사롭지 않은 힘이 필요할 것이다. 분명 우리는 역사상 가장 평화로운 시절을, 다분히 행복하고 현실에 단단히 뿌리내린 추세를 경험하고 있다. 이와 동시에 근대성의 대안 경로들이 다시 제시되어 세계무대에서 경쟁을 벌이고 있다. 그 경로들은 정책에 중요한 영향을 끼칠 수 있다. 그리고 반근대주의와 실패한 근대주의 모두 아직까지 생기를 잃지 않았으며 이따금 광적이고 섬뜩한 형태로 나타난다. 종족-민족 긴장은 특히 세계의 후진 지역이나 정치적 경계와 종족적 경계가 일치하지 않는 지역에서 잠재적 무력 분쟁의 또다른 근원이다. 실은 선진 서구 역시 경제 위기와 이민 위기에 더해 전반적으로 자신감이 하락하는 힘든 시절을 겪고 있다. 더구나 적어도 1945년 이래 오늘날 세계가 가장 위험한 세계라는 주장은 상투적 표현과는 거리가 멀다. 인류가 처음으로 스스로를 전멸시킬 수 있는 능력을 갖추었거니와 개인과 소집단마저 대량살상을 초래할 수 있는 능력을 획득했기 때문이다. 근대의 전환이 국가 간 전쟁 가능성을 낮추기는 하지만, 대량살상·파괴·혼란의 민주화와 개인화는 현실적이고 심란한 전망이 될지도 모른다.

결론

전쟁과 평화의 논리

전쟁 현상은 언제나 고뇌와 당혹감을 불러일으켰다. 살상과 곤궁을 야기했거니와 파괴와 자원 낭비를 감안하면 순손실을 초래했기 때문이다. 그리하여 전쟁은 모두가 손해를 보는 '죄수의 딜레마' 상황으로 (비록 꼭 명확하게 개념화되었던 것은 아니지만) 널리 인식되었다. 그렇지만 이 못지않게 전쟁의 영광과 영웅주의는 시대를 막론하고 (구전 서사시부터 영화에 이르기까지) 대대로 찬양받았다. 또한 싸움 활동은 무엇보다 젊은 사내들에게 끓어오르는 흥분의 원천이었는데, 중대한 이해관계가 걸린 전쟁에서 얻거나 지켜야 하는 포상의 가치가 대개 엄청났기 때문이다. 근대에 들어서야 전쟁은 무엇보다 자유주의 사회에서 극히 불쾌하고 무익한, 어처구니없을 정도로 불가해한 무언가로 간주되기 시작했다.

앞서 봤듯이, 산업혁명 이후 맬서스의 덫에서 벗어나 갈수록 풍요로워지는 세계에서는 이런 태도를 취할 타당한 이유가 있었다. 생산과 교환에 토대를 두는 부가 경이로운 속도로 증가했고, 상호의존 관계 속에서 실질적인 부의 증대가 제로섬 게임을 대체함에 따라 전쟁과 평화 사이 이익의 균형이 근본적으로 변했다. 그렇지만 근대의 풍요로운 세계에서, 특히 자유민주주의 지역들에서 타당한 태도라 할지라도 근대 이전의 현실에서, 또는 아직까지 근대화 과정을 성공적으로 시작하지 못한 지역들에 만연한 현실에서 꼭 타당한 태도인 것은 아니다. 세계 '전쟁지대'의 지도는 근대화와 평화의 상관관계를 뚜렷하게 드러내고 둘 사이에 인과관계가 있음을 시사한다. 하지만 사람들이 자신의 환경을 바탕으로 일반화하는 경향이 있는 까닭에 근대 자유주의 사회들에서는 전쟁(현재의 전쟁뿐 아니라 과거의 전쟁까지) 발발이 점점 더 심란한 골칫거리로, 진짜 수수께끼로 여겨져왔다. 루소주의의 전성기인 1960년대에 득세한 견해, 즉 광범한 종내 살해와 전쟁은 인간의 고유한 특성이거나 후대의 문화적 발명품이라는 견해는 이 수수께끼를 더욱 부각했을 뿐이다.

그렇지만 인간의 치명적인 폭력과 전쟁은 사실 전혀 특별하지 않다. 근본적으로 말해 '전쟁 수수께끼'의 해답은 그런 수수께끼가 존재하지 않는다는 것이다. 폭력적 경쟁, 일명 분쟁(종내 분쟁 포함)은 자연 전체의 통칙이다. 유기체들은 언제나 자원이 부족한 조건에서, 그들 자신의 증식 과정 탓에 자원 부족이 더 심해지는 조건에서 생존하고 번식하기 위해 자기들끼리 경쟁한다. 이 근본적인 현실 안에서 유기체들은 협력 전략, 경쟁 전략, 분쟁 전략에 의지하고 이 전략들을 다양하게 조합할 수 있으며, 어떻게 조합할지는 특정한 상황에서 각 전략의 유용성에, 그리고 진화 경로에 따라 형성된 유기체 각각의 특수한 형태에 달려 있다. 가장 원시적인 형태부터 가장 복잡한 형태에 이르기까지 모든 유기체에 내장된, 진화상 형성된 메커니즘은 이런 행동 전략들을 선택하고 조합하는 과정을 규제한다. 분쟁이 언제나 하나의 선택지로서 존재하므로, 유기체들의 구조 특성과 행동 특성(둘은 명백히 연결되어 있다)은 분쟁에서 성공을 거두기 위한 방향으로 작용한다. 그 방향은 유기체마다 가지각색이라 공격적으로 작용하기도 하고 방어적으로 작용하기도 한다. 소수의 유기체가 분쟁을 선택하기만 해도 끊임없는 연쇄반응이 일어나 나머지 모든 유기체가 영향을 받게 된다. 우리는 폭력적 행동에 필요한(아울러 다른 행동 선택지들에 필요한) 무거운 생물학적 메커니즘을 '내장'하고 있다. 그리고 이 선택지들 중 하나를 기회주의적으로 고른다. 엄숙한 「폭력에 관한 세비야 선언」은 절반만 옳다. 본성과 사회적-역사적 조건 둘 다 중요하게 작용한다.

루소주의자들의 상상과 달리, 역사상 관찰된 수렵채집인에 대한 증거, 그리고 희미하지만 점점 늘어나는 국가와 농업 이전 사회, 구석기 유랑 사회에 대한 증거는 인간이 우리 종과 속의 역사 내내 자기들끼리 싸웠음을 보여준다. 인간의 '진화적 자연 상태'에서 싸움은 개인 수준, 가족 수준, 집단 수준을 막론하고 광범하게 일어났고 매우 치명적이었다. 국가 이전 사회들에서 폭력에 의한 사망 비율은 성인 남성의 경우 약 25퍼센트, 성인 인구 일반은 15퍼센트였던 것으로 보인다. 나머지 남자들도 온몸이 상처투성이였을 것이고, 사회 전체가 상존하는 분쟁 가능성에서 벗어나지 못했을 것이다. 사회들 간에 약간의 편차는 있지만, 치명적 분쟁의 분포는 양쪽 끝에 소수의 상대적으로 평화로운 사회와 극히 호전적인 사회가 있는 종 모양 곡선 형태로 나타났을 것이다. 최근 이 그림에 이의를 제기한 마지막 시도들은 제1장에서 논박했다. 폭력에 의한 사망 비율은 국가사회보다 국가 이전 사회에서 훨씬 더 높았는데, 전자의 경우 가장 파괴적인 국가 간 전쟁을 치를 때에만 후자의 비율에 근접했다. 그러나 후자의 비율은 자연계 동물들의 일반적인 종내 살해 비율과 같은 수준이다.

사실 집단 싸움은 여러 종의 사회적 동물들 사이에도 존재한다. 집단 싸움에 인간 고유의 측면은 없다. '전쟁'을 관습적으로 대규모 조직 폭력으로 정의하는 것은 우리 종의 사회 집단들이 언제나 더 크고 더 복잡하고 더 협력적이었다는 사실, 그리고 특히 농업과 국가로 이행한 이래 사회들이 기하급수적으로 성장하고 더 조직되었다는 사실을 반영하는 결과에 지나지 않는다. 따라서 '진정한 전쟁'은 국가 및 국가정치와 함께 비로소 출현했다고 역설하는 것은 곧 인류 역사의 살아 있는 과정을 개념적 인공물로 대체하는 것과 같다. 게다가 국가 치하에서 사회의 크기, 따라서 군대의 크기가 극적으로 증가하긴 했지만, 인간 싸움으로 인한 인구 대비 사망자 수는 실제로 줄어들었다. 이 통찰은 로런스 킬리가 처음 주창했고, 나와 스티븐 핑커, 이언 모리스 등이 저술로 뒷받침했다. 국가의 영역 안에서 비국가 폭력은 불법화되었고 국가의 강압적 권위에 의해 대부분 제압되었다. 홉스가 지적했듯이, 리바이어던이 질 낮은 서비스라도 제공하는 편이 무너지는 편보다 대체로 안보 전망에 더 나았다. 내전이나 무정부 상태는 대개 국가 간 전쟁보다 더 심각한 파괴와 죽음을 불러왔기 때문이다. 절대적으로 보면 규모가 아주 크기는 해도 대외 전쟁 역시 가장 극심한 전쟁들만 빼면 국가 이전 싸움보다 인구 대비 사망자를 적게 초래했다. 그 이유는 앞서 제3장에서 설명한 대로, 사회가 더 크고 따라서 영토가 더 넓고 거리가 더 멀어질수록 남성의 참전율이 더 낮아졌을 뿐 아니라 후방의 민간인이 전쟁에 덜 노출되었기 때문이다.

더욱이 무엇보다 무력에 의해 창출되고 유지된 국가사회는 전쟁의 가장 중요한 '파생물'이었을 것이다. 무력의 산물인 국가사회는 역으로 비교적 평화로운 민간생활, 조밀하고 복잡하고 질서 잡힌 사회, 분업이 발달한 규모의 경제, 그리고 문자문명에 필요한 전제조건을 만들어냈다. 그리고 궁극적으로 이 과정을 거쳐 산업화 및 산업화의 평화화 효과에 필요한 하부 구조가 만들어졌다. 이언 모리스의 『전쟁! 무엇에 이로운가?』는 이 논점을 탁월하게 개진한다. 사회학자 찰스 틸리Charles Tilly는 "전쟁은 국가를 만들었고, 국가는 전쟁을 만들었다"라는 영향력 있는 주장을 했다. 하지만 모리스가 바로잡듯이 전쟁은 국가를 만들었고, 국가는 먼저 국내에서, 나중에 국제 세계에서 평화를 만들었다.

분명 새로 등장한 대규모 계층화된 국가사회 역시 다른 모든 사회적 거래와 마찬가지로 전쟁에서 이익과 비용에 차등을 두었다. 전쟁에서 얻은 이익은 흔히 통치자와 엘리트에게 지나치게 많이 돌아갔고, 사회계층 구조에서 아래로 내려갈수록 이익이 급격히 줄어들었으며, 인구 대다수는 생명과 노력, 재산의 손실에 비해 턱없이 적은 보상을 받았다. 전쟁의 이익과 비용이 명백히 불평등하게 분배된다는 사실은 계몽주의자들이 전제군주와 귀족의 이해관계 때문에 전쟁이 일어난다고 믿은 주된 이유였다. 그러나 이 추론은 전쟁의 논리를 철저히 규명하는 것과는 거리가 멀다. 다른 모든 사회활동처럼 전쟁의 경우에도 불평등이 반드시 민중에게 비용-이익의 불리한 균형을 의미하는 것은 아니었다. 설령 불평등하다 해도 전쟁에는 십중팔구 민중의 이해관계가 적잖이 걸려 있었는데, 민중은 침략군으로부터 스스로를—생명과 가족, 재산뿐 아니라 일족 전체와 공동체의 독립까지도—지키기 위해서든 적으로부터 이익을 얻기 위해서든 싸워야 했다. 더욱이 계몽주의의 견해와 달리, 역사상 평등주의적이고 참여도가 높은 사회들이 전시에 병력을 동원하고 전쟁을 지속하는 능력 면에서 가장 막강했다. 그 증거로는 평등주의적인 부족사회들, 고대 아테네와 로마처럼 제국을 추구한 민주정-공화정 도시국가들이 있다.

이제껏 이 책에서 주장한 대로, 전쟁은 인간 동기체계 일반의 밑바탕에 놓인 인간 욕구의 대상들과 동일한 대상들을 얻기 위해 수행해온 것이다. 다만 폭력적 수단으로, 물리력을 사용해 수행해왔을 뿐이다. 정치(국내 정치와 국외 정치)는 어떤 특별한 목표, 고상한 '국가적 이유'를 다루는 활동이라기보다는 진화상 형성된 이런 인간의 욕구를 국내 수준과 국가 간 수준에서 달성하려는 활동이다. 국제관계론은 분쟁과 전쟁의 엔진인 인간의 욕구를 갈수록 간과한 채 거의 오로지 국제적 무정부 상태(여하튼 근대 자유주의적 질서에 참여하는 국가들 간의 전쟁을 더이상 조장하지 않는)처럼 분쟁과 전쟁을 '가능하게 하는 조건'에만 초점을 맞추었다. 다른 한편, 인간의 추구, 이를테면 우세 또는 이데올로기 추구는 사랑과 섹스를 하고픈 욕구와 마찬가지로 '악마'가 아니다. 평화적인 목표를 위해 평화적인 수단으로 추구하는 경우, 우세와 이데올로기는 '천사'로 여기는 편이 낫다. 나는 다른 대다수 논점에서 스티븐 핑커와 같은 의견이지만 이 논점에 대한 그의 견해에는 동의하지 않는다. 전쟁의 '문제'는 인간의 이런저런 욕구—우리를 지금의 우리로 만드는 욕구, 삶을 채우는 욕구—가 아니다. 근본적으로 말해 폭력과 전쟁은 평화적 경쟁과 협력보다 분쟁 행동 전략이 인간 욕구의 어떤 대상을 얻는 데 더 유망하다고 판단할 때 일어난다. 전쟁이 발생하는 이유를 알려면 우리의 기본적인 욕구와 이런 욕구를 충족하기 위한 노력을 분쟁 경로 쪽으로 몰아가는 조건, 이 두 가지를 모두 이해해야 한다. 요컨대 인간의 욕구는 전쟁의 동기를 이루고 따라서 전쟁의 근원이다. 그와 동시에 다른 요인들, 이를테면 폭력 선택지의 기대효용, 분쟁 가능성에서 생겨나 확대되는 죄수의 딜레마 상황 같은 요인들이 전쟁으로 귀결되는 인과적 배열을 완성한다.

부족한 자원—모든 종류의 부—을 차지하려는 욕구와 투쟁은 언제나 '정치'의 최우선 목표이자 전쟁의 명백한 동기로 여겨져왔다. 이런 욕구와 투쟁을 더 자세히 설명할 필요는 없어 보인다. 그에 반해 번식은 대규모 사회에서 전쟁의 직접적인 동기가 아닌 것으로 보인다. 그렇지만 신체 동기와 번식 동기는 동전의 양면처럼 불가분한 만큼 우리를 곧잘 현혹하는 외양에 속아서는 안 된다. 전쟁을 통해 얻거나 지켜낸 물질적 수단은 사회에서 간접적으로 번식 성공률을 (역시 사회계층에 따라 차등적으로) 높였는데, 제 가족을 부양하는 사람들의 능력을 강화했을 뿐 아니라, 인생의 다른 '좋은 것들'과 마찬가지로 사회적 경쟁의 대상인 '더 나은' 여성을 더 많이 차지하려는 남성 간 경쟁을 자극했기 때문이다. 더욱이 약탈과 마찬가지로 성적 모험은, 보통 '국가 정치' 수준의 동기는 아니었지만, 개인에게는 줄곧 참전의 주된 동기였다. 이 점은 1960년대 이래 성 혁명의 효과로 입증할 수 있을 텐데, 성 혁명은 군에 입대해 외국으로 떠나는 모험의 매력을 떨어뜨림으로써 선진 사회에서 전쟁 기피 추세에 일조했을 것이다. 명예, 지위, 영광, 우세—개인 차원이든 집단 차원이든—는 신체·번식 성공률을 높여주었고, 그런 까닭에 사람들은 무력을 사용해서라도 이것들을 열렬히 추구하고 지켜냈다. 이런 실제적·잠재적 경쟁에서 생겨난 '안보 딜레마'는 안보 불안을 더욱 부채질했다. 권력은 상술한 모든 욕구 대상을 모두 얻고 그리고/또는 지킬 수 있는 보편적인 통화이자 그 자체가 욕구의 대상이었다.

친족관계—가족과 부족에서 종족으로 확대되는—는 공동선을 지키고 증진하기 위해 충성을 바치고 희생하려는 사람들의 결의에 늘 압도적인 영향을 끼쳐왔다. 통념과 반대로, 친족관계는 다종족 정치체 안에서 관계를 맺을 때는 물론이고 정치적 경계를 형성할 때에도 언제나 가장 중요하게 작용해왔다. 공유 문화는 종족공동체의 주요 속성으로, 사람들은 공동체의 정치적 독립과 전반적인 번영을 지키는 일 못지않게 공유 문화를 지키는 일에 목숨을 바치기도 한다. 마지막으로 종교적·세속적 이데올로기는 엄청난 열의와 폭력을 불러일으키곤 했는데, 사람들이 우주의 질서와 사회-정치의 질서에 대한 거대한 물음들에 현세 그리고/또는 내세의 삶을 지키고 고양하는 데 실질적으로 가장 중요한 것들이 담겨 있다고 생각해왔기 때문이다. 이데올로기는 인간의 문제 해결 방법 중에서 가장 종합적인 청사진 역할을 해왔다.

상술한 요인들은 서로 별개인 항목들, 전쟁의 원인들을 나열한 '긴 목록'이 아니라 인간 동기체계에 속하는 서로 연관된 동기들이다. 이 동기들은 본래 생존과 번식 계산법에 따라 형성되었는데, 꽤 최근까지도 절대다수의 사람들은 생존마저 위태로운 처지를 헤쳐나가야 했기 때문이다. 이 계산법으로 득실을 따져본 사람들은 폭력을 사용함으로써 그들 자신과 친족이 더 많은 보상을 얻거나 더 큰 손실을 막을 수 있을 것 같을 때면 위험을 감수하려 했고 심지어 목숨을 바치기까지 했다. 이 논리는 주로 선천적인 근사적 메커니즘이라는 유산을 통해, 즉 인간의 욕구를 통해 계속해서 인간의 행위를 인도하고 있다. 이런 일은 근사적 메커니즘과 애초의 신체·번식 목표를 연결하던 고리들이 기존과 달라진 조건에서(인류는 거대한 문화적 구조물들을 건설하면서 본래의 자연 상태에서 까마득히 멀어졌다) 헐거워지거나 심지어 끊어진 곳에서도 일어난다. 이를테면 사람들은 일정 수준을 넘어가면 부가 더 있더라도 번식 기회가 늘어나는 것이 아님에도 더 많은 부를 원하고, 효과적인 피임법이 개발되어 번식 성공률이 떨어졌음에도 성행위를 계속하며, 번식에 이롭기도 하지만 해롭기도 한 권력, 지위, 명예, 명성을 여전히 열렬히 추구한다. 본래의 적응적 논리가 약해진 곳에서마저 인간 행위를 지배하는 것은 진화를 통해 형성된 근사적 메커니즘들—욕망의 그물—이다.

대체로 보아 산업-기술 혁명, 그중에서도 이 혁명의 자유주의적 경로에 의해 촉발된 근대화를 겪으면서 전쟁의 빈도는 근본적으로 낮아졌다—세계의 선진 지역들에서는 전쟁이 완전히 사라지기에 이르렀다. 이런 변화가 일어난 이유는 폭력적 선택지에 의존할 경우 인간의 욕구를 충족할 가능성이 경쟁적 협력이라는 평화적 선택지에 의존할 경우보다 훨씬 낮아졌기 때문이다. 더욱이 사회가 풍족하고 충분히 만족할수록, ('욕구 피라미드'의 위쪽 욕구들에 마음껏 빠져들 수 있는 상황에서) 사람들이 가장 절실한 욕구들을 차고 넘칠 만큼 채울수록, 목숨과 신체 일부를 앗아갈지 모르는 위험을 감수하도록 자극하는 유인이 줄어들었다. 풍요로운 자유주의 사회의 사람들은 비록 언제나 명확하게 개념화할 수 있었던 것은 아니지만 이 변화를 감지했고, 점점 더 폭력적 선택지를 멀리하고 평화로운 전략에 의지했다. 새로 출현한 핵무기는 핵보유국들 사이에서 군사력을 더욱 억지하는 효과를 발휘했다. 그렇지만 이 과정은 핵시대 이전에 이미 명백하게 나타났고, 서로 간에 핵억지가 작동하지 않는 곳에서도 뚜렷하게 나타나고 있다. 선진 사회 사람들이 욕구의 대상을 두고 계속 치열하게 경쟁하고는 있지만, 인간의 행동 '도구상자'에서 폭력적 선택지는 실용성이 떨어진 반면 평화적 선택지는 갈수록 중시되어왔다. 그렇지만 인류의 상당수는 여전히 근대화 과정을 겪는 중이고, 그 과정의 평화화 효과에 영향을 받으면서도 선진 세계를 따라잡으려 분투하면서 다양한 문화적·민족적 노선을 보여주고 있다. 그중 일부는 비자유주의적·비민주주의적 노선이며, 이 추세가 계속될지도 모른다. 마지막으로 세계의 일부 지역들은 이제까지 근대화를 이루려 노력했으나 실패한 채 근대화 과정에서 나타나는 여러 혼란과 불만을 경험하고 있다. 이런 양상들이 어떻게 펼쳐지고 상호작용하여 광범한 폭력 행사에 어떤 영향을 끼칠지, 특히 어마어마한 파괴력을 갖춘 최종 무기를 기껏해야 드리없이 제한하고 있는 현실에 어떤 영향을 줄지는 아무도 장담할 수 없는 문제다.

감사의 말

언제나처럼 원고의 일부를 읽어주고 귀중한 조언을 해준 친구들과 동료들에게 빚을 졌다. 우리엘 아불로프, 피터 버코위츠, 니잔 펠드먼, 아미르 루포비치, 요탐 마르갈리트, 길 메롬, 벤저민 밀러, 요시 샤인, 알렉산더 야콥슨이 그들이다. 익명의 논문 심사자들은 논의의 폭과 깊이를 더하도록 이끌어주었다. 이 책에서 개진한 몇 가지 논제의 이전 버전은 다음 학술지들에 발표되었다. 〈계간 인류학Anthropological Quarterly〉, 〈월드 폴리틱스World Politics〉, 〈포린 어페어스Foreign Affairs〉, 〈국제관계 유럽 저널European Journal of International Relations〉, 〈평화 연구 저널Journal of Peace Studies〉, 〈진화인류학Evolutionary Anthropology〉. 악셀 마르가레트 악셀슨 욘손 재단Axel and Margaret Ax:son Johnson Foundation, 이스라엘 학술재단(보조금 1258/13), 텔아비브 대학은 나의 연구와 저술을 후하게 지원해주었다. 모두에게 감사드린다.

주

서론: 왜 전쟁을 하는가?—풀리지 않은 수수께끼

1. Geoffrey Blainey, *The Causes of War*, New York: The Free Press, 1973과 Stephen van Evera, *Causes of War: Power and the Roots of Conflict*, Ithaca, NY: Cornell UP, 1999는 전쟁의 발발 가능성과 빈도에 영향을 주는 다양한 조건을 논한다. 두 책은 전쟁의 실제 원인에 관해서는 거의 말하지 않고 주로 전쟁을 가능하게 하는 상황을 다룬다. Dale Copeland, *The Origins of Major War*, Ithaca, NY: Cornell UP, 2000은 논의가 매우 좁은 반면, David Sobek, *The Causes of War*, Cambridge: Polity, 2009는 더 넓고 지적이다. Hidemi Suganami, *On the Causes of War*, Oxford: Oxford UP, 1996은 최상급의 분석적 비평이지만 흥미롭고 새로운 내용은 적다. Greg Cashman, *What Causes War? An Introduction to Theories of International Conflict*, Lanham, MD: Lexington, 1993과 Jack Levy and William Thompson, *Causes of War*, Chichester: Wiley-Blackwell, 2010은 문헌들을 상당히 포괄적으로 개관한다. John Stoessinger, *Why Nations Go to War*, New York: St Martin, 1993은 피상적이다. John Vasquez, *The War Puzzle*, Cambridge: Cambridge UP, 1993은 전쟁 수수께끼를 거의 풀지 못한다. 역사가들과 정치학자들의 집단 노력인 R. Rotberg and T. Rabb (eds.), *The Origins and Prevention of Major Wars*, Cambridge: Cambridge UP, 1989는 주로 당혹감을 드러낸다. Richard Ned Lebow, *Why Nations Fight*, Cambridge: Cambridge UP, 2010은 올바른 방향으로 한 걸음 나아간 책으로, 본서의 제5장(그리고 제7장)에서 언급된다. 최근 출간된 Gary Goertz, Paul Diehl, and Alexandru Balas, *The Puzzle of Peace: The Evolution of Peace in the International System*, Oxford: Oxford UP, 2016은 본서의 논제들에 아주 좁은 시야로 접근한다(제6장의 '자유민주주의' 절 각주 참조).
2. Jack Levy, 'The Causes of War: A Review of Theories and Evidence', in P.

Tetlock et al. (eds.), *Behavior, Society and Nuclear War*, New York: Oxford UP, 1989, i. 209-333, 특히 210, 295.

3. 나는 인류학과 국제관계학 연구자들을 염두에 두고서 『문명과 전쟁』의 논증 일부를 요약해 각 분과의 저널에 발표했다. Azar Gat, 'The Human Motivational Complex: Evolutionary Theory and the Causes of Hunter-Gatherer Fighting', *Anthropological Quarterly*, 73:1/2 (2000), 20-34, 74-88; Gat, 'So Why Do People Fight: Evolutionary Theory and the Causes of War', *European Journal of International Relations*, 15 (2009), 571-99.

제1부 불완전한 과거: 선사와 역사

제1장 싸움은 언제 시작되었는가?

1. Konrad Lorenz, *On Aggression*, London: Methuen, 1966.
2. J. D. Bygott, 'Cannibalism among Wild Chimpanzees', *Nature*, 238 (1972), 410-11; G. Teleki, *The Predatory Behavior of Wild Chimpanzees*, Lewisburg: Bucknell UP, 1973; Jane Goodall, *The Chimpanzees of Gombe*, Cambridge, MA: Belknap, 1986; J. Itani, 'Intraspecific Killing among Non-human Primates', *Journal of Social and Biological Structure*, 5 (1982), 361-8; Frans de Waal, *Good Natured: The Origins of Right and Wrong in Humans and Other Animals*, Cambridge, MA: Harvard UP, 1996; Richard Wrangham and Dale Peterson, *Demonic Males: Apes and the Origins of Human Violence*, London: Bloomsbury, 1997.
3. Edward Wilson, *On Human Nature*, Cambridge, MA: Havard UP, 1978, 103-5; Daniel Dennet, *Darwin's Dangerous Idea*, New York: Simon & Schuster, 1995, 478에 인용된 George Williams의 글.
4. R. L. Sussman (ed.), *The Pygmy Chimpanzee*, New York: Plenum, 1984; T. Kano, *The Last Ape: Pygmy Chimpanzee Behavior and Ecology*, Stanford: Stanford UP, 1992; Wrangham and Peterson, *Demonic Males*; Frans de Waal, *Bonobo: The Forgotten Ape*, Berkeley: University of California, 1997; Amy Parish, Frans de Waal, and David Haig, 'The Other "Closest Living Relative": How Bonobos (*Pan paniscus*) Challenge Traditional Assumptions about Females, Dominance, Intra- and Intersexual Interactions, and Hominid Evolution', *Annals of the New York Academy of Sciences*, 907 (April 2000), 97-113.

5. E. N. Wilmsen and J. R. Denbow, 'The Paradigmatic History of San-Speaking Peoples and Current Attempts at Revision', *Current Anthropology*, 31 (1990), 489-525.
6. Elizabeth Thomas, *The Harmless People*, New York: Knopf, 1959.
7. Richard Lee, *The !Kung San*, New York: Cambridge UP, 1979, 398; Lee, 'Politics, Sexual and Non-Sexual, in Egalitarian Society', in R. Lee and E. Leacock (eds.), *Politics and History in Band Societies*, New York: Cambridge UP, 1982, 44; 또한 Marshall Sahlins, 'The Original Affluent Society', in R. Lee and I. DeVore (eds.) *Man the Hunter*, Chicago: Aldine, 1968.
8. Jean Briggs, *Never in Anger*, Cambridge, MA: Harvard UP, 1970; Briggs, '"Why Don't You Kill Your Baby Brother?" The Dynamics of Peace in Canadian Inuit Camps', in L. Sponsel and T. Gregor (eds.), *The Anthropology of Peace and Nonviolence*, London: Lynne Rienner, 1994, 156; Donald Symons, *The Evolution of Human Sexuality*, New York: Oxford UP, 1979, 145; J. Darwent and M. Christyann, 'Scales of Violence across the North American Arctic', in M. Allen and T. Jones (eds.), *Violence and Warfare among Hunter-Gatherers*, Walnut Creek, CA: Left Coast Press, 2014, 182-203.
9. Morton Fried, *The Notion of the Tribe*, Mento Park, CA: Cummings, 1975. 이보다 전에 나온 같은 저자의 'On the Concepts of "Tribe" and "Tribal Society"', in J. Helm (ed.), *Essays on the Problem of the Tribe*, Seattle: American Ethnological Society, 1968, 3-20.
10. R. Brian Ferguson, 'A Reexamination of the Causes of Northwest Coast Warfare', in R. B. Ferguson (ed.), *Warfare, Culture and Environment*, Orlando, FL: Academic Press, 1984, 267-328; Ferguson, 'A Savage Encounter: Western Contact and the Yanomami War Complex', in R. B. Ferguson and N. Whitehead (eds.) *War in the Tribal Zone*, Santa Fe, NM: School of American Research, 1992, 199-227; Ferguson, *Yanomami Warfare*, Santa Fe, NM: School of American Research, 1995; Jeffrey Blick, 'Genocidal Warfare in Tribal Societies as a Result of European-Induced Culture Conflict', *Man*, 23 (1988), 654-70; Neil Whitehead, 'The Snake Warriors—Sons of the Tiger's Teeth: A Descriptive Analysis of Carib Warfare, ca. 1500~1820', in J. Haas (ed.), *The Anthropology of War*, New York: Cambridge UP, 1990, 146-70.
11. Ferguson, 'A Savage Encounter', 225; Ferguson, *Yanomami Warfare*, 14; Whitehead, 'The Snake Warriors', 160. Blick, 'Genocidal Warfare'는 접촉 이전

의 평화로운 과거를 상정하는 추세에서 예외다.

12. Ferguson, 'A Reexamination of the Causes of Northwest Coast Warfare', 271, 272-4, 278, 285, 298, 312; George MacDonald, *Kitwanga Fort National Historic Site, Skeena River, British Columbia: Historical Research and Analysis of Structural Remains*, Ottawa: National Museum of Man, 1979와 MacDonald의 다른 미발표 연구에 근거. 이와 비슷하게 다음 저술들은 아메리카 북서해안의 알래스카 남부와 그 밖의 지역들에서 발견되는 복합 수렵채집인의 수천 년 된 전쟁 유물을 지적한다. David Yesner, 'Seasonality and Resource "Stress" among Hunter-Gatherers: Archaeological Signaturcs', in E. Burch and L. Ellanna (eds.), *Key Issues in Hunger-Gatherer Research*, Oxford: Berg, 1994, 161-2; Brian Hayden, 'Competition, Labor, and Complex Hunter-Gatherers', ibid., 237; Ernest Burch and T. Correll, 'Alliance and Conflict: Inter-Regional Relations in North Alaska', in L. Guemple (ed.). *Alliance in Eskimo Society*, Seattle: University of Washington, 1972, 24; Ernest Burch, 'Eskimo Warfare in Northwest Alaska', *Anthropological Papers of the University of Alaska*, 16 (1974), 1; Leland Donald, *Aboriginal Slavery on the Northwest Coast of North America*, Berkeley: University of California, 1997, 27, 205-9.
13. Erna Gunther, *Indian Life on the Northwest Coast of North America, as Seen by the Early Explorers and Fur Traders during the Last Decades of the Eighteenth Century*, Chicago: University of Chicago, 1972, 14, 43, 114, 133, 159, 187. 알래스카 해안 에스키모의 갑옷과 방패에 관해서는 E. Nelson, *The Eskimo about Bering Strait*, Washington, DC: Smithsonian, 1983 [1899], 330; Robert Spencer, *The North Alaskan Eskino*, Washington, DC: Smithsonian, 1959, 72; Wendel Oswalt, *Alaskan Eskimos* San Francisco: Chandler, 1967, 186, 188; Burch, 'Eskimo Warfare', 5; Ernest Burch, *Alliance and Conflict: The World System of the Inupiaq Eskimos*, Lincoln: University of Nebraska, 2005 참조. 대평원 인디언에 관해서는 Frank Secoy, 'Changing Military Patterns on the Great Plains', *American Ethnological Monographs*, 21 (1953); John Ewers, 'Intertribal Warfare as the Precursor of Indian-White Warfare on the Northern Great Plains', *The Western Historical Quarterly*, 6 (1975), 390, 401 참조.
14. Lawrence Keeley, *War Before Civilization: The Myth of the Peaceful Savage*, Oxford: Oxford UP, 1996; Keeley, 'Frontier Warfare in the Early Neolithic', in D. Martin and D. Frayer (eds.), *Troubled Times: Violence and Warfare in the Past*, Amsterdam: Gordon and Breach, 1997, 303-19; J. Carman and A.

Harding (eds.), *Ancient Warfare: Archaeological Perspectives*, Phoenix Mill: Sutton, 1999. 브라이언 퍼거슨마저 'The Prehistory of War and Peace in Europe and the Near East', in D. Fry (ed.), *War, Peace, and Human Nature: The Convergence of Evolutionary and Cultural Views*, Oxford: Oxford UP, 2013, 191-241에서 신석기 시대 유럽과 관련해 이 점을 인정할 수밖에 없었다.

15. Azar Gat, *War in Human Civilization*, Oxford: Oxford UP, 2006, 제9장 참조.
16. Azar Gat, 'The Pattern of Fighting in Simple, Small Scale, Pre-State Societies', *Journal of Anthropological Research*, 55 (1999), 563-83과 'The Human Motivational Complex: Evolutionary Theory and the Causes of Hunter-Gatherer Fighting', *Anthropological Quarterly*, 73:1-2 (2000), 20-34, 74-88 (둘 다 나의 『문명과 전쟁』에 포함); Steven LeBlanc and Katherine Register, *Constant Battles: The Myth of the Peaceful Noble Savage*, New York: St Martin's, 2003; 또한 J. Guilaine and J. Zammit, *The Origins of War: Violence in Prehistory*, Malden, MA: Blackwell, 2005.
17. Gat, 'The Pattern of Fighting in Simple, Small Scale, Pre-State Societies'; Gat, *War in Human Civilization*, 제6장.
18. Kim Hill, A. Hurtado, and R. Walker, 'High Adult Mortality among Hiwi Hunter-Gatherers: Implications for Human Evolution', *Journal of Human Evolution*, 52 (2007), 443-54, 특히 449, 451.
19. 출처는 Gat, *War in Human Civilization*, 129-32 참조.
20. Patrick Kirch, *The Evolution of the Polynesian Chiefdoms*, Cambridge: Cambridge UP, 1984, 인용은 195; 또한 Irving Goldman, *Ancient Polynesian Society*, Chicago: University of Chicago Press, 1970; Timothy Earle, *How Chiefs Come to Power: The Political Economy in Prehistory*, Stanford: Stanford UP, 1997.
21. Michael Wilson, 'Chimpanzees, Warfare, and the Invention of Peace', in Fry, *War, Peace, and Human Nature*, 370-1의 내용 요약.
22. Richard Wrangham, Michael Wilson, and Martin Muller, 'Comparative Rates of Violence in Chimpanzees and Humans', *Primates*, 47 (2006), 14-26. 인간의 정착지 확대가 침팬지의 폭력적 살해에 영향을 준 요인이었다는 주장(침팬지판 '부족 영역' 이론)은 다음에서 설득력 있게 논박되었다. Michael Wilson et al., 'Lethal Aggression in *Pan* is Better Explained by Adaptive Strategies than Human Impacts', *Nature*, 513 (18 Sept. 2014), 414-17.
23. Philip Walker, 'A Bioarchaeological Perspective on the History of Violence', *Annual Review of Anthropology* 30 (2001), 573-96; Patricia Lambert, 'The

Archaeology of War: a North American Perspective', *Journal of Archaeological Research*, 10:3 (2002), 207-41.

24. Patricia Lambert, 'Patterns of Violence in Prehistoric Hunter-Gatherer Societies of Coastal Southern California', in Martin and Frayer, *Troubled Times*, 45-75.
25. M. Pilloud, A. Schwitalla, and T. Jones, 'The Bioarchaeological Record of Craniofacial Trauma in Central California', in Allen and Jones, *Violence and Warfare among Hunter-Gatherers*, 257-72, 특히 265; A. Schwitalla et al., 'Archaic Violence in Western North America: The Bioarchaeological Record of Dismemberment, Human Bone Artifacts, and Trophy Skulls from Central California', ibid., 273-95, 특히 290-1.
26. Jerome Cybulski, 'Cultural Change, Demographic History, and Health and Disease on the Northwest Coast', in C. Larsen and G. Milner (eds.), *In the Wake of Contact: Biological Responses to Conquest*, New York: Wiley-Liss, 1994, 75-85.
27. Lambert, 'The Archaeology of War', 215; Cybulski, 'Culture Change'.
28. Walker, 'A Bioarchaeological Perspective on the History of Violence', 584, 591.
29. Ibid., 588-9.
30. Ibid., 590.
31. J. C. Chatters, 'Wild-Type Colonizers and High Levels of Violence among Paleoamericans', in Allen and Jones, *Violence and Warfare among Hunter-Gatherers*, 70-96, 특히 79-81, 91-2.
32. Elizabeth Arkush and Tiffiny Tung, 'Patterns of War in the Andes from the Archaic to the Late Horizon: Insights from Settlement Patterns and Cranial Trauma', *Journal of Archaeological Research*, 21 (2013), 307-69.
33. V. Eshed, A. Gopher, R. Pinhasi, and I. Hershkovitz, 'Paleopathology and the Origin of Agriculture in the Levant', *American Journal of Physical Anthropology*, 143:1 (2010), 121-33.
34. R. Brian Ferguson, 'Violence and War in Prehistory', in Martin and Frayer, *Troubled Times*, 321-55, 인용은 321.
35. Ferguson, 'The Prehistory of War and Peace in Europe and the Near East'. 나의 논박과 이 장에서 논한 논제들 중 일부에 대한 더 상세한 설명은 Gat, 'Proving Communal Warfare among Hunter-Gatherers: The Quasi-Rousseauan Error',

Evolutionary Anthropology, 24 (2015), 111-26, 특히 113-14 참조.

36. 퍼거슨이 'Violence and War in Prehistory', 322에서 주장하는 명제 참조. 그는 나중 저술에서도 이 명제를 되풀이해 주장했다.

37. Raymond Kelley, *Warless Societies and the Origin of War*, Ann Arbor: University of Michigan, 2000, 18-21.

38. Douglas Fry, *The Human Potential for Peace*, Oxford: Oxford UP, 2006; Fry (ed.), *War, Peace, and Human Nature*; Fry and Patrik Söderberg, 'Lethal Aggression in Mobile Forager Bands and Implications for the Origins of War', *Science*, 341 (2013), 270-3.

39. Carol Ember, 'Myths about Hunter-Gatherers', *Ethnology*, 17 (1978), 439-48; Marc Ross, 'Political Decision Making and Conflict: Additional Cross-Cultural Codes and Scales', *Ethnology*, 22 (1983), 169-92.

40. Allen and Jones, *Violence and Warfare among Hunter-Gatherers*, 20, 27, 232도 참조.

41. http://www.iep.utm.edu/war/

42. Franz Boas, *Kwakiutl Ethnography*, Chicago: University of Chicago, 1966, 108; 또한 Donald, *Aboriginal Slavery on the Northwest Coast of North America*, 104.

43. Marilyn Roper, 'Evidence of Warfare in the Near East from 10000~4300 BC', in M. Nettleship et al. (eds.), *War: Its Causes and Correlates*, The Hague: Mouton, 1975, 304-9, 인용은 299.

44. E. Arkush and M. Allen (eds.), *The Archaeology of War: Prehistories of Raiding and Conquest*, Gainesville: University of Florida, 2006, 253에서 인용.

45. Kelley, *Warless Societies*, 3-7.

46. Margaret Mead, 'Warfare is Only an Invention—Not a Biological Necessity', *Asia*, 15 (1940), 402-5; L. Bramson and G. Goethals (eds.), *War: Studies from Psychology, Sociology and Anthropology*, New York: Basic Books, 1968, 269-74에 재수록.

47. Samuel Bowles, 'Did Warfare Among Ancestral Hunter-Gatherers Affect the Evolution of Human Social Behaviours?', *Science*, 324 (5 June 2009), 1293-8.

48. Allen and Jones, *Violence and Warfare among Hunter-Gatherers*, 20, 106, 232와 비교. Kim Hill et al., 'Co-Residence Patterns in Hunter-Gatherer Societies Show Unique Human Social Structure', *Science*, 331 (2011), 1286-9가 밝힌 대로, 군집 성원들 중 4분의 1은 친족 사이였고, 나머지 성원들 중 대략 50퍼센트는 결혼으로 연결된 이들과 결혼의 결혼으로 연결된 이들로 얼추 양분되어 있었다.

친족은 결혼에서 생기는 자손들로 이루어지므로 결혼 동맹의 논리가 곧 친족관계이기도 하다는 데 유의해야 한다. 게다가 인간은 평생 자손을 기르고 돌보는 데 투자한다는 점에서 독특한데, 결혼 동맹의 양쪽 모두에서 몇 세대의 사람들이 이 노력을 분담한다. 마지막으로 먼 친족에 대한 선호는 낯선 집단과 분쟁할 때 가장 분명하게 드러난다.

49. 프라이는 2006년 저서 *The Human Potential for Peace*에서 이 입장을 공유하지 않았다가 이제 옹호하는데, 추측하건대 단순 수렵채집인 사회들의 표본에 근거하는 듯하다. Fry and Söderberg, 'Lethal Aggression in Mobile Forager Bands'.
50. Christopher Boehm, 'The Biocultural Evolution of Conflict Resolution Between Groups', in Fry, *War, Peace, and Human Nature*, 315-40, 특히 329-30, 334.
51. Wilson et al., 'Lethal Aggression in *Pan*'.
52. Marilyn Roper, 'A Survey of the Evidence for Intrahuman Killing in the Pleistocene', *Current Anthropology*, 10:4 (1969), 427-59는 대체로 낡은 서술이다. 그렇지만 예컨대 다음 저술들을 참조하라. Erik Trinkaus and Jiří Svoboda, *Early Modern Human Evolution in Central Europe: The People of Dolní Věstonice and Pavlov*, Oxford: Oxford UP, 2006; Virginia Estabrook, 'Violence and Warfare in the European Mesolithic and Paleolithic', in Allen and Jones, *Violence and Warfare among Hunter-Gatherers*, 49-69.
53. 주 16 참조.
54. Mark Allen, 'Hunter-Gatherer Violence and Warfare in Australia'와 Colin Pardoe, 'Conflict and Territoriality in Aboriginal Australia: Evidence from Biology and Ethnography', 두 논문 모두 Allen and Jones, *Violence and Warfare among Hunter-Gatherers*, 97-111과 112-33에 수록.
55. J. Morgan, *The Life and Adventures of William Buckley: Thirty-Two Years a Wanderer among the Aborigines of the Unexplored Country Round Port Philip*, Canberra: Australian National UP, 1980 [1852], 39, 65-6.
56. Ibid., 72.
57. Ibid., 40-2.
58. Ibid., 49-51.
59. Ibid., 68-72.
60. Ibid., 81-3.
61. Ibid., 108, 190, 또한 73, 97.
62. Ibid., 189.

63. Lorimer Fison and A. Howitt, 'The Kurnai Tribe: Their Customs in Peace and War', in L. Fison and A. Howitt, *Kamilaroi and Kurnai*, Oosterhout, The Netherlands: Anthropological Publications, 1967 [1880], 213-14.

64. Ibid., 214-15, 223-4.

65. Ibid., 215-16.

66. Ibid., 219.

67. Ibid., 218-20.

68. Ibid., 220-1.

69. Gerald Wheeler, *The Tribe, and Intertribal Relations in Australia*, London: John Murray, 1910, 128-47.

70. Ibid., 148-9; 강조는 내가 했다.

71. Ibid., 151; 강조는 내가 했다.

72. Ibid., 152.

73. Ibid., 152-3; 강조는 내가 했다.

74. Lloyd Warner, *A Black Civilization: A Social Study of an Australian Tribe*, n.p.: Harper, 1958 [1937], 155.

75. Ibid., 457-8.

76. Arnold Pilling, 'Discussion Comments', in Lee and DeVore, *Man the Hunter*, 158.

77. T. G. H. Strehlow, 'Geography and the Totemic Landscape in Central Australia', in R. Berndt (ed.), *Australian Aboriginal Anthropology*, Nedlands: University of Western Australia, 1970, 92-140, 인용은 124-5.

78. Wilbur Chaseling, *Yulengor: Nomads of Arnhem Land*, London: Epworth, 1957, 79; 강조는 내가 했다.

79. R. G. Kimber, 'Hunter-Gatherer Demography: The Recent Past in Central Australia', in B. Meehan and N. White (eds.), *Hunter-Gatherer Demography: Past and Present*, Sydney: University of Sydney, 1990, 160-75, 인용은 163.

80. Mervin Meggitt, *Desert People: A Study of the Walbiri Aborigines of Central Australia*, Chicago: University of Chicago Press, 1962, 38.

81. Ibid., 42.

82. N. Plomley (ed.), *Friendly Mission: The Tasmanian Journals and Papers of George Augustus Robinson 1829-1834*, Kingsgrove: Tasmanian Historical Research Association, 1966, 968-9; H. Ling Roth: *The Aborigines Tasmania*, Halifax: King, 1899, 14-15, 82; Rhys Jones, 'Tasmanian Tribes', in Norman

Tindale, *Aboriginal Tribes of Australia*, Berkeley: University of California, 1974, 328; Lyndall Ryan, *The Aboriginal Tasmanians*, Vancouver: University of British Columbia, 1981, 13–14.

83. 이와 비슷한 결론은 Allen, 'Hunter-Gatherer Violence and Warfare in Australia'와 Pardoe, 'Conflict and Territoriality in Aboriginal Australia', 129 참조.

84. Warner, *A Black Civilization*, 157–8.

85. Brian Ferguson, 'Pinker's List: Exaggerating Prehistoric War Mortality', in Fry, *War, Peace, and Human Nature*, 112–50.

86. Graham Knuckey, 'Patterns of Fractures upon Aboriginal Crania from the Recent Past', *Proceedings of the Australian Society for Human Biology*, 5 (1992), 47–58.

87. Stephen Webb, *Palaeopathology of Aboriginal Australians: Health and Disease across a Hunter-Gatherer Continent*, Cambridge: Cambridge UP, 1995, 203–8, 또한 88.

88. Napolen Chagnon의 중요한 연구서 *Yanomamo: The Fierce People*, 2nd edn, New York: Holt, 1977과 비교.

89. Lambert, 'The Archaeology of War: A North American Perspective'는 북아메리카 초창기의 희박한 인구 집단들 중 일부에서 폭력 수준이 매우 높았다는 증거를 제공하기는 하지만, 인구가 조밀해지고 정착 거주지가 늘어날수록 폭력이 늘어났다고 믿는 경향을 보였다. 또 Lambert는 대부분의 초기 폭력이 집단 간 전쟁이 아닌 살인과 혈수의 형태로 나타났다는 견해로 기울었다. Chatters, 'Wild-Type Colonizers and High Levels of Violence among Paleoamericans', 82도 이 견해를 공유한다. 그렇지만 이 견해는 경험적 발견이 아니라 이론적 가정이다. 예를 들어 David Dye, *War Paths, Peace Paths: An Archaeology of Cooperation and Conflict in Native Eastern North America*, Lanham, MD: Altamira, 2009, 31은 명확히 Kelly와 Fry에 의존해 똑같은 가정을 한다. 그리하여 우리는 경험적 탐구를 인도하는 (그릇된) 이론을 갖게 된다.

90. W. W. Newcomb, 'A Re-Examination of the Causes of Plains Warfare', *American Anthropologist*, 52 (1950), 317–30, 특히 325; Thomas Biolsi, 'Ecological and Cultural Factors in Plain Indian Warfare', in Ferguson, *Warfare, Culture, and Environment*, 148–50.

91. Marian Smith, 'The War Complex of the Plains Indians', *Proceedings of the American Philosophical Society*, 78 (1938), 425–64, 특히 436, 431.

92. John Ewers, 'Intertribal Warfare as the Precursor of Indian-White Warfare on the Northern Great Plains', 397-410, 특히 401.

93. Frank Secoy, *Changing Military Patterns of the Great Plains Indians*, New York: Augustin, 1953, 34-5.

94. Gat, 'Proving Communal Warfare among Hunter-Gatherers', 특히 119-22. 또한 Steven LeBlanc, 'Warfare and Human Nature', in T. Shackelford and R. Hansen (eds.), *The Evolution of Violence*, New York: Springer, 2013, 73-97, 특히 83-6; Allen and Jones, *Violence and Warfare among Hunter-Gatherers*, 357, 363도 참조.

95. Fry, *The Human Potential for Peace*, 제3장.

96. 유감스럽게도 선도적 진화생물학자 E. O. Wilson이 근래에 다음 논문에서 후자의 입장을 적어도 함축한 것으로 보인다. 'Is War Inevitable?', *Discover*, 12 June 2012; *The Social Conquest of Earth*, New York: Norton, 2012에서 발췌.

97. 주 46 참조.

98. Georg Simmel, *Conflict: The Web of Group Affiliations*, Glencoe, IL: Free Press, 1955.

99. 'The Seville Statement', UNESCO; 강조는 원문(UNESCO 웹사이트).

100. Walker, 'A Bioarchaeological Perspective on the History of Violence', 인용은 590.

101. Burch, *Alliance and Conflict*.

102. Robert Kelly, 'From the Peaceful to the Warlike: Ethnographic and Archaeological Insights into Hunter-Gatherer Warfare and Homicide', in Fry, *War, Peace, and Human Nature*, 151-67, 인용은 158.

103. Ibid., 165.

104. Boehm, 'The Biocultural Evolution of Conflict Resolution between Groups', 인용은 333.

105. Ibid., 334; 또한 327, 333.

106. Ibid., 327.

107. Ibid., 330.

108. Ember, 'Myths about Hunter-Gatherers', 443.

제2장 진화적 자연 상태에서 사람들은 왜 싸웠는가?

1. 예를 들어 Abraham Maslow, *Motivation and Personality*, New York: Harper,

1970 [1954]; John Burton (ed.), *Conflict: Human Needs Theory*, London: Macmillan, 1990 참조.

2. Robert Ardrey, *The Territorial Imperative*, New York: Atheneum, 1966; Konrad Lorenz, *On Aggression*, London: Methuen, 1966; Niko Tinbergen, 'On War and Peace in Animals and Man', *Science*, 160 (1968), 1411-18.
3. William Durham, 'Resource Competition and Human Aggression. Part I: A Review of Primitive War', *Quarterly Review of Biology*, 51 (1976), 385-415; R. Dyson-Hudson and E. Alden Smith, 'Human Territoriality: An Ecological Reassessment', *American Anthropologist*, 80 (1978), 21 41; Felicity Huntingford and Angela Turner, *Animal Conflict*, London: Chapman, 1987, 229-30, 233-7; Charles Mueller, 'Environmental Stressors and Aggressive Behavior', in R. G. Geen and E. I. Donnerstein (eds.), *Aggression*, New York: Academic Press, 1983, ii. 63-6; Frans de Waal, *Good Natured: The Origins of Right and Wrong in Humans and Other Animals*, Cambridge, MA: Harvard UP, 1996, 194-6.
4. 다시 한번 Marvin Meggitt, *Desert People*, Chicago: University of Chicago, 1965, 42 참조. 자원 부족이 예상되는 상황이 전쟁과 사전 조치를 자극한 측면은 M. Ember and C. R. Ember, 'Resource Unpredictability, Mistrust, and War: A Cross-Cultural Study', *Journal of Conflict Resolution*, 36 (1992), 242-62 참조. 또한 W. D. Hamilton, 'Innate Social Aptitudes of Man: An Approach from Evolutionary Genetics', in R. Fox (ed.) *Biosocial Anthropology*, New York: John Wiley, 1975, 146.
5. E. W. Nelson, *The Eskimo about Bering Strait*, Washington, DC: Smithsonian, 1983 [1899], 327; 또한 Ernest Burch, *Alliance and Conflict: The World System of the Inupiaq Eskimos*, Lincoln: University of Nebraska, 2005.
6. 예컨대 Donald Symons, *The Evolution of Human Sexuality*, New York: Oxford UP, 1979; Martin Daly and Margo Wilson, *Sex, Evolution, and Behavior*, Boston: Willard Grant, 1983; Matt Ridley, *The Red Queen: Sex and the Evolution of Human Nature*, New York: Macmillan, 1994; D. Buss and N. Malamuth (eds.), *Sex, Power, Conflict: Evolutionary and Feminist Perspectives*, New York: Oxford UP, 1996.
7. John Morgan, *The Life and Adventures of William Buckley: Thirty-Two Years a Wanderer among the Aborigines of the Unexplored Country Round Port Philip*, Canberra: Australian National UP, 1980 [1852], 인용은 41, 68; 또한 42, 59, 70, 74, 76, 81, 96도 참조.

8. Rhys Jones, 'Tasmanian Tribes', in Norman Tindale, *Aboriginal Tribes of Australia*, Berkeley: University of California, 1974, 328.
9. Mildred Dickemann, 'Female Infanticide, Reproductive Strategies, and Social Stratification: A Preliminary Model', in N. Chagnon and W. Irons (eds.), *Evolutionary Biology and Human Social Behavior*, North Scituate, MA: Duxbury, 1979, 363; Symons, *The Evolution of Human Sexuality*, 152; Martin Daly and Margo Wilson, *Homicide*, New York: Aldine, 1988, 222(인용), A. Balikci, *The Netsilik Eskimo*, Garden City, NY: Natural History, 1970, 182에서 인용; C. Irwin, 'The Inuit and the Evolution of Limited Group Conflict', in J. van de Dennen and V. Falger (eds.), *Sociobiology and Conflict*, London: Chapman, 1990, 201-2; Nelson, *The Eskimo about Bering Strait*, 292, 327-9; Wendel Oswalt, *Alaskan Eskimos*, San Francisco: Chandler, 1967, 178, 180, 182, 185, 187, 204; Ernest Burch and T. Correll, 'Alliance and Conflict: Inter-Regional Relations in North Alaska', in L. Guemple (ed.), *Alliance in Eskimo Society*, Seattle: University of Washington, 1972, 33.
10. Laura Betzig, 'Comment', *Current Anthropology*, 32 (1991), 410.
11. Brian Ferguson, *Yanomami Warfare*, Santa Fe, NM: School of American Research, 1995, 355-8과 여기저기.
12. Napoleon Chagnon, 'Is Reproductive Success Equal in Egalitarian Societies', in Chagnon and Irons, *Evolutionary Biology and Human Social Behavior*, 385-401; I. Keen, 'How Some Murngin Men Marry Ten Wives', *Man*, 17 (1982), 620-42.
13. Daly and Wilson, *Sex, Evolution, and Behavior*, 88-9, 332-3; Symons, *The Evolution fo Human Sexuality*, 143; Chagnon, 'Is Reproductive Success Equal in Egalitarian Societies', 380.
14. William Divale and Marvin Harris, 'Population, Warfare and the Male Supremacist Complex', *American Anthropologist*, 78 (1976), 521-38; Dickemann, 'Female Infanticide', 363-4.
15. Steve Jones, *The Language of the Genes*, New York: Anchor, 1993, 92; Daly and Wilson, *Sex, Evolution, and Behavior*, 92-7, 297-301.
16. Daly and Wilson, *Homocide*, 145-9.
17. Charles Darwin, *The Descent of Man*, Ch. iii, in *The Origin of the Species and the Descent of Man*, New York: Modern Library, n.d., 467-8; Dobbi Low, 'Sexual Selection and Human Ornamentation', in Chagnon and Irons, *Evolutionary*

Biology and Human Social Behavior, 462-87; Jared Diamond, *The Rise and Fall of the Third Chimpanzee*, London: Vintage, 1992, 제9장.

18. W. D. Hamilton and Robert Axelrod, *The Evolution of Cooperation*, New York: Basic Books, 1984; 이 책의 내용은 사실상 J. Maynard Smith and G. R. Price, 'The Logic of Animal Conflicts', *Nature*, 246 (1973), 15-18에서 예고되었다. '눈에는 눈, 이에는 이' 전략이 자기 영속적인 과정이 되는 것을 막는 '조정' 메커니즘에 관해서는 Robert Axelrod, *The Complexity of Cooperation*, Princeton: Princeton UP, 1997, 30-9 참조. 또한 Matt Ridley, *The Origins of Virtue: Human Instincts and the Evolution of Cooperation*, New York: Viking, 1996, 67-84의 논평 참조.
19. John Herz, 'Idealist Internationalism and the Security Dilemma', *World Politics*, 2 (1950), 157-80; Robert Jervis, 'Cooperation under the Security Dilemma', *World Politics*, 30 (1978), 167-214.
20. R. Dawkins and J. R. Kerbs, 'Arms Races between and within Species', *Proceedings of the Royal Society of London Bulletin*, 205 (1979), 489-511.
21. Richard Dawkins, *The Selfish Gene*, Oxford: Oxford UP, 1989, 189-201, 329-31; Dawkins, *The God Delusion*, Boston: Houghton Mifflin, 2006; Pascal Boyer, *Religion Explained: The Evolutionary Origins of Religious Thought*, New York: Basic Books, 2001; 또한 John Bowker, *Is God a Virus: Genes, Culture and Religion*, London: SPCK, 1995.
22. Dawkins, *The Selfish Gene*, 331; Brian Heiden, *A Prehistory of Religion: Shamanism, Sorcerers and Saints*, Washington, DC: Smithsonian, 2003; David Wilson, *Darwin's Cathedral: Evolution, Religion, and the Nature of Society*, Chicago: University of Chicago, 2002.
23. 예컨대 Johan Huizinga, *Homo Ludens*, Boston: Beacon, 1955, 여기저기, 그리고 전쟁에 관해서는 89-104.
24, Robert Fagan, *Animal Play Behavior*, New York: Oxford UP, 1981, 또한 P. Smith (ed.), *Play in Animals and Humans*, Oxford: Blackwell, 1984; Huntingford and Turner, *Animal Conflict*, 198-200.
25. Gilbert Lewis, 'Payback and Ritual in War: New Guinea', in R. A. Hinde and H. E. Watson (eds.), *War: A Cruel Necessity?*, London: Tauris, 1995, 34-5; Walter Goldschimidt, 'Inducement to Military Participation in Tribal Societies', in R. Rubinstein and M. Foster (eds.), *The Social Dynamics of Peace and Conflict*, Boulder, CO: Westview, 1988, 51-2.

26. Mancur Olson, *The Logic of Collective Action: Public Goods and the Theory of Groups*, Cambirdge, MA: Harvard UP, 1965.
27. Darwin, R. A. Fisher, J. B. S. Haldane이 처음 제시한 이 생각은 W. D. Hamilton, 'The Genetical Evolution of Social Behaviour', *Journal of Theoretical Biology*, 7 (1964), 1-16, 17-52에 힘입어 현대 진화론의 초석이 되었다. 다윈에 관해서는 *The Origin of Species*, 제8장과 *The Descent of Man*, 제5장을 보라. *The Origins of the Species and the Descent of Man*, 203-5, 498에 수록.
28. 제1장 주 48 참조.
29. 이 논제 역시 Hamilton이 'The Genetical Evolution of Social Behavior', 16에서 지적했다. 이후 Robert L. Trivers가 'Parent-Offspring Conflict', *American Zoologist*, 14 (1974), 249-64에서 발전시켰다.
30. Darwin, *The Descent of Man*, 제5장, 499-500; Robert L. Trivers, 'The Evolution of Reciprocal Altruism', *Quarterly Review of Biology*, 46 (1971), 35-57; Richard Alexander, *The Biology of Moral Systems*, New York: Aldine, 1987, 77, 85, 93-4, 99-110, 117-126 외 여기저기.
31. Robert Frank, *Passions within Reason: The Strategic Role of the Emotions*, New York: Norton, 1988; Ridley, *The Origins of Virtue*; Marc Hauser, *Moral Minds: The Nature of Right and Wrong*, New York: HarperCollins, 2006; Jonathan Haidt, *The Righteous Mind: Why Good People are Divided by Politics and Religion*, New York: Pantheon, 2012.
32. Azar gat and Alexander Yakobson, *Nations: The Long History and Deep Roots of Political Ethnicity and Nationalism*, Cambridge: Cambridge UP, 2013.
33. 이는 가장 열띤 논쟁의 주제였으나 의견의 균형은 분명 이 방향으로 기울고 있다. 친족 이타주의 연구를 개척한 W. D. Hamilton과 E. O. Wilson은 나중에 집단 선택을 옹호하게 되었다. Hamilton, 'Innate Social Aptitudes of Man: An Approach from Evolutionary Genetics'; W. D. Hamilton, *Narrow Roads of Gene Land*, Oxford: Freeman, 1996; David S. Wilson and E. Sober, *Unto Others: The Evolution and Psychology of Unselfish Behavior*, Cambridge, MA: Havard UP, 1998; David S. Wilson and E. O. Wilson, 'Rethinking the Theoretical Foundations of Sociobiology', *Quarterly Review of Biology*, 82 (2007), 327-48; Martin Nowak, Corina Tarnita, and Edward O. Wilson, 'The Evolution of Eusociality', *Nature*, 466 (26 Aug. 2010), 1057-62; Samuel Bowles, 'Group Competition, Reproductive Leveling, and the Evolution of Human Altruism', *Science*, 314 (2006), 1569-72; Bowles, 'Did Warfare among Ancestral Hunter-

Gatherers Affect the Evolution of Human Social Behaviors', *Science*, 324 (2009), 1293-8; Samuel Bowles and Herbert Gintis, *A Cooperative Species: Human Reciprocity and its Evolution*, Princeton: Princeton UP, 2011(변절자와 무임승차자에 대한 집단 제재의 중요성을 잘 보여준다); Oleg Smirnov, Holly Arrow, Douglas Kennett, and John Orbell, 'Ancestral War and the Evolutionary Origins of "Heroism"', *The Journal of Politics*, 69 (2007), 927-40. 다윈은 이 생각을 *The Descent of Man*, 제5장, 496-500에서 제시했다.

34. C. J. Lumsden and E. O. Wilson, *Genes, Mind and Culture*, Cambridge, MA: Harvard UP, 1981; L. L. Cavalli-Sforza and M. W. Feldman, *Cultural Transmission and Evolution*, Princeton: Princeton UP, 1981; Robert Boyd and P. J. Richerson, *Culture and the Evolutionary Process*, Chicago: University of Chicago, 1985; Boyd and Richerson, *Not by Genes Alone: How Culture Transformed Human Evolution*, Chicago: University of Chicago, 2005; W. H. Durham, *Coevolution: Genes, Culture, and Human Diversity*, Stanford: Stanford UP, 1991.

제3장 국가-리바이어던들의 충돌

1. Michael Mann, *The Sources of Social Power*, i, Cambridge: Cambridge UP, 1986, 130, 142-61과 비교.
2. Max Weber, *Economy and Society*, New York: Bedminster, 1968, 54, 904.
3. 어느 영역이 '우위'를 점하는지를 둘러싼 논쟁은 19세기 독일까지 거슬러올라간다. 이 논쟁의 요약은 Eckart Kehr, *Economic Interest, Militarism, and Foreign Policy*, Berkeley: University of California, 1977 참조. 더 최근의 이론화는 Robert Putnam, 'Diplomacy and Domestic Politics: The Logic of Two-Level Games', *International Organization*, 42 (1988), 427-60; Jeffrey Knopf, 'Beyond Two-Level Games: Domestic-International Interaction in the Intermediate-Range Nuclear Forces Negotioations', *International Organization*, 47 (1993), 599-628 참조.
4. 이 측면에서 클라우제비츠의 제한된 역사적 지평에 관해서는 Gat, *A History of Military Thought*, Oxford: Oxford UP, 2001에 실린 Azar Gat, *The Origins of Military Thought From the Enlightenment to Clausewitz*, Oxford: Oxford UP, 1989; Martin van Creveld, *The Transformation of War*, New York: Free Press, 1991; John Keegan, *A History of Warfare*, New York: Knopf, 1994 참조.

5. Mancur Olson, *Power and Prosperity: Outgrowing Communist and Capitalist Dictatorships*, New York: Basic Books, 2000과 비교.

6. Jack Levy and William Thompson, *The Arc of War: Origins, Escalation, and Transformation*, Chicago: University of Chicago Press, 2011은 국가의 출현과 함께 폭력에 의한 사망 비율이 증가했다고 주장하면서 몇 가지 오류를 범한다. 첫째, 국가 이전 조건의 엄청난 치명성에 관한 최근 연구들을 거의 고려하지 않는다. 둘째, 치명성을 전투중 사상자 수로 가늠한다. 그러나 부족 싸움의 주된 방식은 전투가 아닌 습격과 매복이었다. 다시 말해 잠에 빠져 있는 적 진영 전체를 기습해 대개 남녀노소를 가리지 않고 절멸시키는 방식이었다. 셋째, 전투중 사망자 수는 상대적인 전시 사망률보다는 국가와 그 군대의 절대적 규모를 가리킨다.

7. Charles Tilly, 'War making and State Making as Organized Crime', in P. Evans, D. Rueschemeyer, and T. Skocpol (eds.), *Bringing the State Back In*, Cambridge: Cambridge UP, 1985, 169-91.

8. 가장 잘 입증된 사례는 로마다. Tenney Frank, *An Economic Survey of Ancient Rome*, Baltimore, MD: Johns Hopkins UP, 1933, i. 146, 228 외 여기저기; v. 4-7 외 여기저기; Keith Hopkins, 'Taxes and Trade in the Roman Empire (200 BC-AD 400)', *Journal of Roman Studies*, 70 (1980), 101-25. 더 폭넓은 연구는 Raymond Goldsmith, *Premodern Financial Systems: A Historical Comparative Study*, Cambridge: Cambridge UP, 1987, 18, 31-2(아테네), 48(로마), 107, 121(무굴 제국), 142(도쿠가와 시대 일본) 참조.

9. Carl von Clausewitz, *On War*, Princeton, NJ: Princeton UP, 1976, viii, 6B, pp. 606-7. 이 견해에 대한 레닌의 비판에 꼭 마르크스주의자만 동의하는 것은 아니다. Gat, *The Origins of Military Thought from the Enlightenment to Clausewitz*, 236-50; Gat, *The Development of Military Thought: The Nineteenth Century*, Oxford: Oxford UP, 1992, 237-8 참조; 둘 다 Gat, *A History of Military Thought*, 238-52, 505-6에 수록.

10. 이 문제를 요약한 책으로는 R. Cohen and E. Service (eds.), *Origins of the State*, Philadelphia: Institute for the Study of Human Issues, 1978; Jonathan Haas, *The Evolution of the Prehistoric State*, New York: Columbia UP, 1982 참조.

11. Michael Mann, 'State, Ancient and Modern', in *State, War and Capitalism*, Oxford: Blackwell, 1988, 64-5와 비교.

12. Bradley Thayer, *Darwin and International Relations: On the Evolutionary Origins of War and Ethnic Conflict*, Lexington: University of Kentucky, 2004마저 전쟁에 관한 진화론적 서술에서 전반적으로 성을 다루지 않는다. 물론 성과 정

치를 연결하려 시도한 이들이 있었다. 그중 가장 유명한 이들은 프로이트의 선례를 따른 빌헬름 라이히와 미셸 푸코다.

13. Randy Thornhill and Craig Palmer, *A Natural History of Rape: Biological Bases of Sexual Coercion*, Cambridge, MA: MIT, 2000은 이 고통스러운 주제를 진화론에 근거해 견실하게 탐구한다. 또한 D. Buss and N. Malamuth (eds.), *Sex, Power, Conflict: Evolutionary and Feminist Perspectives*, New York: Oxford UP, 1996. Susan Brownmiller의 선구적인 *Against Our Will: Men, Women and Rape*, London: Penguin, 1976, 31-113은 이 주제와 관련해 만연한 혼란을 보여주지만, 일부 역사적 증거를 피상적으로 받아들인다. 강간은 성행위라기보다 지배하고 욕보이는 행위라는 견해는 심지어 Joshua Goldstein, *War and Gender: How the Gender Shapes the War System and Vice Versa*, New York: Cambridge UP, 2001, 362-9; Martin van Creveld, *Men, Women and War*, London: Cassell, 2001, 33에서도 찾아볼 수 있다.

14. Chiara Batini, Pille Hallast, Daniel Zadik, et al., 'Large-Scale Recent Expansion of European Patrilineages Shown by Population Resequencing', *Nature Communications*, 2015, DOI: 10.1038/ncomms8152; 또한 David Poznik, Yali Xue, Fernando Mendez, et al., 'Punctuated Bursts in Human Male Demography Inferred from 1,244 Worldwide Y-Chromosome Sequences', *Nature Genetics*, 2016, DOI: 10.1038/ng.3559.

15. Tatiana Zerjal, Yali Xue, Giorgio Bertorelle, et al., 'The Genetic Legacy of the Mongols', *The American Journal of Human Genetics*, 72 (2003), 717-21.

16. 예컨대 Jack Goody, *The Oriental, the Ancient and the Primitive: Systems of Marriage and the Family in the Pre-Industrial Societies of Eurasia*, Cambridge: Cambridge UP, 1990.

17. J. Cook, in I. Gershevitch (ed.), *The Cambridge History of Iran*, Cambridge UP, 1985, ii. 226-7; Cook, *The Persian Empire*, London: Dent, 1983, 136-7.

18. Hans Bielenstein, *The Bureaucracy of the Han Times*, Cambridge: Cambridge UP, 1980, 73-4.

19. Elizabeth Perry, *Rebels and Revolutionaries in North China, 1845-1945*, Stanford: Stanford UP, 1980, 51-2; Matthew Sommer, *Sex, Law, and Society in Late Imperial China*, Stanford: Standford UP, 2000, 12-15, 93-101.

20. Leslie Peirce, *The Imperial Harem: Women and Sovereignty in the Ottoman Empire*, New York: Oxford UP, 1993, 122-4.

21. Ibn Khaldun, *The Muqaddimah: An Introduction to History*, New York:

Pantheon, 1958, 제3.1장.

22. Cicero, *Tusculan Disputations*, 5.20-1.

23. Cook, in *The Cambridge History of Iran*, ii. 227, 331.

24. 왕위 찬탈이 특히 빈발했던 로마 제국 후기에 관한 데이터는 Pat Southern and Karen Dixon, *The Late Roman Army*, London: Batsford, 1996, x-xii.

25. S. E. Finer, *The History of Government From the Earliest Times*, Oxford: Oxford UP, 1997, 702.

26. Richard Abels, *Lordship and Military Obligation in Anglo-Saxon England*, Berkeley: University of California, 1988, 12.

27. Paddy Griffith, *The Viking Art of War*, London: Greenhill, 1995, 26.

28. Peirce, *The Imperial Harem*, 21, 44, 99-103.

29. Laura Betzig, *Despotism and Differential Reproduction: A Darwinian View of History*, New York: Aldine, 1986은 궁극적인 번식 성공을 고려할 때 권력정치의 '불리한 면'을 간과한다. 또한 진화적 자연 상태의 조건과는 상당히 달라진 조건에서 근사적 메커니즘이 행동을 결정하는 데 지배적인 영향을 끼친다는 점도 간과한다.

30. 이 주제에 관한 책 두 권은 Mercer, *Reputation and International Politics*, Ithaca, NY: Cornell UP, 1996(위기시 명예 요인의 중요성을 설득력 없이 부인한다)과 Barry O'Neill, *Honor, Symbols and War*, Ann Arbor: University of Michigan, 1999다.

31. Michael Prawdin, *The Mongol Empire*, London: George Allen, 1961, 60에서 인용.

32. 이 분야에서 오랫동안 뛰어난 연구로 평가받은 L. Luca Cavalli-Sforza, Paolo Menozzi, and Alberto Piazza, *The History and Geography of Human Genes*, Princeton: Princeton UP, 1994와 더 대중적인 Cavalli-Sforza, *The Great Human Diasporas*, Reading, MA: Addison, 1995는 여전히 유익하지만, 현대 유전학 기법 탓에 빠르게 시대에 뒤진 내용이 되어가고 있다.

33. Azar gat and Alexander Yakobson, *Nations: The Long History and Deep Roots of Political Ethnicity and Nationalism*, Cambridge: Cambridge UP, 2013 참조.

34. Pascal Boyer, *Religion Explained: The Evolutionary Origins of Religious Thought*, New York: Basic Books, 2001, 135-42와 비교.

35. 예컨대 Marcel Gauchet, *The Disenchantment of the World: A Political History of Religion*, Princeton: Princeton UP, 1997 참조.

36. 예컨대 John Keegan, *A History of Warfare*, 106-14에서 제기한 주장.

37. Barry Isaac, 'Aztec Warfare: Goals and Battlefield Comportment', *Ethnology*, 22 (1983), 121-31.
38. 비슷한 주장을 하는 Stark, *The Rise of Christianity*, Princeton: Princeton UP, 1996, 제8장: 'The Martyrs: Sacrifice as Rational Choice'; David S. Wilson, *Darwin's Cathedral: Evolution, Religion, and the Nature of Society*, Chicago: University of Chicago, 2002 참조. 두 책은 군사적 측면을 간과한다.
39. Richard Dawkins, *The Selfish Gene*, Oxford: Oxford UP, 1989, 331.
40. Regina Schwartz, *The Curse of Cain: The Violent Legacy of Monotheism*, Chicago: University of Chicago, 1997 참조. 역사적으로 순진한 이 책은 유리한 사례를 과장하고, 이교도들 역시 하늘의 지원에 의지했을 뿐 아니라 일부분 종교적인 공통 정체성, 신성한 땅, 신의 영광을 위해 싸우기도 했다는 사실을 간과한다. Daniel Martin, *Does Christianity Cause War?*, Oxford: Oxford UP, 1997은 내용이 특이하고 변명조이기는 해도 종교가 일군의 복잡한 요인들과 상호작용하는 한 요인에 지나지 않았다고 올바로 주장한다. Rodney Stark, *One God: Historical Consequences of Monotheism*, Princeton: Princeton, UP, 2001, 제3장은 본서에서 제시한 접근법에 가장 가깝다.
41. 'Pyrrhus', xxvi, in *Plutarch's Lives*, Cambridge, MA: Loeb, 1959, vol. ix.
42. Ibid., xiv.
43. Norbert Elias, *The Civilizing Process*, Oxford: Blackwell, 1994.

제2부 분과별 거대이론들의 결함과 오해

제4장 인류학: 사람들은 (만약 싸웠다면) 왜 싸웠는가?

1. Franz Boas, *Kuakiutl Ethnography*, Chicago: University of Chicago, 1966, 105-19.
2. Derek Freeman, *Margaret Mead and Samoa: The Making and Unmaking of an Anthropological Myth*, Cambridge, MA: Harvard UP, 1983; Freeman, *The Fateful Hoaxing of Margaret Mead*, Boulder, CO: Westview, 1999. 균형을 맞추는 시각은 Martin Orans, *Not Even Wrong: Margaret Mead, Derek Freeman, and the Samoans*, Novato, CA: Chandler and Sharp, 1996; Paul Shenkman, *The Trashing of Margaret Mead*, Madison: Wisconsin UP, 2009 참조.
3. Margaret Mead, *Coming of Age in Samoa*, New York: Blue Ribbon, 1928, 198. 미

드가 사모아에 관한 다른 저술에서 논하는 싸움에 관해서는 Freeman, *Margaret Mead and Samoa*, 89-90 참조.

4. Freeman, *Margaret Mead and Samoa*, 제11장의 풍부한 데이터 참조.
5. Margaret Mead, 'Warfare is Only an Invention—Not a Biological Necessity', *Asia*, 15 (1940), 402-5. 다음에 재수록. L. Bramson and G. Goethals (eds.), *War: Studies from Psychology, Sociology and Anthropology*, New York: Basic Books, 1968, 269-74.
6. Brian Ferguson, 'A Reexamination of the Causes of Northwest Coast Warfare', in Ferguson (ed.), *Warfare, Culture and Environment*, Orlando, FL: Academic Press, 1984; J. van der Dennen and V. Falger (eds.), *Sociobiology and Conflict*, London: Chapman, 1990에서 여러 해석을 개관한다.
7. C. R. Hallpike, *The Principles of Social Evolution*, Oxford: Oxford UP, 1986, 113, 또한 372.
8. Robert Kelly, 'From the Peaceful to the Warlike: Ethnographic and Archaeological Insights into Hunter-Gatherer Warfare and Homicide', in D. Fry (ed.), *War, Peace, and Human Nature: The Convergence of Evolutionary and Cultural Views*, Oxford: Oxford UP, 2013, 151-67, 인용은 154; 또한 151, 160.
9. David Dye, 'Trends in Cooperation and Conflict in Native Eastern North America', in Fry, *War, Peace, and Human Nature*, 132-50, 인용은 137.
10. V. Gordon Childe, *Social Evolution*, Cleveland: Meridian, 1951; Leslie White, *The Science of Culture*, New York: Grove, 1949; White, *The Evolution of Culture*, New York: McGraw-Hill, 1959; J. H. Steward, *Theory of Cultural Change*, Urbana: University of Illinois, 1955, Marshall Sahlins and Elman Service (eds.), *Evolution and Culture*, Ann Arbor: University of Michigan, 1960; Elman Service, *Primitive Social Organization: An Evolutionary Perspective*, New York: Random House, 1962; Service, *Origins of the State and Civilization: The Process of Cultural Evolution*, New York: Norton, 1975; Morton Fried, *The Evolution of Political Society*, New York: Random House, 1967; Marvin Harris, *The Rise of Anthropological Theory*, New York: Crowell, 1968; R. L. Carneiro, 'Foreword' to K. Otterbein, *The Evolution of War*, New Haven: HRAF, 1970; Carneiro, 'The Four Faces of Evolution: Unilinear, Universal, Multilinear and Differential', in J. Honigmann (ed.), *Handbook of Social and Cultural Anthropology*, Chicago: Rand, 1973, 89-110; A. W. Johnson and T. Earle, *The Evolution of Human Societies: From Foraging Group to Agrarian State*, Stanford: Standford UP, 1987;

Tim Ingold, *Evolution and Social Life*, Cambridge: Cambridge UP, 1986; David Rindos, 'The Evolution of the Capacity for Culture: Sociobiology, Structuralism, and Cultural Selectionism', *Current Anthropology*, 27 (1986), 315-32; Stephen Sanderson, *Social Evolutionism*, Oxford: Blackwell, 1990; Sanderson, *Social Transformations*, Oxford: Blackwell, 1995.

11. Richard Dawkins, *The Selfish Gene*, Oxford: Oxford UP, 2nd edn, 1989, 제11장; Daniel Dennet, *Darwin's Dangerous Idea*, New York: Simon & Schuster, 1995; Dan Sperber, *Explaining Culture: A Naturalistic Approach*, Oxford: Blackwell, 1996; J. M. Balkin, *Cultural Software*, New Haven, CT: Yale UP, 1998.
12. Jack Cohen and Jan Stewart, *Figments of Reality: The Evolution of the Curious Mind*, Cambridge: Cambridge UP, 1997과 같은 저자들의 이전 저작 *The Collapse of Chaos: Discovering Simplicity in a Complex World*, New York: Viking, 1994; 또한 John Bonner, *The Evolution of Complexity by Means of Natural Selection*, Princeton: Princeton UP, 1988, and Simon Morris, *Life's Solution: Inevitable Humans in a Lonely Universe*, Cambridge: Cambridge UP, 2003 참조. 이 책들은 진화의 우발성을 주장하여 지나치게 칭송받은 Stephen J. Gould의 *Wonderful Life*, New York: Norton, 1989를 논박하고도 남는다.
13. 주 12의 참고문헌들에 더해 Stuart Kaufman, *The Origins of Order: Self-Organization and Selection in Evolution*, New York: Oxford UP, 1993 참조. 개관은 M. Mitchell Waldrop, *Complexity: The Emerging Science at the Edge of Order and Chaos*, New York: Simon & Schuster, 1992 참조. 또한 Richard Dawkins, *The Blind Watchmaker*, London: Longman, 1986; John Holland, *Hidden Order: How Adaptation Builds Complexity*, Reading, MA: Helix, 1995; Matt Ridley, *The Origins of Virtue*, New York: Viking, 1996; Philip Ball, *The Self-Made Tapestry: Pattern Formation in Nature*, Oxford: Oxford UP, 1999; Peter Corning, *Nature' Magic: Synergy in Evolution and the Fate of Humankind*, Cambridge: Cambridge UP, 2003 참조.
14. Noam Chomsky, *Cartesian Linguistics*, New York: Harper & Row, 1966; Steven Pinker, *The Language Instinct*, New York: Morrow, 1994; Pinker, *The Blank Slate: The Modern Denial of Human Nature*, New York: Viking, 2002; Terrence Deacon, *The Symbolic Species: The Co-Evolution of Language and the Human Brain*, London: Penguin, 1997.
15. 이 점을 논하는 중대하고 아마도 여전히 가장 탁월한 글은 John Tooby and Leda Cosmides, 'The Psychological Foundations of Culture', in L. Cosmides, J.

Tooby, and J. Barkow (eds.), *The Adapted Mind: Evolutionary Psychology and the Generation of Cultrue*, New York: Oxford UP, 1992일 것이다.

16. 제2장, 주 34 참조.
17. Marvin Harris, *Cultural Materialism: The Struggle for a Science of Culture*, Walnut Creek, CA: Altamira, 2001 [1979].
18. Ibid., 119-40.
19. 이 모든 결점은 여러 쇄를 찍은 해리스의 다음 교과서들에서 확연히 드러난다. Marvin Harris, *Cultural Anthropology*, New York: Harper Collins, 4th edn, 1995; Harris, *Culture, People, Nature: An Introduction to General Anthropology*, New York: Longman, 1997.
20. 싸움의 원인이 단백질에 있다는 주장을 옹호하는 주요 연구자 중 한 명인 마빈 해리스는 'A Cultural Materialist Theory of Band and Village Warfare: The Yanomamo Test', in Ferguson, *Warfare, Culture and Environment*, 111-40에서 지난한 '단백질 논쟁'을 개관하고 참고문헌을 제시한다. 또한 뉴기니 고원지대에 관한 권위자이자 생태학적/유물론적 접근법의 주요 옹호자 중 한 명인 Andrew Vayda는 *War in Ecological Perspective*, New York: Plenum, 1976, 1-7에서 이 접근법의 혼란상을 드러낸다.
21. Napoleon Chagnon, 'Male Competition, Favoring Close Kin, and Village Fissioning Among the Yanomamo Indians', in N. Chagnon and W. Irons (eds.), *Evolutionary Biology and Human Social Behavior*, North Scituate, MA: Duxbury, 1979, 86-132; Chagnon, 'Is Reproductive Success Equal in Egalitarian Societies?', ibid., 374-401; Chagnon, 'Life Histories, Blood Revenge and Warfare in a Tribal Population', *Science*, 239 (1988), 985-92.
22. 저명한 인류학자 Marshall Sahlins의 *The Use and Abuse of Biology: An Anthropological Critique of Sociobiology*, Ann Arbor: University of Michigan, 1976; 그리고 Dawkins의 통렬한 논박 *The Selfish Gene*, 291-2 참조. Sahlins는 *The Western Illusion of Human Nature*, Chicago: Prickly Paradigm, 2008에서 자신의 문화관을 다시 설명했다. 특히 104쪽 참조. Sahlins의 *What Kinship Is—And Is Not*, Chicago: University of Chicago, 2013은 인간 본성이 생물학에 기반하는 동시에 사회적으로 구성된다는 점을 깨닫지 못하는 인류학자들의 공통된 결점을 두드러지게 입증한다.
23. Clark McCauley, 'Conference Overview', in J. Haas (ed.), *The Anthropology of War*, New York: Cambridge UP, 1990, 3.
24. Ibid.; Brian Ferguson, *Yanomami Warfare*, Santa Fe, NM: School of American

Research, 1995, 358-9.

25. Harris, 'A Cultural Materialist Theory of Band and Village Warfare'에서 제시하는 개관과 참고문헌; Napoleon Chagnon, *Yanomamo: The Fierce People*, 2nd edn, New York: Holt, 1977, 33 참조. 섀그넌 자신은 인간이 다른 동물들과 마찬가지로 새로운 생태학적 틈새를 메운 뒤 생명을 지탱하는 물질 자원의 환경수용력에 빠르게 접근한다는 것을 인정한다. 그리고 자신의 전반적인 주장과 달리 그럴 경우 신체 분쟁이 표준임을 인정한다. 'Reproductive and Somatic Conflicts of Interest in the Genesis of Violence and Warfare among Tribesmen', in Haas, *The Anthropology of War*, 87-9.
26. 섀그넌은 Richard Alexander, *The Biology of Moral Systems*, New York: Aldine, 1987을 읽고 양자의 상호 보완적인 성격을 깨달았다. Chagnon, 'Life Histories, Blood Revenge and Warfare'; Chagnon, 'Reproductive and Somatic Conflicts', 77-104 참조.
27. Brian Ferguson, 'Introduction', in *Warfare, Culture and the Environment*, 38-41; Ferguson, 'Northwest Coast Warfare', ibid., 269-71, 308-10 외 여기저기; Ferguson, 'Explaining War', in Haas, *The Anthropology of War*, 26-55; Ferguson, *Yanomami*, xii, 8-13 외 여기저기.
28. Ferguson, 'Explaining War', 54-5; Ferguson, *Yanomami*, 8.
29. William Divale and Marvin Harris, 'Population, Warfare and the Male Supremacist Complex', *American Anthropologist*, 78 (1976), 521-38.
30. Ferguson, *Yanomami*, 355-8 외 여기저기. 퍼거슨과 나의 의견 교환은 퍼거슨의 'The Causes and Origins of "Primitive Warfare": On Evolved Motivations for War'와 나의 'Reply'를 보라. 둘 다 *Anthropological Quarterly*, 73 (2000), 159-64, 165-8에 수록.
31. Chagnon, 'Reproductive and Somatic Conflicts', 77-104.
32. Andrew Vayda, 'Hypotheses about Functions of War', in M. Fried, M. Harris, and R. Murphy (eds.), *War: The Anthropology of Armed Conflict and Aggression*, New York: The Natural History Press, 1968, 85-91.
33. William Graham Sumner, 'War', 같은 저자의 *War and Other Essays* (1911)에 수록; Bramson and Goethals, *War*, 212; Sumner, *Folkways*, New York: Mentor, 1960 [1906], 22번째 단락; 뒤이어 Maurice Davie, *The Evolution of War*, New Haven: Yale UP, 1929, 65, 또한 Walter Goldschmidt, 'Inducement to Military Participation in Tribal Societies', in R. Rubinstein and M. Foster (eds.), *The Social Dynamics of Peace and Conflict*, Boudler CO: Westview, 1988, 47-65도

참조.

제5장 국제관계학 이론에서 말하는 전쟁의 원인(또는 원인의 부재)

1. Hans Morgenthau, *Politics among Nations*, New York: Knopf, 1967, 4-5, 25-36, 109-12, 제5-8장.
2. Ibid., 48; 강조 추가.
3. Ibid., 5.
4. Robert Keohane, *After Hegemony: Cooperation and Discord in the World Political Economy*, Princeton: Princeton UP, 2005 [1984], 21-5와 비교.
5. Reinhold Niebuhr, *Moral Man and Immoral Society: A Study in Ethics and Politics*, New York: Scribner, 1953 [1932], 16, 또한 16-17.
6. Ibid., 18.
7. Ibid., 42.
8. Ibid., 26.
9. Ibid., 42.
10. Ibid., 26.
11. Arnold Wolfers, *Discord and Collaboration: Essays on International Politics*, Baltimore, MD: Johns Hopkins UP, 1962, 5-6.
12. Ibid., 12.
13. Ibid., 13; 또한 70.
14. Ibid., 15.
15. Ibid., 72.
16. Ibid., 89.
17. Ibid., 152-8.
18. Ibid., 153.
19. Ibid., 67.
20. Robert Gilpin, *War and Change in World Politics*, New York: Cambridge UP, 1981, 10; 또한 다소 다른 이야기를 하는 50.
21. Ibid., 22; 또한 23.
22. Ibid., 19-23.
23. Stephen Krasner, *Defending the National Interest: Raw Materials Investments and US Foreign Policy*, Princeton: Princeton UP, 1978, 13.
24. Ibid., 41.

25. Ibid., 13-14. 그런데 일관성이 다소 떨어지게도 크래스너는 결국에 이익과 이데올로기를 구분한다: 334-42.

26. Ibid., 38-9.

27. Kenneth Waltz, *Theory of International Politics*, Reading, MA: Addison, 1979, 특히 72-3, 88-93, 102, 111-14, 122, 126.

28. Waltz, *Theory of International Politics*, 186-7은 안보 딜레마를 피상적으로만 언급한다. 그렇지만 Charles Glaser, 'The Necessary and Natural Evolution of Structural Realism', in J. Vasquez and C. Elman (eds.), *Realism and the Balancing of Power*, Upper Saddle River, NJ: Prentice Hall, 2003, 266-79는 요점을 밝힌다. 특히 268 참조.

29. Waltz, *Theory of International Politics*, 제2-3장.

30. Wolfers, *Discord and Collaboration*, 67; 강조 추가.

31. Alexander Wendt, 'Anarchy is What States Make of it: The Social Construction of Power Politics', *International Organization*, 46:2 (1992), 391-425, 특히 394-5; Wendt, *Social Theory of International Politics*, Cambridge: Cambridge UP, 1999; 그리고 Wolfers를 인용하는 Hidemi Suganami, *On the Causes of War*, Oxford: Oxford UP, 1996, 특히 25, 50-1, 153.

32. Randall Schweller, 'Neorealism's Status-Quo Bias: What Security Dilemma?', *Security Studies*, 5:3 (1996), 90-121, 인용은 91-2; 또한 Schweller, 'Bandwagoning for Profit: Bringing the Revisionist State Back In', *International Security*, 19:1 (1994), 72-107 참조.

33. Waltz, *Theory of International Politics*, 108-9, 137; 이런 주장을 함축하는 Stephen Walt, *The Origins of Alliances*, Ithaca, NY: Cornell UP, 1987; 가장 강하게 주장하는 Jack Snyder, *Myths of Empire*, Ithaca, NY: Cornell UP, 1991. Snyder의 방어적 편향은 Fareed Zakaria, 'Realism and Domestic Politics', *International Security*, 17:1 (1992), 177-98에서 비판받았다.

34. W. Wohlforth, R. Little, S. Kaufman, et al., 'Testing Balance-of-Power Theory in World History', *European Journal of International Relations*, 13 (2007), 155-85.

35. John Mearsheimer, *The Tragedy of Great Power Politics*, New York: Norton, 2001, 20.

36. Ibid., 특히 2-3, 18-21, 53-4.

37. Glenn Snyder, 'Mearsheimer's World: Offensive Realism and the Struggle for Security', *International Security*, 27:1 (2002), 157.

38. Schweller, 'Bandwagoning for Profit'; Schweller, 'Neorealism's Status-Quo Bias', 115.

39. William Wohlworth, *The Elusive Balance: Power and Perceptions during the Cold War*, Ithaca, NY: Cornell UP, 1993; Gideon Rose, 'Neoclassical Realism and Theories of Foreign Policy', *World Politics*, 51 (October 1998), 144-72; Fareed Zakaria, *From Wealth to Power: The Unusual Origins of America's World Role*, Princeton: Princeton UP, 1998; S. Lobell, N. Ripsman, and J. Taliaferro (eds.), *Neoclassical Realism, the State, and Foreign Policy*, Cambridge: Cambridge UP, 2009. 진화에 근거하는 다른 비판은 Dominic Johnson and Dominic Tierney, *Failing to Win: Perceptions of Victory and Defeat in International Politics*, Cambridge, MA: Harvard UP, 2006, 28-9 참조.

40. Schweller, 'Bandwagoning for Profit'.

41. Andrew Kydd, 'Sheep in Sheep's Clothing: Why Security Seekers Do Not Fight Each Other', *Security Studies*, 7:1 (1997), 114-54.

42. 이처럼 권력과 그 외 다른 목표들 사이에서, 그리고 탐나는 목표로서의 부와 권력의 원천으로서의 부 사이에서 모호한 태도를 보이는 슈웰러의 저술은 다음을 보라. Randall Schweller, 'The Progressiveness of Neoclassical Realism', in C. Elman and M. Elman (eds.), *Progress in International Relations Theory*, Cambridge, MA: MIT, 2003, 311-47, 특히 326-9; Schweller, 'New Realist Research on Alliance: Refining Not Refuting, Waltz's Balancing Proposition', in Vasquez and Elman, *Realism and the Balancing of Power*, 74-9. 이에 반해 Schweller, *Unanswered Threats: Political Constraints on the Balance of Power*, Princeton: Princeton UP, 2006, 103, 106, 109 외 여기저기는 논지가 1차원적이고 빈약하다.

43. Charles Glaser, *Rational Theory of International Politics: The Logic of Competition and Cooperation*, Princeton: Princeton UP, 2010. 다른 몇몇 학자도 비슷한 주장을 했다. Stephen Brooks, 'Dueling Realisms', *International Organization*, 51:3 (1997), 445-77은 경제와 안보의 연관성 및 균형 효과를 강조한다. 그렇지만 경제를 '경제력'으로 지칭함으로써 국가가 소비를 위해서가 아니라 주로 안보에 투자하기 위해 부를 추구한다는 인상을 준다. Glenn Palmer and Clifton Morgan, in *A Theory of Foreign Policy*, Princeton: Princeton UP, 2006은 외교정책 '포트폴리오'에 가능한 목표들이 무수히 많이 있다고 주장하고, 그 목표들을 '변화'와 '유지'라는 두 범주로 분류한다. Brooks의 논문과 마찬가지로 이 책도 기본적으로 고전적 현실주의를 개척한 학자들의 입장을 재진술한다.

44. 슈웰러 역시 공격적 현실주의와 공격적 구조현실주의를 하나로 본다. Schweller, 'Neoclassical Realism and State Mobilization: Expansionist Ideology in the Age of Mass Politics', in Lobell, Ripsman, and Taliaferro, *Neoclassical Realism, the State, and Foreign Policy*, 227-50, 특히 227; 또한 Schweller, 'The Progressiveness of Neoclassical Realism', 328.
45. Schweller, 'Neorealism's Stutus-Quo Bias', 93.
46. Wolfers, *Discord and Collaboration*, 5-6.
47. Glaser, *Rational Theory of International Politics*, 3.
48. 이 결점 역시 Jack Donnelly가 현실주의를 폭넓게 비판하는 *Realism and International Relations*, Cambridge: Cambridge UP, 2000, 51, 56, 62-3에서 강조했다; Richard Ned Lebow, *Why Nations Fight*, Cambridge, Cambridge UP, 2010.
49. 예컨대 John Keegan, *History of Warfare*, New York: Knopf, 1993.
50. Bradley Thayer, *Darwin and International Relations: On the Evolutionary Origins of War and Ethnic Conflict*, Lexington: University of Kentucky, 2004, 178-9.
51. Bradley Thayer, 'Bringing in Darwin: Evolutionary Theory, Realism, and International Politics', *International Security*, 25:2 (2000), 126, 137-8, 140; Thayer, *Darwin and International Relations*, 11-12, 93과 비교.
52. Donnelly, *Realism and International Relations*, 43. Annette Freyberg-Inan, *What Moves Man: The Realist Theory of International Relations and its Judgment of Human Nature*, Albany, NY: SUNY, 2004는 인간 본성에 관한 현실주의적 견해와 그 이론적·실천적 함의를 지적이고도 폭넓게 비판한다.
53. Lebow, *Why Nations Fight*, 특히 제3장; 같은 저자의 *A Cultural Theory of International Relations*, Cambridge: Cambridge UP, 2008에 기초함. 리보는 동기들이 뒤섞인다고 지적하면서도 동기들 간의 본질적인 연관성을 간과한다. 이런 이유로, 특히 '정신'과 '욕망'의 긴밀한 연관성을 알아채지 못하는 까닭에, 연이은 역사 시대들과 근대 동안 일어난 전쟁의 원인에 관한 그의 분석은 내가 보기에 한쪽으로 치우치는 경향이 있다. 본서의 제7장 주 2 참조.
54. 이 전통에서 우리의 주제와 관련이 있는 두 저술은 다음과 같다. Bruce Bueno de Mesquita, *The War Trap*, New Haven, CT: Yale UP, 1981은 전쟁에 돌입하는 행위자들의 기대효용을 강조한다. James Fearon, 'Rationalist Expectations for War', *International Organization*, 49: 3 (1995), 379-414는 양편의 개전 결정에 영향을 주는 정보 불확실성과 부족 문제를 상세히 논한다.
55. Waltz, *Theory of International Politics*, 제1장; Waltz, 'Foreword: Thoughts

about Assaying Theories', in Elman and Elman, *Progress in International Relations Theory*, vii–xii.

56. 문헌은 서론과 주 1 참조. 위에서 거론한 특정한 요인들 중 다수는 전쟁 발발에 실질적인 영향을 거의 주지 않는다. 그렇지만 이 책들 중 일부는 결정적인 영향을 주는 다른 요인들까지 무시한다. 앞으로 보겠지만 전쟁을 막는 가장 중요한 요인으로는 근대 자유민주주의와 경제개발이 있다. 예컨대 현실주의적 신념에 충실한 Stephen van Evera, *Causes of War: Power and the Roots of Conflict*, Ithaca, NY: Cornell UP, 1999는 변수 목록에서 두 요인을 언급조차 하지 않는다. 그렇지만 David Sobek, *The Causes of War*, Cambridge: Polity, 2009와 Suganami, *On the Causes of War*는 충분히 다룬다.

57. Wendt, 'Anarchy is What States Make of it'; Wendt, *Social Theory of International Politics*, 18, 20, 제6장.

58. 현실주의를 비판하는 탁월한 저서를 쓴 Jack Donnelly는 유감스럽게도 무정부적 원주민 상태에서 수렵채집인이 집단 간 싸움을 몰랐다는 신화에 동조했다. 'The Elements of the Structures of International Systems', *International Organization*, 66 (2012), 609–43.

59. 최근 문헌 중에서 특히 R. Keohane (ed.), *Neorealism and its Critics*, New York: Columbia UP, 1986; Barry Buzan, Charles Jones, and Richard Little, *The Logic of Anarchy*, New York: Columbia UP, 1993; Wendt, *Social Theory of International Politics* 참조. Shiping Tang, 'Social Evolution of International Politics: From Mearsheimer to Jervis', *European Journal of International Relations*, 16:1 (2010), 31–55는 사회가 진화함에 따라 세계와 국제관계의 성격이 바뀌었다고 분별 있게 주장한다. 그렇지만 공격적 현실주의에서 방어적 현실주의로 바뀌었다고 주장한다는 점에서 여전히 현실주의적 시각에 얽매여 있다. 더구나 그 변화가 어떻게 일어났는지 나타내는 Tang의 연역적 도식은 그가 흠잡는 현실주의자들의 도식 못지않게 몰역사적이고 인위적이다.

60. Kenneth Waltz, 'A Response to My Critics', in Keohane, *Neorealism and its Critics*, 340, 344.

61. Waltz, *Theory of International Politics*, 제7장.

62. Gilpin, *War and Change in World Politics*, 제6장과 에필로그.

63. A. F. K. Organski, *World Politics*, 2nd edn, New York: Knopf, 1968; A. F. K. Organski and Jacek Kugler, *The War Ledger*, Chicago: University of Chicago, 1980; Dale Copeland, *The Origins of Major War*, Ithaca, NY: Cornell UP, 2000.

64. Robert Keohane and Joseph Nye, *Power and Interdependence: World Politics in

Transition, Boston: Little and Brown, 1977; Keohane, *After Hegemony: Cooperation and Discord in the World Political Economy*; John Gerard Ruggie, 'What Makes the World Hang Together? Neo-utilitarianism and the Social Constructivist Challenge', *International Organization*, 52:4 (1998), 855-85, 특히 883-5.

65. Wendt, *Social Theory of International Politics*, 241-2.
66. 이렇게 막다른 상황에 놓였다는 의식이 최근 *European Journal of International Relations* 특별호 19:3 (2013), 'The End of International Relations Theory?'의 주제였다.
67. Robert Jervis, 'The Future of World Politics: Will it Resemble the Past?', *International Security*, 16 (1991-2 겨울), 39-73.

제3부 근대화 평화

제6장 전쟁은 감소해왔는가? 그 이유는?

1. John Gaddis, *The Long Peace: Inquiries Into the History of the Cold War*, Oxford: Oxford UP, 1989.
2. Paul Schroeder, 'The Life and Death of a Long Peace, 1763-1914', in Raimo Väyrynen, *The Waning of Major War: Theories and Debates*, London: Routledge, 2006, 33-63은 무언가를 감지하지만 여기서 제시한 결론을 전혀 도출하지 않는다. 이와 비슷하게 Charles Kegley, 'Explaining Great-Power Peace: The Sources of Prolonged Postwar Stability', in Kegley (ed.), *The Long Postwar Peace: Contending Explanations and Projections*, New York: HarperCollins, 1991, 3-22 중 3쪽에서 지나가듯이 언급하는 데 그친다.
3. Pitirim Sorokin의 선구적인 *Social and Cultural Dynamics*, vol. 3, *Fluctuation of Social Relationships, War, and Revolution*, New York: Bedminster Press, 1962 [1937]는 고대 그리스와 로마까지 거슬러올라간 다음 중세 후기와 근대 유럽을 다룬다. Quincy Wright, *A Study of War*, Chicago: University of Chicago, 1965는 전 세계를 장기적인 관점에서 바라보면서도 근대 유럽에 초점을 맞춘다. Jack Levy, *War in the Modern Great Power System, 1495-1975*, Louisville: University of Kentucky, 1983은 근대 유럽을 다루며, Evan Luard, *War in International Society*, London, Tauris, 1986과 Kalevi Holsti, *Peace and War: Armed Conflicts and International*

Order 1648-1989, Cambridge: Cambridge UP, 1991도 기본적으로 근대 유럽을 논한다. Jack Levy and William Thompson, *The Arc of War: Origins, Escalation, and Transformation*, Chicago: University of Chicago Press, 2011은 선사시대 이래 전 세계를 아우르려 시도하지만 대체로 실패한다. 이 장의 주 21과 더 포괄적인 Azar Gat, 'Is War Declining—And Why?', *Journal of Peace Research*, 50:2 (2013), 149-57 참조.

4. Levy, *War in the Modern Great Power System*, 113.
5. Wright, *A Study of War*, 653의 데이터 참조. 이 데이터는 유럽 열강이 국외에서 약한 상대와 치른 '작은 전쟁'까지 포함하는 탓에 영국과 프랑스 같은 식민 열강에 불리하게 왜곡되어 있다. 또한 Luard, *War in International Society*, 제2장, 특히 pp. 24-5, 35, 45, 53과 부록 1-4의 데이터 참조. 이 데이터는 전쟁의 두 유형을 세심하게 구분한다.
6. 예컨대 Levy and Thompson, *The Arc of War*, 15, 144-5 참조.
7. Levy, *War in the Modern Great Power System*.
8. Ibid., 110. 레비는 그런 반비례 관계가 설령 있더라도 기껏해야 약하다는 것을 밝힌다.
9. Sorokin, *Social and Cultural Dynamics*, 3:297, 341-2; Melvin Small and David Singer, *Resort to Arms: International and Civil War, 1816-1980*, Beverly Hills: SAGE, 1982, 146, 150(20세기와 비교); Levy, *War in the Modern Great Power System*, 138-44; Luard, *War in International Society*, 제2장, 특히 pp. 24-5, 35, 45, 53과 부록 1-4; Holsti, *Peace and War*, 142.
10. Sorokin, *Social and Cultural Dynamics*, 347, 361-2; Levy, *War in the Modern Great Power System*, 144; 뒤이어 Luard, *War in International Society*, 76-7, 79-80. 또한 훨씬 더 짧은 기간을 다루는 Small and Singer, *Resort to Arms*, 141, 156-7, 198-201, 275. 레비는 이제 견해를 바꾸어 근래에 전쟁이 감소하고 있음을 인정한다. Levy and Thompson, *The Arc of War*, 15, 144-5.
11. Levy, *War in the Modern Great Power System*, 144.
12. Sorokin, *Social and Cultural Dynamics*, 297, 341-2; Levy, *War in the Modern Great Power System*, 138-44, 인용은 142.
13. Levy, *War in the Modern Great Power System*, 144.
14. Sorokin, *Social and Cultural Dynamics*, 3:265-83; Levy, *War in the Modern Great Power System*, 84-6; Steven Pinker, *The Better Angels of Our Nature: Why Violence has Declined*, New York: Penguin, 2011, 193-200.
15. Victor Hanson, *A War Like No Other: How the Athenians and Spartans Fought the Peloponnesian War*, New York: Random House, 2005, 10-11, 79-80, 82, 264,

296.

16. 예컨대 핸슨의 책에 대한 Stewart Flory의 서평, *Bryn Mawr Classical Review* (2006), 03:40 참조.
17. Peter Brunt, *Italian Manpower 225 B.C.-A.D. 14*, Oxford: Oxford UP, 1971.
18. Frederick Mote, 'Chinese Society under Mongol Rule', in H. Franke and D. Twitchett (eds.), *The Cambridge History of China: Alien Regimes and Border States, 907-1368*, Cambridge: Cambridge UP, 1994, 618-22.
19. Matthew White, *Atrocitology: Humanity's 100 Deadliest Achievements*, London: Canongate, 2011의 일반 통계도 참조. 요약은 529쪽.
20. Peter Wilson, *The Thirty Years War: Europe's Tragedy*, Cambridge, MA: Harvard UP, 2009, 786-8.
21. Levy와 Thompson은 *The Arc of War*, 5-6에서 역사를 통틀어 전쟁의 치명성을 가늠하려 시도했으나 실패했다. 다른 무엇보다 두 사람은 임의로 선택한 몇 안 되는 역사적 전투의 규모와 사망자 수만 추정했을 뿐 아니라 각 전투를 치른 인구의 규모를 대응시키지도 못했다.
22. Levy, *War in the Modern Great Power System*, 83에서 이런 가정을 한다. 전반적인 비판은 Pinker, *The Better Angels of Our Nature*, 317-20 참조.
23. 이 측면에서 민간인 사망자를 포함하기로 결정한 Lewis Richardson, *Statistics of Deadly Quarrels*, Pacific Grove, CA: Boxwood, 1960이 그렇게 하지 않은 Small과 Singer의 책이나 Levy의 책보다 더 도움이 된다. COW 데이터의 혼란에 관해서는 Bethany Lacina, Nils Peter Gleditsch, and Bruce Russett, 'The Declining Risk of Death in Battle', *International Studies Quarterly*, 50:3 (2006), 673-80 참조.
24. Richard Bonney (ed.), *Economic Systems and State Finance*, Oxford: Oxford UP, 1995; Bonney, *The Rise of the Fiscal State in Europe, c.1200~1815*, Oxford: Oxford UP, 1999; Azar Gat, *War in Human Civilization*, Oxford: Oxford UP, 2006, 371(그리고 주 92), 412, 472-6, 484-90. 더 많은 참고문헌은 본서 제3장 주 8 참조.
25. 최근 예로는 John Horgan, *The End of War*, San Francisco: McSweeney, 2012 참조.
26. John Mueller, *Retreat from Doomsday: The Obsolescence of Major War*, New York: Basic Books, 1989; Mueller, 'Accounting for the Waning of Major War', in Väyrynen, *The Waning of Major War*, 64-79.
27. Carl Kaysen, 'Is War Obsolete?: A Review Essay of Retreat from Doomsday: The Obsolescence of Major War', *International Security*, 14:4 (1990), 42-64는 여전히 가장 예리한 비판이다. 뮬러의 주장에 관해서는 이 장 뒷부분과 주 45 참조.

28. 예컨대 Kaysen, 'Is War Obsolete?'. 그렇지만 이 통념을 뺀 다른 대다수 논점에서 나는 Kaysen과 같은 의견이다. Joseph Schumpeter, 'The Sociology of Imperialism', in *The Economics and Sociology of Capitalism*, Princeton: Princeton UP, 1991, ed. R. Swedberg, 141-219는 일반적으로 대외 팽창이 경제적 논리보다 격세 유전되는 충동에서 기인했고 사회적 우세를 지키려는 엘리트층에 의해 지속되었다는 그릇된 주장을 폈다.
29. Jean-Jacques Rousseau, 'Abstract and Judgement of Saint Pierre's Project for Perpetual Peace' (1756), in S. Hoffmann and D. Fidler (eds.), *Rousseau on International Relations*, Oxford: Oxford UP, 1991, 53-100.
30. Thomas Paine, *Rights of Man, Common Sense, and Other Political Writings*, Oxford: Oxford UP, 1995, 212.
31. Ibid., 195-6, 321.
32. Immanuel Kant, 'Perpetual Peace: A Philosophical Sketch', in H. Reiss (ed.), *Kant's Political Writings*, Cambridge: Cambridge UP, 1991, 93-130.
33. Plutarch, 'Life of Pericles', section 12.
34. Thucydides, *History of the Peloponnesian War*, London: Loeb, 1958, Ⅱ.62-4.
35. 초기에 이 테제를 주장한 주요 저술로는 Dean Babst, 'A Force for Peace', *Industrial Research*, 14 (April 1972), 55-8; Melvin Small and David Singer, 'The War-Proneness of Democratic Regimes, 1816-1965', *Jerusalem Journal of International Relations*, 1:4 (1976), 50-69; R. J. Rummel, 'Libertarianism and International Violence', *Journal of Conflict Resolution*, 27 (1983), 27-71; Michael Doyle, 'Kant, Liberal Legacies, and Foreign Affairs', *Philosophy and Public Affairs*, 12 (1983), 205-35, 323-53; Steven Chan, 'Mirror, Mirror on the Wall: All the Free Countries More Pacific?', *Journal of Conflict Resolution*, 28 (1984), 617-48; William Domke, *War and the Changing Global System*, New Haven, CT: Yale UP, 1988; Zeev Maoz and Nasrin Abdolali, 'Regime Type and International Conflict 1816-1976', *Journal of Conflict Resolution*, 33 (1989), 3-35; Zeev Maoz and Bruce Russett, 'Normative and Structural Causes of Democratic Peace 1946-1986', *American Political Science Review*, 87 (1993), 624-38; Bruce Russett, *Grasping the Democratic Peace*, Princeton: Princeton UP, 1993; John Owen, *Liberal Peace, Liberal War*, Ithaca, NY: Cornell UP, 1997; Michael Mousseau, 'Democracy and Compromise in Militarized Interstate Conflicts, 1816-1992', *Journal of Conflict Resolution*, 42 (1998), 210-30; Bruce Russett and John Oneal, *Triangulating Peace: Democracy, Interdependence and

International Organizations, New York: Norton, 2001 참조.

36. Bruce Russett and William Antholis, 'The Imperfect Democratic Peace of Ancient Greece', Russett, *Grasping the Democratic Peace*, 제3장에 재수록.

37. Thucydides, *History of the Peloponnesian War*, Ⅶ.55.

38. Spencer Weart, *Never at War: Why Democracies Will not Fight One Another*, New Haven, CT: Yale UP, 1998. 문제가 많은 이 책은 초기 그리스 민주정에 관한 손꼽히는 전문가인 Eric Robinson에게 비판받았다. 'Reading and Misreading the Ancient Evidence for Democratic Peace', *Journal of Peace Research*, 38 (2001), 593-608. 그 이후 짧은 의견 교환이 있었다. Weart, ibid., 609-13; Robinson, ibid., 615-17. 그리스 폴리스와 기원전 4세기 아테네 민주정에 관한 주요 권위자의 다음 비판도 참조. Mogens Hansen and Thomas Nielsen, *An Inventory of Archaic and Classical Poleis*, Oxford: Oxford UP, 2004, 84-5.

39. Weart, *Never at War*, 246은 첫 아테네 제국에 대한 언급을 책의 뒷부분까지 최대한 미루다가 이 불편한 사실을 대충 뭉개버린다. 다음 저술들은 이 문제를 더 분명하게 인정한다. Russett and Antholis, 'The Imperfect Democratic Peace of Ancient Greece'; Tobias Bachteler, 'Explaining the Democratic Peace: The Evidence from Ancient Greece Reviewed', *Journal of Peace Research*, 34 (1997), 315-23. Lorem Samons, *What's Wrong with Democracy? From Athenian Practice to American Worship*, Berkeley: University of California, 2004.

40. Alexander Yakobson, *Elections and Electioneering in Rome*, Stuttgart: Steiner, 1999.

41. Polybius, *The Histories*, Ⅵ.11-18.

42. Livy, ⅩⅩⅢ.ii-vii, ⅩⅩⅣ.xiii.

43. Polybius, Ⅵ.5; Aristotle, *The Politics*, Ⅱ.11 and Ⅳ.8-9. Weart, *Never at War*는 문제의 소지가 있는 사례들을 논하는 부록(297쪽)에서 로마를 단 한 번만 언급하고는 카르타고에 관한 정보가 부족해서 로마를 논하지 않는다는 설득력 없는 핑계를 댄다.

44. Doyle, 'Kant, Liberal Legacies, and Foreign Affairs'.

45. Ibid.; Michael Doyle, *Ways of War and Peace: Realism, Liberalism, and Socialism*, New York: Norton, 1997; Russett and Oneal, *Triangulating Peace*. 존 뮬러의 무작위 관념의 세계와 달리, 농노제와 노예제는 유동성 있는 자본주의적 임금노동으로 대체되면서 단계적으로 폐지되었다.

46. Montesquieu, *The Spirit of the Laws*, Cambridge: Cambridge UP, 1989 [1748], trans. A. Cohler, B. Miller, and H. Stone, Bk. 20, 제2장.

47. Paine, *Rights of Man, Common Sense, and Other Political Writings*, 265-6; 또한 218-31, 227; Michael Howard, *War and the Liberal Conscience*, Oxford: Oxford UP, 1981, 29; Thomas Walker, 'The Forgotten Prophet: Tom Paine's Cosmopolitanism and International Relations', *International Studies Quarterly*, 44 (2000), 51-72.
48. Kant, 'Perpetual Peace', 114.
49. 이 생각을 지지하거나 의심하거나 한정하는 중요한 저술들로는 다음을 참조. Richard Rosecrance, *The Rise of the Trading State: Commerce and Conquest in the Modern World*, New York: Basic Books, 1986; Edward Mansfield, *Power, Trade, and War*, Princeton: Princeton UP, 1994; Erich Weede, 'Economic Policy and International Security: Rent-Seeking, Free Trade and Democratic Peace', *European Journal of International Relations*, 1:4 (1995), 519-37; Katherine Barbieri, 'Economic Interdependence: A Path to Peace or a Source of Interstate Conflict?', *Journal of Peace Research*, 33 (1996), 29-49; Katherine Barbieri and Gerald Schneider, 'Globalization and Peace: Assessing New Directions in the Study of Trade and Conflict', *Journal of Peace Research*, 36 (1999), 387-404; Solomon Polachek, 'Why Democracies Cooperate More and Fight Less: The Relationship between Trade and International Cooperation', *Review of International Economics*, 5 (1997), 295-309; Edward Mansfield and Brian Pollins (eds.), *Economic Interdependence and International Conflict*, Ann Arbor: University of Michigan, 2003; G. Schneider, K. Barbieri, and N. Gleditsch (eds.), *Globalization and Armed Conflict*, Lanham, MD: Rowman & Littlefield, 2003; Russett and Oneal, *Triangulating Peace*, 125-55; Omar Keshk, Brian Pollins, and Rafael Reuveny, 'Trade still Follows the Flag: The Primacy of Politics in a Simultaneous Model of Interdependence and Armed Conflict', *Journal of Politics*, 66:4 (2004), 1155-79; Jun Xiang, Xu Xiaohan, and George Keteku, 'Power: The Missing Link in the Trade-Conflict Relationship', *Journal of Conflict Resolution*, 51:4 (2007), 646-63; Zeev Maoz, 'The Effects of Strategic and Economic Interdependence on International Conflict across Levels of Analysis', *American Journal of Political Science*, 53:1 (2009), 223-40; Han Dorussen and Hugh Ward, 'Trade networks and the Kantian Peace', *Journal of Peace Research*, 41:1 (2010), 29-42; Håvard Hegre, John Oneal, and Bruce Russett, 'Trade Does Promote Peace: New Simultaneous Estimation of the Reciprocal Effects of Trade and Conflict', *Journal of Peace Research*, 47:6

(2010), 763-74.

50. Erik Gartzke, 'The Capitalist Peace', *American Journal of Political Science*, 51:1 (2007), 166-91; 또한 Erik Gartzke and J. J. Hewitt, 'International Crises and the Capitalist Peace', *International Interactions*, 36 (2010), 115-45.

51. Bruce Russett, 'Capitalism or Democracy? Not So Fast', *International Interactions*, 36:2 (2010), 198-205; Allan Dafoe, 'Statistical Critiques of the Democratic Peace: Caveat Emptor', *American Journal of Political Science*, 55:2 (2011), 247-62; Allan Dafoe, John Oneal, and, Bruce Russett, 'The Democratic Peace: Weighing the Evidence and Cautious Inference', *International Studies Quarterly*, 57 (2013), 201-14. Christopher Gelpi and Joseph Grieco, 'Democracy, Interdependence, and the Sources of the Liberal Peace', *Journal of Peace Research*, 45:1 (2008), 17-36은 1950-92년과 관련해 가츠크와 반대되는 결론에 도달한다. 두 저자는 상호 의존하는 무역이 민주주의 국가들 간 전쟁을 제한하는 주된 요인임을 밝히고, 여하튼 민주주의 국가들은 무역과 관계없이 서로 싸울 가능성이 낮다고 주장한다.

52. B. Mitchell, *European Historical Statistics 1750-1970*, London: Macmillan, 1975, 526, 573. 이 사실은 Kenneth Waltz, *Theory of International Politics*, Reading, MA: Addison, 1979, 212-15에서 무역 평화를 논박하는 근거로 강조되었고, 현실주의자들의 표준 논거가 되었다. 예컨대 Norrin Ripsman and Jean-Marc Blanchard, 'Commercial Liberalism under Fire: Evidence from 1914 and 1936', *Security Studies*, 6:2 (1996/97), 4-50.

53. Patrick McDonald, *The Invisible Hand of Peace: Capitalism, the War Machine, and International Relations Theory*, Cambridge Cambridge UP, 2009; Partick McDonald and Kevin Sweeney, 'The Achilles' Heel of Liberal IR Theory? Globalization and Conflict in the Pre-World War I Era', *World Politics*, 59:3 (2007), 370-403.

54. Dale Copeland, 'Economic Interdependence and War: A Theory of Trade Expectations', *International Security*, 20:4 (1996), 5-41; Erich Weede, 'Globalization: Creative Destruction and the Prospect of a Capitalist Peace', in Schneider, Barbieri, and Gleditsch, *Globalization and Armed Conflict*, 311-23; Weede, *Balance of Power, Globalization and the Capitalist Peace*, Potsdam: Liberal Institute, 2005; Gat, *War in Human Civilization*, 2006, 554-7, 585; Erik Gartzke and Lupu Yonatan, 'Trading on Preconceptions: Why World War I was Not a Failure of Economic Interdependence', *International Security*, 36:4

(2012), 115-50.

55. Stephen Walt, *The Origins of Alliances*, Ithaca, NY: Cornell UP, 1987, 33-4; Michael Simon and Erik Gartzke, 'Political System Similarity and the Choice of Allies', *Journal of Conflict Resolution*, 40 (1996), 617-35; Brian Lai and Dan Reiter, 'Democracy, Political Similarity, and International Alliances, 1812-1992', *Journal of Conflict Resolution*, 44 (2000), 203-27; Brett Leeds, Jeffrey Ritter, Sara Mitchell, and Andrew Long, 'Alliance Treaty Obligations and Provisions, 1815-1944', *International Interactions*, 28:3 (2002), 237-60 참조.

56. Ripsman and Blanchard, 'Commercial Liberalism under Fire: Evidence from 1914 and 1936'은 1936년에 영국과 프랑스 대 독일 구도로 일어난 라인란트 위기는 다루지만, 1930년대 민주주의 국가들 간 평화는 다루지 않는다.

57. Michael Mousseau, 'The Social Market Roots of Democratic Peace', *International Security*, 33:4 (2009), 52-86; Mousseau, 'The Democratic Peace Unraveled: It's the Economy', *International Studies Quarterly*, 57:1 (2012), 186-97; Mousseau et al., 'Capitalism and Peace: It's Keynes, not Hayek', in G. Schneider and N. Gleditsch (eds.), *Assessing the Capitalist Peace*, London: Routledge, 2013, 80-109.

58. 비판자들에 관해서는 Allan Dafoe and Bruce Russett, 'Does Capitalism Account for the Democratic Peace? The Evidence Still Says No', in Schneider and Gleditsch, *Assessing the Capitalist Peace*, 110-26 참조. Erich Weede는 'Economic Policy and International Security: Rent-Seeking Free Trade and Democratic Peace'에서 자본주의, 번영, 민주주의, 평화가 서로를 강화하는 관계라고 주장했고, 'Globalization: Creative Destruction and the Prospect of a Capitalist Peace', 311-23에서 과연 자본주의가 가장 결정적인 요인인지 의심하기 시작했다. Håvard Hegre, 'Democracy and Armed Conflict', *Journal of Peace Research*, 51 (2014), 159-72는 평화에 이바지하는 민주주의의 강한 효과를 역설한다.

59. Russett과 Oneal은 *Triangulating Peace: Democracy, Interdependence and International Organizations*에서 각기 별개이지만 (독립적이기보다) 서로를 강화하는 세 요인의 효과를 주장하는데, 이들이 다루는 산업 시대와 관련해서는 옳은 주장으로 보인다. 이와 비슷한 Domke, *War and the Changing Global System*; Doyle, *Ways of War and Peace*, 284, 286-7도 참조.

60. Kaysen, 'Is War Obsolete?'는 전쟁 감소 현상 이면에 산업혁명과 이에 따른 사회경제적 변화의 과정이 있음을 사실상 홀로 지적한다. 산업혁명을 겪으며 강화된 자

본주의의 평화화 효과에 관해서는 Schumpeter, 'The Sociology of Imperialism' 참조.

61. 이 수치들은 내가 추정 데이터에 근거해 어림한 것이다. 가장 포괄적인 최근 데이터 추정치는 Angus Maddison, *The World Economy: A Millennial Perspective*, Paris,: OECD, 2001, 28, 90, 126, 183-6, 264-5 참조. 또한 Paul Bairoch, 'Europe's Gross National Product: 1800~1975', *Journal of European Economic History*, 5 (1976), 301; Bairoch, 'International Industrialization Levels from 1750 to 1980', *Journal of European Economic History*, 11 (1982), 특히 275, 284, 286; W. W. Rostow, *The World Economy: History & Prospect*, Austin: University of Texas, 1978, 4-7, 48-9 참조.

62. Auguste Comte, 'Plan of the Scientific Operations Necessary for Reorganizing Society' (1822), and 'Course de Philosophie Positive' (1832~42), in G. Lenzer (ed.), *Auguste Comte and Positivism: The Essential Writings*, Chicago: University of Chicago, 1975, 37, 293-7.

63. Helmuth von Moltke, *Essays, Speeches and Memoirs*, New York: Harper, 1893, i. 276-7.

64. Adam Smith, *The Wealth of Nations*, V.I.i.

65. Erik Gartzke와 Alex Weisiger는 'Under Construction: Development, Democracy, and Difference as Determinants of Systemic Liberal Peace', *International Studies Quarterly*, 58 (2014), 130-45에서 비슷한 노선의 주장을 한다. 그렇지만 계속 싸운다는 점에서 선진국들이 위선적이라는 그들의 주장은 말이 안 되는데, 실제로 선진국들은 서로 간의 싸움을 사실상 중단했기 때문이다.

66. Max Singer and Aaron Wildavsky, *The Real World Order: Zones of Peace, Zones of Turmoil*, Chatham, NJ: Chatham House, 1993; James Goldgeier and Michael McFaul, 'A Tale of Two Worlds: Core and Periphery in the Post-Cold War Era', *International Organization*, 46 (1992), 467-91; Paul Collier et al., *Breaking the Conflict Trap: Civil War and Development Policy*, Washington, DC: The World Bank and Oxford UP, 2003; Paul Collier, *The Bottom Billion: Why the Poorest Countries are Failing and What can be Done About it*, Oxford: Oxford UP, 2007; B. Lacina and N. P. Gleditsch, 'Monitoring Trends in Global Combat: A New Dataset of Battle Deaths', *European Journal of Population*, 21 (2005), 145-66. John Mueller는 *The Remnants of War*, Ithaca, NY: Cornell UP, 2007에서 선진 세계와 후진 세계의 현저한 차이를 강조하지만, 그 차이를 불러온 핵심 요인이 경제 개발이라는 명백한 결론을 이끌어내지 못한다.

67. Joshua Goldstein, *Winning the War on War: The Decline of Armed Conflict Worldwide*, New York: Penguin, 2011. Andrew Mack, 'Global Political Violence: Explaining the Post-Cold War Decline', in M. Fischer and V. Rittberger (eds.), *Strategies for Peace*, Leverkusen: Barbara Budrich, 2008, 75-106은 평화유지군이 1990년 이후 교전 감소(주로 선진 세계에서 나타났다)에 끼친 영향에 초점을 맞춘다.

68. Meredith Sarkees, Frank Wayman, and David Singer, 'Inter-State, Intra-State, and Extra-State Wars: A Comprehensive Look at their Distribution over Time, 1816-1997', *International Studies Quarterly*, 47:1 (2003), 49-70은 COW 데이터를 재평가한 뒤 전체 기간 동안 전쟁 빈도에 별다른 변화가 없었다는 결론을 내린다. 그렇지만 저자들은 19세기 유럽과 오늘날 선진 세계의 전쟁 감소를 지적하면서도, 오늘날 국외 전쟁이든 국내 전쟁이든 대다수 전쟁이 개발도상 세계에서 일어난다는 사실을 간과한다. 그리하여 핵심 요인을 놓친 채 사과와 배를 비교하는 격이 된다. 사실 David Singer는 'Peace in the Global System: Displacement, Interregnum, or Transformation?', in Kegley, *The Long Postwar Peace*, 56-84에서 주요 열강 간 전쟁뿐 아니라 '선진 산업국들' 간 전쟁도 급감했다고 지적하는 등 더 나은 분별력을 보여준다. Singer는 전쟁이 강대국들의 형태와 관계를 모두 바꾸었다고 썼는데, 바로 이것이 전체 과정의 핵심이다. 강대국들 간 전쟁만을 고려해 1815년 전후 교전의 장기적인 변화를 가늠하는 방법의 장점 중 하나는, 근대 강대국들이 거의 정의상 경제 선진국인 반면 다른 국가들은 대부분은 아닐지라도 다수가 그렇지 않다는 것이다. (자본주의를 채택하기 이전의 거대한 핵보유국 중국은 예외다.) 따라서 근대화 요인이 확연히 드러난다.

69. Mary Kaldor, *New and Old Wars*, 2nd edn, Cambridge: Polity, 2006.

70. Michael Mousseau, 'Market Prosperity, Democratic Consolidation, and Democratic Peace', *Journal of Conflict Resolution*, 44 (2000), 472-507; Mousseau, 'The Nexus of Market Society Liberal Preferences, and Democratic Peace', *International Studies Quarterly*, 47 (2003), 483-510; Mousseau, 'Comparing New Theory with Prior Beliefs: Market Civilization and the Democratic Peace', *Conflict Management and Peace Science*, 22 (2005), 63-77; Håvard Hegre, 'Development and the Liberal Peace: What Does it Take to be a Trading State', *Journal of Peace Research*, 37 (2000), 5-30; Michael Mousseau, Håvard Hegre, and John Oneal, 'How the Wealth of Nations Conditions the Liberal Peace', *European Journal of International Relations*, 9 (2003), 277-314(여기서 언급한 연구들 중 제2차세계대전 이전까지 기간을 확장한

유일한 연구); Timothy Besley and Torsten Persson, *Pillars of Prosperity: The Political Economics of Development Clusters*, Princeton: Princeton UP, 2011, 인용은 p. xi. 또한 Azar Gat, 'The Democratic Peace Theory Reframed: The Impact of Modernity', *World Politics*, 58:1 (2005), 73-100.

71. 전체 기간 동안 교전 감소에 끼친 민주주의의 영향과 부의 영향 모두 Stuart Bremer가 'Dangerous Dyads: Conditions Affecting the Likelihood of Interstate War, 1816-1965', *Journal of Conflict Resolution*, 36 (1992), 309-41에서 처음으로 지적했다.

72. 텔아비브 대학 박사과정 학생 Meir Moalem의 연구 중 일부. 출처와 정의—여러 시대를 포함하고 추가로 검증하기 위해 데이터베이스 몇 개를 조합했다.

• **민주주의**: 정치체 IV, 1946-1990, 점수 -10점부터 +10점까지(점수 0 이상인 국가를 민주주의 국가로 정의); 각국 순위와 상태에 관한 프리덤하우스Freedom House 데이터베이스, 1973-2015, 점수는 1점부터 7점까지(4점 이하인 국가를 민주주의 국가로 정의); 〈이코노미스트〉 2012년 민주주의 지수(그리고 이전 버전들), 1등급부터 10등급까지(6등급 이상인 국가를 민주주의 국가로 정의).

• **자본주의**(시장에서의 주요한 역할): 세계경제자유Economic Freedom of the World(EFW) 데이터베이스, 1970-2014, 점수 1점부터 10점까지(6점 이상인 국가를 자본주의 국가로 정의); 해리티지 재단Heritage Foundation 경제자유 지수는 1995-2016년 그래픽 데이터를 제공한다(세계 평균보다 점수가 높은 국가를 자본주의 국가로 정의), 이에 더해 추가로 검증하고 1970년 이전 기간을 포함하기 위해 다음 데이터베이스들을 사용했다. 세계은행 연구개발 데이터베이스; 헤리티지 재단 세계 데이터; UN의 여러 데이터베이스; Gartzke, 자본주의 평화 데이터베이스.

• **근대화** 지수는 흔하지 않다. 세계 평균 대비 1인당 GDP(산유국 제외), 기술 수준, 운송과 통신 수준 등 몇몇 변수를 통합했다. 출처는 다음과 같다. 매디슨 프로젝트Maddison Project 데이터베이스(GDP가 세계 평균보다 높은 국가(산유국 제외)를 근대적 국가로 정의); 세계은행 연구개발 데이터베이스, 1인당 GDP, 첨단기술 수출, 1인당 과학자 수 같은 변수들 포함; 2008년 근대화 지수, http://www.s3school.org/soc_index/mi.php; http://www.modernization.com.cn/ms201101.pdf; UN의 여러 데이터베이스.

1946~2010년 치명적인 국가 간 군사분쟁 총 324건 중 다음은 **민주주의** 국가들 간 분쟁의 목록이다. 분쟁 당시 두 민주주의 국가 모두 근대화된 국가로 분류된 경우는 없으며, 두 민주주의 국가 모두 근대화된 국가로 분류되지 않은 경우가 대부분

이다(숫자 1은 각각 민주주의, 근대화, 자본주의 평가값을 나타낸다).

1976 보츠와나 1 0 0	짐바브웨 1 0 0
1981 에콰도르 1 0 0	페루 1 0 0
1984 에콰도르 1 0 0	페루 1 0 0
1986 그리스 1 0 1	터키 1 0 0
1988 키프로스 1 1 1	터키 1 0 0
1989 엘살바도르 1 0 0	온두라스 1 0 1
1993 인도 1 0 0	파키스탄 1 0 0
1996 키프로스 1 1 1	터키 1 0 1
2002 방글라데시 1 0 0	인도 1 0 0
2008 인도 1 0 0	파키스탄 1 0 0

1946~2010년 치명적인 국가 간 분쟁 총 324건 중 다음은 자본주의 국가들 간 분쟁의 목록이다. 분쟁 당시 두 자본주의 국가 모두 근대화된 국가로 분류된 경우는 없으며, 두 자본주의 국가 모두 근대화된 국가로 분류되지 않은 경우가 대부분이다(숫자는 각각 민주주의, 근대화, 자본주의 평가값을 나타낸다).

1948 레바논 0 0 1	이스라엘 1 0 1
1949 이스라엘 1 0 1	요르단 0 0 1
1950 이스라엘 1 0 1	요르단 0 0 1
1955 이스라엘 1 0 1	요르단 0 0 1
1957 이스라엘 1 0 1	요르단 0 0 1
1959 이스라엘 1 0 1	요르단 0 0 1
1962 이스라엘 1 0 1	요르단 0 0 1
1963 이스라엘 1 0 1	요르단 0 0 1
1964 이스라엘 1 0 1	요르단 0 0 1
1967 이스라엘 1 0 1	요르단 0 0 1
1971 이스라엘 1 1 1	요르단 0 0 1
1973 사우디아라비아 0 0 1	이스라엘 1 1 1
1980 이스라엘 1 1 1	레바논 0 0 1
1993 이스라엘 1 1 1	레바논 0 0 1
1995 에콰도르 1 0 1	페루 0 0 1
1996 키프로스 1 1 1	터키 1 0 1

2006 이스라엘 1 1 1　　　레바논 0 0 1

73. Rosecrance, *The Rise of the Trading State*는 원론적으로는 옳지만, 자유무역 논리 쪽으로 균형을 기울인 결정적 요소인 산업혁명에 따른 근본적인 변화를 놓치고 있다. 또한 Richard Rosecrance, *The Rise of the Virtual State: Wealth and Power in the Coming Century*, New York: Basic Books, 1999 참조.
74. B. R. Mitchell, *International Historical Statistics, Europe 1750-1988*, New York: Stockton, 1992, 553-62; Maddison, *The World Economy*, 126, 127, 184; Simon Kuznets, *Modern Economic Growth*, New Haven, CT: Yale UP, 1966, 306-7, 312-14의 데이터에 근거해 계산.
75. Rosecrance, *The Rise of the Virtual State*, 37.
76. John Stuart Mill, *Principles of Political Economy*, New York: Kelley, 1961, bk. Ⅲ, chap. xvii, sect. 5, p. 582.
77. Douglas Gibler and Steven Miller, 'Quick Victories? Territory, Democracies, and Their Disputes', *Journal of Conflict Resolution*, 57:2 (2013), 258-84와 여기에 인용된 참고문헌 참조. 또한 본서의 제6장 주 4 참조.
78. Smith, *The Wealth of Nations*, Ⅳ.ii.23.
79. Mitchell, *European Historical Statistics 1750-1970*, pp. B6, B7.
80. Ronald Inglehart and Christian Welzel, *Modernization, Cultural Change and Democracy: The Human Development Sequence*, New York: Cambridge UP, 2005; Ronald Inglehart, B. Puranen, and Christian Welzel, 'Declining Willingness to Fight for One's Country: The Individual-Level Basis of the Long Peace', *Journal of Peace Research*, 52:4 (2015), 418-34.
81. Thomas Friedman, *The New York Times*, 8 Dec. 1996.
82. 통계에 관해서는 Friedrich von Bernhardi, *Germany and the Next War*, New York: Longmans, 1914, 243-4 참조.
83. Bill Bishop, 'Who Goes to War', *Washington Post*, 16 November 2003; Ann Scott Tyson, 'Youths in Rural U.S. Are Drawn to Military', *Washington Post*, 10 November 2005. 두번째 기사에서 강조하는 점은 신병들의 가난한 경제적 배경이지 시골 출신이라는 사실이 아니다.
84. Rosecrance, *The Rise of the Virtual State*, p. xii, 또한 다른 주요 산업국들에 관해서는 p. 26; Robert Gilpin, *The Challenge of Global Capitalism*, Princeton, NJ: Princeton UP, 2000, 33.
85. 이 사실은 Mark Peceny, Caroline Beer, and Shannon Sanchez-Terry,

'Dictatorial Peace?', *The American Political Science Review*, 96:1 (2002), 15-26의 (제한된) 발견 중 일부를 설명하는 데 도움이 된다. 또한 비민주주의 국가들 간 장기적인 교전 감소에 관해서는 Lars-Erik Cederman, 'Back to Kant', *American Political Science Review*, 93:4 (2001), 791-808 참조.

86. 자유주의의 수준과 평화의 상관관계에 관해서는 Rummel, 'Libertarianism and International Violence'; Rummel, *Power Kills: Democracy as a Method of Nonviolence*, New Brunswick, NJ: Transanction, 1997, p. 5, 제3장 참조. 역사적 점진주의에 관해서는 Bruce Russet and Zeev Maoz의 논의, Russet, *Grasping the Democratic Peace*, 72-3에 포함; 이 논의는 Zeev Maoz, 'The Controversy over the Democratic Peace: Rearguard Action or Cracks in the Wall?', *International Security*, 22:1 (1997), 162-98에서 더 완전하게 개진된다. Russett and Oneal, *Triangulating Peace*, 111-14에 통합.

87. Russet and Maoz, in Russet, *Grasping the Democratic Peace*, 86. 오늘날의 개발도상 세계 일반에 관해서는 Edward Friedman, 'The Painful Gradualness of Democratization: Proceduralism as a Necessary Discontinuous Revolution', in H. Handelman and M. Tessler (eds.), *Democracy and its Limits: Lessons from Asia, Latin America, and the Middle East*, Notre Dame: University of Notre Dame, 1999, 321-40 참조.

88. 이 생각은 19세기까지 거슬러올라가지만, 현대에 큰 영향을 끼친 논증은 Lipset, *Political Man*, New York: Anchor, 1963이다. 더 근래의 저술로는 다음을 참조. Samuel Huntington, *The Third Wave: Democratization in the Late Twentieth Century*, Norman, OK: University of Oklahoma, 1991; Francis Fukuyama, *The End of History and the Last Man*, New York: Free Press, 1992; Larry Diamond, *Developing Democracy*, Baltimore, MD: Johns Hopkins UP, 1999, 특히 34-60, 279-80; Adam Przeworski, Michael Alvarez, Jose Cheibub, and Fernando Limongi, *Democracy and Development*, Cambridge: Cambridge UP, 2000; Michael Mandelbaum, *The Ideas that Conquered the World: Peace, Democracy, and Free Markets in the Twenty-First Century*, New York: Public Affairs, 2002; Mandelbaum, *Democracy's Good Nature: The Rise and Risks of the World's Most Popular Form of Government*, New York: Public Affairs, 2007.

89. Mueller, *Retreat from Doomsday*.

90. Mueller, *Retreat from Doomsday*, 53-68과 상반된다.

91. 이 점은 Bruce Bueno de Mesquita, James Morrow, Randolph Siverson, and Alastair Smith, 'An Institutional Explanation of the Democratic Peace', *The*

American Political Science Review, 93:4 (1999), 791-807의 약점이다.

92. Azar Gat, 'Isolationism, Appeasement, Containment, Limited War: Western Strategic Policy from the Modern to the "Post-Modern" Era', in Zeev Maoz and Azar Gat (eds.), *War in a Changing World*, Ann Arbor: University of Michigan Press, 2001, 77-91; Azar Gat, *Victorious and Vulnerable: Why Democracy Won in the 20th Century and How it is Still Imperiled*, Stanford: Hoover/Rowman & Littlefield, 2010, 제6장.
93. Rummel, *Power Kills*; Mathew Krain and Marrissa Myers, 'Democracy and Civil War: A Note on the Democratic Peace Proposition', *International Interaction*, 23 (1997), 109-18은 선진 민주주의 국가들과 이보다 뒤진 민주주의 국가들을 구분하지 않는다; Tanja Ellingson, 'Colorful Community or Ethnic Witches-Brew? Multiethnicity and Domestic Conflict during and after the Cold War', *Journal of Conflict Resolution*, 44 (2000): 228-49; Errol Henderson and David Singer, 'Civil War in the Post-Colonial World, 1946-92', *Journal of Peace Research*, 37 (2000), 275-99; Errol Henderson, *Democracy and War: The End of an Illusion*, Boudler, CO: Lynne Rienner, 2002, 제5장; Håvard Hegre, Tanja Ellingsen, Scott Gates, and Nils Petter Gleditsch, 'Toward a Democratic Civil Peace? Democracy, Political Change and Civil War, 1816-1992', *American Political Science Review*, 95:1 (2001), 33-48; James Fearon and David Laitin, 'Ethnicity, Insurgency, and Civil War', *American Political Science Review* 97:1 (2003), 75-90; Kristine Eck and Lisa Hultman, 'One-sided violence against civilians in war', *Journal of Peace Research*, 44:2 (2007), 233-46; Christian Davenport, *State Repression and the Domestic Democratic Peace*, Cambridge: Cambridge UP, 2007; Nils Petter Gleditsch, Håvard Hegre, and Håvard Strand, 'Democracy and Civil War', in M. Manus (ed.), *Handbook of War Studies III*, Ann Arbor: University of Michigan, 2009, 155-92; Besley and Persson, *Pillars of Prosperity*.
94. 이번에도 선구적 연구는 Rummel, *Power Kills*다.
95. Small and Singer, 'The War-Proneness of Democratic Regimes'와 Chan, 'Mirror, Mirror on the Wall'은 민주주의 국가들이 관여하는 국가 간 전쟁과 '국가 대 비국가 전쟁'의 차이를 지적하면서도 민주주의 국가들이 거의 비민주주의 국가들만큼이나 자주 전쟁을 먼저 시작했다고 주장한다. 그러나 Nils Gleditsch and Håvard Hegre, 'Peace and Democracy: Three Levels of Analysis', *Journal of Conflict Resolution*, 41:2 (1997), 283-310 참조. Rummel, 'Libertarianism and

International Violence'와 *Power Kills*의 주장(자유주의 국가들이 전반적으로 더 평화적이라는 주장)은 다음 저술들에 의해 보완된다. Domke, *War and the Changing Global System*; Bremer, 'Dangerous Dyads: Conditions Affecting the Likelihood of Interstate War, 1816-1965'; Kenneth Benoit, 'Democracies Really are More Pacific (in General)', *Journal of Conflict Resolution*, 40 (1996), 636-57; David Rousseau, Christopher Gelpi, Dan Reiter, and Paul Huth, 'Assessing the Dyadic Nature of the Democratic Peace, 1918-1988', *American Political Science Review*, 90 (1996), 512-33; David Rousseau, *Democracy and War*, Stanford: Stanford UP, 2005; Jean-Sebastien Rioux, 'A Crisis-Based Evaluation of the Democratic Peace Proposition', *Canadian Journal of Political Science*, 31 (1998), 263-83; Russett은 Russett and Oneal, *Triangulating Peace*, 49-50에서 초기 입장을 바꾼다.

96. Gil Merom, *How Democracies Lose Small Wars*, Cambridge: Cambridge UP, 2003; Azar Gat and Gil Merom, 'Why Counterinsurgency Fails', in Gat, *Victorious and Vulnerable*, 제7장.

97. 이는 Ian Morris의 탁월한 저작 *War! What is it Good For?*, New York: Farrar, Straus, & Giroux, 2014의 요지다.

98. Francis Fukuyama, *State Building: Governance and World Order in the 21st Century*, Ithaca, NY: Cornell UP, 2004, 38-9, 92-3과 비교.

99. Azar Gat, 'The Democratic Peace Theory Reframed: The Impact of Modernity', 인용은 99. 또한 Azar Gat, 'The Arabs' 1848', *The National Interest*, 20 April 2014 참조.

100. Small and Singer, 'The War-Proneness of Democratic Regimes', 63-4에서 지적; Rummel, *Power Kills*에서 개진.

101. Rousseau, *Democracy and War*.

102. Edward Mansfield and Jon Pevehouse, 'Trade Blocs, Trade Flows, and International Conflict', *International Organization*, 54:4 (2000), 775-808; Russett and Oneal, *Triangulating Peace*; Charles Boehmer, Erik Gartzke, and Timothy Nordstrom, 'Do Intergovernmental Organizations Promote Peace?', *World Politics*, 57:1 (2004), 1-38; Jon Pevehouse and Bruce Russett, 'Democratic International Governmental Organizations Promote Peace', *International Organization*, 60:4 (2006), 969-1000; Yoram Haftel, 'Designing for Peace: Regional Integration Arrangements, Institutional Variation, and Militarized Interstates Disputes', *International Organization*, 61:1 (2007), 213-

37.

103. 소비에트군에 관해서는 Anthony Beevor, *The Fall of Berlin 1945*, New York: Penguin, 2003, 410 참조. 제2차세계대전 시기 미군과 일본군에 관해서는 Joshua Goldstein, *War and Gender: How Gender Shapes the War System and Vice Versa*, New York: Cambridge UP, 337, 346 각각 참조.

104. Herbert Moller, 'Youth as a Force in the Modern World', *Comparative Studies in Society and History*, 10 (1967/8), 237-60; Christian Mesquida and Neil Wiener, 'Human Collective Aggression: A Behavioral Ecology Perspective', *Ethnology and Sociobiology*, 17 (996), 247-62; Henrik Urdal, 'A Clash of Generations? Youth Bulges and Political Violence', *International Studies Quarterly*, 50 (2006), 607-29.

105. Mitchell, *European Historical Statistics*, section B2, 특히 p. 37, 52; United Nations, *World Population Prospects: The 2000 Revision*, New York: UN, 2001.

106. United Nations, *World Population Prospects: The 2012 Revision*, New York: UN, 2013, Table S.8.

107. Samuel Huntington, *The Clash of Civilizations and the Remaking of World Order*, New York: Simon & Schuster, 1997, 116-20.

108. Edward Luttwak, 'Blood and Computers: The Crisis of Classical Military Power in Advanced Postindustrialist Societies', in Z. Maoz and A. Gat (eds.), *War in a Changing World*, Ann Arbor, University of Michigan, 2001, 49-75.

109. Lisa Brandes, 'Public Opinion, International Security and Gender: The United States and Great Britain since 1945', 미발표 박사학위논문, Yale University, 1994.

110. Bruce Russet, 'The Democratic Peace—And Yet it Moves', in M. Brown, S. Lynn-Jones, and S. Miller (eds.), *Debating the Democratic Peace*, Cambridge, MA: MIT Press, 1996, 340; Michael W. Doyle, 'Michael Doyle on the Democratic Peace—Again', ibid., 372.

111. Mark Tessler and Ira Warriner, 'Gender, Feminism, and Attitudes towards International Conflict', *World Politics*, 49 (1997), 250-81; Mark Tessler, Jodi Nachtwey, and Audra Grant, 'Further Tests of the Women and Peace Hypothesis: Evidence from Cross-National Survey Research in the Middle East', *International Studies Quarterly*, 43 (1999), 519-31.

제7장 근대화 평화에 대한 도전: 과거와 미래

1. Kalevi Holsti, *Peace and War: Armed Conflict and International Order 1648-1989*, Cambridge: Cambridge UP, 1991, 139-45. Richard Ned Lebow, *Why Nations Fight*, Cambridge: Cambridge UP, 2010도 18세기 이후 영토와 이익이 전쟁의 동기가 되는 사례가 줄었음을 입증한다. 그렇지만 Lebow는 18세기 이후 절대다수 전쟁의 동기를 '명망'과 '정신'으로 해석하는 탓에 실질적이고 구체적인 동기, 즉 종족-민족 열망을 놓친다.
2. Azar Gat, with Alexander Yakobson, *Nations: The Long History and Deep Roots of Political Ethnicity and Nationalism*, Cambridge: Cambridge UP, 2013, 제6장.
3. Douglas Gibler and Steven Miller, 'Quick Victories? Territory, Democracies, and Their Disputes', *Journal of Conflict Resolution*, 57:2 (2013), 258-84는 영토 분쟁이 줄어든 것이 전반적인 교전 감소, 특히 민주주의 국가들 간 교전 감소의 원인이라고 말한다. 그렇지만 두 저자는 민주주의 국가들 간에 영토 분쟁이 줄어든 이유를 설명하지도, 이런 분쟁 감소를 공개 무역이나 민주주의 및 자유주의의 수준과 연관 짓지도 않는다.
4. Gat, *Nations*, 제6장; Benjamin Miller, *States, Nations and Great Powers: The Sources of Regional War and Peace*, Cambridge: Cambridge UP, 2007.
5. John Gallagher and Ronald Robinson, 'The Imperialism of Free Trade', *Economic History Review*, 4 (1953), 1-15.
6. Lance Davis와 Robert Huttenback은 *Mammon and the Pursuit of Empire: The Political Economy of British Imperialism, 1860-1912*, Cambridge: Cambridge UP, 1986에서 J. M. A. Hobson, *Imperialism: A Study*, Ann Arbor: University of Michigan, 1965 [1902]와 V. I. Lenin, *Imperialism: The Highest Stage of Capitalism*, New York: International Publishers, 1939가 틀렸음을 입증한다. 또한 D. K. Fieldhouse, *Economics and Empire 1830-1914*, Ithaca, NY: Cornell UP, 1973도 참조. 프랑스에 관해서는 Henri Brunschwig, *French Colonialism 1871-1914: Myths and Realities*, New York: Praeger, 1966, 90-1, 96 참조.
7. Azar Gat, *War in Human Civilization*, Oxford: Oxford UP, 2006, 542-57.
8. Daniel Headrick, *The Tools of Empire: Technology and European Imperialism in the Nineteenth Century*, New York: Oxford UP, 1981.
9. Ronald Robinson and John Gallagher, *Africa and the Victorians: The Climax of Imperialism*, Garden City, NY: Doubleday, 1968.
10. Dale Copeland, 'Economic Interdependence and War: A Theory of Trade

Expectations', *International Security*, 20:4 (1996), 5-41과 비교.

11. Seymour Lipset, *Political Man*, New York: Anchor, 1963; Francis Fukuyama, *The End of History and the Last Man*, New York: Free Press, 1992; Michael Mandelbaum, *The Ideas that Conquered the World: Peace, Democracy, and Free Markets in the Twenty-First Century*, New York: Public Affairs, 2002; Mandelbaum, *Democracy's Good Name: The Rise and Risks of the World's Most Popular Form of Government*, New York: Public Affairs, 2007.
12. 예컨대 이 요인은 Robert Dahl, *On Democracy*, New Haven, CT: Yale UP, 1998, 163-5에서 언급되지 않는다. 그렇지만 Dahl은 *Polyarchy*, New Haven, CT: Yale UP, 1971에서 외국의 점령과 영향이 민주주의의 원인일 수 있음을 인정한다. 미국 요인은 Niall Ferguson, *The Cash Nexus: Money and Power in the Modern World, 1700~2000*, New York: Basic Books, 2001, 제12장에서도 언급되지 않는다. 심지어 제12장의 제목이 '미국의 물결: 민주주의의 일진일퇴'임에도 그렇다. Michael Doyle, *Ways of War and Peace: Realism, Liberalism, and Socialism*, New York: Norton, 1997, 269-70, 277에서도 암시할 뿐이다. 특히 Mandelbaum, *The Ideas that Conquered the World*, 87-95; Mandelbaum, *Democracy's Good Name*, 66ff.; Walter Russell Mead, *God and Gold: Britain, America, and Making of the Modern World*, New York: Knopf, 2007은 영국 권력과 미국 권력의 독특한 원천을 아주 잘 설명하지만 20세기에 관해서는 거의 말하지 않는다; Robert Kagan, *The America Made*, New York: Knopf, 2012 참조. Fukuyana, *The End of History*, 16-17, 127-9는 파시즘이 국제 체제와 충돌했기 때문에 패했다고 말할 뿐 그 '체제'가 더 강했던 이유는 말하지 않는다. 어쨌거나 대립하는 두 진영이 있었다는 것이다. Dan Reiter and Allan Stam, *Democracies at War*, Princeton: Princeton UP, 2002, 136은 유럽에서나 태평양에서나 미국의 참전으로 균형이 기울었다고 인정하면서도, 사례 하나—설령 전 세계에서 단연 강력한 국가, 20세기 최대 규모의 군사분쟁들과 민주주의의 운명을 결정한 국가가 관여한 사례라 할지라도—를 일반화해서는 안 된다며 미국 요인 덕분에 민주주의 국가들이 군사적 승리를 거두었다는 설명을 거부한다. Samuel Huntington은 *The Third Wave: Democratization in the Late Twentieth Century*, Norman, OK: University of Oklahoma, 1991에서 양차 대전의 승리를 비롯한 국제적 상황을 잘 알고 있으면서도 민주주의 국가들이 승리한 이유를 논하지 않는다. 그리고 Tony Smith, *America's Mission: The United States and the Worldwide Struggle for Democracy in the Twentieth Century*, Princeton: Princeton UP, 1994, 10-12, 147 참조.
13. Lipset, *Political Man*; Dahl, *Polyarchy*; Larry Diamond, 'Economic

Development and Democracy Reconsidered', in G. Marks and L. Diamond (eds.), *Reexamining Democracy*, Newbury Park: Sage, 1992, 93-139; Axel Hadenius, *Democracy and Development*, Cambridge: Cambridge UP, 1992; Robert Barro, 'Determinants of Economic Growth: A Cross-Country Empirical Study', *National Bureau of Economic Research Working Paper*, 5698 (1996); Amartya Sen, *Development and Freedom*, New York: Knopf, 1999는 역사적 시각을 거의 보여주지 않는다. 이론적 논의로는 Mancur Olson, *Power and Prosperity: Outgrowing Communist and Capitalist Dictatorships*, New York: Basic Books, 2000 참조. Ferguson, *The Cash Nexus*, 348-9, 363-9는 훌륭한 요약과 분석이다. 또한 Fukuyama, *The End of History*, 123. 포괄적인 두 연구 Adam Przeworski, Michael Alvarez, Jose Cheibub, and Fernando Limongi, *Democracy and Development*, Cambridge: Cambridge UP, 2000은 탁월하고, Morton Halperin, Josef Siegle, and Michael Weinstein, *The Democracy Advantage: How Democracies Promote Prosperity and Peace*, New York: Routledge, 2005는 더 제한적인 책이다. 두 저작 모두 자본주의 독재와 비자본주의(공산주의 포함!) 독재를 구분하지도, 동아시아의 자본주의적 비민주주의 국가들이 거둔 놀라운 경제적 성과를 설명하지도 않는다.

14. Fareed Zakaria, *The Future of Freedom: Illiberal Democracy at Home and Abroad*, New York: Norton, 2003.
15. Azar Gat, 'The Return of Authoritarian Great Powers', *Foreign Affairs*, 86:4 (2007), 59-69; Gat, 'Which Way is History Marching: Debating the Authoritarian Revival', *Foreign Affairs*, 88:4 (2009), 150-5; Gat, *Victorious and Vulnerable: Why Democracy Won in the 20th Century and How it is Still Imperiled*, Stanford: Hoover/Rowman & Littlefield, 2010. Martin Jacques의 *When China Rules the World: The End of the Western World and the Birth of a New Global Order*, 2nd edn, New York: Penguin, 2012는 나의 논점과 비슷한 논점 여럿을 더 폭넓게 논하며 아주 잘 읽힌다. 다만 제목이 부적절하다.
16. Alan Greenspan, *The Age of Turbulence*, New York: Penguin, 2007, 275.
17. Mandelbaum, *Democracy's Good Name*, 114-18.
18. Ibid., 96-100; Fukuyama, *The End of History*, 제27장; Dahl, *On Democracy*, 173-9.
19. Merle Goldman, *From Comrade to Citizen: The Struggle for Political Rights in China*, Cambridge, MA: Harvard UP, 2005; Susan Shirk, *China: Fragile Superpower*, Oxford: Oxford UP, 2007; John Thornton, 'Long Time Coming:

The Prospects for Democracy in China', *Foreign Affairs*, Jan.-Feb. 2008; James Mann, *The China Fantasy: Why Capitalism Will not Bring Democracy to China*, New York: Penguin, 2006은 나와 비슷한 여러 주장을 한다. 관련 측면들을 폭넓게 개관하는 저술로는 Cheng Li (ed.), *China's Changing Political Landscape: Prospects for Democracy*, Washington, DC: Brookings, 2008; Jacques, *When China Rules the World*; Mark Leonard, *What Does China Think*, London: HarperCollins, 2008 참조.

20. J. Damm and S. Thomas (eds.), *Chinese Cyberspaces: Technological Changes and Political Effects*, New York: Routledge, 2006; Johan Lagerkvist, 'Internet Ideotainment in PRC: National Responses to Cultural Globalization', *Journal of Contemporary China*, 17 (2008), 121-40; Fareed Zakaria, *The Post-American World*, New York: Norton, 2008, 83.
21. 이 주제에 관한 책은 아주 많다. Robert Taylor (ed.), *The Idea of Freedom in Asia and Africa*, Stanford: Stanford UP, 2002; Daniel Bell, *Beyond Liberal Democracy: Political Thinking for an East Asian Context*, Princeton: Princeton UP, 2006; Randall Peerenboom, *China Modernizes: Threats to the West or Model for the Rest?*, Oxford: Oxford UP, 2007.
22. 예컨대 Joshua Kurlantzick, *Charm Offensive: How China's Soft Power is Transforming the World*, New Haven, CT: Yale UP, 2007 참조.
23. Freedom House, 'Freedom in the World 2015: Discarding Democracy: Return to the Iron Fist'(온라인); 또한 Larry Diamond, 'Facing Up to the Democratic Recession', *Journal of Democracy*, 26:1 (2015), 141-55 외 이 쟁점에 관한 여러 기고문.
24. Zakaria, *The Post-American World*.
25. Paul Kennedy, *The Rise and Fall of the Great Powers: Economic Change and Military Conflict from 1500 to 2000*, New York: Random House, 1987. 몇몇 중요한 해석 차이를 Ferguson, *The Cash Nexus*와 나의 *War in Human Civilization*, 515-24에서 찾아볼 수 있다.
26. 경제력과 군사 잠재력을 평가하는 결점 없는 방법은 없다. 예를 들어 GNP는 산업화 이전 농경사회와 산업-기술 사회를 비교할 경우 힘을 가늠하기에 부적합한 척도라는 것이 밝혀졌다. 이 점은 무엇보다 19세기 중국과 이보다는 덜하지만 러시아의 경우에 확연히 드러난다. 19세기에 두 나라의 산업화 이전 경제는 확실히 낙후되어 있었다. 그리고 양국의 군사력은 약했고, 강대국 지위는 곤두박질치고 있었다. 그럼에도 총 GNP를 보면 두 나라는 여전히 대국이었다. 반면에 GDP는 근대화

과정에 확실하게 들어선 국가들의 군사 잠재력을 가늠할 경우 아주 적절한 척도인 것으로 보인다. 대규모 산업의 시대인 19세기와 20세기 동안 한 국가의 군사 잠재력을 가장 잘 반영한 수치는 제조업 생산량이었을 것이다. 그렇지만 제조업은 개발도상국가들 또는 이류 국가들에 집중되어온 반면 부와 최첨단기술은 대체로 가장 발전한 국가들에 계속 집중되어 있으므로, 이제 GDP는 예전만큼 군사 잠재력을 나타내지 못하는 것으로 보인다. 나는 선별한 주요 수치를 여럿 제시하는데, 어느 정도는 이런 문제들 때문이고, 어느 정도는 데이터 출처들이 서로 다르기 때문이다.

Paul Bairoch, 'Europe's Gross National Product: 1800~1975', *Journal of European Economic History*, 5 (1976), 273-340; Bairoch, 'International Industrialization Levels from 1750 to 1980', *Journal of European Economic History*, 11 (1982), 269-333은 중요한 비교역사적 경제 통계를 제공한다. Bairoch는 고전적 산업 시대 동안 어느 나라의 경제가 선도적이고 더 앞서 있었는지를 반영한 요소인 각국 제조업 생산량의 가치 규모에 초점을 맞추었다. Kennedy가 *The Rise and Fall of the Great Powers*에서 채택한 이 척도는 같은 기간 동안 강대국들의 상대적인 전쟁 수행 잠재력도 매우 잘 나타내는 것으로 입증되었다.

Angus Maddison, *The World Economy: A Millennial Perspective*, Paris: OECD, 2001은 현재까지의 역사적 GDP와 1인당 GDP의 가장 포괄적인 추정치를 제공한다. Maddison은 데이터를 비교하기 위해 구매력평가지수(PPP)를 사용했다. 그렇지만 Fareed Zakaria가 *The Post-American World*에서 올바로 지적한 대로, 명목 GDP 수치는 각국의 군사 잠재력을 아주 직접적으로 나타내는 반면 PPP 값은 그렇지 않은 것으로 보인다. Maddison의 역사적 추정치가 귀중하고 또 대체 불가능하기 때문에, 나는 각국의 총 GDP와 1인당 GDP(경제 발전을 나타내는 가장 명백하고 일반화된 지표)를 혼합하는 방법으로 PPP 값을 조정했다. 내가 사용한 공식은 한 나라의 GDP를 1인당 GDP의 제곱근 또는 세제곱근과 곱하는 것이다(모두 PPP 수치로). 루트값을 사용하는 데에는 여러 이유가 있겠지만, 실은 상대적 권력과 관련한 역사적 경험에 루트값이 가장 잘 들어맞는 것으로 보이기 때문이다. 제곱근을 사용할지 세제곱근을 사용할지 여부는 주로 관여하는 전쟁 유형의 기술 집약도와 연관이 있다. 예를 들어 지상전(세제곱근 값으로 치우치는 경향이 있다)과 비교해 해전과 공중전은 대체로 기술 집약도가 더 높고 따라서 발전 수준에 더 의존한다(그리하여 제곱근 값으로 치우치는 경향이 있다).

Correlates of War Project가 (온라인으로) 제공하는 국가물질역량 통계 자료를 포함해 권력을 나타내는 다른 지수들도 있다. 이 종합지수는 여섯 지표에 동일한 중요도를 부여한다. 이 가운데 두 개는 산업 지표(철강 생산량과 에너지 소비량)이고, 두 개는 인구 규모(총 인구와 도시 인구)와 관련되며, 두 개는 군사 지표(군 인력의 수와 군사비)다. 군사 지표를 두 개 포함한다는 것은 이 지수가 잠재 권력보다 특정 시점의 실제 군사력과 군사대비태세를 더 잘 평가한다는 것을 뜻한다. 예를 들어 이 지수는 미국의 국력을 체계적으로 과소평가한다. 미국은 지난 두 세기의 대부분 동안 실제로 경쟁국들보다 낮은 평시 군사 동원과 군사비 수준을 유지했으나 잠재적 동원 능력 면에서는 그들을 압도했다. 게다가 이 지수에서 기술 발전 수준을 나타내는 지표들은 '고전적' 산업 시대(얼추 1870-1970) 이외의 시기를 심각하게 왜곡한다. 증기력이 도입되자 에너지 소비량은 급속히, 군사력보다 훨씬 빠르게 증가했다. 그 이후 에너지 소비량은 훨씬 느리게, 기술과 군사 발전 일반의 속도보다 느리게 증가했다. 더구나 1973년 석유 위기 이래, 그리고 정보화 시대 동안 에너지 소비량은 더욱 느리게 증가했고, 일부 선진국에서는 효율 증대 덕분에 오히려 감소하기까지 했다. 오랫동안 특정 국가의 경제력을 나타내는 핵심 지표였던 철강 생산량도 비슷한 추이를 보였다. 제조업 생산량 일반과 마찬가지로 철강 생산량은 정보화 시대 동안 선진국들에서 감소했고 이류 개발도상 경제들의 특징이 되었다. 도시화 수준 역시 산업화 이후 정체기에 접어들어 더이상 높아지지 않고 있다. 요컨대 국가물질역량 지수는 변화하는 역사적 조건을 충분히 고려하여 일반화한 지수가 아니며 많은 사례를 크게 왜곡하고 있다.

A. Organski와 Jacek Kugler는 *The War Ledger*, Chicago: University of Chicago, 1980에서 GNP와 정부가 징수하는 몫을 결합한 척도를 고안했다. 이것은 전반적으로 괜찮은 척도인데, 경제적 잉여와 국가의 징수 역량 둘 다 근대화와 더불어 증대하기 때문이다.

27. 나는 Maddison, *The World Economy*의 데이터에 근거해 하부구조적 권력 수치를 계산했다. 다만 (Maddison의 책에서 구할 수 없는) 1938년 데이터는 Mark Harrison (ed.), *The Economies of World War II: Six Great Powers in International Comparison*, Cambridge: Cambridge UP, 1998, 3, 7에서 얻었다.
28. *CIA World Factbook*의 데이터(온라인)에 근거.
29. 예컨대 Nicholas Eberstadt, 'The Demographic Future', *Foreign Affairs*, 89:6 (Nov. 2010), 54-64 참조.
30. Michael Beckley, 'China's Century? Why America's Edge Will Endure', *International Security*, 36:3 (2011-12), 41-78, 그리고 Kagan, *The World America Made*, 105-7과 비교. 둘 다 아주 지적으로 주장을 펴지만, 미래 추세의 중요성을 충분히 인식하지 못하는 듯하다. 또한 Joseph Nye, 'The Future of American Power', *Foreign Affairs*, 89:6 (Nov. 2010), 2-12 참조.
31. 미국 농무부 경제연구청, 'Real GDP (2010 dollars) Projections', and 'Real Per Capita GDP (2010 dollars) Projections'(온라인).

32. Bairoch, 'International Industrialization Levels'.

33. Sam Perlo-Freeman and Carina Solmirano, 'Trends in World Military Expenditure, 2013', Solna, Sweden: The Stockholm International Peace Research Institute(SIPRI), April 2014, 2. The International Institute for Strategic Studies, London's *Military Balance 2015*, 'Top 15 Defence Budgets 2014'는 약간 다르지만 기본적으로 같은 그림을 보여준다.

34. 분쟁 관련 데이터는 다음 출처에서 얻었다. 웁살라 대학의 전투 관련 사망자 데이터 집합Battle-Related Deaths; 'List of Ongoing Armed Conflicts', Wikipedia; 'Modern Conflicts Table', Political Economy Research Institute, University of Amherst; Joshua Goldstein, 'Wars in Progress', July 2014, International Relations.com(모두 온라인). 1인당 GDP(명목)는 UN 통계국, 'National Accounts, Main Aggregates Database'(온라인).

35. 이와 비슷한 다른 설명은 다음 참조. Håvard Hegre, Joakim Karlsen, Håvard Mokleiv Nygård, Håvard Strand, and Henrik Urdal, 'Predicting Armed Conflict, 2010-2050', *International Studies Quarterly*, 57 (2013), 250-70; James Fearson and David Laitin, 'Ethnicity, Insurgency, and Civil War', *The American Political Science Review*, 97:1 (Feb. 2003), 75-90; Nicolas Berman, Mathieu Couttenier, Dominic Rohner, and Mathias Thoenig, 'This Mine is Mine! How Minerals Fuel Conflicts in Africa', Oxford Centre for the Analysis of Resource Rich Economies, Research Paper 141(온라인).

36. John Mueller, *The Remnants of War*, Ithaca, NY: Cornell UP, 2007.

37. 제6장 주 68과 관련 본문 참조.

38. Milton Leitenberg, *Death in Wars and Conflicts in the 20th Century*, Cornell University Peace Studies Program, Occasional Paper 29, 2006, 70-6; Timothy Besley and Torsten Persson, *Pillars of Prosperity: The Political Economics of Development Clusters*, Princeton: Princeton UP, 2011.

39. John Jackson, *The World Trading System*, Cambridge, MA: MIT, 1997, 74.

40. Richard Rosecrance, *The Rise of the Virtual State*, New York: Basic Books, 1999, 37; Robert Gilpin with Jean Gilpin, *The Challenge of Global Capitalism: The World Economy in the 21st Century*, Princeton: Princeton UP, 2000, 20-3.

41. McKinsey Global Institute, 'Global Flows in a Digital Age: How Trade, Finance, People, and Data Connect the World Economy', 2014, 4-5, 88(온라인).

42. Thomas Christensen, 'Fostering Stability or Creating a Monster? The Rise of

China and US Policy toward East Asia', *International Security*, 31:1 (2006), 81-126와 비교.

43. 데이터는 다음 출처에서 모아 집계했다(모두 온라인으로). 미국 인구조사국, 'US Trade: Top Trading Partners—Total Trade, Exports, Imports', Dec. 2012; 유럽연합 집행위원회, 무역총국, 'Top Trading Partners 2013'; 세계무역기구, 'Trade Profiles by Country'; *The CIA World Factbook 2013*, Country Comparison: Stock of Direct Foreign Investment.

44. McKinsey, 'Global Flows in an Digital Age', 4-5; 세계무역기구, 'Modest Trade Recovery to Continue in 2015 and 2016 Following Three Years of Weak Expansion', 보도자료, 14 April 2015(온라인).

45. John Ikenberry, 'The Future of the Liberal World Order: Internationalism After America', *Foreign Affairs* (May-June 2011); Ikenberry, *Liberal Leviathan: The Origins, Crisis, and Transformation of the American World Order*, Princeton: Princeton UP, 2011.

46. Andrew Nathan, 'China's Challenge', *Journal of Democracy*, 26:1 (2015), 156-70, 인용은 156.

47. 가능한 시나리오들을 약술하고 그중 결국 무엇이 현실이 될지 알기란 불가능하다는 것을 강조하는 저술들로는 다음이 있다. Aaron Friedberg, 'The Future of U.S.-China Relations: Is Conflict Inevitable?', *International Security*, 30:2 (2005), 7-45; Friedberg, *The Contest for Supremacy: China, America, and the Struggle for Supremacy in Asia*, New York: Norton, 2011(현재까지 가장 포괄적이고 균형 잡힌 검토); Legro Jeffrey, 'What China Will Want: The Future Intentions of a Rising Power', *Perspective on Politics*, 5:3 (2007), 515-34; Randall Schweller and Xiaoyo Pu, 'After Unipolarity: China's Visions of International Order in an Era of U.S. Decline', *International Security*, 36:1 (2011), 41-72; Henry Kissinger, *On China*, New York: Penguin, 2011. 학자 겸 미디어 논평가 Fareed Zakaria는 처음에 'Obama Needs to Lead with Feeling', *The Washington Post*, 2014년 5월 8일 자에서 Ikenberry를 호의적으로 인용했다가 'China's Growing Clout', *The Washington Post*, 2014년 11월 13일 자와 'With an Absent United States China Marches On', *The Washington Post*, 2015년 7월 2일 자에서 동전의 반대쪽을 더 의식하게 되었다. Edward Steinfeld, *Playing Our Game: Why China's Economic Rise Doesn't Threaten the West*, Oxford: Oxford UP, 2010은 전반적으로 낙관적이지만, 선정적인 제목은 이 책의 실제 내용을 제대로 반영하지 않는다. Yong Deng, *China's Struggle for Status: The Realignment of*

International Relations, Cambridge: Cambridge UP, 2008과 David Shambaugh, *China Goes Global: The Partial Power*, Oxford: Oxford UP, 2013은 유익한 개관이다.

48. 세계무역기구, 'Trade Profiles by Country'; 미국 인구조사국, 'Top Trading Partners—December 2013'; 유럽연합 집행위원회, 에너지총국, 'Registration of Crude Oil Imports and Deliveries in the European Union, 1-12/2013'; 유럽연합 집행위원회, 'Quarterly Reports on European Gas Markets' (2014); Ralf Dickel et al., 'Reducing European Dependence on Russian Gas', Oxford Institute for Energy Studies (2014); 모두 온라인.
49. 이 주제를 설명한 최근 논문은 Lilia Shevtsova, 'Forward to the Past in Russia', *Journal of Democracy*, 26:2 (2015), 22-36이다.
50. 세계은행, 'Urban Population(% of Total)'; Wikipedia, 'Urbanization by Country'; 둘 다 온라인.
51. The CIA, 'A Look at International Labor and Unemployment'(온라인).
52. UN, *World Population Prospects: The 2000 Revision*, New York: UN, 2001; UN, *The 2012 Revision*, New York: UN, 2013, Table S.8.
53. 세계은행, 'Fertility Rates, Total (Births per Woman)'(온라인); A. Korotayev et al., 'A Trap at the Escape from the Trap? Demographic-Structural Factors of Political Instability in Modern Africa and West Asia', *Cliodynamics*, 2:2 (2011), 1-28.
54. *The Economist*, 15 Aug. 2015, 49.
55. The CIA, 'The World Factbook: Sex Ratio'(온라인).
56. McKinsey, 'Global Flows in a Digital Age'; Zakaria, *The Post-American World*, 83.
57. Scott D. Sagan(반대론) and Kenneth N. Waltz(찬성론), *The Spread of Nuclear Weapons*, New York: Norton, 1999; 제2판(2003)에 테러리스트의 핵위협이 추가되었다. 126-30, 159-66. 2007년부터 〈월스트리트 저널〉에 기고한 일련의 글에서 George Shultz, William Perry, Henry Kissinger, and Sam Nunn은 핵확산에 따른 위험, 냉전과의 차이점, 비재래식 테러의 위협을 강조했다. Devin Hagertly, *The Consequences of Nuclear Proliferation*, Cambridge, MA: MIT Press, 1998도 균형 잡힌 훌륭한 논의다.
58. Philip Cohen, 'A Terrifying Power', *New Scientist*, 30 Jan. 1999, 10; Rachel Nowak, 'Disaster in the Making', *New Scientist*, 13 Jan. 2001, 4-5; Carina Dennis, 'The Bugs of War', *Nature*, 17 May. 2001, 232-5; S. Drell, A. Sofaer,

and G. Wilson (eds.), *The New Terror: Facing the Threat of Biological and Chemical Weapons*, Stanford: Hoover Institution, 1999. 이 모든 저술과 그 밖에 이 장에서 인용한 다른 저술들이 9·11의 '공포' 이전에 쓰였고 따라서 그에 영향을 받지 않았다는 데 유의하라.

59. Nadine Gurr and Benjamin Cole, *The New Face of Terrorism: Threats from Weapons of Mass Destruction*, London: Tauris, 2000; Anne Applebaum이 'The Next Plague', *The Washington Post*, 2004년 2월 18일 자에서 인용한 익명 과학자; Spencer Hsu, 'Modest Gains against Ever-Present Bioterrorism Threat', *The Washington Post*, 3 Aug. 2008.

60. David Kaplan, 'Aum Shinrikyo', in J. Tucker (ed.), *Toxic Terror: Assessing Terrorist Use of Chemical and Biological Weapons*, Cambridge, MA: MIT Press, 2000, chap. 12; Gurr and Cole, *The New Face of Terrorism*, 51.

61. Tara O'Toole, Mair Michael, and Thomas Inglesby, 'Shining Light on "Dark Winter"', *Clinical Infectious Diseases*, 34:7 (2002), 972-83.

62. 철저한 비판은 Milton Leitenberg, *Assessing the Biological Weapons and Bioterrorism Threat*, Carlisle, PA: The US Army War College Strategic Studies Institute, 2005; Leitenberg, 'Assessing the Threat of Bioterrorism', in Benjamin H. Friedman et al. (eds.), *Terrorizing Ourselves*, Washington, DC: CATO Institute, 2010, 161-83 참조.

63. John Mueller, *Overblown: How Politicians and the Terrorism Industry Inflate National Security Threats, and Why We Believe Them*, New York: Free Press, 2006; 또한 Mueller, *Atomic Obsession: Nuclear Alarmism from Hiroshima to Al-Qaeda*, New York: Oxford UP, 2010.

64. Hsu, 'Modest Gains'.

65. John Parachini, 'Putting WMD Terror into Perspective', *Washington Quarterly*, 26:4 (2003), 37-50도 참조. Michael Levi의 포괄적이고 균형 잡힌 *On Nuclear Terror*, Cambridge, MA: Harvard UP, 2007은 핵 테러를 더 걱정한다.

66. Mueller, *Overblown*, 20. 생물 테러의 위협에 대한 박식한 비판은 Leitenberg의 *Assessing the Biological Weapons and Bioterrorism Threat*와 'Assessing the Threat of Bioterrorism'이다.

67. David Ignatius, 'Portents of a Nuclear Al-Qaeda', *The Washington Post*, 18 Oct. 2007.

68. 예를 들어 이슬람국가에 가담했던 어느 튀니지인 화학과 학생의 컴퓨터를 시리아에서 획득해 확인해보니 다량의 테러리스트 교육 자료에 더해 가래톳페스트를 무

기로 사용하는 방법을 알려주는 매뉴얼까지 들어 있었다. 또한 불신자에게 대량살상무기를 사용하는 것이 이슬람 교리와 율법에 위배되지 않는다는 권위자의 견해도 담겨 있었다. *Foreign Policy*, 28 Aug. 2014.

69. UN 주재 미국 공관, 4 Sept. 2014(온라인).
70. *The Spectator*, 30 Sept. 2014.
71. Graham Allison, *Nuclear Terrorism: The Ultimate Preventable Catastrophe*, New York: Times Books, 2004; Levi, *On Nuclear Terror*, 그리고 더 일반적인 Philip Bobbitt, *Terror and Consent: The Wars for the Twenty-First Century*, New York: Knopf, 2008 참조.
72. *The Independent*, 16 March. 2009.
73. Obama's Nobel Peace Prize Speech, 10 Dec. 2009(온라인).

옮긴이의 말

아자 가트의 전작 『문명과 전쟁』이 출간된 뒤 많은 독자들이 인터넷상에 의견을 남겨주셨다. 고맙게도 호평이 주를 이루었지만, 더러 내용이 명확하게 정리되지 않는다는 의견도 있었다. 그럴 만도 한 것이, 선사시대부터 현대까지 문명과 전쟁의 상호작용을 추적하고 설명하기 위해 굵직한 논제를 여럿 다루었기 때문이다. 인간의 진화적 자연 상태, 전쟁의 근원, 정치체의 성장과 다변화, 부와 권력의 상호 변환, 민주주의 평화, 비재래식 테러 등 저마다 별도의 책에서 다룰 만한 논제들을 한 권에서 다루다보니 책의 초점이 다소 흐려져 전체를 조망하기가 쉽지 않았을 것이다.

그런 독자들은 '사람들은 왜 싸우는가'라는 물음 하나에만, 즉 전쟁의 원인에만 초점을 맞추는 이 책을 통해 이른바 '전쟁 수수께끼'를 명확히 이해할 수 있을 것이다. 이 책에서 전쟁의 원인을 분석하는 저자의 기본적인 논지는 『문명과 전쟁』의 논지와 거의 같다. 그렇지만 이 책은 새로운 연구 성과를 더해 기존 논증을 확장한다는 점에서 한 걸음 더 나아간다. 말하자면 이 책은 『문명과 전쟁』에서 전쟁의 원인과 관련된 내용을 추린 축약판인 동시에 기존 논증을 넓힌 확장판이다.

저자가 일관되게 설명하는 전쟁의 '진화론적 논리'를 거칠게 요약하자면 다음과 같다. 인간은 자원이 부족한 근본적인 조건에서 생존과 번식을 위해 끊임없이 투쟁해야 한다는 점에서 자연계의 다른 생물들과 다르지 않다. 우리 종의 본성적 성향과 욕구 체계는 인류 역사의 90퍼센트 이상을 차지하는 진화적 자연 상태 기간에 형성되었다. 이 수렵채집 세계에서 인간에게는 욕구를 채우는 세 가지 선택지가 있었으니 첫째 협력, 둘째 평화적 경쟁, 셋째 폭력적 분쟁이었다. 세 선택지 모두 인류의 초창기부터 상존하는 가능성이자 행동 전략이었다. 그리고 친족으로 이루어진 수렵채집 사회에서 폭력적 분쟁은 애초부터 개인 수준은 물론이고 집단 수준에서도 일어났다(그러므로 루소주의는 '고전적 루소주의'든 '확장된 루소주의'든 '유사 루소주의'든 모두 틀린 이론이다). 폭력이 처음부터 우리와 함께였다고 해서 '억누를 수 없는 충동'이고 따라서 전쟁이 불가피한 것은 아니다. 폭력은 진화를 거치며 정밀하게 조율된 전술, 선천적인 동시에 선택적인 전술로서 생존과 번식 계산법에 따라 사용되기도 하고 사용되지 않기도 한다. 전쟁의 근원은 생존과 번식에 필요한 욕구의 대상들을 폭력적 수단을 사용해 추구하거나 방어하려는 인간의 동기에 있다. 그리고 전쟁이란 그런 대상들을 집단 수준에서 폭력적 수단으로 얻으려는 활동이다. 자원 부족에서 기인하는 경쟁 상황에서 이득을 얻고자 폭력적 수단을 선택함으로써 다른 사람들에게 분쟁을 강요한 이들은 언제나 있었으며, 그런 분쟁은 십중팔구 '안보 딜레마' 또는 '붉은 여왕 효과'로 귀결되었다.

이 책을 위해 새로 쓴 제4장과 제5장에서 저자는 인류학과 국제관계학에서 전쟁의 원인을 다루는 거대담론들에 어떤 결점이 있는지 비판적으로 검토한다. 저자의 요점을 간단히 말하자면, 인류학의 문제는 진화론을 거부하거나 제대로 이해하지 못한 탓에 생물학적 진화와 문화적 진화를 나누고 생존과 번식을 따로 다루는 등 그릇된 이분법을 고수해왔다는 것이다. 그리고 국제관계학의 문제는 권력 추구가 인간 본성에 내재한다고 전제한 채 권력 투쟁이 일어나는 이유를 설명하지 않는다는 것(고전적 현실주의), 전쟁의 원인이 무정부적 국제 체제에서 기인하는 '안보 딜레마'에 있다고 상정한 채 애당초 '안보 딜레마'가 생기는 이유를 설명하지 않는다는 것(구조현실주의)이다. 요컨대 국제관계학의 현실주의는 전쟁을 낳는 근원인 인간의 동기를 놓치고 있거나 설명에서 배제한다. 저자는 전쟁의 원인을 밝히려면 개인 수준, 국가 수준, 국제 체제 수준을 쪼개지 말고 하나의 3차원 전체로 설명해야 하고, 여기에 역사적 변화라는 시간 차원까지 더해야 한다고 주장한다.

제6장과 제7장에서는 지난 200년간 전쟁이 감소했는지, 실제로 감소했다면 그 이유는 무엇인지 분석한다. 그리고 전쟁이 감소한 이유를 설명하는 민주주의 평화론, 자유주의 평화론, 자본주의 평화론 등을 근대화 평화론이라는 포괄적인 얼개 안에 담아낸다. 저자에 따르면 전근대 전쟁과 비교해 근대 전쟁 자체의 비용이 늘어나고 수익성이 떨어진 것이 아니라 근대 들어 평화로운 상호작용의 수익성이 기하급수적으로 높아진 것이다. 다시 말해 근대화가 이루어지는 가운데 평화의 보상이 커짐에 따라 폭력적 분쟁 전략과 평화적 경쟁 전략의 상대적 균형이 후자 쪽으로 기울어진 것이다. 이는 곧 폭력 선택지에 의존할 경우 인간의 욕구를 충족할 가능성이 평화 선택지에 의존할 경우보다 훨씬 낮아진다는 것을 의미한다.

저자는 근대화 평화의 추세를 논증하면서도, 이 추세에서 퇴행과 역행이 일어날 수 있다고 경고한다. 전반적으로 평화를 가져오는 자본주의-자유주의-민주주의적 근대화 경로가 이제껏 우세를 점해왔지만, 근래에 비자유주의-비민주주의적 근대화 경로들이 다시 제시되어 세계무대에서 경쟁을 벌이고 있고, 또 반근대주의와 실패한 근대주의 역시 아직까지 생기를 잃지 않았기 때문이다.

이 책을 먼저 읽은 독자들은 여기서 다루지 않는 인류의 문화적 진화, 그중에서도 무력과 관련해 국가와 문명의 성장을 추적하는 『문명과 전쟁』 제2부와 제3부의 앞부분을 보충해 읽으면 좋을 것이다.

찾아보기

도판 출처

[24쪽] Karl G. Heider의 사진. ⓒ President and Fellows of Harvard College, Peabody Museum of Archaeology and Ethnology, PM# 2006.17.1.89.2 (digital file# 98770053)

[25쪽] Napoleon A. Chagnon의 사진

[51쪽 상] G. Taplin, *The Folklore, Manners, Customs, and Languages of the Australian Aborigines: Gathered from Inquiries Made by Authority of South Austalian Government*, Adelaide: Government Printer, 1879, 72. The Bodleian Library, University of Oxford (RHO) 824.9 r. 4, No. 4 Facing P.72

[51쪽 하] G. Taplin, *The Folklore, Manners, Customs, and Languages of the Australian Aborigines: Gathered from Inquiries Made by Authority of South Austalian Government*, Adelaide: Government Printer, 1879, 168. The Bodleian Library, University of Oxford (RHO) 824.9 r. 4, No. 4 Facing P.168

[52쪽 상] N. W. Thomas, *Natives of Australia*, London: Archibald Constable, 1906, 154-5. The Bodleian Library, University of Oxford (RHO) 810.121 r. 1, Plate. 15 Facing P.77

[52쪽 하] N. W. Thomas, *Natives of Australia*, London: Archibald Constable, 1906, 80. The Bodleian Library, University of Oxford (RHO) 810.121 r. 1, Plate. 16 Facing P.81

[53쪽] B. Spencer and F. Gillen, *Across Australia*, London: Macmillan, 1912, 252. The Bodleian Library, University of Oxford, 810.111 r. 20 Vol. 2, Fig 105 Facing P.252

[54쪽] B. Spencer and F. Gillen, *Across Australia*, London: Macmillan, 1912, 311. The Bodleian Library, University of Oxford, 810.111 r. 21 Vol. 2, Fig 154 Facing P.311

[55쪽] N. W. Thomas, *Natives of Australia*, London: Archibald Constable, 1906, 150. 저자의 소장품

[56쪽] B. Spencer, *Native Tribes of the Northern Territory of Australia*, Oosterhout, The Netherlands, 1966 [1914]. The Bodleian Library, University of Oxford (RHO) 822.9 r. 1, Plate. XVI Facing P.366

[204쪽] Les grandes misères de la guerre. 17, La revanche des paysans:estampe/ Jacques Callot/BNF

[205쪽] Bundesarchiv Bild 183-B21845. Photo: Wahner

[206쪽] David Turnley/Corbis/VCG/Getty Images

[231쪽] Max Roser, OurWorldInData.org(Angus Maddison의 데이터에 근거)

[233쪽] Meir Moalem

[261쪽] THE AGE/Fairfax Media/Getty Images

[300쪽] Unites Nations Accounts Main Aggregates Database, 경제활동에 따른 명목 부가가치(미국 달러화)

[304쪽과 305쪽 사이 전] Max Roser, OurWorldInData.org(Clio Infra의 데이터에 근거)

[304쪽과 305쪽 사이 후] Arno Tausch, Ronald Inglehart의 World Values Survey에 근거

[329쪽 좌] Photofest/Unites Artists

[329쪽 우] Getty/Stringer

지은이

아자 가트 Azar Gat

이스라엘 텔아비브 대학의 '에제르 바이츠만 국가안보 석좌교수'. 같은 대학의 정치학과 학과장을 두 차례 역임했으며, 텔아비브 국제 외교안보 프로그램을 창설해 이끌고 있다. 이스라엘 하이파 대학에서 학사, 텔아비브 대학에서 석사, 영국 옥스퍼드 대학 올 소울스 칼리지에서 박사과정을 마쳤다. 이스라엘 방위군 예비역 소령이다. 연구 주제는 전쟁의 원인과 진화, 군사이론, 군사전략, 민족주의 등이다. 저서로 『문명과 전쟁War in Human Civilization』『군사사상의 역사: 계몽주의부터 냉전까지A History of Military Thought: From the Enlightenment to the Cold War』『민족: 정치적 종족성과 민족주의의 오랜 역사와 깊은 뿌리Nations: The Long History and Deep Roots of Political Ethnicity and Nationalism』 등이 있다.

옮긴이

이재만

대학에서 사학을 전공했고, 역사를 중심으로 인문 분야의 번역에 주력하고 있다. 옮긴 책으로 『문명과 전쟁』(공역) 『몽유병자들』『정치철학 공부의 기초』『번역』『성서』『신』『유럽 대륙철학』『종교개혁』『정복의 조건』『세계제국사』『철학』『역사』『영국 노동계급의 상황』『공부하는 삶』 등이 있다.

전쟁과 평화
전쟁의 원인과 평화의 확산

1판 1쇄 2019년 4월 15일
1판 3쇄 2023년 12월 1일

지은이 아자 가트 | 옮긴이 이재만

편집 최연희 | 디자인 윤종윤 이주영
마케팅 김선진 배희주 | 저작권 박지영 형소진 최은진 서연주 오서영
브랜딩 함유지 함근아 고보미 박민재 김희숙 박다솔 조다현 정승민 배진성
제작 강신은 김동욱 이순호 | 제작처 한영문화사(인쇄) 신안문화사(제본)

펴낸곳 (주)교유당 | 펴낸이 신정민
출판등록 2019년 5월 24일 제406-2019-000052호

주소 10881 경기도 파주시 회동길 210
문의전화 031.955.8891(마케팅) | 031.955.2692(편집) | 031.955.8855(팩스)
전자우편 gyoyudang@munhak.com

인스타그램 @gyoyu_books | 트위터 @gyoyu_books | 페이스북 @gyoyubooks

ISBN 978-89-546-5556-9 03900